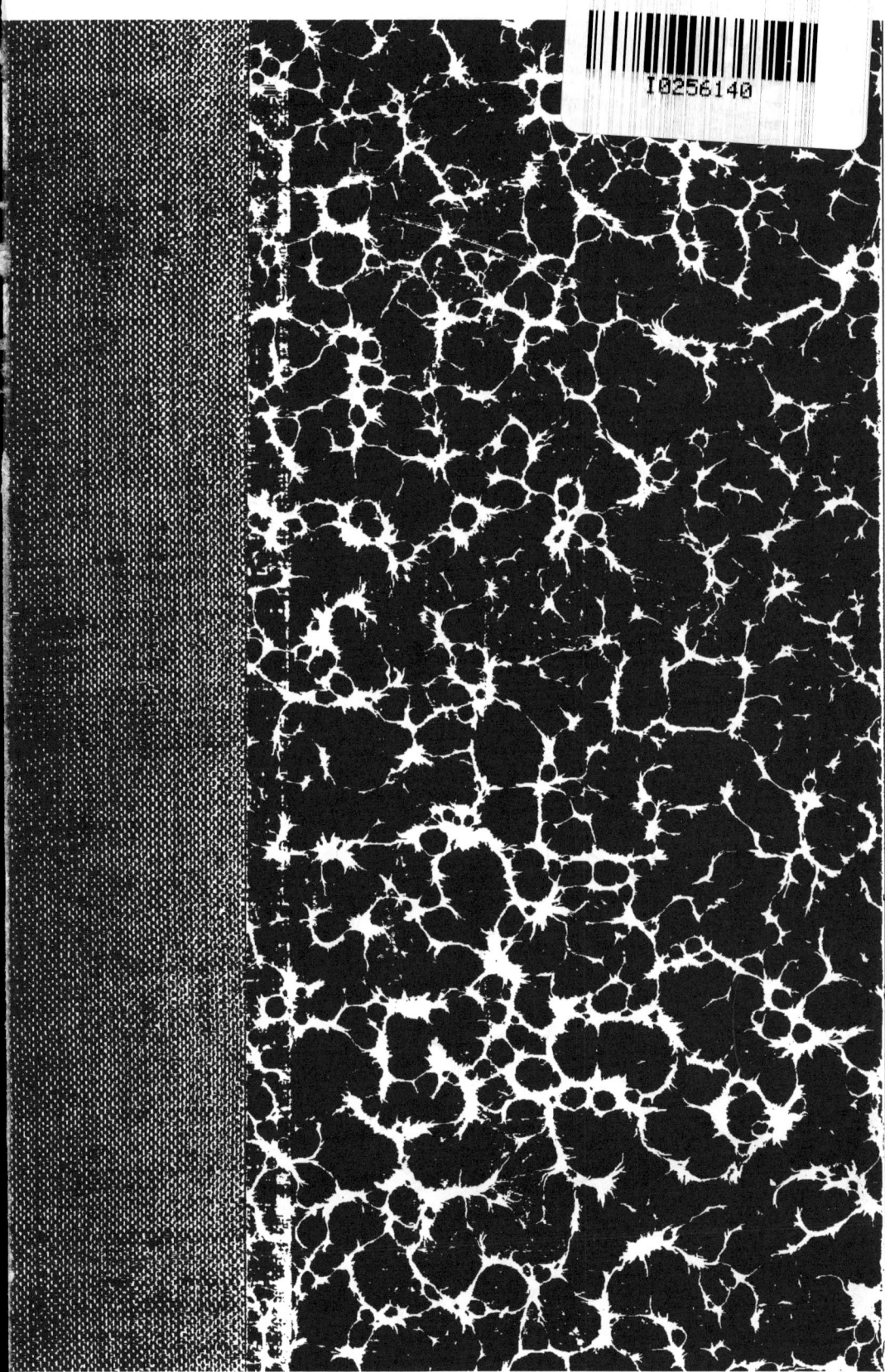

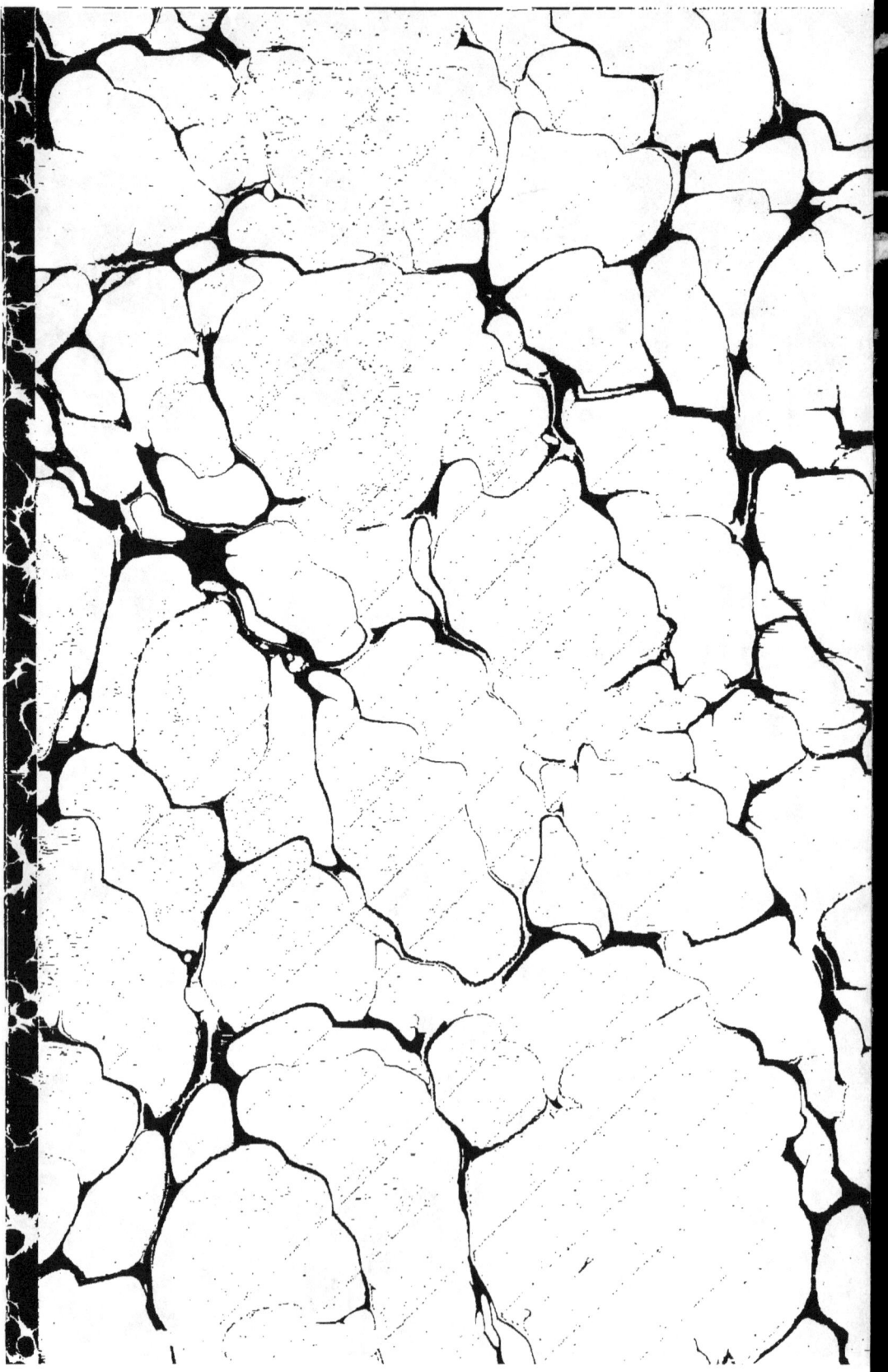

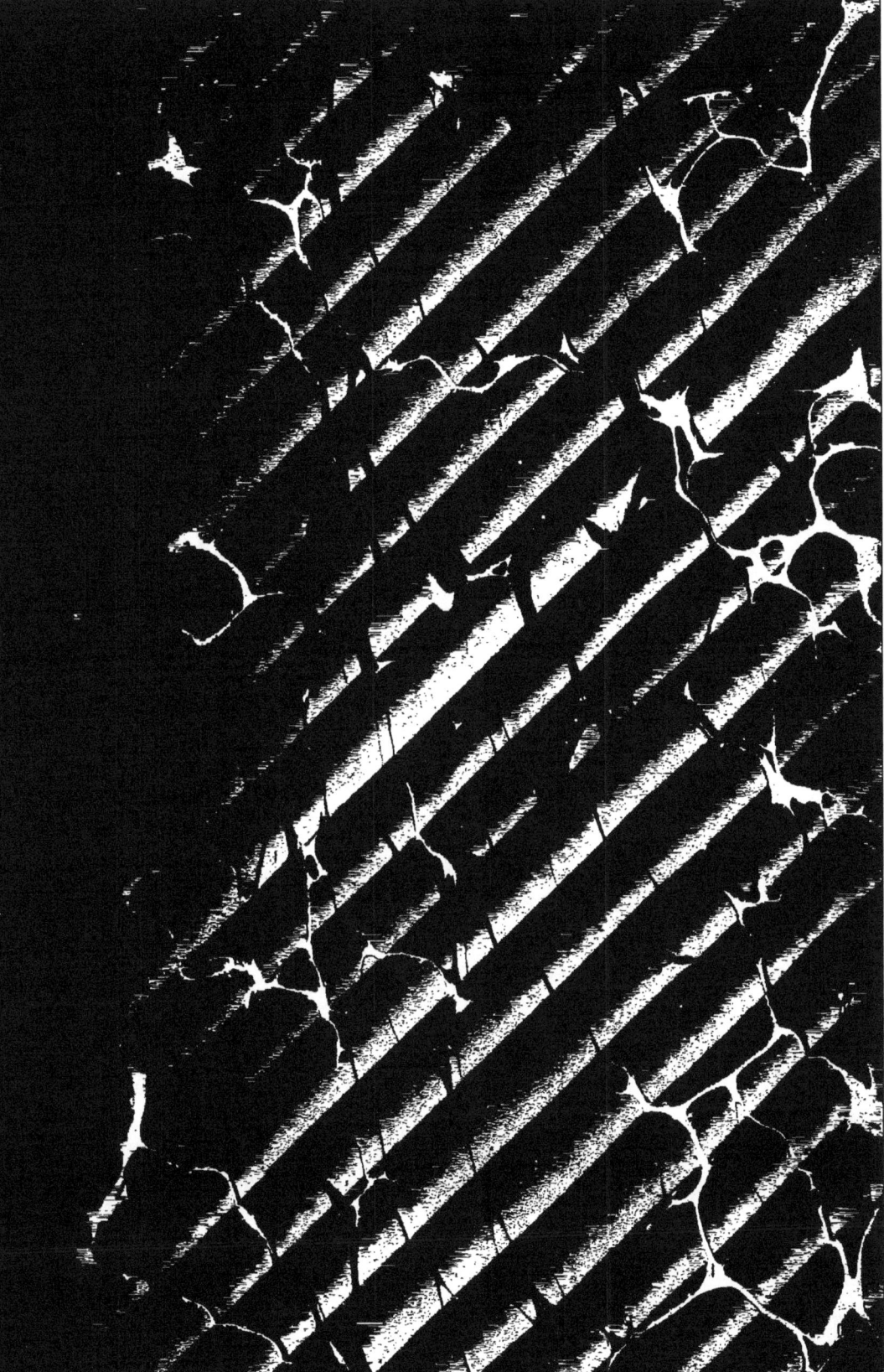

HISTOIRE
DE
L'OCCUPATION ESPAGNOLE
EN AFRIQUE
(1506-1574)

DOCUMENTS INÉDITS
RECUEILLIS ET MIS EN ORDRE
PAR
ÉLIE DE LA PRIMAUDAIE
Archiviste de la Direction générale des Affaires civiles

> « En histoire, les documents ont d'autant
> plus de poids qu'ils ont moins la forme
> historique. L'autorité de toutes les chroni-
> ques doit céder à celle d'une inscription,
> d'une médaille, d'une charte, d'une lettre
> authentique. »
>
> Ern. RENAN.

ALGER
ADOLPHE JOURDAN, LIBRAIRE-ÉDITEUR
4, PLACE DU GOUVERNEMENT, 4

1875

OCCUPATION ESPAGNOLE
EN AFRIQUE

DOCUMENTS INÉDITS

SUR L'HISTOIRE

DE

L'OCCUPATION ESPAGNOLE

EN AFRIQUE

(1506 - 1574)

PUBLIÉS PAR ORDRE

DE M. LE MARÉCHAL DE MAC-MAHON, DUC DE MAGENTA

GOUVERNEUR GÉNÉRAL DE L'ALGÉRIE

> « En histoire, les documents ont d'autant
> » plus de poids qu'ils ont moins la forme
> » historique. L'autorité de toutes les chroni-
> » ques doit céder à celle d'une inscription,
> » d'une médaille, d'une charte, d'une lettre
> » authentique. »
>
>   Ern. RENAN.

EXTRAIT DE LA REVUE AFRICAINE
Journal des Travaux de la Société historique algérienne

ALGER
A. JOURDAN, LIBRAIRE-ÉDITEUR
4, PLACE DU GOUVERNEMENT, 4.

1875

DOCUMENTS INÉDITS SUR L'HISTOIRE

DE

L'OCCUPATION ESPAGNOLE

EN AFRIQUE — (1506-1574)

En 1841, M. Tiran, ancien officier et membre de la Société des Antiquaires de France, fut chargé par les deux départements des Affaires étrangères et de l'Instruction publique, d'une mission ayant pour objet des recherches historiques et littéraires dans les archives d'Espagne. Il demanda à M. le Maréchal duc de Dalmatie, alors ministre de la guerre, de vouloir bien l'autoriser à diriger également ses investigations sur les matières pouvant intéresser le ministère de la guerre, et notamment l'administration de l'Algérie.

Le concours offert par M. Tiran fut accepté ; à cet effet, un programme des recherches historiques qu'il aurait à exécuter en Espagne fut dressé par les soins de la Direction de l'Algérie.

Ces recherches devaient embrasser trois époques distinctes :

1º Domination des Arabes en Espagne jusqu'à leur expulsion ;

2° Etablissements des Espagnols sur la côte d'Afrique ;

3° Evénements de l'histoire des guerres du xviii° siècle.

Les documents recueillis par M. Tiran et relatifs aux expéditions des Espagnols en Afrique, extraits pour la plus grande partie des archives de Simancas, furent remis en 1858 par le ministère de la guerre au département de l'Algérie et des colonies qu'ils intéressaient plus particulièrement.

On ne savait ce qu'était devenue cette curieuse collection, lorsqu'un heureux hasard la fit découvrir, en 1868, dans les combles de la bibliothèque du Secrétariat général : M. le Maréchal duc de Magenta, gouverneur général de l'Algérie, pensant qu'il serait utile de publier ces précieux documents, donna des ordres pour qu'ils fussent classés, traduits en français et annotés sous forme de volume.

La collection dont il s'agit forme 20 dossiers contenant ensemble 361 pièces espagnoles, portugaises ou italiennes, toutes inédites à l'exception de douze ou quinze. Cinq de ces pièces, notamment un récit très-intéressant de la prise de la Goulette et du fort de Tunis par les Turcs (1574), ont été copiées dans les archives du Vatican par un officier de l'armée de Rome en 1849, le lieutenant Fauchon, du 53° régiment de ligne (1).

Les principaux points historiques auxquels se rapportent les mémoires, instructions et lettres officielles qui ont été traduits, sont les suivants :

1° Occupation d'Oran et de Bône (1506-1542) ;

2° Etablissement de Bougie (1510-1555) ;

3° Expédition de Charles-Quint à Tunis (1535) ;

4° Occupation de Bône (1535-1540) ;

5° Négociations du comte d'Alcaudète avec le chérif Mohammed (1555) ;

6° Prise de la Goulette et du fort de Tunis par les Turcs (1574).

Le livre demandé par M. le maréchal de Mac-Mahon était

---

(1) M. Fauchon est aujourd'hui colonel du 82° régiment.

terminé en 1869 ; mais diverses causes en ont fait retarder la publication jusqu'à ce jour.

Dans la distribution des matières, l'excellente méthode qui a présidé à la grande publication des documents inédits sur l'histoire de France, a été adoptée. On a rigoureusement observé l'ordre chronologique, et la traduction a été accompagnée de notes et d'explications.

On ne veut pas exagérer l'importance de ce travail ; mais on a la conviction de son utilité. L'étude de ces documents permettra de rectifier d'assez nombreuses erreurs, de contrôler la valeur de certains récits des historiens et de combler de regrettables lacunes.

F. ÉLIE DE LA PRIMAUDAIE.
Archiviste de la Direction générale des Affaires civiles.

I

MÉMOIRE ADRESSÉ PAR JUAN LASO A SON ALTESSE LE ROI (1)

Mers-el-Kebir, 12 juin 1506 (2).

(Archives de Simancas -- Mar y tierra, Legajo 1315).

J'ai reçu le 17 mai une lettre de votre Altesse, datée d'Astorga. Elle m'a été remise le 8 de ce mois de juin, et elle était accompagnée d'une copie de l'arrangement qui est intervenu avec l'alcade des pages (3). A mon avis, votre Altesse a eu raison de donner son approbation à cet arrangement : il est aussi avantageux pour elle que pour l'alcade. On dit ici qu'avec cinq cents hommes, il est très-facile de garder cette place. Je pense de même également ; l'expérience d'ailleurs l'a prouvé. Je ne

---

(1) Ce n'est que vers la fin du seizième siècle que les rois adoptèrent la qualification de *Majesté*, réservée jusqu'alors à l'Empereur seul. Leur titre commun était celui d'*Altesse*.

(2) Ce document aide à fixer l'époque de la conquête de Mers-el-Kebir. Diego Suarez Montanes, dans sa *Chronique d'Oran*, est en désaccord complet pour certaines dates avec les principaux historiens espagnols. Ceux-ci disent que la forteresse de Mers-el-Kebir fut prise le 13 septembre (ou le 23 octobre 1505). D'après Suarez, les Espagnols commencèrent l'attaque de cette place le *lundi 13 juillet* 1506, et le lendemain mardi, 14 *juillet*, la garnison capitula. Berbrugger, auquel nous devons la traduction du curieux manuscrit de Suarez (*Revue Africaine*, nos 52, 53, 54), paraît en dernier lieu avoir adopté son opinion. « Quand on sait, dit-il, que notre auteur avait soin de prendre ses indications chronologiques dans les documents authentiques originaux, ordres de service, pièces de comptabilité, etc., on est bien forcé de lui accorder plus de créance qu'aux autres écrivains. » Suarez s'est trompé cependant sur ce point, comme le prouve la présente lettre, qui a été écrite à Mers-el-Kebir même et qui porte la date du 12 juin 1506.

(3) D. Diego Fernandez de Cordoba.

crois donc pas qu'il soit nécessaire d'imposer à l'alcade l'obligation d'entretenir une garnison plus nombreuse, c'est à-dire d'en porter le chiffre à sept cents hommes, comme il est dit dans la lettre de votre Altesse.

. . . .

Il n'est rien stipulé dans l'arrangement en ce qui concerne le paiement des fournitures faites aux soldats, depuis le 1er janvier de cette année jusqu'à ce jour. Rien n'a été payé. L'alcade, qui doit à l'avenir prendre à sa charge, ainsi qu'il est convenu, les dépenses pour l'entretien de la garnison, sera-t-il tenu de solder ces fournitures? Dans ce cas, il importe que tout le service soit remis entre ses mains aussitôt que possible. J'attends les ordres de votre Altesse pour régler ces détails amiablement avec lui. Quant à ce qui est dû pour l'année dernière, c'est votre Altesse qui devra payer. Il suffira d'ailleurs de 3,000 ducats pour que les fournisseurs soient entièrement remboursés.

Les capitaines Hurtado, Lope de Salazar, Borja, Gutierre Daviles et Alonzo de la Mar, qui sont venus avec l'*Armada* et qui ont quitté Mers-el-Kebir au mois de mai dernier, ont touché leur solde au moment de leur départ. L'alcade des pages devra-t-il tenir compte à Votre Altesse de ce qui a été payé à ces officiers? Il serait important aussi de savoir si ceux qui doivent les remplacer, et que l'alcade doit avoir déjà désignés, tarderont à se rendre à leur poste. En ce qui concerne ces derniers, il est bien entendu que toutes les dépenses que nécessiteront leur voyage à Mers-el-Kebir et leur installation incomberont à l'alcade.

Je dois informer Votre Altesse que j'ai traité, en son nom, pour mille *cahiz* (1) de blé et quelques autres approvisionnements avec deux marchands de Barcelone, nommés *Les Forcadels*. Lorsque j'ai fait ces divers achats, je ne connaissais pas encore l'arrangement qui a eu lieu avec l'alcade des pages. Je prie Votre Altesse de vouloir bien donner les instructions

---

(1) Mesure de la contenance d'un peu plus de douze boisseaux.

nécessaires pour que l'on paie d'urgence ces deux fournisseurs.

Le contrôleur Pierre de Madrid est un excellent comptable, qui nous a rendu de très-utiles services. Je le recommande à Votre Altesse comme un de ses meilleurs serviteurs. C'est un officier très-sûr et très-capable, sur lequel on peut compter en toute circonstance.

Une lettre du capitaine Gonzalo Marino, que j'envoie à Votre Altesse, nous a appris que les trois fustes attendues à Mers-el-Kebir ont été forcées par la tempête de se réfugier dans le port de Caçaça (1).

II

CERTIFICAT DÉLIVRÉ A PEDRO DE AREVALO, HOMICIDE (2)

Oran, 8 novembre 1509.

(Archives de Simancas. — Estado, Costas de Africa, Legajo 461.)

Nous, Alonzo de la Puente, commissaire de la Reine notre souveraine (3) sur cette terre conquise et pendant la guerre

---

(1) Caçaça (K'sâça) fut prise par les Espagnols la même année que Melilla (1496). En 1534, elle leur fut enlevée par une trahison, et peu de temps après complétement rasée. La position de cette ville est incertaine. On croit qu'elle était située à 25 kilomètres, à l'ouest de Melilla, dans le voisinage d'une crique qui a gardé le nom de *Cala-Cassaza*.

(2) Cette pièce mentionne une particularité curieuse. Il paraît que, pour obtenir le pardon d'un crime, il suffisait, du moins dans les premières années de la conquête, d'aller en Afrique et d'y servir deux mois à ses frais contre les Maures.

(3) Isabelle de Castille, femme de Ferdinand-le-Catholique, était morte en 1504. La reine dont il est ici question est Jeanne, surnommée la Folle, qui épousa Philippe-le-Beau et fut la mère de Charles-Quint.

qui se fait en Afrique contre les Maures, ennemis de notre sainte foi catholique.

Attestons par la présente que Pedro de Arevalo, se disant habitant de la ville de Arevalo, a comparu devant nous en cette ville d'Oran (1), le dernier jour du mois d'août de cette année, déclarant qu'il se présentait comme étant homicide et parce qu'il avait été informé qu'au moment où l'*Armada* se préparait à venir contre cette place, d'après les ordres de son Altesse, on avait publié dans la ville de Valladolid, où la cour résidait alors, que quiconque se joindrait à ladite *Armada* et prendrait l'engagement de servir deux mois à ses frais, serait pardonné de quelque crime qu'il eût commis ; qu'en suite de cette proclamation, il venait servir pendant lesdits deux mois et qu'il nous requérait de constater sa présentation, attendu qu'il s'était rendu coupable d'homicide en donnant la mort à Gil Andres Fernandez, habitant de ladite ville de Arevalo.

Et qu'en plus de cette première comparution, il s'est représenté devant nous aujourd'hui (accompagné de témoins), pour que, en témoignage de l'accomplissement de son obligation, nous lui donnions un acte constatant que, du jour où il s'est déclaré homicide, il a résidé en cette ville et a servi à ses frais jusqu'à ce moment, et qu'en conséquence nous eussions à recevoir les dépositions desdits (témoins) pour connaître la vérité.

Après avoir prêté serment, les témoins interrogés par nous, déclarèrent tous conformes en leur dire, que Pedro de Arevalo était arrivé avec ses armes en cette ville d'Oran, le dernier jour du mois d'août, et qu'il avait fait partie de la compagnie du colonel Pedro Arias ; que depuis ce moment jusqu'à ce jour, il n'avait reçu ni la solde ni les vivres d'aucune nature que, d'après les ordres de Son Altesse, on donne aux troupes qui font la guerre sur cette frontière ; qu'au contraire, il s'était refusé à accepter quoi que ce fût, et que, pendant deux mois, ainsi qu'il avait promis de le faire et qu'il le devait, il avait servi à ses frais, passant les nuits, faisant des rondes et prenant part aux

---

(1) La ville d'Oran fut prise par les Espagnols le 18 mai 1509, le lendemain de l'Ascension.

escarmouches contre les Maures avec la troupe dudit colonel Pedro Arias. Les témoins ont affirmé ce qu'ils disaient, ajoutant qu'ils le savaient fort bien, parce qu'ils sont de la même compagnie.

De tout quoi, le colonel Pedro Arias a fait foi, sous serment, et il a signé de son nom le présent certificat et la minute restée en notre pouvoir ; et tous ont déclaré, en outre, ainsi que l'a fait le dit colonel, que Pedro de Arevalo s'est toujours conduit comme une personne craignant Dieu, et désireux de bien servir son Altesse, et qu'il a rempli toutes ses obligations.

Et nous, le susdit commissaire, nous certifions que nous avons vu Pedro de Arevalo résider en cette place d'Oran, avec ses armes de guerre, comme il y était obligé, jusqu'au présent jour, pourvoyant à sa subsistance avec ses seules ressources, sans recevoir ni solde, ni vivres, et sans avoir figuré dans les revues de décompte qui ont eu lieu dans cette ville.

En foi de quoi, nous avons délivré le présent certificat, signé de notre nom et daté de la ville d'Oran.

III.

Lettre du roi Ferdinand le Catholique, au comte Don Pedro Navarro, son capitaine général en Afrique (1).

Monzon, ... mai 1510.

(Arch. de Simancas. — Estado, costas de Africa, Legajo 461).

Comte Don Pedro Navarro, notre capitaine général et notre conseiller, j'ai lu vos trois lettres du 3 mai que vous m'avez adressées par la voie de Valence, et celles du 5 du même mois

---

(1) Cette lettre donne d'intéressants détails sur le système politique que le roi Ferdinand avait adopté à l'égard des établissements espagnols de la côte d'Afrique.

que m'a remises Miguel Cabrero, *contino* (garde du corps) de ma maison.

A l'heure même, je donnai l'ordre d'écrire à Alonzo Sanchez, pour qu'il fît moudre sans délai dans le royaume de Valence, mille sacs de blé qui y ont été apportés, et qu'il eût à vous les envoyer à Bougie (1). Vous recevrez en même temps du biscuit fabriqué avec une partie de cette farine, pour 15 jours au moins et pour 8,000 hommes. Comme en ce moment, à Valence, les provisions de bouche font défaut, j'ai écrit aussi à Malaga au trésorier Vargas, en lui recommandant très-particulièrement qu'au reçu de ma lettre, et avec la plus grande diligence, il vous expédiât tous les vivres dont il pourrait disposer, afin que vous en soyez pourvu en temps utile et que vous puissiez partir. J'ai prescrit de même audit trésorier de vous envoyer 10,000 ducats. S'il plaît à Dieu, en arrivant en Sicile, la flotte pourra y compléter ses approvisionnements, parce que le vice-roi de ce royaume m'a écrit que tout était prêt.

Quant au traité qu'il vous paraît convenable de conclure avec le roi Mouléï Abd-Allah (2), comme dans ces sortes de choses, on doit avant tout penser à ce qui a été acquis, et que pour cela, il importe que le traité soit stable à perpétuité, et que des deux côtés on puisse l'observer fidèlement, je crois, ainsi que vous me l'avez écrit à diverses reprises, que si nous voulons nous maintenir en Afrique, nous devons occuper les villes d'Oran, de Bou-

---

(1) Les Espagnols étaient maîtres de Bougie depuis le 5 janvier 1510.

(2) Cet Abd-Allah était le roi légitime de Bougie. Quelques années auparavant, son oncle Abd-er-Rahmân l'avait détrôné et relégué dans une étroite prison. A l'arrivée des Espagnols, il essaya de l'entraîner à sa suite ; mais, dans la confusion de la retraite, Abd-Allah parvint à s'échapper et se réfugia à Bougie, auprès du comte Pierre Navarro. « Abd-er-Rahmân, non content de ravir à son neveu le trône et la liberté, avait encore voulu le priver de la vue, en faisant passer un fer rouge devant ses yeux. Il paraît que l'opération avait été mal faite, car il n'en était résulté qu'une cécité momentanée qui céda à l'art des chirurgiens espagnols. »

gie et de Tripoli (au cas qu'on prenne cette dernière (1) et les repeupler entièrement de chrétiens. Autrement, comme les Maures sont maîtres de tout le reste du pays, si nous leur permettions d'habiter les villes du littoral, il nous serait impossible de conserver longtemps ce que nous avons conquis. Les trois places dont il s'agit devront donc, en attendant mieux, être munies d'une bonne garnison de chrétiens, et aucun Maure ne pourra y être admis.

Pour les mêmes causes, le titre de Bougie se trouvant inscrit, comme à nous appartenant, dans le mémorial de l'église romaine (2), et ayant été joint à nos autres titres royaux, il nous paraît convenable que le dit roi Mouléï Abd-Allah ne s'intitule plus *roi de Bougie*, mais qu'il se nomme, à son choix, roi de quelque autre terre, ville ou province du territoire qui fait partie du dit royaume, à l'exception toutefois de celles qui se trouvent sur le littoral. La ville de Bougie, avec toutes ses dépendances, ses revenus et sa juridiction, ainsi que les autres villes, bourgs et villages situés sur la côte, doivent aussi nous appartenir entièrement, et le roi Mouléï Abd-Allah ne pourra élever à leur sujet aucune prétention, que leurs habitants soient chrétiens ou maures.

Les dites villes et localités étant reconnues comme notre propriété, nous consentons d'ailleurs à ce que le roi Mouléï Abd-Allah possède toutes les autres terres du dit royaume, avec leurs revenus et juridictions, nous réservant seulement la haute et

---

(1) Comme l'indique ce passage, l'expédition contre Tripoli était déjà résolue. Elle eut lieu, en effet, cette même année. Revenu en Sicile au mois de juin 1510, le comte Pierre Navarro rassembla de nouvelles troupes pour remplacer celles qu'il avait laissées à Bougie et se dirigea aussitôt sur Tripoli dont il s'empara par escalade. « Les habitants se défendirent de rue en rue, maison par maison, avec le courage du désespoir ; il y en eut plus de 5,000 de tués. » — Tripoli, plus rapprochée de la Sicile que des autres états du roi Ferdinand, fut réunie à la vice-royauté de cette île. On sait qu'en 1528, l'empereur Charles-Quint céda cette ville aux chevaliers de Malte.

(2) Un des premiers soins du roi Ferdinand avait été d'établir un évêque à Bougie, comme il avait fait à Oran.

supérieure distribution de la justice, apanage inséparable de la suprême couronne royale, et sauf la fidélité qui nous est due. En reconnaissance de notre droit de suzerain, le roi devra aussi s'obliger à nous payer chaque année un certain tribut, et, comme vous devez savoir ce que rapportent les dites terres qui lui sont laissées, et conséquemment ce qu'il peut raisonnablement payer, vous fixerez vous-même le chiffre de ce tribut. Dans le cas où sa valeur serait telle qu'il n'y eût pas à en faire grand profit, vous demanderez seulement un certain nombre de chevaux chaque année ; mais il est bien entendu que, si les revenus de ces terres le permettent, vous exigerez du roi qu'il acquitte le tribut en argent, afin de nous aider à couvrir les dépenses que nécessite l'occupation de Bougie.

La chose principale que vous aurez à observer dans ce traité ou dans tout autre qui pourrait être conclu avec les Maures, c'est la question des approvisionnements. Il faut que nous puissions largement nous soutenir en Afrique, avec les seules ressources du pays, parce que nous y soutenir plus longtemps, en tirant tout d'Espagne, serait impossible, et que nous perdrions bientôt le fruit de nos efforts actuels (1). Il importe donc que les choses soient organisées de manière que nous puissions toujours conserver les places que nous avons conquises et nous y maintenir, sans être obligés de les approvisionner du dehors, ainsi que nous l'avons fait jusqu'à ce jour. A l'avenir, nous ne devons pourvoir qu'aux dépenses qui pourraient être nécessitées par des secours en troupes ou en navires, suivant les cas qui se présenteront.

En conformité de ce qui est dit plus haut et d'après d'autres idées qui me sont venues, j'ai cru devoir faire quelques changements au traité. Je vous le renvoie, avec la présente lettre

---

(1) La grave question des subsistances, ainsi que le prouve ce paragraphe, préoccupait déjà le gouvernement espagnol ; mais on sait, d'ailleurs, qu'il ne parvint jamais à se soutenir en Afrique, comme le demandait le roi Ferdinand. Non-seulement Bougie, mais tous les autres points du littoral occupés par les Espagnols furent toujours obligés de tirer leurs approvisionnements du dehors.

qui vous fera connaître de quelle manière j'entends qu'il soit exécuté (1). Dépossédé comme il l'est, le roi Mouléï Abd-Allah ne peut se refuser à l'accepter : le traité lui laisse le titre de roi et une grande partie de son royaume, ce qui lui permettra de vivre d'une manière convenable. De plus, s'il nous reste fidèle, comme nous comptons qu'il le sera, on pourra l'aider plus tard à agrandir son territoire dans l'intérieur des terres.

Le traité conclu, vous ferez en sorte que tous les Maures du royaume qui n'habitent pas les villages de la côte soient avertis qu'en se soumettant au dit roi Mouléï Abd-Allah, ils pourront compter sur notre assistance, et qu'ils seront bien traités et partout accueillis honorablement ; mais qu'on fera la guerre aux autres, ajoutant tout ce que vous croirez utile pour les déterminer à se ranger à l'obéissance du roi. Nous espérons que de cette manière, Mouléï Abd-Allah étant maître de tout le royaume, moins le littoral, et demeurant notre allié fidèle et dévoué, la ville de Bougie se trouvera à l'abri de toute hostilité, et que les autres localités de la côte pourront être occupées et conservées sans beaucoup de peine. Le dit roi, gardant son autorité à part et les intérêts des deux populations n'étant plus confondus, pourra ainsi se maintenir plus facilement parmi les Maures.

J'ai retranché le chapitre du traité par lequel le roi demandait qu'on lui permît d'avoir une ou deux mosquées dans le faubourg de Bougie. Il n'est pas nécessaire que cette clause y soit insérée, puisqu'il est convenu que les Maures ne seront tolérés dans le dit faubourg, que jusqu'à ce que le roi puisse résider ailleurs en sûreté.

J'ai entretenu Miguel Cabrero de divers autres objets dont il vous parlera ; vous pouvez lui accorder toute votre confiance.

---

(1) La capitulation dont il est ici question n'a pas été retrouvée. Le départ du comte Pierre empêcha sans doute d'y donner suite.

IV

CAPITULATION DE MOSTAGANEM (1).

26 mai 1511.

(Arch. de Simancas. — Capitulaciones con Moros, Legajo 2)

Les Kaïd, marabout et cheikhs de Mostaganem et de Mazagran, ainsi que tous les habitants, Maures et Juifs, s'obligent à servir le roi et la reine de Castille loyalement et fidèlement. Ils paieront les taxes, contributions, dons gratuits et autres droits qu'ils payaient au roi de Tlemsên par mer et par terre. Le premier juin de chaque année, le montant des dites impositions sera versé entre les mains du trésorier de la ville d'Oran, sans fraude et sans qu'il y manque rien. Leurs Altesses pourront d'ailleurs, si elles le désirent, donner ces mêmes droits à ferme ou établir à Mostaganem un Almoxarife (2) pour les percevoir.

Tous les esclaves chrétiens qui appartiennent aux habitants de Mostaganem et de Mazagran seront rendus.

Le seigneur D. Diego Fernandez de Cordoba, *alcade* des pages, capitaine général du royaume de Tlemsên (3), prendra posses-

---

(1) « La conquête de Bougie, qui avait suivi de si près celle d'Oran, répandit l'effroi parmi tous les petits princes de la Barbarie. Ennemis ou jaloux les uns des autres, au lieu de s'unir contre l'ennemi commun, ils ne songèrent qu'à se mettre, par un arrangement quelconque, à l'abri des coups du vainqueur. » Les populations du littoral furent surtout épouvantées, et plusieurs villes maritimes s'empressèrent de reconnaitre la suprématie de l'Espagne. La présente capitulation des habitants de Mostaganem nous fait connaître les conditions auxquelles ces villes durent souscrire pour obtenir la paix.

(2) *Almoxarife*, receveur des droits d'entrée et de sortie des marchandises.

(3) D. Diego Fernandez de Cordoba, chef des pages du roi, le même qui avait pris Mers-el-Kebir en 1505, fut nommé capitaine général du *royaume de Tlemsên*, au mois de janvier 1510. Il résida à

sion, au nom de Leurs Altesses, si celles-ci le demandent, des forteresses de ces deux places, et les habitants ne refuseront pas de vendre aux soldats, au prix courant, les vivres dont ils auront besoin. Dans le cas où l'on voudrait réparer les dites forteresses, augmenter leurs moyens de défense ou même en construire de nouvelles, ils ne s'y opposeront pas ; ils devront, au contraire, prêter leurs bêtes de somme et fournir les matériaux au plus juste prix.

Ils approvisionneront des vivres qu'on leur demandera les villes d'Oran et de Mers-el-Kebir, et ils ne permettront pas qu'on charge ou décharge aucun navire dans le port de Mostaganem, sans le consentement du roi et de la reine.

Ils aviseront le capitaine général de tout ce qu'ils apprendront pouvant intéresser le service de Leurs Altesses, ainsi que la sûreté des dites places d'Oran et Mers-el-Kebir et, selon ce qui leur sera ordonné, ils feront la guerre ou la paix.

Si les dits kaïd, marabout, cheikhs et autres habitants de Mostaganem et de Mazagran gardent et accomplissent ce qui est dit ci-dessus, Leurs Altesses s'engagent à les défendre contre tous leurs ennemis, soit par mer, soit par terre. Ils ne les obligeront pas à se faire chrétiens et leur permettront de vivre et de se gouverner selon leur loi. On leur laissera leurs maisons et leurs propriétés, et on fera le commerce avec eux. Lorsqu'ils voudront se rendre à Oran ou sur quelque autre point de la côte d'Afrique occupé par les chrétiens, pour trafiquer ou pour tout autre motif, ils pourront le faire librement et en toute sécurité ; partout ils seront traités comme de fidèles serviteurs et vassaux de Leurs Altesses.

Tout esclave chrétien qui, d'une manière ou de l'autre, s'enfuira du pays des Maures et se réfugiera à Mostaganem ou à Ma-

---

Oran jusqu'à la fin de 1512. Le roi Ferdinand le rappela alors auprès de lui et l'envoya guerroyer en Navarre. En récompense de ses bons services dans cette guerre, D. Diego de Cordoba fut fait marquis de Comarès. Revenu à Oran au mois de septembre 1517, il reprit ses fonctions de gouverneur et mourut dans la même ville au mois de mars 1522.

zagran, devra être conduit en sûreté à Oran et remis aux autorités de cette ville.

Les marabouts, fakirs et autres personnes qui ont obtenu certains priviléges des anciens rois de Tlemsên, conserveront les dites franchises et libertés pendant cinq ans, et même plus longtemps, si Leurs Altesses y consentent.

V.

Pouvoir donné par le roi Ferdinand a Antonio de Ravaneda pour l'affaire de Bougie.

Honrubia, 23 octobre 1511.

(Arch. de Simancas. — Capitulaciones con Moros, Legajo 2)

Le Roi.

Voici ce que vous, Antonio de Ravaneda, *contino* de notre maison, vous ferez à Bougie où nous vous envoyons.

Il importe que vous ne perdiez pas un instant pour vous rendre dans cette ville : on m'a écrit que les deux forteresses que j'ai donné l'ordre d'y construire seraient terminées dans le courant de ce mois, et qu'une garnison de trois cents hommes serait très-suffisante pour les garder et bien défendre l'entrée et la sortie du port. Vous vous informerez de ce qui a été fait et de ce qui reste à faire, et vous prendrez les mesures nécessaires pour que la ville soit repeuplée aussitôt que possible de Maures *Mudejares* (1), qui sont nos vassaux.

Comme, dans le royaume de Bougie, il y a deux rois, l'un appelé Mouléï Abd-Allah, qui réside dans le faubourg de la ville et qui est notre vassal et serviteur — lequel roi, ainsi qu'il le dit, succéda au dernier souverain de Bougie en qualité de fils aîné, — et l'autre, l'usurpateur nommé Abd-er-Rahmân, qui

---

(1) Maures de la Castille et de l'Andalousie. On donnait le nom de *Tagarins* ou *Tagartins* à ceux du royaume de Valence. — On a vu

était roi lorsque nous avons pris cette ville, et qui s'est retiré dans l'intérieur du pays, vous vous informerez particulièrement de la situation de ces deux princes et de ce qu'ils peuvent faire l'un et l'autre pour notre service, et vous traiterez avec celui qui se montrera le plus accommodant et qui offrira les meilleures garanties pour le maintien de la paix.

Le comte Pierre Navarro, lorsqu'il se trouvait à Bougie, nous avait demandé l'autorisation de traiter avec Mouleï Abdallah, et nous lui avions donné des instructions en conséquence. Nous ignorons quel a été le résultat des pourparlers qui ont dû avoir lieu ; mais si un projet de traité a été fait, vous n'y donnerez pas suite (1). Avant toutes choses, vous devez penser à conclure une paix certaine, sûre et qui nous soit profitable. Peu importe, comme nous vous le répétons, avec lequel des deux princes elle sera faite. Toutefois, s'il vous paraît aussi avantageux de traiter avec l'un ou l'autre des deux rois, nous préférons que ce soit avec Mouleï Abdallah, parceque le premier a reconnu notre suzeraineté et parceque, selon toute probabilité, il se montrera plus fidèle et plus exact à remplir ses obligations. Dans tous les cas, quelque soit celui des deux princes avec lequel vous conclurez la paix, vous ne devrez pas oublier de faire intervenir dans le traité les cheikhs principaux de l'un ou de l'autre. Vous aurez soin aussi d'exiger toutes les sûretés qu'il vous semblera utile de prendre et surtout de demander des ôtages.

Le nombre des habitants de Bougie diminue tous les jours. Une de vos principales préoccupations devra être d'y faire revenir les Maures qui se sont éloignés. Vous ferez insérer dans la capi-

---

dans l'instruction adressée au comte Pierre Navarro, que le roi Ferdinand avait d'abord décidé qu'aucun Maure ne pourrait résider dans les places d'Oran et de Bougie, et que la population de ces deux villes se composerait entièrement de chrétiens ; mais le peu d'empressement que montraient les Espagnols à se rendre en Afrique lui avait fait reconnaître la difficulté de mettre cette mesure à exécution. —

(1) Ce passage vient confirmer ce qui a été dit dans une lettre précédente, relativement au projet de capitulation que le roi Ferdinand avait renvoyé au comte Pierre Navarro.

tulation une clause portant que tous ceux qui voudront venir y résider, seront bien accueillis et protégés par nos officiers. S'ils demandent qu'on ne les oblige pas à se faire chrétiens, s'ils désirent même qu'on leur donne à ce sujet des garanties, vous le ferez (1).

Si, comme je l'espère, avec l'aide de l'un ou de l'autre des deux rois avec lequel vous aurez traité, on parvient à repeupler Bougie, vous donnerez les ordres nécessaires, — et vous veillerez vous même à leur exécution, — pour que l'on transporte dans la forteresse les retables, les croix et toutes les autres choses qui se trouvent dans l'église de Bougie. Vous ne laisserez sans y toucher, que les murs, le toit, les portes et les fenêtres, et lorsque l'église aura été abandonnée, vous ferez fermer les portes de manière que les Maures ne puissent pas y pénétrer, afin que, s'il plaît à Dieu la ville se peuple plus tard de chrétiens, rien ne s'oppose à ce que la dite église soit rouverte immédiatement..

Nous vous recommandons de tout terminer le plus tôt possible.

VI

Lettre d'Antonio Rico au très-noble seigneur Lope Hurtado de Mendoza.

Oran, 27 février 1518.

(Arch. de Simancas. — Estado, Legajos Sueltos.)

Très-noble seigneur, j'ai reçu le 22 de ce mois votre dernière lettre qui ne portait pas de date. Toutes les autres que vous m'aviez adressées précédemment par les courriers du seigneur

---

(1) Cette clause se retrouve dans tous les traités conclus avec les princes africains. Elle était certainement exigée par ces derniers qui n'ignoraient pas que le roi Ferdinand, après avoir promis aux Maures de Grenade de leur laisser le libre exercice de leur culte, avait voulu les convertir violemment.

Marquis (1) me sont également parvenues ; mais n'ayant que peu de chose à vous dire et craignant de vous importuner, j'avais négligé de vous répondre. A l'avenir, je serai plus exact à vous écrire, puisque mes lettres vous font plaisir et je ferai en sorte que vous me pardonniez mon silence. Je vous prie de me payer en la même monnaie.

Vous avez dû apprendre ce qui est arrivé jusqu'à ce jour, et je ne vous en parlerai pas. Voici ce qui se passe en ce moment. Le roi de Tlemsên, (2) avec le caïd Ahmed et les Arabes, est toujours devant El Kala (3) où se trouvent bloqués le frère de Barberousse et les Turcs qui l'accompagnaient. Le 30 janvier, il y a eu un combat. Les Turcs ont perdu 180 hommes, et partie de leurs bagages qu'ils n'avaient pas eu le temps d'enfermer dans la place est tombée aux mains des gens du roi. Si ceux-ci n'avaient pas faibli et ne s'étaient pas amusés à piller, tout aurait été fini cette fois. Malheureusement, favorisés par la nuit et profitant de la faute que la rapacité des Arabes leur avait fait commettre, les Turcs, au nombre de 300, ont pu se retirer dans El Kala. La place étant de difficile accès et surtout trop fortifiée pour des Maures, le roi n'a pas tardé à comprendre qu'il ne pouvait pas seul s'en rendre maître, et il a fait demander des secours au seigneur Marquis. Ce dernier lui a envoyé Martin d'Argote, avec environ 300 hommes.

Le 15 dans la nuit, le commandant des Turcs, nommé Iskender, fit une sortie avec tous ses gens et attaqua le camp des

---

(1) D. Diego de Cordoba, marquis de Comarès.

(2) Ce roi s'appelait Bou-Hammou. Marmol raconte qu'il avait usurpé, avec l'appui des Espagnols, la couronne de son neveu Abou-Zeïân. Appelé par les partisans du prince légitime, Baba-Aroudj venait de le chasser lui-même de Tlemsên.

(3) El Kala des Beni-Rachid, situé à une journée à l'est de Mascara, sur la route qui conduit de cette ville dans les vallées de la Mina et du Chelif. Baba-Aroudj, qui ne se maintenait qu'à grande peine dans Tlemsên, avait fait occuper ce point par une garnison de 300 à 400 Turcs, *tous armés d'arquebuses*, afin d'assurer ses communications avec Alger. *Iskender*, rénégat Corse, compagnon et ami dévoué d'Aroudj, et un des frères de ce dernier, nommé Ishak, commandaient ce détachement.

Chrétiens. Les nôtres, quoique surpris, firent bonne contenance et parvinrent à repousser les Turcs, après leur avoir tué quelques hommes et en avoir blessé un plus grand nombre, entre autres le commandant lui-même, qui mourut deux jours après. De notre côté, nous avons eu deux soldats tués, avec l'alguazil Baena, et quelques blessés. Depuis cette sortie, les Chrétiens ayant soin de se mieux garder, il n'y a pas eu de nouveau combat (1).

Nos gens n'ont que trois ribaudequins (2) pour battre la place. S'ils avaient des pièces plus grosses, en deux jours elle serait démantelée; mais on s'occupe de renforcer l'artillerie, et tout sera terminé promptement.

Le vaisseau de Diego de Vera et deux autres navires ont mouillé aujourd'hui dans le port. Ils apportent 2,000 hommes. De jour en jour, on attend le reste des troupes. Ces renforts arrivent bien à propos. Si Son Altesse veut bien envoyer tout ce qui nous manque ici, le Marquis pourra enfin mettre à exécution ce qu'il projette. Jusqu'à présent, il a fait au-delà de ce qui était possible et pris partout où il pouvait pour parer aux nécessités. Malheureusement elles sont grandes, et je ne crois pas qu'on arrive à rémédier à tout.

Les galéasses ont été quelques jours à Hone (3) où elles ont fait

---

(1) Sandoval *(Vida de Carlos quinto)* raconte les choses très-différemment ; mais son récit ne peut guère être accepté en présence de cette lettre, écrite d'Oran le 27 février, lorsque les Turcs occupaient encore El Kala.

(2) Canons de petit calibre. On les plaçait, au nombre de deux, de trois et même de quatre, sur un train à deux roues, garni d'un mantelet de bois qui protégeait les canonniers contre les projectiles ennemis, et la partie antérieure était armée de fers de lance imitant ce qu'on nomme aujourd'hui cheval de frise. Cette espèce de voiture, traînée par des hommes ou par un cheval, s'appelait *ribaudequin*, du nom donné autrefois à des arbalètes à tour qui jouaient le même rôle. Ces canons sont les premiers dont l'histoire fasse mention. Ils étaient déjà en usage au quatorzième siècle. N. L. Bonaparte, *Études sur le passé et l'avenir de l'artillerie*. T. I. p. 37.

(3) *Unem, hunam, Oney* dans les anciens portulans. — Le *Mersahenneit* des Arabes. — « One, dit Marmol, est une ville sur la côte, à la hauteur d'Almería, avec de fortes murailles et un petit port fermé de part et d'autre d'une bonne tour. Les mosquées y sont bien

un grand trafic ; mais nous n'avons rien pu savoir de positif de Tlemsên. Barberousse a su imprimer aux habitants une telle épouvante, que personne n'ose sortir de la ville ou envoyer ici quelque messager. Il a fait mettre à mort tous les princes de la famille royale, de manière que Bou-Hammou, lorsqu'il retournera à Tlemsên, pourra se considérer comme un roi absolu et n'aura plus de motif de se tenir renfermé. J'espère qu'il ne laissera pas vivant un seul Andalou ou Maure d'Oran et de Mers-el-Kebir, car ils lui ont fait plus de mal que Barberousse.

Azouz est à El-Kala, et je pense qu'il paiera enfin les bons morceaux qu'il mangeait dans la maison du Français, sans en remercier personne ; Martin d'Argote s'est chargé de lui et au besoin il sera aidé par Alcantara et Lezcano.

Osiel est encore ici. Salomon de Leroa est parti pour Tlemsên avant les derniers troubles. Quant au pauvre Çatorra, il a payé ses dettes d'une bien triste façon : il y a un mois et demi à peu près, Barberousse l'a fait empaler. Sa maison est perdue et ses créanciers n'auront pas un maravédis (1).

Estevan Moralès et Ginès del Baño sont encore à Tlemsên. Ils ont essayé une ou deux fois de se sauver, et ils auraient réussi peut-être, si la ville n'était pas comme bouleversée et si les Arabes ne la tenaient pas bloquée de manière que bien peu de gens peuvent entrer ou sortir. Carbajal, qui avait été pris à Mostaganem, s'est fait turc ; il se trouve en ce moment à Tlemsên avec des chevaux et un commandement.

---

bâties et les maisons habitées de marchands et d'artisans, parce que chaque année les galéasses de Venise y viennent descendre en allant à Tlemcen. Elle est fort peuplée et l'on y fait de belles toiles et d'autres étoffes de coton. Le roi de Tlemcen y tient garnison pour la sûreté du commerce. »

(1) Quel était ce Çatorra, que les Turcs firent empaler ? Marmol, dont le témoignage est confirmé par Suarez Montanès, dit que les Espagnols s'emparèrent d'Oran à l'aide des intelligences qu'ils s'étaient ménagées d'avance dans la place. Un marchand juif, nommé Cetorra (Stora) qui entretenait pour son commerce des relations importantes avec les ports espagnols, leur ouvrit une des portes de la ille. Le *Çatorra* dont parle la présente pièce a bien l'air d'être le même personnage que le *Cetora* qui livra Oran aux Espagnols.

La caravane, qui de Tlemsên s'était rendue à Hone pour commercer, a été attaquée à son retour par les Arabes. Il y a eu un rude combat : 45 personnes ont été tuées, entre autres ..... maître de la maison de Cristoval Rejon et Abou ..... frère d'Azouz ; mais les Arabes n'ont pu enlever la caravane ; elle l'aurait été certainement, si elle n'avait pas été escortée par des Turcs. Aussitôt que l'affaire d'El Kala sera terminée, s'il plaît à Dieu, on en finira promptement avec celle de Tlemsên. Barberousse a soulevé toute la ville contre lui, et ses meilleurs soldats sont partis avec Iskender (1).

J'aurais désiré vous envoyer quelques bonnes dattes ; mais je n'ai pas eu de bonheur à ce sujet : deux charges que je faisais venir du Sahara ont été arrrêtées auprès de Tlemsên par les parents de celui qui me les avait vendues, et offertes à Barberousse, de sorte que j'ai perdu non-seulement les dattes, mais aussi mon argent. Je ne puis que vous prier d'agréer ma bonne volonté. Je pense que le roi de Ténès (2) partira demain. Avec cette dernière nouvelle, je finis ma lettre.

. . . .

Mostaganem s'est déclaré pour Bou-Hammou, qui a envoyé

---

(1) L'affaire de Tlemsên ne se termina pas tout à fait aussi facilement que le pensait l'auteur de cette lettre. — Une armée espagnole que commandait Alfonso Velasco et non Martin d'Argote comme le dit Marmol (observation de Suarez Montanes), s'étant présentée devant Tlemsên avec le roi Bou-Hammou, les habitants s'empressèrent d'ouvrir leurs portes à ce dernier. Baba-Aroudj n'eut que le temps de se réfugier dans la citadelle *(El Mechouar)*. Pendant 26 jours, il résista vaillamment ; mais convaincu enfin de l'inutilité de la défense, il s'évada une nuit par une poterne, avec ce qui lui restait de soldats. Averti de cette fuite audacieuse, Alfonso Velasco se précipita sur ses traces avec sa cavalerie et l'atteignit sur les bords de la rivière d'Ouchda. Aroudj, déterminé à vendre chèrement sa vie, se jeta dans un parc de chèvres qu'entourait une faible muraille de pierres amoncelées sans ciment. Il s'y défendit pendant longtemps en désespéré ; mais accablé par le nombre, il fut tué avec tous les Turcs qui l'accompagnaient.

(2) Le roi de Tenès, Hamida el Abid, battu par Baba-Aroudj et chassé de sa petite capitale, s'était réfugié à Oran, auprès du marquis de Comarès.

dans cette ville le kaïd Sidi Ahmar. C'est ce même kaïd qui a fait venir Barberousse à Tlemsên ; mais il a déjà reçu une partie de la récompense que méritait sa trahison : les Turcs ont saccagé sa maison, et ils l'auraient tué, s'il ne s'était pas enfui. Voyant aujourd'hui que les affaires de Bou-Hammou prospèrent, il s'est empressé d'accourir à Mostaganem et a fait soulever le pays. Les Arabes ont tué le commandant turc, fait prisonniers tous ses gens et les ont envoyés au roi. Les otages, au nombre de dix et choisis parmi les fils des principaux cheikhs et du kaïd des Beni-Rachid, sont à Oran ; ils valent mieux pour nous que la personne du roi, et on peut être sûr que les Arabes feront ce qu'ils doivent.

Ma lettre était fermée à la date du 1er mars, lorsque ce jour même il nous est venu un messager de Martin d'Argote, avec des lettres de certains juifs pour l'almoxarife ..... et pour Jacob Alegre. Ces lettres nous ont appris que plusieurs Maures des principaux de Tlemsên, ayant réussi à s'échapper de cette ville, sont entrés à Hone avec l'aide des Arabes de Trara, et qu'après avoir tué huit Turcs qui s'y trouvaient, ils ont pris possession de la place au nom de Bou-Hammou. C'est une bonne nouvelle. On craignait ici que Barberousse ne cherchât à s'enfuir de ce côté. Les mêmes Juifs écrivent que tous les Turcs qui étaient à Alger et dans le royaume de Ténès ont été massacrés, et que la ville d'Alger elle-même s'est soulevée.

VII.

Mémoire du Corrégidor d'Oran sur la manière dont cette ville est administrée. (1)

Sans date (1520 ?)

(Arch. de Simancas. — Estado, Africa, Legajos Sueltos).

1° Le Corrégidor d'Oran dit que si le marquis de Comarès continue à être chargé de payer les troupes, de nommer les ca-

---

(1) Cette pièce est très-curieuse. On ne trouve dans aucun auteur des renseignements sur le régime administratif de la ville d'Oran, à cette époque. Il paraît qu'il y avait un corrégidor nommé par le

pitaines et autres officiers et de rendre la justice, tout est perdu. On ne se préoccupe en aucune manière du service de Sa Majesté, et tous les jours les rentes de la ville diminuent. Elles se sont élevées autrefois jusqu'à 26,000 *doblas* (1), et cette année elles ont à peine produit 8,000 ducats. Il conviendrait que Sa Majesté gardât pour elle le gouvernement de cette place frontière. Si l'on rétablissait l'ancien ordre de choses, et si Oran avait le privilége exclusif de tout le commerce que les ports d'Espagne font avec la Barbarie, on pourrait tirer de cette ville plus de 30,000 ducats par an.

On lit en marge : Que l'on confère de cela avec les maîtres des comptes.

2º Il y a sept capitaines pour l'infanterie et deux pour la cavalerie. On pourrait facilement les réduire à quatre, et on économiserait ainsi 700 ducats chaque année. Sa Majesté devrait elle-même nommer ces capitaines pour le bien de son service : on ne se conforme pas à ce qu'elle ordonne ; son nom même n'est pas respecté, et celui qui demande justice ne peut l'obtenir. Ces capitaines tyrannisent la ville.

— Qu'on s'informe de cela.

3º Sa Majesté paie la solde pour cinquante artilleurs. Beaucoup sont absents, les autres sont incapables, parce que les gens du Marquis désignent pour ce service ceux qu'ils veulent ou qui leur donnent de l'argent. Il n'y a d'ailleurs besoin que de trente

---

roi et indépendant du capitaine général. Ses fonctions devaient avoir quelque analogie avec celles de nos anciens intendants civils ; cela dura jusqu'en 1534, comme on le verra plus loin. La mention de *regidors* subalternes, de jurats et d'un conseil de ville (*cabildo*) nous apprend aussi qu'il y avait une municipalité constituée. Nous ne parlons pas des détails que donne le même document sur la manière dont le marquis de Comarès gouvernait Oran et Mers-el-Kebir. Si le tableau n'est pas chargé, le désordre devait être grand. D'après les notes écrites en marge, on peut croire qu'une enquête eut lieu à ce sujet, mais on ignore ce qui en résulta. Ce qu'il y a de certain, c'est que D. Diego de Cordoba demeura capitaine général.

(1) La *dobla zeyen* ou mieux *dobla ziania* valait environ 14 à 15 réaux castillans, soit 3 fr. 75.

artilleurs. C'est une économie de 800 ducats qu'on pourrait faire.

— Qu'on n'admette dans l'artillerie que des personnes suffisantes qui servent elles-mêmes.

4º Dans les revues, il se commet des fraudes nombreuses. On paie pour beaucoup de gens qui ne peuvent servir ou qui n'ont jamais existé. Le Corrégidor offre de remédier au mal, si on le lui permet.

— Que le Corrégidor dise ce qu'il y a à faire.

5º Les soldats, coupables de quelque délit, se sauvent dans les églises, et il arrive qu'ils restent là une année, ne faisant aucun service et touchant néanmoins leur solde.

Le Corrégidor prie Sa Majesté d'ordonner qu'à l'avenir celui qui se réfugiera dans une église n'aura droit à sa solde que pendant trois jours.

— Sa Majesté approuve.

6º Un certain nombre de maisons et de jardins ont été donnés par les gens du Marquis à des personnes qui ne paient rien pour la location des dits immeubles. Le comptable du Marquis, les capitaines et les alcades ont aussi amassé de grandes sommes par des moyens illicites. Le Corrégidor demande qu'on fasse rendre gorge aux derniers et qu'on exige des autres le loyer des maisons qu'ils occupent depuis le jour où ils sont entrés en jouissance. Avec cet argent on pourrait construire une tour dans un endroit appelé *Polvorista,* (1) entre Oran et Mers-el-Kebir. Cet ouvrage qui coûterait peu pourrait être terminé en deux mois.

— Qu'on s'informe de cela.

7º Beaucoup de jeunes gens d'Oran passent en Castille pour

---

(1) Le pic d'Aïdour forme, avec l'extrémité d'un crête voisine, une embrasure très-remarquable, qui sert de point de repère aux navigateurs à une grande distance au large. Par cette espèce de créneau sortent de violentes rafales contre lesquelles les navires doivent se précautionner, même en été. Les Espagnols appelaient *polvorista* le vent qui souffle ainsi du fond de la baie de Mers-el-Kebir. — Bérard, *Description nautique des côtes de l'Algérie.*

s'enrôler dans les troupes de Sa Majesté. Il conviendrait qu'ils fussent retenus ici, parce qu'ayant été élevés dans le pays, le connaissant et parlant la langue des Maures, ils peuvent rendre de plus utiles services que les recrues qu'on fait venir d'Espagne.

— Sa Majesté approuve.

8º Chaque soldat donne tous les ans trois réaux pour l'hôpital. Cet argent sert à payer le pharmacien, le médecin et le chirurgien La dite contribution et la vente des médicaments ont produit 2,000 ducats, qui sont entre les mains du Marquis. Le Corrégidor propose de placer cette somme au profit de l'hôpital et de payer les officiers de santé avec ce que l'on gagne sur les médicaments ; de cette manière, on pourrait exonérer les soldats de ce tribut de trois réaux.

— Qu'il soit fait une enquête à ce sujet.

9º Le Corrégidor a acheté de divers marchands, chrétiens, maures et juifs, du blé, de l'orge, du vin, de l'huile et des vêtements pour les soldats qui mouraient de faim et de froid. Ce qu'il doit s'élève à environ 4,000 ducats. Il prie Sa Majesté de donner des ordres pour que les dits marchands soient payés.

— Que l'on fasse ce que l'on pourra.

10º Si Sa Majesté veut venir en aide à cette pauvre ville d'Oran et désigner un autre gouverneur qui dépendra entièrement d'elle, le corrégidor ne doute pas qu'on puisse économiser 8,000 ducats chaque année. Il croit qu'au bout de trois ans, il sera possible de subvenir à toutes les dépenses que nécessite l'occupation de cette place. Il promet aussi que tous les Maures de la province feront leur soumission ; s'ils se montrent hostiles, c'est parce qu'ils sont maltraités par le Marquis et ses officiers.

— Que le Corrégidor dise ce que l'on pourrait faire.

11º Cristoval Rejon a été chargé d'approvisionner Oran. Le Corrégidor regrette que Juan Vasquez, de Murcie, n'ait pas été désigné pour cet objet. Il est déjà fournisseur de Bougie et du Peñon d'Alger. C'est un homme bien connu, jouissant d'un grand crédit et qui, au besoin, peut avancer l'argent nécessaire pour la solde et pour l'achat des vivres, ce que Cristoval Rejon n'est pas en état de faire.

— Qu'on s'informe de cela.

12° On chasse les Juifs de la ville. C'est à peine si on y compte, en ce moment, six familles, et il n'y est pas resté un seul rabbin. Le Corrégidor dit que ces gens-là sont très-utiles pour le commerce et qu'on a tort de les renvoyer.

— Que le Corrégidor fasse connaître ceux qui sont restés.

13° Le Corrégidor demande que tous les déserteurs maures soient déportés en Castille. Ils ne consentiront jamais à se faire chrétiens, si on les laisse à Oran, parce qu'ils fréquentent les autres Arabes. Le roi catholique avait donné des ordres à ce sujet ; (1) mais les alcades, qui tirent profit de ces déserteurs, ont fait en sorte qu'on n'a pu retrouver les lettres du roi.

— Que l'on recherche les dites lettres dans les registres de la chancellerie.

14° Il conviendrait de ne pas admettre dans le conseil municipal (*cabildo*) ceux des échevins qui ont été ou sont encore au service du Marquis, parce que, lorsqu'ils font une motion, les autres officiers, capitaines, alcades ou jurats n'osent les contredire.

— Qu'on s'informe de cela.

15° Beaucoup de soldats partent d'Oran et de Mers-el-Kebir, meurent ou sont faits esclaves par les Maures. Le Marquis continue néanmoins à toucher leur solde, et ce qu'il a reçu ainsi s'élève déjà à une somme considérable. Le Corrégidor demande

---

(1) La mention, que fait ici le corrégidor d'Oran, de lettres émanées de la chancellerie du roi Ferdinand le Catholique permet de fixer approximativement la date de cet important document. Il fut écrit vraisemblablement quelques années après la mort de ce prince, qui arriva le 23 janvier 1516. Nous avons indiqué l'année 1520; mais nous n'avons aucune certitude à ce sujet. Le mémoire est adressé à *Sa Majesté*, et comme Charles-Quint ne dut prendre ce titre qu'après son élection à l'empire en 1519, nous avons pensé qu'il ne pouvait pas être antérieur à cette dernière date.

qu'il ne soit fait au Marquis aucun nouvel envoi de fonds, jusqu'à ce que l'on ait vérifié les comptes. Il indiquera, si on le désire, comment cette vérification pourrait être faite utilement.

— Que le Corrégidor dise comment il faut faire.

VIII

Lettre d'Isabelle de Fonseca a messire Jacob, bachelier.

Oran 20 mai .....

(Arch. de Simancas. — Estado, Legajos Sueltos.)

Je ne puis vous dire combien nous sommes malheureux de ce qui se passe ici. Il paraît que le Corrégidor ne reviendra pas. C'est du moins ce que disent et répètent les gens du Marquis. Ce bruit qu'ils font courir a éloigné les Maures qui approvisionnaient la ville de blé et d'autres vivres. En se retirant, ces mêmes Maures ont dit que le Corrégidor avait promis de ne pas les quitter, et qu'à l'avenir ils ne croiront plus personne. Si on ne le renvoie pas à Oran, ils n'y reparaîtront pas et n'apporteront plus rien. (1)

Les gens du Marquis ont fait de grandes réjouissances, parce que, disent-ils, un autre Corrégidor doit venir. Le lieutenant de celui qui est parti a reçu d'eux de l'argent et les laisse faire ce qu'ils veulent. Tous les habitants, marchands et autres, chrétiens, maures ou juifs, sont dans un tel désespoir, que, s'ils savaient où aller, ils s'enfuiraient de la ville.

S'il faut croire ce que publient partout les gens du Marquis, le Président du conseil, auquel ils ont écrit, s'opposera au re-

---

(1) Nous pensons qu'il s'agit ici du corrégidor qui a écrit la dépêche précédente, et dont le nom ne nous est pas connu. La présente lettre a été trouvée dans la même liasse que la précédente. Sur l'adresse on lit ces mots : *Cartas de las nuevas de Oran al conséjo de la hacienda*. Elle fut sans doute placée sous les yeux du conseil, chargé de l'enquête dont nous avons parlé.

tour du corrégidor. Ainsi que je vous l'ai dit, les Maures n'apportent plus de vivres à Oran et, nous mourons de faim. Le mois dernier, nous n'avons touché qu'une demi-ration, et si la femme du Corrégidor n'avait pas fait distribuer de l'orge aux habitants, nous étions perdus.

Je vous prie, pour l'amour de Dieu, si le corrégidor ne doit pas venir, de me procurer les moyens de m'en aller d'ici. Je crains que les gens du Marquis ne me maltraitent, car ils ne respectent personne. La nouvelle qu'ils ont reçue les a rendus si joyeux, qu'ils courent comme des fous par la ville, insultant et attaquant tous ceux qu'ils rencontrent : ils ont presque tué Alvarado. On les craint et on n'ose rien leur dire. S'ils désirent que l'on envoie un autre corrégidor, c'est qu'ils espèrent l'acheter, comme ils ont fait du lieutenant de celui-ci. Je puis vous assurer que tout le monde abandonnera la ville, si le corrégidor ne revient pas.

Le prieur a été gagné. Vous le verrez là-bas, car les gens du Marquis l'ont envoyé à la cour. Il a dit en partant qu'il ferait son possible pour empêcher le retour du corrégidor. Prenez bien vos mesures ; mais surtout avertissez-moi de ce qui aura été décidé, afin que je puisse partir aussitôt.

IX.

Lettre de Pedro de Godoy, alcade d'Oran, a Georges Ruiz de Alarcon, corrégidor de Murcie, Lorca et Carthagène.

Oran, 7 juin 1,529.

(Arch. de Simancas. — Estado, Legajo 461).

Juan del Baños m'a remis votre lettre. Nous avons appris aujourd'hui même par la voie de Tlemsên et par celle de Mostaganem, que le turc (Kahir ed Din) s'était emparé du Peñon, (1) le

---

(1) *Penon*, augmentatif de *Pena*, veut dire en espagnol *roche élevée, gros rocher*. — En 1,510, comme nous l'apprend Suarez Montanes, dans un fragment inédit de sa *Chronique d'Oran*, où il relève certaines

vendredi 27 mai. Voici comment on raconte la prise de cette forteresse. Après avoir battu la place et détruit une grande partie de ses défenses, Khaïr ed Din fit réunir, le dit vendredi, un certain nombre de fustes (1) chargées de troupes, et leur donna ordre de s'approcher de l'île, le plus près qu'elles pourraient. Sa nombreuse artillerie continuait à tonner contre le Peñon. Protégées par le bruit et par la fumée, les fustes abordèrent à la pointe de l'île, sans que nos gens eussent rien vu. Aussitôt les Turcs sautèrent à terre et assaillirent le fort qu'ils emportèrent après un rude combat. On dit que soixante des nôtres ont été tués ; le commandant et un alcade des tours sont au nombre des morts. Tous les autres ont été faits esclaves (2).

On nous a dit qu'il y a en ce moment à Tlemsên un ambassadeur de Khaïr ed Din. Il est venu pour presser le roi de se mettre en campagne avec toute son armée. Khaïr ed Din promet de l'aider par mer, s'il veut assiéger Oran. Je ne sais ce que fera le roi de Tlemsên.

---

erreurs de Marmol, D. Diego de Vera, commandant de la flotte de la Méditerranée, fut chargé d'occuper la petite île des Beni-Mesr'anna *(el Peñon de Argel,* comme l'appelaient les Espagnols) et d'y bâtir une forteresse. Suarez ajoute que ce château fut construi- avec le consentement des habitants d'Alger, qui fournirent les matériaux nécessaires et travaillèrent même avec les soldats espagnols. « El conde Pedro Navarro mandò hacer un castillo en un peñoncillo que esta frente de la ciudad de Argel, la qual fuerça se encargò à Diego de Vera, capitan de la armada del mar Mediterraneo, y la fabricò a bene placito y voluntad de todos los Moros de la ciudad, ayudando à trabajar con materiales de la tierra firme. »

(1) La *fuste* (du mot italien *fusto*, employé dans la marine pour désigner le bois propre aux constructions navales) était un petit bâtiment à voiles et à rames, léger, rapide et très-apte pour le service d'explorateur. Au 16ᵉ siècle, on le comptait au nombre des navires de course. Les Turcs en faisaient surtout usage. (Jal, *Archéologie navale*, T. I, p. 468.

(2) Les historiens espagnols qui racontent la prise du Penon assignent à cet événement une date différente. Haëdo le place, en 1530, Gomera et Sandoval en 1529. La lettre de Pedro de Godoy donne raison aux deux derniers. Il convient d'ajouter que Berbrugger a indiqué cette même date dans son savant travail sur les *Origines du gouvernement turc en Algérie*.

X.

LETTRE ÉCRITE D'ALGER PAR UN ESPION JUIF.

Sans date. (1)

(Arch. de Simancas. — Estado, Legajo 461).

Prise du Peñon, le vendredi, 23 mai (2). — Le mardi, un navire français vint mouiller dans le port d'Alger. Un marchand descendit à terre, demanda à être conduit en présence de Barberousse (Khaïr ed Din), et lui dit que les chrétiens ayant mis à mort son frère qu'ils retenaient prisonnier, il lui indiquerait les moyens de s'emparer de l'île. Il l'informa que les soldats, lorsque les batteries turques tiraient, s'abritaient derrière certaines ..... (3) Le lendemain, Barberousse ordonna d'armer toutes les galères et fustes, et fit courir le bruit qu'elles allaient partir pour croiser sur les côtes d'Espagne. Elles mirent en effet à la voile ; mais, au milieu de la nuit, elles rentrèrent dans la rade et vinrent se cacher dans le port de Temendfous, au levant d'Alger.

Le jeudi, toute l'artillerie turque recommença à battre le Peñon ; le feu ne cessa que le lendemain, une heure avant le jour. Les chrétiens étaient très-fatigués, et, après avoir placé une

---

(1) La lettre précédente du gouverneur d'Oran permet de fixer la date de celle de l'espion juif.

(2) Le Peñon fut pris par les Turcs un *vendredi*: Haëdo et Gomara disent la même chose ; mais, quant à la date du jour, ils ne s'accordent ni avec l'espion juif, ni avec Pedro de Godoy. Au rapport de ce dernier, les Turcs s'emparèrent du Peñon, le *vendredi 27 mai* ; suivant l'espion juif, ce même vendredi était le 23 *mai* ; enfin, d'après Haëdo et Gomara, le Peñon fut pris le *vendredi 21 mai*.

(3) Les mots laissés en blanc sont lacérés dans l'original. — Le fait raconté par l'espion juif n'est mentionné par aucun historien. Haedo dit seulement que, lorsque les Turcs commencèrent à battre le Peñon, nuit et jour, de leur artillerie, il se trouvait par hasard au mouillage d'Alger un galion de France, commandé par un chevalier de Malte, et qu'ils y prirent un grand et fort canon de bronze.

sentinelle pour surveiller la mer, ils crurent pouvoir prendre un peu de repos. Les fustes s'approchèrent alors de l'île qu'elles entourèrent au levant et au couchant. La sentinelle donna l'alarme, mais trop tard. Les Turcs étaient déjà dans l'île, lorsque les chrétiens se réveillèrent. Onze Turcs principaux et trente-cinq Maures ont été tués. De leur côté les chrétiens ont eu 65 morts ; 90 soldats, avec 25 femmes et enfants, ont été réduits en esclavage. Le commandant a été fait prisonnier : les Turcs l'ont torturé, pour qu'il leur donnât 2,000 ducats qu'il avait cachés dans le fort ; ils l'ont établi ensuite chef des autres captifs condamnés à reconstruire le minaret de la mosquée. (1)

La forteresse du Peñon a été rasée. Deux tours seulement sont restées debout, l'une au levant et l'autre au couchant. En ce moment on s'occupe à combler le canal entre l'île et la terre ferme.

Barberousse a fait publier que tous ceux qui voudront gagner le paradis se hâtent de le rejoindre. Son intention est d'attaquer Oran et Mers-el-Kebir. Il a envoyé en même temps un messager à ..... de Tunis, qui commande quarante fustes, pour lui demander de l'aider dans cette entreprise. Les dites fustes sont mouillées dans le port de Tedlès, toutes prêtes et armées.

Quatre jours après la prise du Peñon, un brigantin se présenta devant l'île. Les galères lui donnèrent la chasse et le capturèrent. Il y avait à bord seize chrétiens. Un d'eux a été tué par les Turcs, les quinze autres ont été faits esclaves. Ce brigantin apportait à ceux du Peñon de la poudre et d'autres munitions de guerre, avec 600 ducats.

Un ambassadeur de Barberousse est parti pour Tlemsên, afin d'inviter le roi à se mettre en campagne avec tous ses gens. Le même ambassadeur se rendra ensuite auprès du roi de Fez et de Velez, pour lui demander d'envoyer devant Oran toutes les fustes dont il peut disposer.

---

(1) Le commandant du Peñon se nommait Martin de Vargas. Les historiens espagnols racontent que, pris vivant et conduit à Khaïr-ed-Dîn, celui-ci le traita d'abord avec distinction, mais que plus tard il le fit mourir, parce qu'il refusait d'entrer à son service en embrassant la religion musulmane. Nous croyons que Pellissier a eu raison de considérer ce récit comme apocryphe.

XI.

Lettre du docteur Lebrija, corrégidor d'Oran, a Sa Majesté,

Oran, 7 juin 1529.

(Arch. de Simancas. — Estado, Costas de Africa Legajo 461).

Je suis parti de Tlemsên le premier de ce mois, avec une réponse favorable à la demande que j'avais faite au roi (1) au nom de Votre Majesté ; il consent à vous vendre, pour la somme à premier prix de 30,000 *doblas*, 40,000 fanégues (2) de blé et 60,000 d'orge ; mais, comme il faut porter en compte les 2,000 *doblas*, dont j'ai fait remise au roi par ordre de Votre Majesté, 500 autres que j'ai promises, comme il était convenu, et qui ont été dépensées en étoffes de soie brochée et en pièces de drap, (3) et de plus 1,000, employées en présents et frais indispensables, j'estime que la fanègue de blé reviendra à six réaux et celle d'orge à deux.

Votre Majesté saura que, cette négociation étant vers sa fin, il m'arriva de plusieurs côtés la nouvelle positive que Barberousse s'était emparé de la forteresse du Peñon, et qu'il avait pris, ou tué tous ceux qui étaient dedans (4). Grâce à Dieu j'en fus instruit, lorsque je me trouvais encore à Tlemsên ; et, avant de parler au roi des autres choses que nous avions encore à régler, j'insistai auprès de lui pour qu'il se joignît à nous, afin de faire la

---

(1) Le roi de Tlemsên, dont il est ici question, s'appelait Abd-Allah, et il avait succédé à son frère Bou-Hammou. Ce dernier, rétabli sur le trône par le marquis de Comarès, ainsi que nous l'avons dit, demeura pendant tout son règne l'allié fidèle des Espagnols. Abd-Allah, comme on le verra, ne suivit pas son exemple.

(2 *Hanega*, *fanega*, boisseau. — Mesure pour le grain ou le sel.

(3) Il sera parlé un peu plus loin de ces divers objets, que le roi Abd-Allah prétendait n'avoir pas reçus.

(4) La présente dépêche, écrite d'Oran le 7 juin 1529, vient confirmer ce qui a été dit plus haut relativement à la date de la prise du Penon.

guerre à Barberousse. Je parvins à le gagner, comme Votre Majesté le verra avant peu (1). Je crois que, sans cela, l'ambassade et les présents que Barberousse lui a, dit-on, envoyés, l'eussent décidé à se déclarer en sa faveur, ainsi que ce dernier l'en sollicite.

XII.

LETTTE DE PEDRO DE AMEÇAYA A SA MAJESTÉ.

1529 ou 1530 (2).

(Arch. de Simancas. — Estado, Costas de Africa, Legajo 461.)

Pedro de Ameçaya, commissaire (3) de Bougie, parlant au nom des troupes en garnison dans cette place, supplie Sa Majesté de vouloir bien leur envoyer une homme qui sache les gouverner et les maintenir en paix et en concorde. Celui qui les commande les fait sortir au milieu de la nuit, sans motif et sans précaution, au risque d'être surpris par les Maures; pendant ces sorties, les forts demeurent abandonnés sans aucune garde pour les défendre, ce que n'a jamais fait aucun capitaine. Avec un pareil commandant, Bougie est en grand danger, et il est urgent de mettre un terme à un si grave état de choses.

Cette demande, la première par son importauce, est suivie de plusieurs autres, savoir:

1° Celle de 600 *cahiz* de chaux, qu'on peut se procurer pour 600 ducats à Carthagène;

---

(1) Le corrégidor se trompait. Un mois à peine s'était écoulé, que Abd-Allah était de nouveau brouillé avec les Espagnols d'Oran. L'année suivante, au mois de janvier, il y eut une tentative de réconciliation; mais elle n'aboutit pas.

(2) Cette lettre n'est pas datée; mais le paragraphe qui la termine prouve qu'elle a été écrite quelque temps après la prise du Penon, c'est-à-dire vers 1529 ou 1530.

(3) *Receptor*, commissaire délégué pour examiner la conduite des personnes en charge.

2° De 2,000 ducats pour réparer la courtine qui va de la tour de la Victoire à la tour du Beffroi ;

3° Qu'il y ait toujours dans la place, jusqu'à ce que toutes les réparations soient terminées :

    600 hommes à pied, dont 300 fusiliers ou arquebusiers ;
    100 arbalétriers ;
    200 hommes avec des rondaches et des lances ;
    60 cavaliers ;

4° Qu'on expédie d'Espagne quelque artillerie, parce que toute celle qui est à Bougie est dans un si mauvais état, que les artilleurs ne peuvent s'en servir sans s'exposer à un véritable danger ;

5° Enfin, que Sa Majesté veuille bien leur faire envoyer des pics et des hoyaux avec pierres pour les aiguiser, et trente barils de goudron, le tout pouvant coûter 100 ducats.

La lettre se termine ainsi :

« Telles sont les choses que nous supplions Votre Majesté de nous faire parvenir, pour le service de Dieu, afin que nous ne succombions pas, comme ceux du Peñon d'Alger ; mais ce que nous demandons surtout, c'est que Votre Majesté nous envoie un capitaine qui sache nous commander et nous maintenir en paix, parce que, sans lui, il serait inutile de nous fournir le reste (1). »

XIII.

Lettre de Moulei Abd-allah, roi de Tlemsèn, au Corrégidor d'Oran, avec un précis de la conférence qui a eu lieu pour traiter de la paix.

15 janvier 1530.

(Arch. de Simancas. — Estado, Costas de Africa, Legajo 461).

I.

Nous avons reçu votre lettre et nous avons compris ce qu'elle

---

(1) Cette lettre donne une étrange idée de la manière dont la place de Bougie était commandée et entretenue.

contient. En conséquence, notre serviteur Jacob Beniazar se rend auprès de vous. Il vous fera connaître comment nous nous trouvons ici, et ce qu'il vous dira de notre part, croyez-le.

II.

Le dit Beniazar, en vertu de la lettre de créance dont il est porteur, expose d'abord qu'il est venu à Oran pour entendre ce qu'on a à lui dire, conformément à ce que le corrégidor a écrit au roi de Tlemsên.

Pedro de Godoy, Perafan de Ribera et le docteur Lebrija répondent qu'ils se sont réunis pour s'expliquer avec Beniazar, relativement aux conditions de la paix qui a été conclue entre Sa Majesté et le dit roi de Tlemsên. En conséquence, ils requièrent le dit Beniazar, fondé de pouvoirs du seigneur roi, de garantir l'exécution des dites conditions, telles qu'elles ont été convenues avec Sa Majesté, et ils déclarent qu'ils sont bien décidés à les faire observer entièrement.

Beniazar réplique que le roi a reçu la lettre par laquelle l'Impératrice l'invite à exécuter les dites conditions ; qu'il y est bien disposé, mais que, par suite de la rupture survenue et dont il n'est pas cause, il en est résulté pour lui de grandes dépenses, et qu'il supplie Sa Majesté de vouloir bien lui abandonner les droits de la porte de Tlemsên, parce qu'il n'est pas en mesure de payer le tribut accoutumé.

De plus, puisque les Maures qui ont été faits prisonniers par les gens de Carthagène sont de Tâbekrit (1) et sujets du roi, ce que ce dernier attestera par un écrit signé de sa main, et, s'il le faut, en donnant sa parole royale, il supplie Sa Majesté de lui faire rendre ces Maures et les 500 *dobla* qu'il a déja payées pour eux, ce dont le Corrégidor d'Oran est instruit.

Quant aux petits-fils du cheikh Moussa ben Abd-Allah, qui sont retenus en otage pour la rançon des fils du dit cheikh, sur laquelle rançon ceux-ci restent devoir..... *doblas*, Beniazar demande que les chrétiens qui les ont faits prisonniers injustement

---

(1) Léon l'Africain et Marmol indiquent la situation de ce petit port dans le voisinage du cap Hone.

à Bouzifar (1), lorsqu'ils venaient avec la caravane, se contentent de ce qui a été déjà payé, et que Sa Majesté ordonne que les ôtages soient remis en liberté.

Le roi demande aussi que Sa Majesté supprime dans la ville d'Oran le droit de courtage (*Truxamania*), nouvel impôt qui porte le plus grand préjudice aux revenus de Sa Majesté, à ceux que le roi doit recouvrer à la porte de Tlemsên, et au commerce.

Beniazar expose ensuite que la chose que Sa Majesté doit principalement ordonner, afin d'enlever tout prétexte à une nouvelle rupture de la paix, c'est que, puisque le roi est serviteur et ami de Sa Majesté, on ne puisse, pendant la paix dans son royaume, ni sur terre, ni sur mer, faire aucun captif ; que l'on tue ceux qui, contre sa volonté, feraient la guerre aux chrétiens, mais qu'on ne les fasse pas prisonniers. Le roi promet, si la paix est rétablie, qu'aucun de ses vassaux n'attaquera ceux d'Oran…. C'est la cupidité des chrétiens qui a été la cause de la rupture survenue l'an passé.

Le roi demande, en outre, que Sa Majesté donne les ordres nécessaires pour que l'on exécute la clause relative aux soldats qu'elle a promis de lui fournir, sous condition qu'il payera la solde, et qu'elle envoie non plus 200, mais 300 hommes.

Que Sa Majesté n'exige plus à l'avenir aucun tribut des Maures qui habitent la Zafina (2) et la montagne de Guiza (3).

Après avoir donné ces explications, Beniazar déclare qu'il

---

(1) Le village de Bouzifar n'existe plus. Ce nom se retrouve dans celui de *Bouzefer*, qui est donné à un petit cours d'eau et à une annexe de la commune d'Oran.

(2) « Çafina, dit Marmol, est une grande *habitation* près d'Oran, où sont plusieurs adouares d'Arabes et de Berbères. » Cette dénomination, s'il faut en croire Suarez Montanes, était commune à toute agglomération du même genre. (Los moros del reyno llaman *Safina* donde hacen grande junta de aduares.)

(3) Le *Djebel Santo* est la synonymie moderne de la montagne de *Guiza*. Il y avait aussi un village de même nom dont parle Marmol ; il était situé entre Oran et Cheristel. Le docteur Shaw le cite, et n'oublie pas de faire remarquer la ressemblance de cette appellation avec celle de la colonie romaine de *Quiza*.

attendra la réponse des délégués de Sa Majesté, avant de leur communiquer les autres choses dont le roi l'a chargé.

Les dits Pedro de Godoy, Perafan et docteur Lebrija répondent :

Que, relativement au tribut, ils n'ont pas le pouvoir d'en affranchir le roi ; que cependant Sa Majesté consentira sans doute à abandonner les 1,000 *doblas* dont le docteur a fait remise, en raison des grains que le dit roi avait promis de livrer l'année dernière, bien qu'il n'ait pas tenu entièrement sa promesse, et que le roi n'aura par conséquent à payer que 3,000 *doblas* ;

Que, en ce qui concerne les Maures qui ont été faits prisonniers par les gens de Carthagène, ils ne doutent pas que Sa Majesté ne consente à les rendre ; mais, quant aux 500 *doblas* réclamées, ils doivent prendre les ordres de Sa Majesté pour savoir si elle veut les payer ;

Que, si les fils de Moussa ben Abd-Allah ne peuvent payer en argent ce qu'ils restent devoir pour leur rançon, ils s'acquittent en livrant des grains et du bétail, la fanègue de blé à deux réaux et celle de l'orge à un réal ;

Que la demande du roi de supprimer le droit de courtage paraît juste, et qu'ils s'engagent à solliciter cette grâce de Sa Majesté ;

Que le Maure de Mostaganem sera remis en liberté, ainsi qu'on a fait de beaucoup d'autres, sur la simple demande du roi ;

Que, relativement aux Maures qui habitent la montagne de Guiza et la Zafina, la réclamation du roi n'est pas fondée, attendu que ces Maures sont vassaux de Sa Majesté ; mais qu'on la suppliera de leur faire grâce du faible tribut qu'ils paient, lequel ne s'élève pas à cent *doblas*.

Beniazar, après avoir entendu ces réponses, déclare au nom du roi, que, puisque lesdits Pedro de Godoy, Perafan et le docteur Lebrija ne peuvent rien de plus, il ne leur fera point part des autres choses dont le roi l'a chargé ; qu'il consultera son maître et que, d'après sa réponse, il agira.

La conférence étant terminée et le docteur Lebrija se trouvant seul avec Beniazar, celui-ci lui fait connaître les autres conditions proposées par le roi de Tlemsên :

Que le marchand génois et le juif auxquels est affermée la porte de Tlemsên pour la somme de 3000 *doblas* à payer en tribut à Sa Majesté, n'ont pu et ne peuvent rien recouvrer de cette somme, à cause de la guerre qui a duré plus de quatre mois, et qu'il paraît juste de leur faire remise d'un tiers;

Que le roi sait que Sa Majesté l'Impératrice lui a envoyé une pièce de brocard, deux pièces d'étoffe écarlate et quatre de toile de Hollande, lesquels objets le corrégidor ne veut pas lui donner, parce qu'il prétend que le roi n'a pas livré les grains qu'il avait promis. Beniazar demande qu'on lui remette au moins la pièce de brocard, en échange de laquelle le roi livrera immédiatement une certaine quantité de blé.

Le roi demande aussi qu'on ne retire pas d'Oran le docteur Lebrija, parce qu'il préfère avoir à traiter avec une personne qui ait à cœur de maintenir la bonne entente entre les deux pays, attendu qu'avec les gens de guerre d'Oran, la paix ne peut pas longtemps durer.

Beniazar déclare que le roi fera aussitôt proclamer la paix, si Sa Majesté consent à l'accorder aux conditions suivantes:

Le roi paiera 2000 *doblas* pour tribut;
On lui rendra les Maures de Tabekrit et les 500 *doblas*;
On lui remettra la pièce de brocard et les autres présents qu peuvent valoir 500 *doblas*.

De son côté, il livrera immédiatement 5000 ou 6000 fanègues de blé, à un demi-ducat, et les fera conduire à *Risgol* (Harchgoun) (1) à l'embouchure de la rivière.

Les marchands d'Oran offrent de payer, pour le maintien de la paix, mille *doblas* sur les 3000 que le roi doit pour le tribut.

---

(1) Harchgoun ou Arechkoul était au 12ᵉ siècle le port de Tlemsên. Cette ville, qui n'existe plus, était située sur les bords de la Tafna (*el rio de Aresgol*, comme l'appelaient les Espagnols), à deux milles de l'embouchure de cette rivière; selon toute apparence, elle occupait l'emplacement de l'ancienne *Siga*.

XIV.

LETTRE DE JACOB ALEGRE ECRITE EN HÉBREU.

TLEMSEN, 22 FÉVRIER. . . . . (1)

Arch. de Simancas. — Estado, Legajo 461).

Je vous fais savoir que 22 arquebusiers sont sortis de Tlemsên pour renforcer la garnison d'*Agabel* (2). Après leur départ, certains cavaliers, accourus du Ponant, ont appris au roi que son fils marchait contre lui avec de grandes forces, et le roi a envoyé immédiatement l'ordre aux arquebusiers de revenir à Tlemsên. On s'attend à ce que l'affaire sera rude.

Informez les seigneurs Pedro de Godoy et le corrégidor d'Oran que je suis entièrement à leur disposition, et demandez-leur s'ils veulent que je leur envoie des courriers pour être avisés de tout ce qui se passe. Dites-leur d'agir libéralement avec les Arabes et de se tenir prêts, car le moment est venu de châtier celui qui le mérite (3).

On attend aujourd'hui à Tlemsên Bou-Ziân, le kaïd d'Agabel.

---

(1) La lettre qui suit nous fait connaître la date de celle-ci (22 février 1531).

(2) *Gabel*, *Agabel*, *Akbel*. — « Ancienne ville située à 4 lieues d'Oran, dit Marmol, qui fut détruite par un roi de Fez et ne s'est jamais relevée depuis. Elle était fort peuplée et avait de bonnes murailles. Les Arabes qui habitent son territoire sont riches en blé et en troupeaux ». — Au rapport d'O. Mac-Carthy, Akbel est l'ancienne *Gilva*. On distingue encore les ruines de la ville arabe, en face de Miserguîn, au-delà du grand lac salé.

(3) On voit par cette lettre que la conférence de l'année précédente ne s'était pas terminée heureusement. L'Empereur avait sans doute refusé d'accepter les propositions du roi de Tlemsên ; et celui-ci, cédant aux inspirations de Khaïr-ed-Dîn, dont les intrigues ne cessaient d'agiter le pays, avait décidément rejeté la suzeraineté de l'Empereur. La lettre suivante du corrégidor d'Oran donne au sujet de la rébellion du fils du roi des détails plus complets.

Un de ses messagers, qui l'a précédé ici, nous a appr. que les chrétiens ne faisaient aucune démonstration pour attaquer Agabel, et que les Arabes, qui s'étaient présentés devant cette place, se sont retirés mécontents. C'est très-fâcheux. Je vous dirai que, si l'on prenait Agabel, on y trouverait 700 silos pleins de blé.

XV.

LETTRE DU DOCTEUR LEBRIJA, CORRÉGIDOR D'ORAN,
A SA MAJESTÉ L'IMPÉRATRICE (1).

Oran, 23 février 1531.

(Arch. de Simancas — Estado, Costas de Africa, Legajo 461.)

Depuis que le roi de Tlemsên a rompu la paix, j'ai écrit plusieurs fois à Votre Majesté en lui faisant connaître ce que je croyais opportun de faire dans la circonstance pour obliger Mouleï Abd-Allah à se soumettre; mais on n'a répondu à aucune de mes lettres. Il est urgent cependant d'aviser, dans l'intérêt du commerce et de l'approvisionnement d'Oran, et de rétablir les choses comme elles étaient autrefois. Je pense d'ailleurs que Votre Majesté m'avait écrit et envoyé ses instructions à ce sujet par le navire qui a été obligé de relâcher à Minorque. Nous l'attendons avec le premier bon vent.

J'ai appris de source certaine que le fils du roi a quitté Tlemsên, sans la permission de son père, et a rejoint les Arabes du Ponant. On dit qu'il s'est approprié une partie de ses trésors. Voulant mettre à profit cette circonstance, je n'ai rien négligé pour amener les Arabes de la province à se déclarer contre le roi. Les principaux cheikhs sont venus à Oran et ont promis de faire cause commune avec le prince révolté. Ils ont même offert de livrer comme ôtages vingt de leurs enfants, si on voulait leur

---

(1) Isabelle de Portugal, femme de Charles-Quint. A cette époque, l'Empereur était en Allemagne, où il s'occupait de l'élection de son frère Ferdinand comme roi des Romains.

donner quelques soldats, afin de les aider à prendre le *Corral* d'Akbel, où se sont établis dix à douze arquebusiers et d'autres gens du roi de Tlemsên. Ils assuraient qu'en voyant les chrétiens ou même en apprenant que nous nous disposions à attaquer Akbel, la petite troupe qui occupe ce poste s'empresserait de l'abandonner.

Akbel, d'après le rapport qui nous a été fait par le capitaine Gonzalo de Alcantara et le jurat Luis Hernandez, que nous avions envoyés sur les lieux, et par d'autres personnes, est situé à quatre lieues d'Oran, dans la plaine, et le *Corral*, dont il s'agit, n'est qu'un espace découvert de 50 pas, entouré d'une muraille en pierres sèches, crénelée et haute de deux *statures d'homme* (1) ; mais c'est tout ce qu'il faut pour résister aux Arabes.

J'étais d'avis qu'on accordât aux cheikhs les soldats qu'ils demandaient, et j'ai même offert de les accompagner à Akbel. Mais les deux lieutenants du marquis Pedro de Godoy et Hernando Arias s'y sont opposés. Votre Majesté trouvera ci-joint la demande que je leur avais adressée, ainsi que leur réponse (2). Je considère leur refus comme une chose fâcheuse, parce qu'on m'a informé qu'Akbel, le canton le plus fertile du royaume, renferme de nombreux silos, et qu'on y trouverait plus de 50,000 fanègues de blé, sans compter de grandes quantités d'orge.

Convaincu que l'alliance de ces cheikhs arabes serait très-utile, et qu'avec leur aide on pourrait enfin mettre à la raison le roi de Tlemsên, je fais tout mon possible pour les maintenir dans leurs

---

(1) *Estado*, mesure de la hauteur d'un homme.

(2) Après la mort de D. Diego de Cordoba, marquis de Comarès, Charles-Quint donna à son fils, D. Luis de Cordoba, 2ᵉ marquis de Comarès, le gouvernement d'Oran et de Mers-el-Kebir. D. Luis fut capitaine général de 1522 à 1534, et s'absenta deux fois de son gouvernement, en 1523 et en 1531. Ces renseignements nous sont fournis par un document inédit précieux, qui contient une liste chronologique des capitaines généraux de Mers-el-Kebir et d'Oran, de 1505 à 1708 (première occupation). Le même document nous apprend que, pendant la seconde absence de D. Luis de Cordoba, Pedro de Godoy fut capitaine général par intérim (de 1531 à 1534). — La sommation et la réponse des lieutenants du marquis de Comarès, dont parle ici le docteur Lebrija, n'ont pas été retrouvées.

bonnes dispositions. La ville manque de pain ; mais, grâce auxdits Arabes, elle est bien approvisionnée de viande. Depuis huit jours, ils nous ont procuré cent bœufs, 500 moutons et des dattes ; mais il est urgent que d'ici à huit autres jours, la situation s'améliore : autrement, comme le carême approche, il faudra que la garnison se résigne à faire gras, si elle veut manger.

La provision de blé et d'orge est entièrement épuisée : il ne reste que vingt fanègues. J'ai dit qu'on les gardât pour nourrir les Arabes. Quant à nous-mêmes, tous, habitants et soldats, nous n'avons que du biscuit, vieux de plusieurs années et à demi corrompu ; mais comme nous savons qu'un navire chargé est tout prêt à appareiller de Malaga, nous croquons ledit biscuit sans trop nous plaindre, et l'espérance nous le fait trouver bon. Il y a encore un peu de riz, et, de temps en temps, on a du poisson : avec tout cela, nous parvenons à vivre ; mais on a tort de tenter Dieu si souvent. La population est exposée à se passer de pain pendant longtemps encore, si malheureusement le navire de Malaga vient à se perdre comme l'autre (1). Je regrette qu'on ne m'ait pas permis d'aller à Akbel ; je ne serais pas obligé d'importuner Votre Majesté, ainsi que je le fais ; mais personne ne m'obéit ici, à moins que Votre Majesté ne l'ordonne.

A diverses reprises, le marquis de Comarès a écrit que le gouvernement d'Oran ne le regarde plus. Ses lettres ont produit un très mauvais effet. Tout est dans la plus grande confusion, et rien ne se fait comme il conviendrait. Je ne puis vous dire tous les inconvénients qui résultent de la situation ; mais, à mon avis, si l'on veut remédier au mal, il importe que le Marquis revienne bien vite ; s'il s'était trouvé ici, je sais qu'il n'aurait jamais permis que la garnison devînt ce qu'elle est devenue. En somme, c'est **Votre Majesté** qui paie tout.

---

(1) On voit par ce passage quelle était la triste situation d'Oran, n'ayant plus pour s'approvisionner la ressource du roi de Tlemsén.

XVI.

LETTRE DU DOCTEUR LEBRIJA, CORRÉGIDOR D'ORAN, A SA MAJESTÉ.

Oran, 27 février 1531.

(Arch. de Simancas. — Estado, Legajo 461).

Le 23 de ce mois, j'ai fait connaître à Votre Majesté les troubles qui ont éclaté dans le royaume de Tlemsên, la fuite du fils roi Abd-Allah et sa jonction avec les chefs rebelles du Ponant. On nous apprend à l'instant qu'ayant réuni beaucoup de monde, ce prince s'est dirigé sur Tlemsên et qu'il a fait appel aux cheikhs de cette partie du royaume. Ce sont les mêmes qui, comme je l'ai dit précédemment à Votre Majesté, ont mis leurs enfants en ôtage dans cette ville, en nous demandant de leur donner quelques chrétiens pour les aider à prendre Akbel, ce qui serait pour Oran une chose très-avantageuse ; mais on n'a pas cru devoir leur accorder les soldats qu'ils demandaient.

J'ai pensé qu'il convenait que ces Arabes ne s'en allassent pas trop mécontents du refus qu'ils ont éprouvé, et, comme ils sont misérables, je leur ai fait distribuer des bournous et quelques autres objets. Que Votre Majesté veuille bien ordonner que cette dépense s'élevant à 200 *doblas* et faite pour son service et dans l'intérêt de cette ville, soit payée par Cristoval Rejon.

Je demande aussi, puisque le roi de Tlemsên le mérite si bien, qu'on lui suscite au moins des embarras, si on ne veut pas lui faire la guerre sérieusement.

Il me semble qu'avec l'escadre de D. Alvaro de Bazan et avec l'appui de ces mêmes Arabes qui tiennent la campagne et ont avec eux le fils du roi, on pourrait infliger à Mouléï Abd-Adallah quelque correction qui aurait d'excellents résultats.

. . . .

J'en étais là de cette lettre, lorsqu'on est venu me prévenir que deux navires apparaissaient au large, venant du côté de Malaga. Comme je pense qu'ils nous apportent des secours en pain, blé et orge, ainsi que les instructions de Votre Majesté sur la conduite que nous devons tenir ultérieurement, je ne m'étendrai pas sur les inquiétudes que nous avions ici à ce sujet. Je ne sais si je pourrai retenir le bâtiment qui doit vous porter cette lettre, jusqu'à ce que ceux qui sont en vue soient arrivés, parce que le vent qui leur est contraire est précisément favorable pour partir d'Oran.

XVII.

Lettre du maure Zirique a Pedro de Godoy et au Corrégidor d'Oran.

mars 1531.

(Arch. de Simancas. — Estado, Legajo 461.)

Votre fils Zirique vous fait savoir qu'il y a eu un combat entre les Arabes et les gens du roi. Les Arabes ont été vainqueurs. Ils ont saccagé tout le pays et fait d'Akbel un monceau de pierres. Mohammed, le fils du roi, est sous les murs de Tlemsên et tient la ville bloquée. Il a écrit à tous les Arabes, ennemis de son père, pour les inviter à se réunir à lui. Le roi est fort perplexe ; il ne sait s'il doit rester ou fuir (1).

---

(1) Cette lettre et celle de Jacob Alègre (XIV) font partie d'une même liasse de documents. Les autres pièces sont des lettres de cheikhs arabes, tous ennemis du roi de Tlemsên. On n'a pas cru devoir les publier, elles se ressemblent toutes : ce sont des protestations de fidélité et de dévouement à l'empereur et au *roi* Mohammed. Ces cheikhs étaient nombreux et puissants, et on s'étonne que l'empereur Charles-Quint ne mit pas à profit cette bonne occasion de relever son influence dans le royaume de Tlemsên. Comme on l'a vu, le docteur Lebrija, conseillait de traiter avec Mouléï Mohammed, mais Pedro de Godoy s'y refusait. Il y a lieu de croire que la sourde hostilité qui existait entre les deux pouvoirs civil et militaire, empêcha le gouvernement espagnol d'intervenir dans la lutte. Il convient aussi d'ajouter que l'empereur se trouvait en ce moment fort occupé en Allemagne.

XVIII.

Lettre du docteur Lebrija, corrégidor d'Oran a Sa Majesté l'Impératrice.

Oran, 10 mars 1531.

(Arch. de Simancas. — Estado, Legajo 461).

Mouléï Abd-Allah est bloqué dans sa capitale par son fils. Il me semble que le moment serait bien choisi pour en finir une bonne fois avec lui, à peu de frais. Si le Marquis revenait à Oran, et si les galères qui ne sont pas loin, se montraient de ce côté, tous les Arabes de la province, je n'en doute pas, feraient cause commune avec nous, et Votre Majesté pourrait placer à Tlemsên un roi à sa convenance, qui tiendrait ses promesses mieux que ne l'a fait celui-ci.

Mais d'après tout ce que j'entends dire, je n'ose plus espérer que le Marquis reviendra ici. Comme je ne veux pas importuner Votre Majesté, je n'entrerai à ce sujet dans aucun détail. Le Marquis a écrit que l'affaire d'Oran ne le regarde plus. Nous l'avons supplié vainement, nous lui avons dit que nos vies et nos fortunes étaient entre ses mains, la seule réponse que nous ayons pu obtenir de lui, c'est que Dieu nous aidera. (1)

On a licencié un certain nombre de soldats, et la garnison, en y comprenant les pionniers, ne se compose aujourd'hui que de 1,500 hommes, comme l'a ordonné Votre Majesté. 106 pionniers de Minorque ont été envoyés ici ; quelques-uns sont tombés malades et d'autres ont été reconnus incapables pour le service. Leur nombre s'élève à 26. On a occupé les 80 qui restent aux travaux de réparation de la Kasba, et vers le milieu du mois on

---

(1) Le marquis de Comarès ne revint pas à Oran et fut remplacé, le 24 juin 1534, par le comte d'Alcaudète. On ne peut expliquer que par quelque dissentiment survenu entre le conseil de Castille et D. Luis de Cordoba, la réponse de ce dernier : « *que l'affaire d'Oran ne le regardait plus.* »

enverra une partie de ces pionniers travailler aux fortifications de Mers-el-Kebir. Par suite du manque de chaux, on n'avait pu encore rien commencer ; on attendait de jour en jour l'argent qui nous fait défaut et que doit apporter Cortinas ; mais nous avons fait de notre mieux dans la circonstance, et nous avons en ce moment 200 *cahiz* de chaux pour entreprendre les premiers travaux de Mers-el-Kebir.

XIX.

LETTRE DU DOCTEUR LEBRIJA, CORRÉGIDOR D'ORAN, A SA MAJESTÉ L'IMPÉRATRICE. (1)

Oran, 22 juin 1531.

(Arch. de Simancas. — Estado, Legajo 461.)

Votre Majesté aura sans doute pris connaissance des lettres que nous avons reçues du roi Mohammed, et que lui a envoyées Pedro de Godoy, par l'entremise du marquis de Comarès. De mon côté, j'ai expédié, par la voie de Carthagène, un double des dites lettres adressé à Georges Ruiz de Alarcon.

L'occasion qui se présente est très-favorable, et j'ai l'espoir que Votre Majesté voudra bien ordonner qu'on ne la laisse pas échapper. Si le marquis de Comarès est toujours capitaine-général de ce royaume, et, si dans les conjonctures actuelles il n'est pas ici, je ne sais pour quel temps il se réserve. Mon avis est qu'il faudrait agir avec un peu plus d'ardeur et qu'il im-

---

(1) La lettre précédente, datée du 10 mars, annonçait que le prince Mohammed tenait son père bloqué dans Tlemsén. Il paraît que ses affaires, au mois de juin, n'allaient plus aussi bien, car, dans celle-ci, il est question de son arrivée à Oran et de son intention d'y laisser ses femmes et ses enfants comme ôtages, en échange des troupes et de l'argent qu'il demande pour tenter une nouvelle expédition. Il y a lieu de remarquer que le Corrégidor d'Oran lui donne le titre de roi, ce qui semblerait indiquer que le gouvernement espagnol l'avait reconnu comme tel. Cependant les lettres qui suivent nous apprennent que l'on continuait à négocier avec le roi de Tlemsén.

porte d'obliger chacun au service qu'il doit à votre majesté.

Il convient également que nous soyons promptement informés de tout ce qu'elle voudra bien ordonner, afin que nous sachions comment nous devons nous conduire avec le prince et les gens qui marchent avec lui, lesquels sont, nous assure-t-on, plus nombreux qu'on ne le peut croire. Nous aurons bientôt ici le prince, ses femmes et ses enfants, qu'il veut nous donner en échange des troupes, des effets et de l'argent dont il aura besoin pour son expédition ; les principaux cheikhs arabes ont promis aussi de nous livrer des ôtages. Le roi Mohammed nous presse à ce sujet, en nous faisant les plus belles promesses. Comme j'ai entendu dire que, s'il n'envoie pas des ambassadeurs à Votre Majesté, c'est parce qu'il manque d'argent, je lui ai offert de payer les frais de leur voyage, et même d'aller avec eux, s'il était nécessaire. Je prie Votre Majesté, si cela lui convient, de nous faire connaître sans retard ce qu'elle aura décidé.

XX.

Lettre écrite a Sa Majesté sur la nécessité de former une armée navale pour attaquer Barberousse (1).

Avila, 26 juillet 1531.

(Arch. de Simancas. — Estado, Legajo 461.)

Par le rapport ci-joint du conseil de la Guerre (2), Votre Majesté apprendra qu'il est venu ici un Arabe, envoyé par les cheikhs voisins d'Alger, lesquels demandent que Votre Majesté veuille bien ordonner à son *armada* de prendre possession de cette place. Ces chiekhs ont tué à Barberousse un grand nombre de Turcs, lui ont enlevé quelques pièces d'artillerie et l'ont placé dans

---

(1) Cette lettre n'est pas signée; mais celui qui l'a écrite était certainement un des ministres de l'empereur.

(2) Le rapport dont il est ici question n'a pas été retrouvé.

une fâcheuse position ; ils sont résolus à seconder Votre Majesté, et ils pensent que l'occasion est très-favorable pour chasser d'Alger ce corsaire. Comme l'été est trop avancé et que la dite *armada* ne pourrait être prête cette année, Votre Majesté verra également la réponse qui a été faite à cet Arabe, en vue d'entretenir les cheikhs dans leurs bonnes dispositions.

En conséquence, et vu la nécessité d'équiper la flotte pour le printemps prochain, ainsi que l'occasion favorable qui se présente de se rendre maître d'Alger, par suite de la défaite des renforts que le Grand-Turc envoyait à Barberousse (1) et de sa situation critique, le très-révérend Archevêque de Tolède, désireux de servir Dieu et Votre Majesté et de voir mener à bonne fin une entreprise aussi importante pour le bien et la conservation de ces royaumes, m'a offert de donner, si Votre Majesté veut bien faire disposer l'*armada* pour l'époque indiquée ou pour l'été prochain, 50,000 fanègues de blé et 12,000 ducats en argent pour les autres vivres nécessaires à la troupe, que l'on embarquera, et comme le secours offert et le service rendu par le dit archevêque sont considérables, il paraît juste que Votre Majesté en tienne compte ainsi que de raison, et l'en remercie.

Il importe aussi que Votre Majesté veuille bien ordonner qu'il soit pourvu à tout ce qui peut être utile à la dite armée navale. Votre Majesté a déjà par écrit la note des troupes, des objets divers et de l'argent que nécessitera la flotte. Cette note a été approuvée par André Doria, quand il vint ici, et je m'abstiens d'insister à ce sujet ; mais il est urgent de s'occuper de tous ces détails sans perdre de temps, autrement l'armée ne sera pas prête au moment opportun.

---

(1) L'auteur de la lettre fait sans doute allusion à l'affaire de Cherchell. « L'amiral André Doria, dit Marmol, ayant appris que la flotte de Barberousse était à Cherchell, vint l'attaquer et l'incendia. Ayant débarqué ses troupes, il força la ville et délivra 800 captifs chrétiens ; mais les soldats espagnols s'étant répandus dans les maisons pour piller, les Turcs qui s'étaient réfugiés dans le château, firent une sortie, en tuèrent près de 400 et mirent le reste en fuite. La gloire de cette entreprise se trouva ainsi ternie par l'avarice des soldats. Quoiqu'il en soit, tous les vaisseaux turcs furent brûlés ou pris. »

Il semble non moins indispensable qu'une bonne partie des troupes aguerries, qui se trouvent en Italie, soient embarquées sur les galères d'André Doria ou sur d'autres navires pour être réunies aux forces qui seront rassemblées ici. Il conviendra également que Votre Majesté fasse venir de Flandres un bon détachement d'artillerie et des approvisionnements en poudre et en boulets, parce qu'il n'y a pas en Espagne d'aussi bons établissements pour les fabriquer. Enfin, il est à propos que Votre Majesté n'oublie pas, ainsi que je l'en ai déjà prévenue, que beaucoup des pièces qui ont été amenées ici la dernière fois ont éclaté, et qu'il y a lieu d'aviser à ce que celles que l'on voudra fabriquer soient fondues dans des conditions convenables.

Quand au choix du capitaine-général chargé de commander la flotte, le très-révérend Archevêque de Tolède offre, si Votre Majesté y consent, de partir lui-même ; si pour de certaines considérations, Votre Majesté croit devoir désigner une autre personne, il en sera bien aise ; mais il insiste pour qu'on entreprenne une expédition d'une si haute importance. (1)

XXI.

Lettre de Pedro de Godoy (2) a l'archevêque de Santiago.

Oran, le 20 août 1531.

(Arch. de Simancas. —Estado, Legajo 461.)

Voici ce qui se passe en ce moment dans le royaume de Tlemcên, et ce que je puis dire à Votre Seigneurie. Le roi et son fils se font la guerre. Mouléï Abd-Allah a envoyé son *Me-*

---

(1) Cette lettre nous apprend qu'en 1531, on songeait sérieusement en Espagne à tenter une troisième expédition contre Alger ; mais on sait qu'elle n'eut lieu qu'en 1541, et que, bien que commandée par Charles-Quint lui-même, elle fut aussi malheureuse que celles de Diego de Vera (1516) et de Hugo de Moncada (1519).

(1) On a vu que Pedro de Godoy était gouverneur intérimaire d'Oran.

zouar (1), avec une partie de ses gens, contre le prince Mohammed. Il y a eu un combat, et l'avantage, dit-on, est resté à ce dernier ; mais le kaïd des Beni-Rachid étant survenu avec 500 cavaliers, le fils du roi a dû se retirer.

Tous les Arabes du royaume sont soulevés : les uns sont pour le roi, les autres pour son fils. Mais je crois que tous les cheikhs de cette partie du Levant se joindraient au prince Mohammed s'il se montrait de ce côté. Il conviendrait fort que la chose arrivât, parce que si le fils du roi devenait notre allié, nous tiendrions en main toutes les bonnes cartes du jeu, et Sa Majesté pourrait jouer la partie comme elle l'entendrait (2). Avec le prince Mohammed, nous aurions les Arabes, et le roi de Tlemsên, abandonné par eux, serait bien obligé de se soumettre. Mon avis est donc qu'il faut favoriser le fils et non le père.

Pour ce qui regarde le Turc, tout ce que je puis dire à Votre Seigneurie, c'est que, si l'on est toujours dans l'intention de faire l'expédition d'Alger, il me paraît indispensable de faire d'abord celle de Tlemsên. Cette expédition peut être promptement terminée, soit qu'on fasse la guerre ou qu'on négocie avec le roi et son fils. Il me semble que les choses pourraient s'arranger pacifiquement de la manière suivante : que Sa Majesté veuille bien favoriser le prince Mohammed et le reconnaître pour roi ; qu'elle lui donne une bonne part des terres que l'on prendra au Turc, et qu'en même temps, il ne soit porté aucun préjudice au roi de Tlemsên, c'est-à-dire qu'on laisse à ce dernier tous ses domaines. Je pense que, de cette manière, tous deux se montreront satisfaits et se joindront à nous pour faire la guerre à Barberousse ; et le roi et son fils y allant, aucun Maure, Arabe ou

---

(1) « Parmi les nombreuses causes d'incertitude et d'erreur que présente l'histoire de l'Afrique arabe, dit Berbrugger, il y a les variantes de signification qu'un même nom de fonction subit d'une époque et d'une contrée à l'autre. » — Le *Mezouar* du roi de Tlemsên avait certainement d'autres attributions que celui d'Alger, agent de police, chargé de faire donner la bastonnade, et préposé à la surveillance des femmes de mauvaise vie.

(2) « Mucho convenria que se hiciese, porque si lo hubiesemos aqui con nosotros, tenriamos todas las buenas cartas del juego en la mano, y podrialo jugar Su Majestad como quisiese. »

Zenète, ne refusera de les suivre, parce que tous considèrent les Turcs comme leurs ennemis. Il ne se présentera jamais une meilleure occasion de mener à bonne fin ces deux affaires.

Le roi de Tlemsên a fait appeler un juif d'ici, et je crois que c'est dans l'intention d'entrer en négociation. Le juif est parti. Les Arabes, que Mouléï Mohammed nous a envoyés, ont été un peu scandalisés en apprenant le départ de ce juif pour Tlemsên. J'ai fait de mon mieux pour les apaiser. Voilà ce qui arrive quand on entretient des intelligences avec les deux partis.

Je puis certifier à Votre Seigneurie que la troupe qui tient ici garnison sert mieux que celle de bien d'autres frontières, et cependant cette troupe est la plus mal partagée. Si l'on pense toujours à faire de cette place d'Oran un lieu destiné à recueillir tous les gens de guerre de mauvaise vie qui se trouvent en Castille, il conviendrait qu'on leur assignât un quartier particulier, où ils seraient nourris et entretenus jusqu'au moment de les employer utilement; autrement, on chassera d'ici le petit nombre de bons soldats qui nous restent.

Don Alvaro de Bazan est arrivé à Mers-el-Kebir, le 13 de ce mois, avec onze galères et une fuste. Eu faisant route sur Risgol (Harchgoun), il rencontra une fuste ennemie et lui donna la chasse; mais, comme les Turcs avaient sur lui une grande avance, ils ont eu le temps de se jeter à la côte et se sont sauvés. Toutefois, quinze Chrétiens esclaves, qu'ils avaient avec eux, ont pu s'enfuir.

XXII.

Lettre du docteur Lebrija, corrégidor d'Oran, a Sa Majesté l'Impératrice.

Malaga, 2 septembre 1531.

(Arch. de Simancas. — Estado, Legajo 461.)

Ainsi que je l'ai déjà mandé plusieurs fois à Votre Majesté, j'ai mis tout en œuvre pour déterminer les Arabes du royaume à faire cause commune avec nous, parce qu'il me paraissait que, de cette manière, on pourrait arriver à châtier le roi de Tlemsên de son manque de foi et de son obstination à ne plus permettre à ses gens de nous apporter des vivres, comme ils le faisaient autrefois. A cet effet, j'avais entamé des négociations avec le prince Mohammed et fait en sorte que son père, le roi Abd-Allah en fût informé par la voix la plus sûre, afin qu'il comprît tout ce qu'il avait perdu en renonçant à servir Votre Majesté.

Il y a quinze jours, il me demanda de lui envoyer une personne avec laquelle il pût s'entendre, et je m'empressai de faire partir deux juifs, hommes prudents et instruits, les plus adroits que j'avais pu trouver. D'abord tout alla bien, le roi paraissait content de renouer les négociations ; mais, sur ces entrefaites, il arriva à Tlemsên un ambassadeur du Grand-Turc. Mouléï Abd-Allah fut si fier de la venue de cet envoyé que, non content de refuser audience aux deux juifs, il ordonna leur arrestation et les fit mettre à mort.

Dans le même temps, le prince Mohammed me faisait prévenir de son arrivée prochaine à Oran, avec ses femmes, ses enfants et les principaux cheikhs de son parti ; il me disait qu'il nous amenait les ôtages qu'on lui avait demandés. Je me trouvais fort embarrassé, car j'avais, en effet, promis au prince que, s'il remettait sa famille entre nos mains et si les cheikhs en fesaient autant, Votre Majesté lui donnerait des hommes et de l'argent pour s'emparer de Tlemsên, sous condition qu'il exécuterait plus fidèlement que son père les clauses du traité qui serait conclu.

Il y a longtemps déjà que le prince Mohammed a écrit à ce sujet à Votre Majesté ; mais il n'a reçu aucune réponse. Ne sachant que lui dire, je n'ai pas cru devoir l'attendre, et je me suis entendu avec le commandant des navires de Votre Majesté pour effectuer mon passage jusqu'ici (1). Toutefois, j'ai laissé, en partant, des instructions relativement à ce que l'on devra répondre

---

(1) Le corrégidor d'Oran aurait pu ajouter, comme Pedro de Godoy *Tales son los inconvenientes de tener inteligencias con ambas partes* (tels sont les inconvénients d'entretenir des intelligences avec les deux partis). — Cette politique sans décision et sans franchise du gouvernement espagnol ne lui profita guère, comme on le verra plus loin.

au prince, lorsqu'il se présentera. J'ajouterai que ce motif n'est pas le seul qui m'ait décidé à me rendre en personne auprès de Votre Majesté ; j'ai aussi à lui faire part de beaucoup d'autres particularités, qu'il n'est pas toujours possible d'expliquer par correspondance.

Je considère la prise de Hone et son occupation comme une chose fort importante (1). Il sera facile maintenant de punir le roi de Tlemsên ou de l'obliger à tenir ses promesses. En partant de Hone, plus rapprochée de Tlemsên que ne le sont Oran et Mers-el-Kebir, on pourra, sans beaucoup de peine, pénétrer dans l'intérieur du royaume et enlever à Moulêï Abd-Allah la meilleure partie de ses possessions. Je m'arrêterai ici jusqu'à ce que j'aie vu le terme de la maladie de ma femme, que j'ai trouvée accablée par la fièvre, puis je me rendrai auprès de Votre Majesté pour connaître ses intentions relativement aux affaires de ce pays.

XXIII.

Lettre de l'Archevêque de Tolède a Sa Majesté (2)

Avila, 8 septembre 1531.

(Arch. de Simancas. — Estado, Legajo 461.)

D. Alvaro de Bazan, avec onze galères et deux brigantins, — lesdits navires bien équipés et pourvus de vivres pour deux

---

(1) La lettre suivante raconte la prise de Hone.

(2) On ne trouve nulle part, sur la prise de Hone, les détails précis que contient cette lettre. Il paraît que cette ville, qui n'existe plus aujourd'hui, avait alors une certaine importance. L'archevêque de Tolède dit « qu'elle était à peu près aussi grande que Malaga, ceinte de bonnes murailles avec une citadelle très-forte ». — Pellissier raconte, d'après Marmol, que la ville de Hone fut prise en 1533. C'est une erreur, comme le démontre le présent document. Hone fut occupée par les Espagnols en 1531, le 24 août, jour de la Saint-Barthélemy. Pellissier ajoute que D. Alvaro de Bazan, après y avoir établi une bonne garnison, s'éloigna peu de jours après. « A quelque temps de là, dit-il, D. Alvaro reparut porteur d'ordres plus rigou-

mois, — sortit de Malaga (au mois d'août dernier) dans le but d'entreprendre quelque chose d'utile pour le service de Notre Seigneur et de Votre Majesté. Il fit route pour Oran où il prit avec lui 250 soldats de la garnison de cette place, conformément à ce que j'avais prescrit à ce sujet. J'avais envoyé l'ordre à Pedro de Godoy que, si ledit D. Alvaro demandait quelques compagnies, on les lui donnât.

Avec ce renfort, D. Alvaro partit d'Oran, et le jour de la Saint-Barthélemy, il se présenta devant la ville de Hone qui appartient au roi de Tlemsên. Il pénétra dans le port avec l'escadre de Votre Majesté, et, grâce aux bonnes dispositions qu'il avait su prendre, il plut à Dieu qu'il se rendît maître de la ville et de la Kasba.

La place ne s'attendant pas à être attaquée se trouvait dépourvue d'une partie de sa garnison ordinaire, ce qui a facilité ce coup de main. La conquête de Hone nous a coûté peu de monde : nous avons eu seulement quarante hommes tués et cent blessés.

D. Alvaro m'écrit d'Alméria qu'il a laissé pour garder la ville 700 hommes, dont 400 arquebusiers, avec des vivres pour quinze jours et vingt pièces d'artillerie, dont seize petites et quatre plus grosses qu'il a prises dans la Kasba. De Malaga, où il se trouve en ce moment, il doit envoyer à Hone deux galères chargées de blé avec quelques autres provisions. Pour défendre cette place, il pense qu'il suffira d'une garnison de 400 soldats et de 120 lances, et il me prie de donner des ordres pour que cette troupe, destinée à remplacer les hommes de ses galères qu'il a dû laisser à Hone, soit mise à sa disposition. Cette opération terminée et ses équipages remis au complet il reprendra la mer

---

reux. La ville, qui d'abord avait été pillée et saccagée, fut, cette fois, complètement détruite. » La ville de Hone fut, en effet, abandonnée par les Espagnols, mais trois ou quatre ans après. En 1534, ils l'occupaient encore, ainsi que le prouvent deux lettres de Inigo de Vallejo, commandant de Hone, en date des 13 mars et 26 avril de cette même année. — Suarez Montanes, dans le fragment inédit de sa *Chronique d'Oran* dont nous avons parlé, relève cette erreur de Marmol.

avec son escadre et ira sur un autre point tenter quelque bonne entreprise.

Des personnes qui connaissent bien le pays m'ont assuré que la ville et le port de Hone étaient d'une grande importance. Cette place, ceinte de bonnes murailles, a une citadelle très-forte, et elle n'est éloignée que de douze lieues de Tlemsên, ce qui est un grand avantage pour les relations commerciales que l'on pourra établir avec les Maures de cette partie du royaume, et en même temps pour tenir le roi de Tlemsên dans notre dépendance. Oran se trouvera aussi plus en sûreté, parce qu'il est à croire que, nous voyant solidement établis sur une nouvelle frontière, le roi de Tlemsên ne sera pas tenté de venir l'attaquer.

Il a donc été jugé convenable de conserver Hone en attendant que Votre Majesté ait fait connaître ce qu'elle aura décidé à ce sujet, et j'ai cru devoir donner des ordres pour que les 400 soldats, demandés par D. Alvaro, fussent mis à sa disposition en plus des 250 qu'il a pris à Oran, et que 100 lances *des Gardes* fussent aussi envoyées à Hone pour y tenir garnison. Pour le présent, il n'y aura d'augmentation de dépense que pour l'artillerie, les 400 hommes envoyés d'ici, les munitions et les autres approvisionnements nécessaires. Quant aux 250 soldats tirés d'Oran, ils n'accroîtront pas les frais, non plus que les 100 lances qui seront payées par les gardes. On peut craindre, il est vrai, que le roi de Tlemsên, en apprenant la perte de Hone, ne cherche à se réconcilier avec son fils, et que tous deux ne se concertent pour tenter quelque chose contre cette place ou contre celle d'Oran. Dans ce cas, il faudra des secours d'hommes et d'argent ; mais je ne crois pas que cela arrive.

J'envoie à Votre Majesté un plan de la ville de Hone et de son port (1). J'ajouterai que son enceinte est un peu moins grande que celle de Malaga. Après avoir examiné ce plan, Votre Majesté avisera et m'enverra ses instructions. On espère que l'occupation de Hone permettra de réduire celle d'Oran, dont on pourrait con-

---

(1) On n'a pas retrouvé le plan de la ville et du port de Hone, qui devait accompagner la lettre de l'archevêque.

server seulement les forteresses et démolir tout le reste, ce qui serait une grande économie.

D. Alvaro de Bazan a si bien conduit toute cette affaire qu'il paraît juste que Votre Majesté lui en témoigne sa satisfaction. On pense qu'elle devrait lui octroyer la lieutenance de Hone. Blasco Nunèz, de Malaga, que j'avais envoyé sur la flotte en qualité d'inspecteur général des galères, s'est également très-bien montré, ainsi que le commissaire général, qui est inspecteur ordinaire et un excellent serviteur. Je prie Votre Majesté de ne pas oublier de les récompenser tous deux.

XXIV.

Lettre de Mouleï Mohammed, roi de Tlemsên, a Pedro de Godoy et au corrégidor d'Oran.

1531.

(Arch. de Simancas. — Estado, Legajo 461.)

J'ai reçu vos lettres et compris que vous me voulez du bien. Je prie Dieu de vous récompenser du conseil que vous m'avez donné pour que ma demande fût accueillie favorablement. Je mets toute ma confiance dans votre bonne et solide amitié. Aidez-moi et soyez mes interprètes auprès de l'empereur, roi de Castille. Faites-lui connaître la situation dans laquelle je me trouve, et qu'il sache que je suis votre ami. Je m'en remets entièrement pour tout ce qui me concerne à ce que vous jugerez à propos de faire. Vous savez mieux que moi ce que, dans la circonstance, il est utile de dire à Sa Majesté : celui qui est sage n'a pas besoin qu'on le conseille. Veuillez écrire aussi au Marquis (de Comarès), l'informer de ma bonne volonté et lui raconter tout ce qui se passe.

Pour le reste, je charge mon serviteur Ben Taleb, qui connait toutes mes affaires, de conférer avec vous.

XXV.

Réclamation de D. Inigo de Vallejo Pacheco, gouverneur de la ville de Hone (1).

21 avril 1532.

(Arch. de Simancas. — Estado, Legajo 461.)

Inigo de Vallejo Pacheco, gouverneur et capitaine général de Hone pour le très magnifique seigneur D. Alvaro de Bazan (2), se présente devant Juan de Godoy, alcade-mayor de ladite ville de Hone, et déclare qu'il lui a été notifié, à la requête du capitaine Miguel Perera, une cédule par laquelle Sa Majesté lui défend d'acheter la viande apportée par les Maures dans la dite ville pour y être vendue, à moins qu'elle ne soit exposée sur la place publique.

Ledit Inigo de Vallejo Pacheco élève des réclamations contre cet ordre royal et prétend que ladite cédule, basée sur des informations inexactes, porte préjudice aux places frontières des Maures et aux gouverneurs qui les tiennent de Sa Majesté.

Pour prouver cette assertion, Inigo de Vallejo Pacheco demande à faire entendre devant l'alcade-mayor, assisté du commissaire de Sa Majesté, notaire public, des témoins dignes de foi, lesquels connaissent les us et coutumes desdites places frontières, ainsi que ceux qui les commandent, afin que le résultat de leurs dépositions puisse éclairer Sa Majesté et les membres de son très-haut conseil de guerre, et que Sa Majesté puisse faire justice.

. . . .

Or donc, ce même 21 avril 1532, ont lieu, en présence de l'alcade-mayor, les interrogatoires des témoins produits par Inigo

---

(1) Ce singulier document nous fait connaître les étranges prérogatives que s'arrogeaient les gouverneurs des villes frontières.

(2) On a vu que l'archevêque de Tolède avait demandé à l'empereur d'octroyer à D. Alvaro de Bazan la lieutenance de Hone.

de Vallejo Pacheco, et voici les huit questions qui leur sont posées identiquement et successivement :

1° Connaissez-vous D. Inigo de Vallejo Pacheco et le capitaine D. Miguel Perera ?

2° Savez-vous si, sur les frontières de Portugal et de Castille, lorsque des espions viennent pour donner avis des choses qui se passent dans la contrée habitée par les Maures, il est d'usage de ne les laisser voir à personne, excepté au gouverneur et à l'interprète, lequel rapporte ce qu'ils disent ; et cela, parce qu'il y a beaucoup de *mauvais chrétiens* (maures convertis) qui, lorsqu'ils abandonnent la foi catholique et redeviennent musulmans, dénoncent lesdits espions et sont cause qu'on les tue ou qu'on les chasse du pays ?

3° Savez-vous quel est l'usage dans lesdites places frontières lorsque les *Maures voleurs* (1) y apportent, de jour ou de nuit, du butin pour être vendu ? Appartient-il au gouverneur et ne peut-il être acheté par aucune autre personne ?

4° Savez-vous si, quand un Maure quelconque, ou un cheval ou un bœuf, ou une vache ou tout autre bétail est surpris en dedans de l'enceinte, il devient oui ou non la propriété du gouverneur ?

5° Savez-vous si, lorsqu'une fuste, frétée par des Maures, s'échoue sur la plage de quelque frontière, elle est soumise au droit de bris ?

6° Savez-vous si les Maures voleurs, pendant les derniers six mois, ont amené à Hone vingt vaches volées, et si le gouverneur les a fait peser à la boucherie, à raison de vingt maravédis l'arrelde (2), ce qui met la livre à cinq maravédis ?

7° Savez-vous si la ville de Hone a quelque lieu de paix (3), où les Maures viennent vendre la viande ou d'autres provisions de bouche ?

---

(1) *Moros ladrones.*
(2) Poids de quatre livres.
(3) *Lugar de pazes*, lieu habité par des Maures de paix.

8° N'est-il pas à votre connaissance que tout ce qui vient d'être dit plus haut est de notoriété publique dans ladite ville de Hone et dans les autres places frontières de l'Afrique ?

. . . .

Les témoins, après avoir prêté serment, en étendant la main droite sur la croix et juré de dire la vérité, sont interrogés successivement sur chacune des questions posées par D. Inigo de Vallejo Pacheco.

Ces témoins sont au nombre de sept, savoir :

    Sanchez de Sepulveda, soldat.
    Martin de Verlonga,   id.
    Inigo de Ortega, artilleur.
    Inigo Serrano, écuyer.
    Antonio Morillo, id.
    Manoël Miguel, écuyer, maréchal-ferrant.
    Mariano de Requena, artilleur.

Tous ces témoins répondent affirmativement aux questions qui leur sont faites. Quelques-uns citent des exemples tirés des places de Melilla, de Çaçaça, d'Oran et de Bougie, à l'appui de leurs dépositions toutes favorables à la réclamation de D. Inigo de Vallejo Pacheco.

Le document se termine ainsi :

« Après ce qui est relaté ci-dessus, le seigneur alcade-mayor a dit qu'il ordonnait et ordonne de remettre ladite enquête juridique audit capitaine général, close et scellée en publique forme, et il a signé de son nom, Juan de Godoy, ainsi que moi, Benito Enriquez Gallego, commissaire de Sa Majesté et notaire public de ladite ville de Hone, en présence des susdits témoins. »

XXVI.

Lettre de Hernando de Quesada, ingénieur, a Sa Majesté l'Impératrice.

Oran, 24 novembre 153?.

(Arch. de Simancas. — Estado, Legajo 461.)

J'ai toujours eu le plus grand soin d'informer Votre Majesté de ce qui se passe de ce côté, afin qu'elle pût aviser en temps utile ; mais, bien que depuis longtemps déjà j'ai appelé son attention sur diverses choses très-importantes, j'attends toujours qu'elle veuille bien me faire connaître ses volontés.

Si je ne craignais de mécontenter Votre Majesté, puisqu'il n'y a personne qui la sollicite là-bas, je serais moi-même le messager qui irait l'informer de tout ce que l'on a fait ici et de tout ce qui reste à faire. S'il doit être donné suite aux fortifications projetées, il faudrait que Votre Majesté ordonnât qu'on nous fournît les choses dont nous avons un pressant besoin ; il importe qu'on ne fasse pas fausse route et qu'on termine sans retard lesdits travaux. J'ai dressé le plan d'un retranchement qu'on pourrait faire à la porte de mer et qui serait avantageux sous tous les rapports : la ville serait alors plus resserrée et plus forte. J'aurais été heureux de pouvoir placer sous les yeux de Votre Majesté ce plan, qui a été approuvé par Pedro de Godoy et les autres capitaines qui résident en cette ville.

Je prie Votre Majesté de vouloir bien m'envoyer l'argent nécessaire et des hommes, au nombre de cent ; elle doit se souvenir qu'elle avait décidé qu'on m'en donnerait 150. Je demande aussi qu'on me débarrasse des malades et de ceux qui ne savent pas travailler, afin que je puisse terminer promptement toutes ces constructions. Votre Majesté peut être assurée que nous ne perdons pas une heure, et que tout ce qu'il est possible de faire sera fait.

XXVII.

Mémoire sur les affaires d'Alger (1).

.... 1533.

(Arch. de Simancas. — Estado, Legajo 461).

Ceux qui gouvernent Alger sont Hacen Agha (2) et, en son absence, Hadj-Pacha et le caïd Ali Sordo.

Il y a dans la ville environ 1,800 Turcs.

A Ténès...............	25 avec un caïd rénégat.
A Bresk (3)...........	10.
A Cherchêl...........	30.
A Médéa..............	150.
A Miliana.............	100.
A Tedlès.............	60.
A Benora (4) (Zemmora).	20.
A Djidjel............	20.
A Collo...............	20.
A Constantine.........	300.

---

(1) Cette pièce paraît être un rapport d'un des agents secrets que l'Espagne entretenait à Alger.

(2) Khaïr ed Dîn venait de partir pour Constantinople. Cet Hacen Agha, homme habile et énergique, était un renégat sarde ; « digne émule de Khaïr ed Dîn, dit la *Chronique arabe de Barberousse*, il avait fait tous ses efforts pour mériter la haine des chrétiens. » C'est le même qui, huit ans plus tard, défendit Alger contre Charles-Quint.

(3) « Brescar, dit Marmol, est une petite ville fermée de murailles, avec plusieurs anciens bâtiments et autres antiquités romaines. Le pays rapporte force blé, orge et lin, et nourrit quantité de troupeaux. Il y vient les meilleures figues de l'Afrique. » — En 1531, un tremblement de terre renversa l'enceinte fortifiée de Bresk. Ce renseignement nous est fourni par un document espagnol qui porte la date de 1535. La ville de Bresk n'existe plus ; lorsque le docteur Shaw la visita en 1726, elle était déjà abandonnée.

(4) Nous avons vainement cherché ce nom dans le *Tachrifat* (Notes sur l'administration de l'ancienne Régence, par A. Devoulx.)

En tout, le nombre des Turcs peut s'élever à 2,600. On compte dans Alger 3,000 familles maures et 300 juives.

Hacen Agha campe dehors, en ce moment, avec 700 Turcs, 1,000 cavaliers et 2,000 fantassins arabes. Huit fustes de guerre, montées par 300 Turcs, ont rejoint l'escadre française : deux de ces navires ont été capturés, l'un, par D. Alvaro (de Bazan), l'autre, par les gens de Carthagène.

Les Arabes sont si maltraités par les Turcs, qu'ils en sont venus à désirer de voir les chrétiens maîtres d'Alger. Ils savent que les Arabes de la banlieue d'Oran entrent, quand ils veulent, dans cette ville, vendent leurs marchandises, sont bien payés, et sortent, sans que personne les inquiète. Aussi disent-ils que, si Alger était au pouvoir des chrétiens, ils pourraient faire comme on fait à Oran, et conserver ce qu'ils possèdent. Les Turcs enlèvent les femmes, et lorsque les Arabes se plaignent, personne n'ose leur faire justice.

Voici quelques détails sur l'armement d'Alger :

Dans le château d'*en haut*, il y a trois canons pierriers et cinq demi-canons ou sacres (1) ; à la grosse tour, près de la porte Bab-el-Oued, deux canons et deux sacres ; à l'angle de cette porte, du côté de la mer, quatre canons ; de ce dernier point jusqu'à la porte en face de l'île, dix-sept pièces ; de la porte de l'île jusqu'à la grande mosquée, dix pièces de bronze et quatre en fer : une de ces dernières est une forte couleuvrine (2) ; entre la mosquée et l'arsenal, vingt-une pièces, dont six petits canons en fer ; entre l'arsenal et la porte Bab-Azoun, huit pièces, et sur cette même porte, deux petits fauconneaux. (3)

Huit navires sont mouillés dans le port. Le plus grand compte dix-sept bancs de rameurs. On fabrique du biscuit en grande

---

(1) *Sacre*, demi-canon, quart de couleuvrine, dont le calibre était de 10 à 12 livres vénitiennes (3 à 4 kilogr.).

(2) *Culebrina*, couleuvrine, canon très-long et très-mince. Il y avait des couleuvrines de différents calibres, depuis 30 livres (9 à 10 kilogr.) jusqu'à 120 livres (36 à 37 kilogr.).

(3) *Falconete*, fauconneau ou sacret ; on lançait avec cette petite pièce d'artillerie des boulets en plomb de 3 livres (0 k. 906).

hâte. On en fait aussi à Médéa et à Miliana, ce qui ne s'était jamais vu. Toutes les semaines, de nombreux convois de chameaux et de mulets entrent dans la ville, et le biscuit qu'ils apportent est déposé dans certaines maisons appartenant à Barberousse.

Les habitants sont inquiets, parce qu'ils ont entendu dire que l'empereur était sur le point de faire la paix avec le roi de France ; d'un autre côté, comme ils savent que le sultan prépare une grande *armada*, ils se rassurent un peu.

XXVIII.

Mémoire du capitaine Ochoa d'Ercilla sur les affaires du Roi de Tunis.

Sans date (1533).

(Arch. de Simancas. — Estado, Legajo 461.)

Le capitaine Ochoa d'Ercilla a été, comme il en informe le conseil de Sa Majesté, longtemps prisonnier du roi de Tunis, et, à peine arrivé à Tolède, il s'empresse de lui communiquer les observations qu'il a recueillies pendant sa captivité.

Il décrit un peu longuement la ville de Tunis et ses deux faubourgs (Bab-el-Souika et Bab-el-Djezira.) — « La ville de Tunis, dit-il, qui n'a qu'une mauvaise enceinte, sans fossés ni parapets, compte à peine 6,000 habitants. Elle était plus peuplée autrefois ; mais aujourd'hui elle est comme abandonnée ; beaucoup de maisons tombent en ruines. La Kasba, entourée d'un mur en meilleur état que celui de l'enceinte de Tunis, est située dans la partie haute de la ville ; elle couvre une étendue assez considérable. La population des deux faubourgs, composée de Maures et d'Arabes, s'élève à 14.000 âmes ; elle a diminué comme celle de la ville. Le roi ne réside jamais dans l'un ou l'autre faubourg, car il est fort mal vu des habitants, qui ne lui obéissent que lorsqu'ils y sont contraints par la force. On ne trouve dans la ville et dans les faubourgs aucune artillerie. Dans la kasba, il y a un gros canon que le roi a fait fondre l'année dernière, deux autres pièces plus petites, une demi-couleuvrine et quatre sacres que les Maures de Tunis appellent *cristianiscos*, parce qu'ils ont été pris sur les chrétiens ; mais toute cette artillerie n'a ni trains, ni affûts, et je n'ai jamais vu, pour avoir soin de ces pièces et pour les servir, que quatre artilleurs (*lombarderos*), deux chrétiens et deux rénégats. »

. . . .

« Le roi de Tunis, Moulëï Hacen, est un homme de trente-cinq ans environ, bien fait, plus blanc que noir *(mas blanco que negro)*, mais efféminé, ne s'occupant que de ses plaisirs, et tellement vicieux dans sa manière de vivre, qu'il n'est pas possible de le dire (1). Il habite rarement la ville et passe la plus grande partie de son temps dans ses nombreuses maisons de plaisance, chassant au faucon ou chantant et pinçant de la guitare au milieu de ses femmes. On dirait un coq au milieu des poules (2). Il a 300 esclaves chrétiens pour le servir, sans compter ses Arabes et 24 eunuques noirs. Il dépense beaucoup d'argent, et on ne sait pas comment il peut faire, car on m'a assuré que ses revenus ne s'élèvent guère qu'à 150,000 *doblas*. Il y a sept ans que Moulëï Hacen a succédé à son père. Il avait un grand nombre de frères et de sœurs ; mais, sur le conseil de sa mère, à laquelle il obéit toujours comme s'il était encore un enfant, il les a faits tous mourir. Deux de ses frères, plus âgés que lui, qui se trouvaient absents, ont seuls échappé au massacre. »

Le capitaine Ochoa parle ensuite de certains chrétiens qui habitent Tunis, *los Rebatines* (3), comme il les appelle. Il nous

---

(1) « Basta decir que él tiene cinquenta mancebos y sesenta mancebas, y lo peor es que estos moços son todos renegados. »

(2) « Como un gallo con las gallinas. »

(3) On sait que les rois de Tunis et les autres souverains du Maghreb entretenaient à leur service des hommes d'armes chrétiens. On trouve à ce sujet des détails intéressants dans certains traités conclus avec les rois d'Aragon.

Les anciennes chroniques parlent aussi d'un noble vénitien, nommé Francesco Zuliani, qui fit longtemps la guerre en Afrique avec un corps de cavaliers pour le compte d'un roi de Tunis. Voici comment

fait aussi connaître plusieurs particularités intéressantes, sur un des deux derniers frères de Mouléï Hacen, le prince Rechîd, héritier légitime du trône par droit de naissance, mais que les habitants de Tunis n'avaient pas voulu pour roi, parce qu'il était le *fils d'une négresse.*

Les autres paragraphes du mémoire sont consacrés à expliquer les circonstances qui doivent déterminer l'empereur à empêcher Barberousse de s'établir dans Tunis, si, comme il paraît certain, il médite le projet d'attaquer cette ville. A ce sujet, le capitaine Ochoa raconte le voyage de Barberousse à Constantinople, où le sultan Souleïman vient de l'appeler, pour lui confier les hautes fonctions de capitan-pacha (1).

« Sa Majesté, dit-il, a certainement été informé du départ d'Alger de Barberousse ; mais elle ignore sans doute que c'est

---

l'historien Ebn Khaldoun explique la présence des soldats chrétiens dans les armées africaines : « Les rois du Mághreb, dit-il, ont pris la coutume d'enrôler des troupes franques ; ils le font, parce que leurs compatriotes, en combattant, feignent toujours de fuir, puis, se retournant, reviennent fondre sur l'ennemi ; les Francs, au contraire, combattent en restant inébranlables à leur poste. » — « Les *Rabatins* de Tunis, dit Marmol, ainsi appelés parce qu'ils habitaient un des faubourgs de la ville (*Rabat*), descendaient de ces chrétiens musarabes que Jacob Almansor, de la lignée des Almohades, avait fait venir d'Espagne pour la garde de sa personne et pour s'en servir à la guerre. Passant par Tunis, il en laissa quelques-uns au gouverneur de ce royaume. Les Rabatins, tous gentilshommes, étaient fort riches et fort vaillants, et les rois en faisaient grand état, parce qu'ils s'opposaient à la furie des Arabes. Lorsque Charles-Quint s'empara de Tunis, ils entrèrent à son service, repassèrent en Europe avec lui, et se répandirent en divers endroits, où il leur donna quelques appointements. »

(1) Les galères chrétiennes, commandées par l'amiral André Doria, avaient fait subir à la Porte de grandes pertes dans les mers du Levant ; les villes de Coron, de Patras, de Lépante étaient occupées par des garnisons espagnoles. Comprenant la nécessité de mettre à la tête de la flotte ottomane un homme vaillant et expérimenté qui rétablit sa réputation, le Sultan songea à Khaïr-ed-Din ; c'était, en effet, le seul, comme dit Paul Jove « qui pût être comparé à Doria par âge, par expérience des choses marines, par vigueur d'esprit et par l'honneur d'avoir conquis un royaume. »

sur l'ordre exprès du Sultan qu'il s'est rendu en Turquie. Au mois de mai dernier, lorsque je me trouvais encore à Tunis, il vint dans cette ville un ambassadeur du Grand-Turc avec des lettres pour le roi et pour le cheikh de l'île de Djerba. Souleïman leur faisait savoir qu'il avait donné l'ordre à Barberousse de partir pour Constantinople et d'amener avec lui tous les corsaires turcs qui se trouvaient dans ces parages. Il priait le roi de Tunis et le cheikh de ne plus accueillir dans leurs ports ceux de ces corsaires qui refuseraient de se joindre à Barberousse et de l'accompagner en Turquie, ce qui les obligerait de regagner l'archipel. — Barberousse est parti d'Alger avec dix galères et dix fustes. Il parcourut d'abord la mer Tyrrhénienne, où il se réunit à un autre capitaine turc nommé Deli-Zouf, qui commandait douze grandes fustes et une galère vénitienne qu'il avait capturée quelques jours auparavant. Dans le canal de Piombino, les deux corsaires rencontrèrent une flottille de navires génois, qu'ils prirent et brûlèrent après un rude combat. Deli-Zouf fut tué pendant l'action, non par les chrétiens, mais par le propre capitaine de sa galère, qui lui tira un coup d'arquebuse à bout portant. Les douze fustes de Deli-Zouf et la galère vénitienne se rallièrent d'abord sous le commandement de Barberousse, qui se dirigea vers l'île d'Elbe et surprit la ville de Rio, dont tous les habitants furent réduits en servitude ; mais, quelques jours après, sept desdites fustes, profitant d'une nuit sombre, restèrent en arrière et ne reparurent pas (1). Barberousse continua sa route et arriva à Constantinople avec vingt-six navires. »

Le capitaine Ochoa déclare ensuite qu'il lui paraît plus facile de se rendre maître de Tunis que d'Alger ; toutefois, il est convaincu que, si cette dernière ville était prise et occupée, le reste de l'Afrique tomberait promptement au pouvoir de Sa Majesté. Il dit aussi qu'il faut s'emparer de l'île de Djerba. Quant à la Goulette, il assure qu'elle ne peut opposer aucune résistance. Enfin, il pense que, pour l'expédition contre Tunis, il suffirait de

---

(1) Les capitaines de ces navires accusaient Barberousse d'avoir fait assassiner Deli-Zouf.

6,000 hommes et de 20 ou 24 galères, avec 10 ou 12 bâtiments de transport.

Cette relation, examinée avec intérêt par le Conseil, et placée sous les yeux de l'empereur, fut prise en sérieuse considération. On lit au *verso* de la dernière feuille que, par ordre de Charles-Quint, copie dudit mémoire fut envoyée au prince André Doria.

XXIX

Lettre de D. Inigo de Vallejo Pacheco, gouverneur de Hone, a Sa Majesté (1).

Honc, 13 mars 1534.

(Arch. de Simancas. — *v*)

Le 4 mars, j'ai écrit à Votre Majesté pour lui donner avis que

---

(1) Nous avons vu que, dans les premiers mois de 1531, la guerre avait éclaté entre le roi de Tlemsên Abd Allah et son fils le prince Mohammed. Au mois de juin de la même année, le docteur Lebrija, corrégidor d'Oran, sollicitait des instructions du gouvernement espagnol pour savoir quelle conduite il devait tenir à l'égard du jeune prince révolté et des gens qui marchaient avec lui. Au mois d'août suivant, le désordre était à son comble dans le royaume de Tlemsên: le roi et son fils continuaient à se faire la guerre, et tout le pays était soulevé. Enfin, au mois de septembre, le corrégidor d'Oran entamait des négociations avec le roi de Tlemsên, tout en continuant à promettre à son fils les secours de l'Espagne. — A partir de cette époque, les documents nous manquent et nous ne savons rien des événements survenus dans le royaume de Tlemsên. Pendant ces deux ans, voici ce qui s'était passé : le roi Abd-Allah était mort en 1533, après avoir désigné, pour lui succéder, un de ses fils qui portait le même nom que lui ; mais les Turcs, soupçonnant que le prince Abd-Allah était l'allié secret des Espagnols, avaient si bien fait par leur influence croissante, que son frère Mohammed avait été choisi pour roi par les cheïkhs arabes. Ce dernier n'était autre que ce même Mouléï Mohammed qui, en 1531, s'était révolté contre son père, et recherchait alors l'appui de l'empereur Charles-Quint. Désespérant de s'emparer de Tlemsên et s'étant sans doute brouillé avec les Espagnols, qui promettaient toujours de l'aider et ne faisaient rien pour lui, il s'était d'abord retiré à Fez, et de là, était venu à Alger, où les Turcs l'avaient eux-mêmes appelé.

Mouléï Mohammed était arrivé à Tlemsên. Ce que j'ai aujourd'hui à lui faire savoir, c'est que le 9, 10 et 11 de ce mois, j'ai reçu trois rapports de divers espions maures qui m'avertissent habituellement de ce qui se passe dans l'intérieur du pays. Les renseignements, qui jusqu'à ce moment m'ont été fournis par ces Maures, ont toujours été exacts, et je dois croire ce qu'ils m'ont dit.

Il paraît que le roi de Tlemsên se prépare à venir attaquer cette ville avec toutes les forces dont il dispose ; les cheïkhs arabes du royaume se sont tous ralliés à lui et ont promis de le servir fidèlement dans cette entreprise de Hone. Ces Maures m'ont dit également que le fils de Barberousse a offert à Mouléï Mohammed de l'artillerie, et même son assistance, s'il la demandait ; ils affirment que le roi partira le 15 avril au plus tard, et ils me conseillent de me tenir sur mes gardes le mieux que je pourrai. Mouléï Mohammed ne parle pas d'autre chose avec les cheïkhs qui viennent le voir. Je m'empresse d'informer Votre Majesté de ce projet du roi de Tlemsên, afin qu'elle prenne les mesures qu'elle jugera convenables.

Je ne sais si Votre Majesté a vu les autres lettres que j'ai écrites à l'Impératrice, notre souveraine, où je lui faisais connaître l'étendue de cette place, qui a 1500 *estados* (1) de muraille, et seulement 400 soldats et 80 lances. Que Votre Majesté n'en doute pas : pour garder cette enceinte, c'est bien peu de monde. Je prends d'ailleurs les meilleures précautions pour parer à tout ce qui pourrait arriver, et, avec l'aide de Notre Seigneur, je ferai mon devoir, comme il convient au service de Votre Majesté.

L'époque où Esteban Salvador était obligé d'approvisionner cette place est déjà loin, comme peut s'en assurer Votre Majesté par le marché qu'elle a fait passer avec lui. En ce qui concerne l'entretien et les dépenses de cette ville, il y a une bien grande négligence. Les fournisseurs n'envoyent rien, bien que je leur aie écrit plusieurs fois. Ils disent qu'ils n'ont reçu aucune in-

---

(1) *Estado*, mesure de la hauteur d'un homme. — Ce mot ne s'emploie ordinairement que pour donner la mesure de certaines hauteurs ou profondeurs.

jonction à ce sujet. Je supplie Votre Majesté de vouloir bien donner des ordres, pour que cette place soit approvisionnée, sans perte de temps, en raison de ses pressants besoins.

Aujourd'hui même sont arrivés ici deux chrétiens esclaves, l'un, vieux chrétien, et l'autre, maure du royaume de Grenade, lesquels étaient prisonniers dans Alger. Lorsque Muléï Mohammed partit de cette ville, le 12 février dernier, pour venir à Tlemsên, un Turc, le maître de ces deux esclaves, l'accompagna comme kaïd et commandant de l'escorte que le fils de Barberousse avait donnée au roi. Le Turc emmena avec lui ces deux chrétiens pour qu'ils le servissent pendant le voyage.

Ces prisonniers nous ont appris les nouvelles suivantes d'Alger :

Le pays occupé par les Turcs n'est pas tranquille : sur plusieurs points, il y a eu des soulèvements, et un cheïkh maure, nommé Marzo (Marzouk) (1) leur fait la guerre et tient Alger bloqué. Le jour même de leur départ, six fustes qui se trouvaient dans le port en sont sorties pour faire une croisière contre les chrétiens.

Les mêmes captifs nous ont dit que deux bâtiments de commerce français étaient mouillés dans le dit port ; mais que la plus grande partie du chargement de ces deux navires se composait de poudres et de métal pour faire des canons. Deux esclaves de la même nation sont occupés à fondre ce même métal, et ils ont déjà fabriqué 12 ou 14 excellentes pièces d'artillerie (2).

Il paraît aussi que les Turcs et les Maures sont en grande crainte, parce qu'ils ont appris les armements que fait Votre Majesté, et que les Français leur ont dit que votre intention était d'envoyer contre eux soixante mille hommes.

---

(1) *Marzouk*, nom que l'on donne en Algérie aux mulâtres.

(2) Tambien dizen que, en el puerto de Argel, quedavan dos naos francesas, que avian ido alli à contractar, y la mayor parte de la mercaderia que llevaban era polvo y metal para hazer artelleria, y que dos cautivos franceses que estan alli la hunden y an hecho hasta doze ò catorce piezas muy buenas.

XXX.

Lettre de Don Inigo de Vallejo Pacheco, gouverneur de Hone,
a Sa Majesté.

Hone, 26 avril 1534.

(Arch. de Simancas. — »).

Ces jours passés, j'ai écrit à Votre Majesté pour l'informer que j'avais eu des nouvelles du roi de Tlemsên par divers espions maures venus en cette ville ; j'ai su par eux que Mouléï Mohammed avait réuni des troupes pour nous attaquer, et que le 20 de ce mois, il avait passé une revue de son armée, prête à le suivre où il voudrait la conduire.

Un de ces espions m'a dit qu'un courrier d'Alger avait apporté au roi une lettre dans laquelle on lui annonçait la mort de Barberousse. En apprenant cette nouvelle, Mouléï Mohammed a été consterné : il s'est jeté par terre, pleurant et témoignant la plus grande affliction ; puis, s'étant relevé, il a dit à quelques-uns des principaux cheïkhs qui se trouvaient en ce moment avec lui, que, puisque *son père* Barberousse était mort, il n'y avait plus rien à faire, et il les a engagés à retourner chez eux, jusqu'à ce qu'il connût la vérité à ce sujet, et qu'il eût trouvé de nouveau, auprès des Turcs, aide et protection. Les cheïkhs, ayant entendu le discours du roi, sont partis, mais en disant de lui beaucoup de mal.

D'autres espions prétendent que le roi a reçu d'Alger une seconde lettre qui dément la première : Barberousse ne serait pas mort, mais on ne sait pas ce qu'il est devenu. Quelques-uns disent même que, si Mouléï Mohammed ne veut plus faire la guerre aux chrétiens, c'est parce qu'il a toujours été un homme de peu de cœur, vicieux à l'excès, et ne songeant qu'à extorquer de l'argent à tout le monde. Ils racontent qu'il a fait venir d'Alger deux femmes avec lesquelles il s'était marié dans cette ville, et deux autres qu'il avait emmenées avec lui à Fez, à l'époque où il était brouillé avec son père. Depuis qu'il est à Tlemsên, il s'est déjà marié seize fois, et il ne sait faire autre chose que des noces ou demander de l'argent aux Maures, aux Juifs et aux Arabes (1).

Tous nos hommes, fantassins et cavaliers, travaillent jour et nuit pour mettre la place en état de défense, depuis que la nouvelle nous est venue que le roi de Tlemsên voulait l'assiéger. Ils sont littéralement rendus de fatigue. De plus, ils manquent d'argent, sont criblés de dettes et dénués de tout. On doit aux soldats le dernier quartier de l'année passée et celui de l'année qui court. Quant à la cavalerie, elle n'a rien reçu depuis dix-huit mois (2).

Il n'y a dans la ville aucun approvisionnement de vivres appartenant à Votre Majesté. Les marchands, en petit nombre, qui apportent quelques provisions, ne veulent plus les vendre à crédit à la troupe, et celle-ci est réduite aux plus tristes extrémités. Je supplie Votre Majesté de vouloir bien ordonner à Francisco de Cortinas, payeur de cette garnison, qui se trouve en ce moment à la cour, de prendre de promptes mesures pour que ces marchands soient payés. Les soldats, en se voyant secourus, serviront avec une meilleure volonté, et la nécessité ne les contraindra plus à me demander chaque jour la permission de s'en aller. Leur dénûment est tel, qu'ils n'ont pas même de quoi acheter une sardine, bien qu'il y en ait en abondance (3).

---

(1) « Despues que està en la ciudad, se ha casado diez y seis vezes, y no entiende en otra cosa, sino en bodas y pedir dineros à Moros, y Judios y Alarabes. »

(2) Pendant tout son règne, mais surtout au commencement, Charles-Quint fut toujours en grande pénurie d'argent. Non-seulement la solde des gens de guerre dans les villes frontières n'était jamais régulièrement payée, mais plus d'une fois l'empereur se vit obligé de licencier ses troupes, parce que son trésor était vide. »

(3) « En esta ciudad no hay mantenimientos ningunos de Vuestra Majestad. Los mercaderes que aqui traen bastimentos son pocos y no los quieren fiar à la gente, de manera que padece extrema necesidad. A Vuestra Majestad suplico les haga merced de mandar à despachar à Francisco de Cortinas, pagador desta ciudad, que en la corte de Vuestra Majestad està, que estos mercaderes sean pagados con brevedad, porque sirba con mejor voluntad la gente, y que la necesidad no les costringa à que me pidan cada dia licencia para se ir y porque no alcançan dinero para comprar una sola sardina, aunque haya (abundanzia). »

Les marchands de Malaga et des autres ports d'Espagne ne veulent plus venir à Hone, parce qu'ils savent que nous n'avons pas d'argent pour payer ce qu'ils pourraient nous apporter (1).

XXXI.

Lettre de Perafan de Ribera, commandant de Bougie, a Sa Majesté l'Empereur.

Bougie, 17 mai 1534.

(Arch. de Simancas. — Estado, Legajo 461).

I.

Ahmed ben el-Kadi s'est mis à courir le pays avec beaucoup de monde. Le 8 avril dernier, dans la matinée, étant sortis pour faire du bois, nous fûmes attaqués par ce cheïkh. Les ennemis s'étaient partagés en deux corps: l'infanterie, forte de mille hommes, était en avant, très-près de la ville; la cavalerie, qui comptait 300 lances, se tenait sur le bord d'un ruisseau, à portée de *lombarda* (2). La garnison de Bougie, commandée par l'*adalid* (3) Martin Villalon, sortit de la place et engagea l'action. Le combat dura longtemps. Soixante-dix à quatre-vingt arque-

---

(1) Il n'est plus parlé de Hone dans les autres documents. Cette ville fut abandonnée par les Espagnols cette même année ou l'année suivante. « On en renversa de fond en comble les fortifications, on n'y laissa pas même une maison debout. Tout fut si complètement rasé, que cette malheureuse cité ne s'est jamais relevée. »

(2) *Lombarda*, ancienne escopette venue de Lombardie.

(3) *Adalid*, explorateur. Chaque commandant avait plusieurs *adalid* chargés de vérifier sur le terrain les rapports des espions indigènes, d'étudier la route à suivre, lorsqu'une expédition avait été projetée, ou de choisir le lieu le plus convenable pour l'établissement d'une embuscade. Berbrugger fait venir ce mot de l'arabe *ed-dellil*, le guide.

busiers, qui se trouvaient avec la cavalerie, firent beaucoup de mal aux Maures. Il plut à Dieu de nous donner la victoire, et, suivant le rapport qui m'a été fait, les Maures ont eu plus de deux cents hommes tués ou blessés, ainsi qu'un grand nombre de chevaux. On a coupé une trentaine de têtes. Notre perte ne s'élève qu'à deux tués et deux blessés.

II.

Le soldat Ramirez, que j'avais envoyé à la Cour, est de retour à Bougie, et il m'a remis une lettre de Votre Majesté, datée de Tolède, de la fin de février. Je remercie Votre Majesté d'avoir bien voulu me permettre de faire partie de l'expédition qui sera tentée contre Alger, lorsque le moment sera venu (1).

III.

En ce qui concerne Barberousse, on l'attend toujours à Alger : deux navires, arrivés ces jours-ci, ont annoncé son retour. Il paraît qu'il revient avec une flotte nombreuse, et qu'il a donné des ordres pour que l'on fabriquât beaucoup de biscuit (2).

IV.

La garnison de Bougie, qui se compose de 500 hommes, aurait besoin d'être augmentée. Il serait nécessaire de porter ce nombre à 600 avec 40 lances, parce qu'il y a deux forts à garder et bien des occasions où il faut attaquer ou se défendre, notamment pour faire de l'eau et ramasser du bois ou du fourrage. Dans la dernière affaire, j'ai été fort heureux que ma galiote revenant d'Espagne m'eût amené un renfort de 80 hommes.

---

(1) On voit qu'il était toujours question d'une expédition contre Alger.

(2) Dans le même temps que Charles-Quint songeait à poursuivre Khaïr ed Dîn jusque dans Alger, celui-ci s'occupait, de son côté, de la grande expédition qu'il méditait contre Tunis, et qui eut lieu, en effet, cette même année, au mois d'août.

V.

Il y a ici un forgeron, appelé maître Pierre, lequel, ayant tué un homme, a cherché un refuge dans l'église. En raison du grand besoin que l'on avait de cet homme, l'Impératrice, notre souveraine, a ordonné qu'on lui permît de sortir de l'église pour travailler de son état. On a fait une enquête sur l'affaire de ce forgeron, en indiquant le nom de l'homme qu'il a tué et celui de l'endroit qu'il habitait. Cette enquête a été envoyée à la Cour, et j'ai demandé que l'on fît un arrangement avec les parents du mort. Maître Pierre nous a rendu d'utiles services, soit pour raccommoder, soit pour fabriquer certains ouvrages en fer, et, si nous ne l'avions pas eu, nous n'aurions pu terminer aucun ouvrage. J'affirme qu'il n'est pas resté un seul jour sans travailler, et je prie Votre Majesté, en considération de ses bons services, de donner des ordres pour que l'on s'occupe de son affaire et qu'il obtienne son pardon (1).

VI.

La décision par laquelle Votre Majesté veut bien me faire remise du droit du cinquième (*quinto*) sur les prises que je pourrai faire avec ma galiote, sauf en ce qui concerne les Maures et les Turcs qui doivent servir sur les galères, me paraît juste. Je remercie Votre Majesté, et je desire qu'elle sache bien que Bougie n'est pas le Pérou, où l'on peut ramasser de l'or et des perles en courant le pays : en Afrique, on ne trouve que des Turcs ou des Maures (2).

---

(1). Le fait raconté par le commandant de Bougie rappelle le certificat délivré au meurtrier Pedro de Arevalo.

(2). « En lo que Vuestra Majestad me escrive de la merced que me ha hecho del quinto de lo que hiziera mi galeota por mar ò por tierra, salvo de los Turcos y moros porque estos son para las galeas de Vuestra Majestad, la causa es muy justa, quanto mas quiero que sepa Vuestra Majestad que Bugia no es el Perù, donde hay oro y perlas en las cabalgadas; aqui no hay sino Turcos y Moros. »

XXXII.

Lettre du licencié Melgarejo, corrégidor d'Oran a Sa Majesté.

Oran, 24 mai 1534.

(Arch. de Simancas. — Estado, Legajo 461.)

El-Mansour, mezouar du roi de Tlemsên, nous a écrit, à Pedro de Godoy et à moi, une lettre dont j'envoie copie à Votre Majesté (1), et dans laquelle, comme dans beaucoup d'autres que j'ai reçues de lui, il supplie Votre Majesté de vouloir bien congédier promptement son frère l'ambassadeur maure, qui se trouve en ce moment à la Cour. El-Mansour a un grand désir de servir Votre Majesté, et il voudrait que son frère revînt de là-bas satisfait, afin que les Maures reconnaissent qu'il a eu raison de conseiller au roi son maître de se faire le vassal de Votre Majesté, — comme son père Mouléï Abd-Allah en avait l'intention (2), — en échange de la promesse que Votre Majesté le défendra contre tous les Maures rebelles et tous les Turcs qui sont en Afrique.

Le mezouar m'a écrit ces choses à diverses reprises, ainsi que je l'ai dit à Votre Majesté; et comme il est le personnage le plus important du royaume, et que c'est par ses conseils que Mouléï Mohammed se laisse conduire, il me paraît convenable, dans l'intérêt du service de Votre Majesté, en ce qui touche cette frontière, de lui donner satisfaction, particulièrement parce que ses actions sont d'accord avec la bonne volonté qu'il témoigne dans ses lettres.

---

(1) Cette copie n'est pas jointe à la lettre du corrégidor.

(2) Il paraîtrait qu'en dernier lieu le roi de Tlemsên, Mouléï Abd-Allah avait résolu de rompre son alliance avec les Turcs et d'accepter celle de l'Espagne, puisqu'il avait envoyé un ambassadeur à Madrid. Ce fut peut-être à la suite de ce rapprochement que le prince Mohammed, n'ayant plus d'espoir d'être soutenu dans sa rébellion par les Espagnols, se retira d'abord à Fez et ensuite à Alger.

Refefa avait demandé au roi de Tlemsen de lui donner des soldats, avec lesquels il se posterait à Akbel et observerait les chemins, ne permettant à personne d'entrer dans Oran ou d'en sortir. El-Mansour ne se trouvait pas auprès du roi, lorsque Refefa (1) fit cette demande : il était occupé en ce moment à lever la *garrama* dans le royaume. Mouléï Mohammed répondit à Refefa qu'en l'absence de son mezouar, il ne pouvait pas faire la guerre aux chrétiens d'Oran, mais que si lui, Refefa, et d'autres Maures en avaient la fantaisie, ils pouvaient aller guerroyer contre les dits chrétiens. D'après cette réponse, beaucoup de Maures se joignirent à Refefa ainsi que 200 arquebusiers de la garde du roi. Ayant appris cela, El-Mansour envoya immédiatement l'ordre aux arquebusiers d'abandonner Refefa et de revenir à Tlemsen, les menaçant, s'ils n'obéissaient pas, de leur *mettre la tête où ils avaient les pieds* (2).

Cependant Refefa s'en était allé dans la montagne de Guiza. C'est un homme habile et rusé, qui s'est fait une certaine réputation sur cette frontière et nous a tué un grand nombre d'hommes. Hier, samedi, un quart d'heure avant l'aube, il entra avec 70 cavaliers dans El-Marza et se posta avec eux dans le ravin que nous appelons *Agua de Miguel*. Laissant dix de ses gens dans un certain endroit, nommé la *Herradura*, il pensa que le commandant de Mers-el-Kebir, quand il sortirait avec sa troupe, irait tout droit sur ce petit nombre de cavaliers, et qu'alors lui, Refefa, sortant tout à coup de son embuscade avec les 60 cavaliers qu'il avait gardés, surprendrait les chrétiens et qu'il en aurait bon marché.

Mais les choses ne se passèrent pas comme il avait espéré. Lorsque Refefa s'embusqua avec ses gens dans le ravin, trois chrétiens, qui avaient été aux tours de Ruy Dias chasser des pigeons, entendirent le bruit que faisaient les chevaux des Maures en toussant, et incontinent ils donnèrent avis à Hernando Arias de Saavedra, commandant de Mers-el-Kebir. Celui-ci envoya

---

(1) Ce nom n'est pas arabe. C'était peut-être un Turc ou un renégat espagnol. Le corrégidor d'Oran dit un peu plus loin, en parlant de lui: este traydor de Rafefa, — ce traître de Refefa.

(2) « Diziendo que los pornia la cabeza donde tenian los piés. »

aussitôt 35 arquebusiers tourner par la hauteur l'endroit nommé *la Herradura*, ce qu'ils firent sans avoir été aperçus par les Maures, et lui-même, avec six lances et une petite troupe de gens de pied, il se porta en avant. Lorsqu'il arriva au ravin de l'*Agua de Miguel*, Refefa et ses cavaliers sortirent de leur embuscade pour tomber sur lui. Il y eut alors un moment où se donnèrent de bons coups de lance; mais les arquebusiers étant survenus firent beaucoup de mal aux Maures, qui, vigoureusement pressés d'autre part, furent obligés de se retirer en toute hâte.

Deux Maures blessés ont été faits prisonniers par les arquebusiers, et deux autres ont été tués. Nous avons aussi pris une jument et un cheval. De notre côté, pas un homme n'a été blessé ; le cheval du commandant a seulement reçu un coup de lance. De cette manière, par l'œuvre du Saint-Esprit — c'était la veille de ce saint jour — Dieu a permis que Refefa fût confondu dans son projet astucieux. Je crois toutefois que Hernando Arias fera bien de prendre ses précautions, parce que ce traître de Refefa cherchera certainement à se venger (1).

Le cheïkh Hayn, pour lui et au nom du mezouar, m'a répondu au sujet de la lettre que j'avais écrite au roi de Tlemsên. Il m'invite à écrire de nouveau à Moulêï Mohammed, et il m'annonce que le roi doit nous envoyer un Juif, personnage considérable de sa maison, chargé de nous faire connaître sa volonté.

En conséquence, j'ai pensé, d'accord avec Pedro de Godoy, qu'il était convenable d'écrire une seconde fois à Moulêï Mohammed par le même courrier que nous a expédié le cheïkh Hayn et qui partira demain, et de le prier d'envoyer à Oran le Juif qu'il voudra, afin que nous sachions bien clairement ce qu'il demande, et que nous puissions instruire Votre Majesté de ce qui se passe.

Oran, 26 mai 1534.

Après avoir écrit à Votre Majesté la lettre qui précède (2), j'é-

---

(1) Il paraît que ce Refefa était un rude et avisé compagnon, avec lequel il était important d'être toujours sur ses gardes.

(2) La lettre datée du 24 mai. Celle-ci peut être considérée comme un *post-scriptum* de la première. Dans l'original, les deux dépêches sont écrites sur la même feuille.

tais toujours dans le doute quant au motif qui avait déterminé le roi de Tlemsên à charger le cheïkh Hayn de traiter de la paix, et je ne m'expliquais pas pourquoi il ne m'avait pas écrit directement, ou n'avait pas communiqué ses intentions à l'ambassadeur de son père, qui se trouve à la cour de Votre Majesté. Aujourd'hui, j'ai reçu une réponse aux lettres que j'avais écrites à Tlemsên, à certaines personnes, en les priant de m'éclairer à cet égard, et de me faire connaître ce qu'elles avaient pu apprendre des projets du roi et du cheïkh Hayn. Ces personnes me disent que Mouléï Mohammed ne veut pas faire la paix avec les chrétiens, parce qu'il attend Barberousse. Si ce dernier revient et que son voyage ait été heureux, le roi se déclarera contre nous; si, au contraire, Barberousse ne revient pas, ou, quand même il reviendrait, s'il n'a pas réussi dans ses entreprises, Mouléï Mohammed s'empresserait de conclure la paix avec Votre Majesté. En attendant, il désirerait que, sans autre arrangement ou convention, on lui permît de percevoir dans Oran les droits accoutumés, que les communications restassent libres et que les relations ne fussent pas interrompues.

Je crois vrai, et je tiens pour tel, ce que me mandent ces personnes de Tlemsên, parce que j'ai su, par différentes voies, que le roi, se souvenant des bons services que lui a rendus Barberousse, lorsqu'il était à Alger, ne se déclarera jamais contre lui.

XXXIII.

Lettre de l'Empereur a don Martin de Cordoba, comte d'Alcaudète (1).

Ségovie, 4 juin 1534.

(Arch. de Simancas. — Estado, Legajo 461.)

Don Carlos etc., à vous, Don Martin de Cordoba, comte d'Alcaudète, notre capitaine-général et justicier de la ville d'Oran.

---

(1) Cette dépêche impériale est très-importante. Elle dispose qu'à l'avenir tous les pouvoirs, y compris *las varas del corregimiento*, les

Sachez que notre bon plaisir et notre volonté sont de savoir de quelle manière le licencié Melgarejo, notre corrégidor dans ladite ville d'Oran, a rempli et exercé ses fonctions pendant tout le temps qu'elles ont duré ; lui et les autres officiers de justice devront vous rendre compte de leur gestion, conformément aux dispositions que la loi faite par les Cortès de Tolède prescrit en pareil cas.

En conséquence, nous ordonnons :

Que vous preniez en vos mains le gouvernement et l'administration de la ville et de ses dépendances ;

Que vous exigiez et receviez du licencié Melgarejo et de ses officiers, dans le délai de trente jours, ainsi que le veut la loi, le compte de leur gestion ;

Que vous fassiez bonne justice et accordiez satisfaction aux plaignants, en vous conformant aux lois de nos royaumes ;

Si, après information secrète, vous trouvez ledit corrégidor et ses officiers coupables en quelque point, que vous les fassiez appeler devant vous afin de les entendre, de découvrir la vérité et de nous la faire connaître ensuite ;

Que votre investigation se porte également sur les autres fonctionnaires civils de la dite ville d'Oran et des lieux qui en dépendent, afin de savoir s'ils y résident habituellement et s'ils remplissent convenablement leurs obligations ;

Que vous fassiez publier que toute personne qui aura quelque

---

baguettes, c'est-à-dire le signe de la dignité du corrégidor, seront concentrés entre les mains du capitaine-général. — Don Martin de Cordòba fut nommé, par Charles-Quint, gouverneur d'Oran, le 4 juin 1534, et la lettre de l'empereur est datée du même jour. Il est permis de croire qu'il ne voulut accepter les hautes fonctions qui lui étaient offertes, qu'à la condition qu'il serait le seul maître et le seul administrateur dans Oran. — Nous avons dit que Don Luis de Cordoba, 2⁰ marquis de Comarès, lorsqu'il abandonna son gouvernement, en 1531, était peut-être en désaccord avec le conseil de Castille ; mais il est très-possible que sa retraite fut seulement motivée par ce même contrôle d'un corrégidor indépendant, dont il aurait vainement demandé d'être affranchi. — Le comte d'Alcaudète fut gouverneur d'Oran, du 4 juin 1534 au 26 août 1558.

plainte à formuler contre eux, en raison du dommage qu'ils ont pu causer dans leurs fonctions, s'adresse à vous, et que justice lui soit rendue;

Que le dit corrégidor et les autres juges vous rendent compte de toutes les condamnations aux galères qu'ils auront prononcées, et de l'application faite par eux de cette peine. Si les amendes n'ont pas été payées exactement, vous aurez à les recouvrer et à les verser au Trésor;

Que vous vous informiez comment et de quelle manière les écrivains du Conseil, les notaires publics (1) et les autres officiers municipaux ont exercé leurs fonctions, et s'ils ont prélevé quelque chose de plus que ce qui leur est alloué par les tarifs de la ville;

Que vous rendiez la justice en notre nom dans la ville d'Oran, jusqu'à ce que nous ayons nommé un autre corrégidor, si nous le jugeons à propos; en attendant, notre bon plaisir est que vous receviez, chaque jour, pendant tout le temps que vous occuperez les fonctions de juge, autant de maravédis qu'en recevait le licencié Melgarejo.

Charles-Quint prescrit ensuite les formalités à remplir par tous les fonctionnaires pour se démettre de leurs pouvoirs entre les mains du comte d'Alcaudète. Les délinquants à cet ordre seront punis selon les peines réservées à quiconque exerce indûment des fonctions qui ne lui ont pas été dévolues;

Nous voulons en outre, continue Charles-Quint, que vous connaissiez de toutes les affaires civiles ou criminelles dans la ville d'Oran et ses dépendances, vous accordant à cet effet tout le pouvoir que tenait de nous le licencié Melgarejo; et nous ordonnons que dans la dite ville, il y ait un alcade qui soit lettré, suffisant et capable, lequel jouira du même traitement annuel qui était accordé aux autres alcades;

Enfin, et particulièrement, nous vous mandons de prendre des mesures pour que les rues et chemins, dans la dite ville d'Oran

---

(1) Escribanos publicos del nùmero, notaires qui ne pouvaient exercer que sur le territoire dans lequel ils étaient reçus.

et ses dépendances, soient toujours sûrs et qu'à cet effet vous adressiez des réquisitions aux propriétaires de la banlieue (*caballeros comarcanos*) qui auraient des vassaux (1).

Donné en la ville de Ségovie, le quatrième jour du mois de juin de l'année 1534.

Moi le Roi.

XXXIII bis.

Lettre du licencié Melgarejo, corrégidor d'Oran, a Sa Majesté l'Empereur (2).

Oran, 11 septembre 1534.

Un Juif de cette ville, qui arrive d'Alger et qui en est parti le dimanche, 30 du mois dernier, nous avait dit qu'on n'avait encore aucune nouvelle de la venue de Barberousse ; mais il paraît qu'on l'attend. Le Turc, qui commande à sa place, a reçu plu-

---

(1) « Pour mieux assurer certaines villes conquises en Afrique, dit Ferreras, le roi Ferdinand avait projeté d'y mettre en garnison des ordres militaires : les chevaliers de St-Jacques devaient s'établir à Oran, ceux d'Alcantara à Bougie, et ceux de Calatrava à Tripoli ; mais, en attendant que cela fût fait, le roi envoya à Oran 600 vieux chrétiens (*cristianos viejos*) avec leurs familles, dont 200 devaient servir à cheval, à leurs frais, et les autres à pied, au moyen de quoi il les exempta de tout impôt et partagea entre eux les maisons, les campagnes et les héritages de la ville. » — Les *caballeros comarcanos* dont il est ici question étaient sans doute ces mêmes vieux chrétiens. Quant à l'établissement des chevaliers des trois ordres à Oran, à Bougie et à Tripoli, les guerres d'Italie ne permirent pas au roi de réaliser ce projet.

(2) La présente lettre qui nous apprend que le licencié Melgarejo était toujours corrégidor d'Oran, au mois de septembre 1534, a lieu d'étonner, après la lecture de celle qui précède ; mais le corrégidor nous explique lui-même cette apparente contradiction : le comte d'Alcaudète n'avait pas encore pris possession de son gouvernement.

sieurs lettres de lui, annonçant son retour prochain, et il les montre à tout le monde (1).

Le 4 de ce mois, le Turc qui avait accompagné Mouléï Mohammed à Tlemsên, le 12 février dernier, s'en est retourné à Alger. Le roi lui a donné une escorte de 400 lances et de plus de cent arquebusiers.

Mouléï Mohammed est fort mal vu des Maures de Tlemsên et des Arabes, à cause de ses nombreuses injustices et de la vie déréglée qu'il mène. Il se laisse entièrement diriger par les Turcs, et tout le monde est mécontent de le voir ainsi dans la dépendance complète de Barberousse. Les Maures et les Arabes disent que, si les Turcs veulent venir à Tlemsên et les commander, ils ne le souffriront pas; qu'ils se mettront avec Ben Redouan et reconnaîtront son petit-fils pour roi. Ben Redouan m'a fait demander le sauf-conduit que doit m'envoyer Votre Majesté; n'ayant encore rien reçu, je lui ai répondu que je l'attendais de jour en jour (2).

D'après ce que j'ai appris de certains Maures et Juifs, je crois pouvoir assurer Votre Majesté que, si Ben Redouan était à Oran avec son petit-fils, non-seulement Mouléï Mohammed, alors même que les Turcs consentiraient à l'aider, n'oserait rien tenter contre cette ville, mais on pourrait sans beaucoup de peine le chasser de Tlemsên. A cet effet, il serait bien de faire ce que Ben Redouan demande, et même de l'inviter, de la part de Votre Majesté, à venir à Oran.

Le comte d'Alcaudète n'ayant pas encore pris possession de son commandement, il est de mon devoir de faire connaître à Votre Majesté le grand besoin que nous avons de blé, de fourrage et d'autres approvisionnements. Il n'y a dans toute la ville que 3500 fanègues de blé, et à peine 100 d'orge. Quant aux munitions de guerre, poudre, boulets, roues de canons, affûts,

---

(1) Khaïr-ed-Dîn se trouvait en ce moment à Tunis, dont il venait de s'emparer au nom du Grand-Seigneur.

(2) Il sera souvent parlé de ce Ben Redouan dans les lettres suivantes. Son petit-fils était le prince Abd-Allah, frère de Mouléï Mohammed, que les Turcs avaient dépossédé du trône, au profit de ce dernier.

elles nous font complètement défaut. Nous manquons aussi de beaucoup d'autres choses très-nécessaires.

J'ai écrit très-souvent à Votre Majesté par la voie de Carthagène et par celle de Malaga ; mais on ne m'a jamais répondu. La dernière lettre que j'ai reçue était datée du 13 mars et venait de Tolède. Je suis très-peiné de ce silence, et je me demande quel peut en être le motif ; j'ai toujours eu soin d'informer Votre Majesté de tout ce qui se passe ici (1).

. . . .

Le roi de Tlemsên, comme je l'ai déjà écrit à Votre Majesté, a fait jeter en prison El-Mansour, frère de l'ambassadeur, que son père avait envoyé à Votre Majesté. Il a confisqué tous ses biens, et nommé mezouar le kaïd Mesguin. On assure qu'il est très-irrité contre El-Mansour, et qu'il le laissera mourir en prison. Les parents de ce dernier, qui sont nombreux et des principaux du royaume, ont pris la fuite, en apprenant son arrestation. Le bruit court qu'ils se sont joints à Ben Redouan.

XXXIV.

Mémoire de Luis Presenda, envoyé en mission a Tunis (2).

Madrid, 7 novembre 1534.

(Arch. de Simancas. — Estado, costas de Africa, Legajo 462).

I.

Luis Presenda se propose de passer en Sicile, de s'arrêter à

---

(1) « De las cartas que he escrito à Vuestra Majestad por muchas veces por la via de Cartagena y Malaga, no he recebido respuesta, salvo una carta que Vuestra Majestad me mandò escribir à trece de marzo en Toledo, de que estoy muy congojoso, y no puedo pensar que sea la causa, pues yo he dado aviso à Vuestra Majestad de todo lo que pasa aquí. » — On ne s'explique pas que pendant six mois (du 13 mars au 11 septembre) le gouvernement espagnol ait laissé sans réponse les lettres du corrégidor d'Oran. Si la conquête n'avançait pas, on ne doit pas s'en étonner.

(2) Ce mémoire et les notes qui l'accompagnent paraissent avoir été rédigés par Luis Presenda pour mettre sa responsabilité à cou-

Trapani (1) et d'envoyer de là un brigantin à Tunis, pour solliciter un sauf-conduit de Barberousse ou du roi. Lorsqu'il l'aura reçu, il fera charger un navire des marchandises qui se vendent le mieux dans le pays des Maures, prendra le titre de marchand, et mettra à la voile pour cette ville.

En arrivant à Tunis, il s'occupera d'abord de vendre et d'acheter, ainsi que doit le faire tout bon traficant, afin de ne pas éveiller les soupçons; puis il fera en sorte de lier amitié avec Barberousse et le roi de Tunis, et avec leurs principaux officiers. Étant au fait de leurs ruses et connaissant bien leurs coutumes, il espère qu'il lui sera facile de se familiariser avec eux, pourvu toutefois qu'il ait les mains pleines de présents et qu'il puisse donner des fêtes et des banquets, selon l'usage du pays. Une fois entré dans leur intimité, la considération qu'il aura obtenue et l'amitié qu'on lui témoignera lui procureront les moyens de mener à bonne fin son entreprise.

Il y a trois manières d'arriver au but qu'on se propose :

1º Si le roi n'a pas quitté Tunis et s'est soumis à Barberousse, Luis Presenda s'efforcera de l'exciter contre ce dernier, en s'y prenant avec les soins et les précautions convenables, de façon à l'amener à solliciter l'appui de Sa Majesté pour chasser les Turcs du royaume.

2º Si le roi s'est retiré au milieu des Arabes, et si Barberousse est lui-même roi de Tunis, il traitera avec Moulêï Hacen et lui promettra l'assistance de Sa Majesté pour rentrer dans Tunis. A cet effet, il négociera aussi avec les principaux de la ville.

---

vert. Le mémoire nous fait connaître la marche et la conduite qu'il se proposait de tenir pour mener à bonne fin la mission qui lui avait été confiée par l'empereur. Quant aux notes, il est certain qu'elles ont été placées sous les yeux de Charles-Quint, car on lit en marge la décision dont chaque article a été l'objet, et au dos de la seconde feuille, il y a ces mots écrits de la même main que les annotations marginales : *Lo que consultó con Su Majestad, en Madrid à siete de noviembre de DXXXIIII para despachar à Luys Presenda embiado à Tunez.* — Cette dernière circonstance donne à ce document un véritable intérêt historique.

(1) Trapani, port de mer, dans la province de Mazzara.

3º Il tâchera, ainsi qu'il a été convenu, de faire tuer Barb.. rousse, soit par le poison, soit en l'égorgeant, quand il dort ou quand il boit — car il ne boit jamais sans tomber dans l'ivresse — soit de toute autre manière, suivant l'occasion (1). Il cherchera en même temps à semer la mésintelligence entre Barberousse et les autres capitaines corsaires, afin que ceux-ci l'abandonnent avec leurs gens et fassent bande à part, ce qui amènera la désorganisation de l'armée ennemie. Luis Presenda pense que ce troisième moyen est celui qui présente le plus de chances de réussite.

Il dit ensuite que, tous les quinze jours, il informera Sa Majesté de ce qui se passera à Tunis; mais, pour cela, il faut qu'il y ait, dans le port de Trapani, un brigantin toujours prêt à appareiller.

En terminant, il fait observer que la mission que l'empereur veut bien lui confier coûtera peu, attendu que l'argent dépensé pour l'achat des marchandises qu'il doit emporter rentrera par le produit de la vente de ces mêmes marchandises. Il n'y aura de dépense réelle que celle occasionnée par les présents à distribuer aux officiers de Barberousse et du roi de Tunis (2).

---

(1) « La otra manera serà de procurar de hazer matar à Barbarosa ò con veneno ò degollarlo durmiendo ò beviendo — porque su bever es borracharse— ò de otra manera que, segun el tiempo, parescerà à hombre de hazer. » Cette proposition de Presenda ne fut pas repoussée par Charles-Quint, comme le prouve une des notes qui accompagnent le mémoire. On trouve écrit en marge de l'article où il est question de gagner quelque Maure, Turc ou rénégat qui consente à tuer Barberousse, que « celui qui fera cela aura 4,000 ou 5,000 ducats une fois donnés, ou 1,000 ducats de rente.

(2) Les autres documents ne parlent plus de Presenda. Il en est seulement dit quelques mots dans les articles d'une conférence qui eut lieu le 23 juillet de l'année suivante, à Tunis, après la prise de cette ville par Charles-Quint. Au rapport de Sandoval, la mission de Luis Presenda se termina d'une manière tragique. Parti de Madrid avec un jeune Maure qui avait toute sa confiance et qui devait lui servir d'interprète, il passa d'abord à Gênes, puis se rendit en Sicile où il rassembla une pacotille, afin de se présenter à Tunis en qualité de marchand, comme il en était convenu avec l'empereur. Ayant réussi à pénétrer dans cette dernière ville, son premier soin fut de lier con-

— Que esto se comunique con el visorey de Sicilia porque se ha de tratar.

6. — En tal caso que el dicho rey se quisiese servir del favor de Su Majestad, como de gente ò armada ò dineros, que Su Majestad diga si quiere se le demanda que sea su tributario.

— Segun lo que viere y parescerà al visorey de Sicilia se haga lo que mas convenga.

7. — Sobre si Su Majestad me da licencia que paresciendome de entrar en Tunez, ò al rey si fuere dentro, ò à Barbarosa, por su embaxador, que lo haga lo qual el tiempo y occorrencias me diràn lo que havré de hazer.

— Esto paresce y podria tener mas incoveniente que provecho y quitar los otros medios de platicar.

8. — Sobre si viniese caso que yo alcanzase conocer que el rey de Tunez fuese en buena disposicion de servirse del favor de Su Majestad y hazer questo yo por parte suya le demandase; y de la otra parte y conociese tambien que Barbarosa haria paz por algun tiempo, movido de miedo, que con favor de Su Majestad no le echasen de Tunez, en tal caso Su Majestad diga con qual parte querrà que procuré de concertarme.

— Paresce que al rey habria medio de poderlo efectuar y asegurarse mejor, y no paresce que lo habria à Barbarosa, sin que consulte el Turcó y el rey de Francia.

9. — Sobre se yo entrase en terminos de acordio con Barbarosa y el dicho Barbarosa se contentarà solamente de hazer paz por un año loqual, segun mi parescer, seria con malicia de tener este verano tiempo de hazerse señor de toda la Africa, si en tal caso Su Majestad serà contento.

— No, por la considerazion que dize y paresce buena.

10. — Sobre se yo podiere tramar con Barbarosa de provocallo à ser amigo de Su Majestad, y que se tornase de su parte, loqual no podré tentar à menos de prometer que Su Majestad le ayudarà para que se hiziese señor de toda la Africa, y tanto mas en estas partes del poniente quales son cercanas de la España, ò que si el mismo con ser amigo lo demandase digame en esto Su

II

QUESTIONS A SOUMETTRE A SA MAJESTÉ

1. — Sobre asegurar los marineros del bergantin que de Trepana se havrà de enbiar à Tunez, en caso que no quisieren ir.

En marge est écrit : Lo concierte lo mejor que pudiere dandoles buen sueldo.

2. — Sobre prometer dineros con perdon à algunos renegados que se quisiesen alzar contrà Barbarosa y pasarse à tierras de cristianos con algunos navios de los de Barbarosa.

— Que se prometa haviendolo esto efecto.

3. — Sobre prometer dineros à Moros, Judios y otras personas en caso fueren parte à provocar algun efecto por donde se viniere à nuestro desino.

— Idem, haziendose tal efecto.

4. — Sobre si algun Moro, Turco ò renegado se quisiese determinar de matar à Barbarosa, in tal caso hasta quanto se contenterà Su Majestad se le prometa, ansi de dineros como de renta, si lo demandase.

— Que se le prometa efectuandose esto hasta quatro ò cinco mil ducados en dinero por una vez, ò mil ducados de renta, como lo pudiere concertar.

5. — Sobre si al rey de Tunez hubiere necesidad de susidio de dineros, ò sea para echar Barbarosa fuera, ò sea para, si fuere fuera, entrar dentro, si su Majestad serà contento suvenillo en manera de prestados, que diga fasta qual suma.

---

naissance avec quelques-uns des principaux habitants. Il parvint même, comme le prouve un des articles de la conférence dont il a été parlé plus haut, à se mettre en relation secrète avec le roi de Tunis. Pendant quelque temps tout alla bien ; mais, trahi bientôt par le jeune Maure qu'il avait emmené avec lui, Presenda fut arrêté et conduit devant Khaïr-ed-Dîn. Celui-ci, après un court interrogatoire, lui fit trancher la tête en sa présence. — Sandoval nous apprend aussi que Luis Presenda était un jeune gentilhomme génois, attaché à la personne de l'empereur.

Majestad su voluntad y considere bien si serà bueno dexarse apoderar un tal tirano por vecino.

— Que vea las condiciones y seguridades que Su Majestad podria tomar dél, y mire mucho de no entrar con él con plàticas que lo engañasen.

XXXV

Compte-rendu de ce qu'écrit Anfran de Camugio, envoyé par le vice-roi de Sicile pour rassurer le roi de Tunis (1).

Tripoli, 24 décembre 1534.

(Arch. de Simancas. — Estado, Legajo 462.)

Anfran de Camugio écrit qu'il a entendu dire à un chérif, serviteur du roi de Tunis, que, si Sa Majesté voulait bien aider ce dernier, il amènerait lui-même 25 ou 30,000 cavaliers arabes pour guerroyer contre les Turcs, et fournirait les vivres nécessaires pendant tout le temps que la guerre pourrait durer ; que le dit roi de Tunis est parfaitement en état de faire campagne ; que les Arabes regardent Barberousse comme leur ennemi, mais qu'ils ne peuvent pas bloquer Tunis, parce qu'étant mal armés, il ne leur est pas possible de résister aux Turcs, qui ont de l'artillerie et des arquebuses. Ils promettent d'ailleurs de seconder l'armée chrétienne, si elle vient de ce côté.

Le même Anfran de Camugio dit que le nombre des troupes qui ont été amenées par Barberousse s'élève à 7,000 ou 8,000 Turcs, armés d'arquebuses et d'arbalètes, et que le cheikh de l'île

---

(1) Le roi de Tunis, chassé de sa capitale par Khaïr-ed-Dîn, essaya d'abord d'armer les Arabes contre les Turcs ; mais, obtenant peu de succès de ses démarches, il suivit le conseil que lui donnait un de ses renégats et s'adressa à Charles-Quint. Ce dernier, qui songeait à attaquer les Turcs, accueillit favorablement les ouvertures du roi de Tunis. Anfran de Camugio fut envoyé auprès de Mouléi Hacen pour le confirmer dans sa résolution et discuter avec lui les premières bases du traité d'alliance.

de Djerba (1) a fait sa soumission et expédié à Tunis la galère du frère Lussom (2).

Il ajoute que Barberousse a envoyé 600 Turcs à Constantine, afin de prendre possession de cette ville; mais que les dits Turcs, ayant été attaqués par les Arabes des Ouled Cheifa, dans le voisinage d'une ville appelée Badja, ont laissé un grand nombre des leurs sur la place (3).

Le dit Anfran de Camugio a fait savoir son arrivée au roi de Tunis par l'intermédiaire de deux Maures, et lui a demandé une escorte, afin de pouvoir se rendre en sûreté auprès de lui.

---

(1) L'île de Djerba, la *Lotophagitis* des Anciens. — Cette île, séparée de la terre ferme par un étroit bras de mer, a près de 100 kilomètres de périmètre. La population est évaluée à plus de 40,000 âmes. Relativement à son étendue, c'est le pays le plus peuplé de la régence de Tunis. Les Djerbiotes ne sont pas Arabes; ils appartiennent à la même race que les Beni-M'zâb, dont ils parlent la langue et dont ils suivent la secte, celle des *Khouamès* ou cinquièmes.

(2) C'était, sans doute, quelque galère enlevée aux chevaliers de Malte qui occupaient Tripoli.

(3) « Asimismo dize el dicho Anfran que se tenia aviso que Barbarosa avia enbiado 600 Turcos à Costantina para tomar la posesion de aquella ciudad, y siendo cerca de una ciudad que se llama Begia, toparon con los alarbes de Oledexeifa y combatieron con ellos y murieron muchos Turcos. » — Haedo raconte que Khaïr-ed-Dîn, en 1520, épouvanta tellement les gens de Collo par ses menaces, qu'il les amena à se soumettre. Il ajoute que cette soumission entraîna celle des habitants de Constantine; mais il paraît qu'en 1528, les Turcs n'occupaient plus cette dernière ville; car un acte, publié par Bresnier, dans sa *Chrestomathie arabe*, dit que, cette même année, par suite du *renversement de la domination ottomane*, le hamma fut dévasté et abandonné par ses propriétaires. Les Turcs, toutefois, ne tardèrent pas à reparaître à Constantine. Nous avons vu, dans un mémoire sur les affaires d'Alger, de 1533, que 300 janissaires y tenaient garnison. S'il faut en croire ce que dit ici Anfran de Camugio, ces 300 janissaires ne purent s'y maintenir, puisque Khaïr-ed-Dîn fut obligé, l'année suivante, d'envoyer à Constantine 600 hommes pour en prendre possession *(para tomar la posesion de la ciudad)*. Ce qu'il y a de certain, c'est qu'au mois de septembre 1535, les Turcs étaient de nouveau établis dans cette ville. Alvar Gomez de Horosco, dans un long rapport à l'empereur, parle de ces mécréants cantonnés à Constantine et dans tout le pays autour de Bône, « de très-incom-

XXXVI

Relation du frère Juan de Iribès sur les évènements de Tunis.

4 janvier 1535.

(Arch. de Simancas. — Estado, Legajo 462.)

Le 11 juin de l'année dernière, dit Juan de Iribès, deux galiotes turques se présentèrent à l'entrée de la Goulette ; elles apportaient une lettre du Sultan pour le roi de Tunis Mouléï Hacen ; mais, celui-ci ne voulut pas permettre aux galiotes de pénétrer dans le port. Les Turcs indignés jetèrent sur le rivage la lettre du Grand-Seigneur, et le 13 ils remirent à la voile (1).

---

modes voisins, dit-il, pour la garnison espagnole de cette dernière place. » Dans une autre lettre de D. Bernardino de Mendoza, commandant de la Goulette, en date du 26 octobre 1535, il est également question de Constantine et des Arabes de son territoire, *qui se sont déclarés pour les Turcs*. Dans la pénurie de renseignements où nous nous trouvons sur les premiers temps de l'occupation ottomane à Constantine, ces détails ont de l'importance.

(1) Le capitaine Ochoa d'Ercilla, dans sa relation de Tunis que nous avons publiée (n° xxvii), donne sur Mouléï Hacen et sur son frère le prince Rechîd quelques détails qu'il nous paraît utile de compléter pour l'explication de certains passages du présent mémoire. — « La dynastie des Beni Hafs régnait à Tunis depuis trois siècles. En 1525, le roi Mouléï Mohammed étant mort, un de ses fils, Mouléï Hacen, bien qu'il ne fut pas l'aîné de la famille, monta sur le trône, au mépris du droit de ses frères et grâce aux intrigues de sa mère, femme ambitieuse, qui nourrissait ce dessein depuis longtemps. Le premier soin de Mouléï Hacen fut de faire étrangler ceux de ses frères dont il craignait quelque révolte. Le prince Rechîd, l'un d'eux, parvint à s'échapper et s'enfuit à Alger auprès de Khaïr ed Dîn, dont il implora la protection. Khaïr ed Dîn était alors sur le point de partir pour Constantinople ; il emmena le prince en le comblant de promesses et de marques de respect. Arrivé à Constantinople, il proposa au Sultan de se servir de ce malheureux pour conquérir, au profit de l'empire, le royaume de Tunis. Souleïman adopta son plan. Une flotte formidable fut armée sous la direction de Khaïr ed Dîn, et l'on eut soin de répandre le bruit que le but de cet armement était d'établir

Le 4 août, les habitants de la ville de Bône se révoltèrent et tuèrent le commandant de la Kasba. Le 9 du même mois, le roi fut avisé de cette rébellion, et le 12 il fit partir 400 cavaliers et 250 arquebusiers pour rétablir l'ordre.

Trois jours après, dans la nuit du 15, on vit passer en mer un grand nombre de voiles. Le matin, cette nouvelle se répandit dans Tunis, et le roi, croyant que c'était l'*armada* des chrétiens, jura par la tête de son père que, si elle osait s'approcher de Tunis, il ferait couper la tête à tous les chrétiens qui se trouvaient dans la ville; mais on sut bientôt que cette flotte était celle de Barberousse, qui venait de s'emparer de Bizerte. Alors, le roi de Tunis, bien autrement alarmé, se mit à courir les rues, implorant le secours des habitants et leur disant : « Je suis votre père, et vous êtes mes enfants. » Mais le peuple, qui n'aimait pas le roi, ne remua pas (1). Le lendemain, Barberousse vint à la Goulette (2).

Juan de Iribès raconte ensuite la fuite de Mouléï Hacen, qui, accompagné de sa mère, chercha un refuge au milieu des Arabes, et le mouvement insurrectionnel qui éclata après son départ, mouvement provoqué par un mensonge de Barberousse.

Ce dernier avait fait répandre le bruit qu'il amenait avec lui, sur sa galère, Mouléï Rechîd, frère du roi, *le fils de la Négresse*, comme on l'appelait à Tunis. La nouvelle de son retour détermina les principaux de la ville à se rendre à la Goulette, auprès de Barberousse ; mais il se trouva que cette nouvelle était

---

sur le trône de Tunis le prince Rechîd. Mais, au moment où cette flotte se disposait à appareiller, Rechîd, qui jusque-là avait gardé une foi entière dans les promesses de ses deux puissants patrons, se vit traîtreusement arrêté par leurs ordres, puis jeté dans une prison, où il termina ses jours.

(1) « El rey pensò que era armada de cristianos y jurò por la testa de su padre que, si era tal armada, haria descabezar a quantos cristianos havia en Tunez ; de visperas se supò que era Barbarosa, el qual habia ganado à Bizerta, y el rey Muley Hacen andubò por todas las calles de la ciudad, pidiendo socorro y diziendo : « Io soy vuestro padre y vosotros soys mis hijos.»— Empero los de la ciudad le mostraban tener poco amor. »

(2) Le 16 août, et non le 18, comme le dit Sandoval.

fausse. Comprenant qu'ils étaient joués, les Tunisiens envoyèrent dire secrètement à Mouléï Hacen qu'il pouvait revenir, et que tous ils se réuniraient à lui, pour l'aider à chasser les Turcs.

Le 18, Barberousse se présenta de bonne heure, dans la matinée, devant la porte d'El-Djezira avec 4,500 hommes; dans le même moment, Mouléï Hacen arrivait dans le faubourg opposé, suivi de 4,000 cavaliers arabes. Les Tunisiens avaient pris les armes et se rassemblaient tumultueusement, appelant le roi à grands cris; mais les Arabes ne voulurent pas accompagner plus loin Mouléï Hacen, et s'arrêtèrent dans le faubourg. Le roi entra seul dans la ville où les Turcs venaient de pénétrer par l'autre porte. Pendant toute la journée, on se battit dans les rues. D'abord, les habitants eurent l'avantage. Plusieurs Turcs isolés furent massacrés, et les autres refoulés dans la citadelle que les Tunisiens pressaient de toutes parts. Le lendemain, Barberousse ordonna une nouvelle sortie : 1800 rénégats et janissaires se précipitèrent dans la ville; leurs escopettes firent merveille et les Tunisiens s'enfuirent en désordre. Poursuivant leur victoire à travers les rues, les Turcs pénétrèrent dans les maisons et tuèrent tous ceux qui s'y trouvaient : 2000 Maures, hommes, femmes et enfants succombèrent dans cette triste journée. Enfin, les habitants se soumirent à Barberousse et le reconnurent pour roi. Pendant que ceci se passait dans la ville, au-dehors Mouléï Hacen, qui avait rejoint les Arabes, se trouvait dans un grand danger. Voyant que les Turcs étaient les plus forts, ses sauvages auxiliaires voulurent le livrer à Barberousse, et ce ne fut pas sans peine que Mouléï Hacen parvint à leur échapper.

Je me tenais caché, pendant ce temps, continue Juan de Iribès, dans l'église des *Rabatins*, dédiée à St-François. Lorsque tout fut fini, je me rendis auprès de Barberousse, et je lui dis que j'étais venu à Tunis pour racheter des captifs; mais, qu'ayant eu à souffrir de la mauvaise foi du roi Mouléï Hacen, je n'avais pu partir encore. J'ajoutai que, puisque Dieu lui avait donné l'administration de la justice dans cette ville, je le suppliais de m'accorder sa protection, ainsi qu'à mes pauvres caplifs. Barberousse me répondit très-humainement (1).

Le 24 août, il arriva à Tunis un ambassadeur nommé Louis Flouri (1), *secrétaire du Dauphin et docteur dans l'un et l'autre droit*. Cet envoyé venait de Constantinople. Barberousse le reçut avec de grands honneurs, le combla de présents, et, après avoir longuement conféré avec lui, le fit conduire à Marseille. Un de ses principaux officiers accompagna l'ambassadeur (2).

---

(1) « En este medio, yo estaba en la iglesia de los *Rabatinos*, dedicada à San Francisco. Cesando la furia de la pelea, fui à Barbarosa y le conté como havia venido à redemir captivos, y que el rey Muley Hazen me havia hecho ciertas injusticias por aquellas yo estaba detenido, y que pues Dios le havia llevado para administrar justicia en la ciudad, le suplicaba me tomase sò su amparo juntamente con mis pobres captivos, y él me respondiò muy humanamente. »

(1) Jean de la Forest (et non *Louis*), gentilhomme d'Auvergne et bailli de l'ordre de Malte. Ce titre, ainsi que son nom, ont donné lieu chez les historiens contemporains à de singulières confusions. Sandoval l'appelle *Forestio, de la Floresta*. Marmol en fait même un prêtre *florentin*.

(2) Les détails que donne Juan de Iribès sur les pérégrinations de l'envoyé français et sur le projet d'alliance qu'il avait mission de conclure entre le Grand-Seigneur, le roi de France et le pape Clément VII, sont très-curieux : — « Io preguntando y con mucha diligencia haziendo pesquiza de las pisadas aqui del dicho embaxador, he podido saber, y esto de muy buena tinta, que el dicho embaxador fué enviado por el rey de Francia y por el papa Clemente Setimo al Gran-Turco à Costantinopla, y que llegando à Costantinopla hallò que el Gran-Turco era partido con su exercito para contra el Sufi, y asi corriò la posta en pos dél, y despues que le alcanzò y hablò, el dicho Turco casi no hizò caso dél salvo lo remitiò à Barbarosa diciendole que lo que él hacia que lo tenia por bien ; y con esto volviò à Barbarosa, del cual fué recibido con gran alegria, y la capitulacion que él llevaba era que Barbarosa habia de ir derecho à Marsella, y ahi habia de recibir las galeras del rey de Francia, y con ellas y su armada por mar habia de dar sobre Genova, y el Dalfin de Francia por tierra ; y en esto medio, el papa Clemente habia de dar con su exercito sobre el ducado de Urbino. Hecha la destruccion de Genova, habia de dar el exercito francés sobre Milan, y Barbarosa habia de venir à destruir la isla de Sicilia. Empero, como Dios es justo y verdadero determinador de las cosas, permitiò que hubò Barbarosa por nueva que el papa era muerto ò estaba en pasamiento, y por esto Barbarosa diò la vuelta para Berberia en que ganò à Tunes ; y el sobre dicho em-

Le 17 octobre, on apprit à Tunis que le pacha Ibrahim avait battu le Sophi de Perse. Barberousse ordonna à cette occasion de grandes réjouissances qui durèrent quatre jours et quatre nuits. Après ces fêtes, il y eut une terrible sédition des janissaires qui réclamaient leur solde. Ils voulaient tuer Barberousse, qui fut même obligé de se cacher ; mais celui-ci les fit payer, et tout se calma.

Le 28 novembre, nouvelle mutinerie des Turcs. 400 soldats sortirent de la ville, disant qu'ils allaient rejoindre Mouléï Hacen. Barberousse ordonna à ses rénégats de les poursuivre. 180 des mutins furent tués, et sept ou huit, qui avaient été faits prisonniers, pendus aux créneaux de la citadelle. Les autres, au nombre de 260, se sauvèrent dans la campagne.

Juan de Iribès donne ensuite le nombre des forces de terre et de mer venues avec Barberousse. Les troupes, dit-il, se composent de 1800 janissaires, 6500 Grecs, Albanais et Turcs et 600 rénégats, la plupart Espagnols. Quant à la flotte, lorsque Barberousse se présenta devant Tunis, elle était forte de 84 galères ; mais, six sont retournées à Constantinople, dix autres ont été envoyées à Alger, quinze à Bône et quinze à Bizerte ; par ordre de Barberousse, dix-huit ont été aussi désarmées, de sorte que vingt seulement, avec sept grands navires amenés de l'île de Djerba par le Juif (1), tiennent la mer et croisent devant la Goulette.

---

baxador, como dije, salió en la dicha ciudad, y ahi tomaron nuevo acordo y capitulacion que, para el principio deste verano, el rey de Francia entregarà à Barbarosa XXX galeras armadas, paraque con ellas y su armada vaya contra Genova, y el Dalfin de Francia por tierra, y que han de saquear y destruir à Genova y à Sicilia, y aun algunos quieren dezir tambien que Barbarosa darà salto hasta Granada. — Hàsta mi partida de Tunes, creo que Barbarosa no ha tenido respuesta del dicho embaxador, ni ha tornado el Turco que fué con él à Marsella. »

(1) C'est le nom que les Espagnols donnaient à Sinân, cet intrépide lieutenant de Khaïr ed Dîn, qui devint plus tard si célèbre. « Sinân de Smyrne, dit Sandoval, avait reçu le surnom de *Juif*, bien qu'il ne le fût pas de naissance *(Judio conocido por nombre y no por linage)*. » Exempt de la plupart des vices trop communs parmi les capitaines turcs, il se montrait doux avec les esclaves et plein de pitié pour les malheureux. C'était le meilleur corsaire de son temps *(era el mejor cossario de su tiempo)*.

S'il faut en croire Juan de Iribès, Barberousse, pendant son séjour à Tunis, commit de grandes cruautés, faisant couper des têtes et torturer les principaux habitants pour leur extorquer de l'argent (1).

En terminant, Juan de Iribès recommande au docteur Ercilla, conseiller de Sa Majesté, auquel il écrit, de mettre son récit sous les yeux de l'empereur et de le prier de hâter l'expédition qui se prépare, afin qu'elle puisse arriver devant Tunis dans le courant du mois de mars.

XXXVII

Lettre de l'Infant de Bougie a Sa Majesté (2)

Sans date (janvier 1535) (3).

(Arch. de Simancas. — Estado, Legajo 462.)

L'Infant de Bougie renouvelle ses instances pour que Sa Majesté veuille bien l'aider à payer ses dettes et celles de son père, afin que la mémoire de ce dernier ne souffre pas (*porque no pene su memoria despues de su muerte*); lesquelles dettes peuvent s'élever à 5000 ou 6000 ducats. Il est fort chagrin de ne pouvoir pas payer ce qu'il doit, et si Sa Majesté refuse de le secourir, il se trouvera dans la plus grande détresse.

---

(1) « Barbarosa a descabezado once hombres porque no le querian dar dineros quantos él pedia. Asi mandò à siete hombres de los principales fuesen à hazer obediencia al Gran-Turco, y despues que los tenia en las galeras los hizò martirizar siempre por los sacar dineros y à la postre los ahorcaron y echaron con sendas sogas al pescuezo à la mar. »

(2) L'Infant de Bougie, dont il est ici question, était fils du roi Mouléï Abd-Allah. Il s'était converti au christianisme, ce qui lui avait valu ce titre donné en Espagne aux princes du sang.

(3) La lettre suivante, écrite par l'empereur le 14 février 1535 aux officiers de la chambre des Comptes, permet de fixer approximativement la date de celle-ci.

Il demande, en outre, que Sa Majesté écrive au commandant de Bougie, pour que cet officier lui permette de se retirer, non dans la forteresse, mais seulement dans le faubourg, et cela jusqu'à ce qu'il ait pu s'accorder avec ses créanciers.

L'Infant pense, d'ailleurs, que son séjour à Bougie pourra être utile à la religion. Il espère amener plus facilement les Maures à se convertir, et gagner des âmes à la sainte foi catholique. Il croit également que sa présence dans cette place y attirera beaucoup de marchands, ce qui tournera à l'avantage de l'empereur : avec les droits que paieront ces marchands, il sera possible de pourvoir aux dépenses occasionnées par les forteresses.

Il pourra aussi entrer en négociation avec ses parents et Ahmed el-Kadi, Seigneur de Koukô (1), afin de susciter des embarras à Barberousse qui commande à Alger. Il est convaincu qu'il peut faire beaucoup à cet égard, si Sa Majesté consent à l'aider en lui envoyant seulement des lettres : il ne demande ni soldats ni argent, parce que, dans la circonstance, l'adresse vaut mieux que la force.

Enfin, si l'Infant acquiert la certitude que les Maures ne pourront plus lui nuire pour s'être fait chrétien, il n'importunera plus si souvent Sa Majesté.

Le prince, en terminant, rappelle la paix et la bonne harmonie qui ont existé autrefois entre son père et le seigneur roi D. Ferdinand le Catholique.

---

(1) Ahmed ben el Kadi, que les historiens espagnols appellent *roi de Koukô*. On a vu, dans une lettre précécente, qu'il avait été d'abord l'ennemi des Espagnols ; mais leur haine commune des Turcs avait sans doute amené entre eux un rapprochement. « Ce chef, dit Marmol, était de bonne maison et de la race des anciens seigneurs d'Alger. » — Koukô, qui n'est plus maintenant qu'un village du *Soff* (ligue, rang, alliance), des Beni-Yahia, pouvant à peine réunir 150 fusils, composait alors une confédération importante de la Kabylie.

XXXVIII

Lettre de l'Empereur aux maîtres de sa chambre des Comptes pour l'affaire de l'Infant de Bougie.

Madrid, 14 février 1535.

(Arch. de Simancas. — Estado, Legajo 462.)

L'illustre Infant de Bougie, don Fernando (1), devait recevoir, chaque année, selon notre bon plaisir, 500,000 maravédis, avec l'obligation de payer, sur la dite somme, 600 ducats à ses sœurs, cousines et nièces, pour leur entretien. Ces 500,000 maravédis lui ont été comptés pour l'année passée, pour la présente et pour celle à venir de 1536.

L'Infant m'ayant fait savoir qu'il devait 450,000 maravédis à Hugues Moreau, dit Jean de Bourgogne, duquel il a reçu sommation, j'informe les officiers de la Chambre des Comptes, qu'en considération des services que le dit Infant Don Fernando m'a rendus et qu'il continue à me rendre, je consens à ce qu'il lui soit fait remise de la somme dont il s'agit, alors même qu'il viendrait à décéder avant la fin de l'année 1536. Le paiement à Jean de Bourgogne devra se faire de la manière suivante : 250,000 maravédis en 1535, et 200,000 en 1536.

XXXIX

Extrait de lettres de Constantinople

14 et 15 avril 1535.

(Arch. de Simancas. — Estado, Legajo 462.)

Voici ce qu'un des gouverneurs de Constantinople a dit à l'ambassadeur vénitien :

---

(1). Le fils du roi de Bougie avait reçu au baptême le nom de *Fernando*, en mémoire sans doute du roi Ferdinand.

Barberousse a écrit que l'on pouvait être sans inquiétude à son égard, ainsi qu'au sujet de Tunis et de la flotte du Sultan. Il a si bien pris ses mesures qu'il ne craint rien Si les chrétiens osent l'attaquer, ils le verront en face, de manière à ce qu'ils s'en souviennent avec honte. Ils n'ont pu, lorsqu'il était seul, lui faire aucun mal, et maintenant qu'il commande la flotte du Sultan et qu'il est assuré de sa faveur, ils le pourront encore moins. Si l'*armada* de l'empereur Charles, au lieu de le poursuivre dans Tunis, se dirige vers Constantinople, il la suivra de près avec la sienne et saura l'empêcher de causer du dommage aux terres du Grand-Seigneur. Jusqu'à présent, il n'a encore rien dépensé de l'argent que lui a donné le Sultan et qu'il a emporté avec lui.

1 et 2 mai.

Le bruit public à Constantinople est que l'*armada* de Sa Majesté est formidable. Les ministres du Grand-Seigneur ont dit à l'ambassadeur vénitien qu'ils savaient que Sa Majesté avait l'intention d'en former deux escadres, l'une, pour attaquer Tunis, et l'autre, pour croiser dans l'Archipel ; mais, ils ont ajouté qu'ils étaient tranquilles, parce que le Kapitan-Pacha était solidement établi à Tunis, et qu'en ce qui concerne Constantinople et Salonique, toutes les précautions étaient prises pour mettre ces deux villes à l'abri d'une insulte. Barberousse a d'ailleurs promis, si l'une des deux escadres est envoyée contre Constantinople, d'y revenir immédiatement.

Le Ragusain Séraphin de Gozo, envoyé du roi de France, vient d'arriver ici (1). Ce Ragusain et un Espagnol, qui a été pris à bord d'une frégate, ont fourni, sur l'*armada* de Sa Majesté, des renseignements très-détaillés. On les a fait partir tous deux pour le camp du Grand-Seigneur.

---

(1) « Es arribado alli Seraphin de Gozo, Raguseo, embiado por el rey de Francia, el qual y un Espanol que havia sido preso en una fregata an dado muy particular quenta de l'armada de Su Majestad, y estos dos son idos al Gran-Turco. » — Le père Daniel *(Hist. de France*, t. IX, p. 495) est le seul historien qui parle de ce *Séraphin Gozio*, comme il l'appelle, agent secret du roi de France à Constanti-

XL

Compte-rendu de la lettre écrite a Sa Majesté par Perafan de Ribera, commandant de Bougie.

Bougie, 4 juin 1535.

(Arch. de Simancas. — Estado, Legajo 462.)

Perafan de Ribera dit qu'il serait très-heureux de faire partie de l'expédition qui se prépare (contre Tunis), et il sollicite l'autorisation de quitter son commandement.

Ii informe l'empereur que la garnison de Bougie compte à peine 600 hommes, et que tous les jours le nombre des soldats diminue, parce qu'ils demandent à retourner chez eux ou à s'embarquer pour les Indes (1) ; si la garnison doit être maintenue au complet, c'est-à-dire à 700 hommes, il est nécessaire d'envoyer des renforts.

Il pense que les approvisionnements suffiront pour atteindre octobre ou novembre ; mais il dit qu'on a tort d'attendre que les besoins deviennent pressants, surtout lorsqu'on est obligé de tirer toutes les subsistances du dehors. Il fait observer que les Maures et un grand nombre de femmes sont nourris sur l'ordinaire, de sorte que, si, comme le veut Sa Majesté, les forteresses doivent être approvisionnées pour un an, il faut qu'on expédie de Malaga, sans retard, un autre bâtiment avec des vivres.

---

nople. Charles-Quint, dans une lettre à son ambassadeur en France (*Papiers d'état du Cardinal de Granvelle*, t. II, p. 392), mentionne l'arrestation « d'un Ragusain, pris ès-terres du duc d'Urbin, que, bien qu'il eût entendu que le dit Ragusain avait fait très-mauvais office à son encontre, il fit mettre en liberté, attendu que le roi de France l'avait avoué pour son serviteur. » — Dans les documents de l'époque, on ne trouve aucun autre indice de ce Ragusain, que l'empereur ne nomme même pas.

(1) Les désertions étaient fréquentes parmi les soldats des garnisons de Bougie et d'Oran. Pour eux, les Indes, où *l'on trouvait de l'or et des perles en courant le pays*, était un appât autrement séduisant que les villes frontières d'Afrique, *las fronteras*, comme on les appelait.

Comme les soldats profitent, pour s'échapper, de la complaisance des patrons de navires, il demande que défense soit faite à ceux-ci, sous les peines les plus graves, de recevoir à leur bord aucun homme de la garnison, à moins qu'il ne soit muni d'une permission signée de sa main.

On n'a reçu à Bougie, pour la solde des troupes, que 4,500 ducats, dont 3,500 en espèces et 1,000 en denrées, et relativement à ce qui est dû, c'est peu de chose. Perafan supplie Sa Majesté de donner des ordres pour qu'il soit fait un nouvel envoi de fonds. On doit à la garnison dix-huit mois de solde.

La troupe crie contre le payeur qui lui vend les vivres fort cher : elle dit que sa paie s'en va par morceaux (*que les lleva la paga a pedazos*). Perafan trouve qu'elle a quelque raison de se plaindre. Il fait remarquer qu'ayant demandé au payeur de lui remettre ses livres, celui-ci a répondu que l'argent lui était envoyé directement, et qu'il en rendrait compte plus tard à qui de droit. Le commandant de Bougie pense que les choses ne se font pas bien, et que les fonds doivent être répartis en sa présence et celle de l'inspecteur (1).

Il demande aussi qu'on lui permette de payer, comme il l'entend, les espions dont il se sert.

Enfin, Perafan de Ribera écrit que les Maures se sont présentés plusieurs fois devant la place, et qu'ils ont toujours été repoussés avec perte.

XLI

Extrait d'une lettre de Constantinople

19 juin 1535.

(Arch. de Simancas. — » .)

Le 13 juin, sept galères de Barberousse ont mouillé dans le

---

(1) On peut conclure de ce passage, que l'administration militaire espagnole, à cette époque, laissait beaucoup à désirer sous tous les rapports.

port de Constantinople. A bord de l'une d'elles, se trouvait un ambassadeur du roi de France, appelé *La Foresta* (1)-(La Forêt), qui a vu Barberousse à Tunis. Il avait avec lui quatre gentilshommes et dix serviteurs. Ces galères étaient en assez mauvais état, à l'exception de celle où l'ambassadeur avait pris passage. Il est arrivé aussi de Tunis un autre navire avec des chevaux pour le Grand-Seigneur.

Barberousse a écrit qu'il ne craignait rien ; cependant, il a demandé du secours. On dit que le Sultan lui a fait répondre de revenir à Constantinople.

L'ambassadeur français montrait une grande impatience de voir le Grand-Turc. On a offert de le conduire en sûreté à Bagdad, en Mésopotamie, où le Sultan se trouve encore en ce moment ; mais, ayant été informé qu'au mois d'octobre il sera de retour à Constantinople, l'ambassadeur s'est décidé à l'attendre ici. A cet effet, il a loué une maison de campagne, hors de Péra, afin de n'être pas exposé, comme les autres chrétiens qui habitent la ville, aux avanies des Turcs (2).

Le même ambassadeur a dit aux gouverneurs de Constantinople, que le roi de France faisait armer à Marseille trente-six galères, deux gros vaisseaux et plusieurs galions (3). Quarante autres navires y sont attendus de la Normandie et de la Bretagne. Les dits gouverneurs lui ayant demandé ce que le roi voulait faire de cette grande *armada*, il a répondu que son maître avait l'intention de l'envoyer contre les Génois.

---

(1) Le même ambassadeur, que le frère Juan de Iribès appelle *Luis Flouri*.

(2) « El dicho embaxador... ha tomado una vina con una casa fuera de Pera, por no estar en la sugecion que estan los cristianos en Costantinopla. »

(3) *Galeone*, grand navire de commerce armé en guerre.

XLII

Compte-rendu d'une lettre de l'Empereur, écrite du camp devant la Goulette (1).

29 juin 1535.

(Arch. de Simancas. —   »   .)

Le samedi, 12 juin, l'Empereur aborde en Sardaigne, où il s'arrête deux jours. Le 14, la flotte remet à la voile, et le lendemain, de bonne heure, on découvre les côtes d'Afrique. Charles-Quint donne l'ordre de courir des bordées le long de la côte, en vue de Porto-Farina, pour attendre les bâtiments de transport restés en arrière avec une partie des galères.

Dans l'après-midi, toute la flotte se trouvant réunie de nouveau, continue sa route, et le même jour, dans la soirée, elle vient jeter l'ancre à trois milles du fort de la Goulette.

Quelques galères s'approchent du rivage afin de reconnaître le lieu qui a été choisi pour le débarquement. Un combat à coups de canon s'engage avec la forteresse et dix ou onze navires mouillés à l'entrée du canal ; mais la nuit oblige les galères espagnoles à se retirer (2).

Le mercredi, 6 juin, le débarquement commence. L'empereur, accompagné de la plus grande partie de sa noblesse, descend à terre avec les premières troupes et vient camper dans le voisinage d'une vieille tour (la tour des Salines), « là où s'élevait l'ancienne ville de Carthage. »

---

(1) Cette lettre, adressée au marquis de Canete, vice-roi et capitaine-général de la Navarre, a été publiée par Sandoval dans sa volumineuse histoire de Charles-Quint.

(2) « Tunis est située à l'extrémité d'un lac ou étang qui communique avec la mer par un canal étroit, dont un fort défend l'entrée. Les Européens ont appelé ce fort la Goulette, par corruption du nom de *Alk-el-Oued* (la gorge de la rivière), donné au canal. Les Arabes la désignent sous le nom de *Bordj-el-Aïoun* (le fort des sources). »

Pendant les deux jours suivants, le jeudi et le vendredi, les chaloupes sont occupées à débarquer le reste de l'armée, l'artillerie et les munitions.

L'Empereur, ayant appris par des transfuges que la forteresse de la Goulette était parfaitement approvisionnée et munie d'une nombreuse garnison, fait examiner s'il ne conviendrait pas de se porter immédiatement sur Tunis. Diverses considérations le déterminent à entreprendre d'abord le siége de la Goulette, et les troupes s'établissent fortement dans la position qu'elles occupent entre la tour des Salines, le Fort-de-l'Eau et les ruines de Carthage.

On dit que Barberousse a 6,000 ou 7,000 Turcs et janissaires avec lui, sans compter les Arabes.

Il y a eu quelques escarmouches sans importance de part et d'autre, les pertes ont été légères. Malgré les ordres que l'on a donnés, plusieurs hommes, s'étant écartés des rangs pour marauder dans les jardins, ont payé de la vie leur indiscipline. Ce sont, pour la plupart, des gens de galères ou des valets de l'armée.

On ne sait pas où se trouve le roi de Tunis, on n'a pas entendu parler de lui. Quelques Arabes, qui ont été faits prisonniers, disent qu'il est campé dans le voisinage. On les a envoyés à sa recherche.

Presque tous les jours, il arrive de Naples, de Sicile et de Sardaigne des navires chargés de vivres. Le marquis Alarcon a rejoint aussi l'armée avec un renfort de 1200 hommes.

On s'occupe des travaux du siége. La tranchée est ouverte.

La garnison de la Goulette a essayé inutilement, à deux reprises, d'enlever un bastion construit par les Espagnols. Dans la seconde sortie des Turcs, qui a eu lieu le 23 juin, veille de la Saint-Jean, l'infanterie italienne, commandée par le comte de Sarno, a été chassée du bastion ; mais, l'infanterie espagnole étant venue à son aide, elle est parvenue à le reprendre et à repousser l'ennemi. Le comte de Sarno a été tué.

Le 25 juin, il y a eu une nouvelle attaque des Turcs. Elle a eu lieu avant le jour et dans le plus grand silence. Cette tentative n'a pas été plus heureuse que les deux premières. Le marquis de Mondejar a été blessé.

Le commandeur Rosa, que l'on attendait de Barcelone, est arrivé enfin avec la grosse artillerie.

Trois Maures, envoyés par le roi de Tunis, se sont présentés au camp, et ont annoncé qu'il se disposait à se rendre auprès de l'Empereur, afin de se concerter avec lui. Charles-Quint a fait partir douze galères pour l'amener avec ses parents et les cheiks qui doivent l'accompagner.

XLIII

Lettre de Ben-Redouan au comte d'Alcaudète (1).

Sans date (2) (2 ou 3 juillet 1535).

(Arch. de Simancas. — Estado, Legajo 462.)

Votre Seigneurie saura que mercredi, dans l'après-midi, le kaïd des Beni-Rachid (3) vint à notre rencontre de ce côté-ci de la rivière de Tifida (4), avec les hommes de sa suite, les contin-

---

(1) Au mois de septembre 1534, le licencié Melgarejo écrivait que Ben Redouan avait réclamé la protection de l'Espagne et demandait un sauf-conduit pour venir à Oran, avec son petit-fils le prince Abd-Allah. Le corrégidor d'Oran conseillait à l'empereur d'accueillir favorablement les ouvertures de Ben Redouan, comme le seul moyen d'en finir avec le roi de Tlemsên, Mohammed, leur ennemi commun et l'allié des Turcs. Cette lettre nous apprend que la négociation avait réussi, et que le gouvernement espagnol s'était engagé à soutenir les prétentions du prince Abd-Allah. En réalité, il importait peu à l'empereur que l'un ou l'autre des deux princes régnât à Tlemsên; mais il ne pouvait permettre aux Turcs de s'y établir.

(2) Les deux lettres qui suivent nous donnent la date de celle-ci.

(3) « Beni-Arax, dit Marmol, est une province qui a 17 lieues de long sur 9 de large. Tout le côté du midi est une plaine, et celui du nord n'est que collines qui abondent en blé et en pâturages. Les habitants sont Berbères de la tribu de Magaroa (Maghrâoua). Les rois de Tlemsên tiraient de ce pays 40,000 pistoles par an et 25,000 hommes de combat dans l'occasion, tant cavalerie qu'infanterie, tous braves gens et bien équipés. »

(4) La rivière de Tifida, comme l'appelaient les Espagnols, est l'Oued-Isser. Tifida, ou mieux Tibd, était une ancienne ville déjà ruinée au temps de Marmol.

gents arabes et les arquebusiers de Tlemsên. Nous eûmes un engagement avec lui, et nous lui tuâmes six cavaliers et plusieurs chevaux. Le kaïd se retira alors à Tifida, où il avait son camp, et il dit à ses gens : « Je n'abandonnerai pas Tifida, et, s'il le faut, j'y laisserai ma tête. »

Cette nuit, nous dormîmes sur le bord de la rivière. Il avait été décidé que le lendemain, de bonne heure, on attaquerait l'ennemi. Les chrétiens qui formaient l'avant-garde abordèrent vaillamment la position qu'il occupait, pendant que nous passions la rivière un peu au-dessus du lieu où le kaïd avait dressé ses tentes. Se voyant menacé d'être tourné, il se hâta de décamper. Le vendredi, ayant reçu dans la nuit du renfort de Tlemsên, l'ennemi essaya un retour offensif ; mais nous étions prêts à le recevoir. Après avoir fait ranger notre cavalerie en bataille, je marchai à la rencontre du kaïd avec nos fantassins et les arquebusiers espagnols. Vigoureusement attaqués et poursuivis jusque dans leur nouveau camp, les Arabes s'enfuirent, laissant sur le terrain huit de leurs cavaliers morts, et parmi eux le fils d'un de leurs principaux ckeikhs.

Nous avons pris beaucoup de chevaux : celui que montait le fils du cheikh qui a été tué est une bête magnifique. L'ennemi est tellement démoralisé, qu'avec l'aide de Dieu et de Votre Seigneurie, nous espérons arriver promptement à Tlemsên. Un grand nombre des Arabes du kaïd, gagnés par mes promesses, sont passés de notre côté.

Je n'ai rien de plus à vous mander, si ce n'est que chaque chrétien de ceux que vous nous avez donnés vaut au moins cent hommes. Quant au commandant Angulo (1), il est impossible de se montrer plus intrépide. Je n'oublie pas les recommandations que vous m'avez faites, et je puis vous assurer que je prends plus de soin de lui et de ses soldats que de ma propre personne. J'informerai exactement Votre Seigneurie de tout ce qui arrivera ultérieurement.

Abderrahman Ben Redouan.

---

(1) Le commandant des Espagnols, D. Alfonzo Martinez de Angulo, dont il sera souvent parlé dans les lettres suivantes.

Cette lettre a été écrite par moi, Alcantara, qui baise les mains de Votre Seigneurie et lui fait savoir que les ennemis ont disparu, depuis que nous les avons obligés d'abandonner la position de Tifida.

XLIV

Lettre du comte d'Alcaudète a Sa Majesté.

Oran, 6 juillet 1535.

(Arch. de Simancas. — Estado, Legajo 462.)

Il est arrivé ici, ce matin, de très-bonne heure, un messager de Ben Redouan. Il paraît que des maraudeurs arabes lui ont enlevé les lettres qu'il apportait du camp des chrétiens et de la part de son maître (1).

Ce messager, qui arrive de Tifida, m'a dit que, pendant qu'on négociait avec les gens de Tlemsên, certains Arabes du caïd des Beni Rachid écrivirent à Ben Redouan qu'ils voulaient se ranger du côté de son petit-fils. A la faveur de cette fourberie, ils vinrent le joindre dimanche dernier. Comme dans les affaires précédentes ils avaient éprouvé de grandes pertes, on crut que leurs intentions étaient bonnes, et on les laissa pénétrer dans le camp, au nombre de 200 *lances*. Ceux de Ben Redouan, convaincus qu'ils venaient pour servir le roi (le prince Abd-Allah), comme ils le disaient, étaient sans défiance. Attaqués à l'improviste, ils se défendirent à peine, et tous, avant-garde et corps de bataille, cherchèrent leur salut dans la fuite. Toutefois, les chrétiens

---

(1) Les détails que contient cette lettre du comte d'Alcaudète, d'après le rapport de l'Arabe, sont relatifs à une affaire postérieure de quelques jours à celle dont le récit se trouve dans la dépêche précédente et non datée de Ben Redouan. On voit, en effet, que ce dernier combat, dont les suites paraissent avoir été fatales au parti que soutenaient les Espagnols, a eu lieu le dimanche matin, 4 juillet, tandis que les deux rencontres dont parle Ben Redouan, arrivèrent le mercredi et le vendredi (30 juin et 2 juillet). La lettre qui suit confirme le désastre éprouvé par les Espagnols et leur allié.

étant venus au secours de Ben Redouan, obligèrent les gens du kaïd à se retirer, et leur tuèrent même beaucoup de monde.

Les choses en étaient là, lorsque le messager est parti. Il avait entendu dire que Ben Redouan et son petit-fils s'étaient enfuis ; mais, en chemin, d'autres Arabes lui ont appris que les cheikhs, s'étant ralliés, avaient pu rejoindre les chrétiens qui occupent une bonne position où ils se sont retranchés.

Je ne crois pas que Ben Redouan ait abandonné les chrétiens, il sait bien que les Arabes, ceux-même de son parti, le tueraient ou le feraient prisonnier. Quoi qu'il en soit, j'écris à Alfonzo Martinez de Angulo que, dans le cas où il ne lui resterait pas assez d'Arabes de Ben Redouan, si réellement ce dernier s'est enfui pour essayer de regagner Oran en sûreté, il traite avec l'autre roi (Mouléï Mohammed) ; il paraît précisément............ Je doute qu'il l'eût fait, parce que la troupe qu'il a avec lui (1).... entrer dans Tlemsên, il peut se retirer en toute sécurité, sans que personne ne puisse l'inquiéter.

Le messager de Ben Redouan assure que les chrétiens, dans les rencontres qu'ils ont eues avec le kaïd des Beni-Rachid, avant et après leur arrivée à Tifida, lui ont tué 600 ou 700 hommes, et qu'ils ont démonté un grand nombre de cavaliers. Grâce à Dieu, les nôtres n'ont eu que six blessés, sans un seul mort ; aucun ne l'est même dangereusement. On dit qu'ils occupent un lieu si fort, qu'ils pourront s'y défendre tout le temps qu'ils voudront, quand bien même tout le royaume se réunirait contre eux. Ils ont aussi des vivres en abondance.

Le même Arabe m'a dit que, si ceux de Tlemsên ne se sont pas déclarés en faveur de Ben Redouan, ainsi qu'ils avaient promis de le faire, c'est parce que le bruit a couru que le roi de Fez lui envoyait des secours. Je rendrai compte à Votre Majesté de ce qui arrivera plus tard. Je pense que les Arabes de Ben Redouan, se souvenant que vingt-et-un enfants des principales familles de leurs tribus m'ont été livrés comme ôtages, ne nous trahiront pas, et que les chrétiens seront sauvés. Dans ce but, je ferai tout ce qu'il me sera possible, et, Dieu aidant, j'ai l'espoir que les

---

(1) Les mots laissés en blanc sont lacérés dans l'original.

choses se passeront bien, comme il convient au service de Votre Majesté.

La troupe qui a combattu avec Ben Redouan est certainement une des meilleures du monde, et, dans le nombre, il y a des hommes qui depuis longtemps font la guerre dans ce pays ; je crois que, si la nécessité les presse, ils sauront bien se tirer d'affaire.

XLV

Lettre du comte d'Alcaudète a Sa Majesté

Oran, 12 juillet 1535.

(Arch. de Simancas. — Estado, Legajo 462.)

Votre Majesté aura vu le rapport que je lui ai adressé relativement aux troupes et aux autres choses qui ont été mises à la disposition de Ben Redouan, conformément au désir qu'elle avait exprimé (1). Je lui ai fait connaître en même temps les justes motifs qu'il y avait d'accorder à Ben Redouan ce que depuis longtemps il demandait, les inconvénients qui auraient pu résulter de tout nouveau retard, et la nécessité de traiter promptement avec lui. Ce qu'il aurait été possible d'ailleurs de lui donner en plus de ce qu'il demandait et des instructions de Votre Majesté était fort peu de chose, et pour ce qu'elle avait à faire, l'excellente troupe qui a rejoint Ben Redouan était suffisante.

Voici ce qui est arrivé depuis et ce que l'on m'a raconté : Il paraît que les Arabes dans lesquels Ben Redouan avait le plus de confiance, et que pour cette raison il avait cru pouvoir laisser chez eux, jusqu'au moment où il en aurait besoin, non-seulement lui ont manqué de parole, lorsqu'il les a mandés auprès de

---

(1) Il est parlé un peu plus bas de quatre pièces de canon de campagne, envoyées par le gouverneur d'Oran. Mais cette lettre ne donne pas le chiffre des troupes espagnoles qui accompagnaient Ben Redouan. On verra plus loin que ce détachement était fort de 600 hommes.

lui, mais ont fait cause commune avec ses ennemis. Ainsi que je l'ai écrit à Votre Majesté, les Arabes demeurés fidèles ont été maltraités par ces mêmes tribus, réunies à 200 *lances* des Beni-Rachid. Voyant que de Tlemsèn il ne venait personne des gens qu'il attendait, Ben Redouan, après avoir tenu conseil avec les chrétiens, se décida à se retirer dans la nuit du dimanche, 4 du présent mois, avec le roi (le prince Abd-Allah) et les Arabes qui lui restaient. L'ennemi s'était mis à leur poursuite, et, afin de pouvoir accélérer la marche, il fut convenu qu'on abandonnerait les quatre pièces de campagne que les chrétiens avaient emmenées d'ici. En conséquence, elles furent mises hors de service, et, cela fait, on continua de battre en retraite. Mais, presque au même moment, le kaïd des Beni-Rachid apparut avec ses cavaliers. Ils attaquèrent les nôtres aussitôt, et les chargèrent si vigoureusement, que tous, chrétiens et Arabes, perdirent la tête et cherchèrent leur salut dans la fuite. Une partie des soldats parvint cependant à se rallier autour du châtelain d'Alcaudète (Alfonzo Martinez); mais ils n'étaient pas assez nombreux pour pouvoir se sauver en continuant la retraite. On m'a dit qu'ils sont retournés à Tifida, avec la résolution de s'y défendre jusqu'à la mort, si l'ennemi refusait de leur accorder une capitulation honorable.

Bon nombre de fuyards ont réussi à regagner Oran, et chaque jour il en arrive quelques-uns; d'autres ont été faits prisonniers par les Arabes. Quant à ceux qui sont restés avec Alfonzo Martinez, nous n'en avons aucune nouvelle: le bruit court qu'ils ont capitulé, et que le kaïd les a emmenés à Tlemsèn.

Comme cela devait être, j'ai été péniblement affecté, tant pour ce qui touche au bien du service de Votre Majesté que pour la perte des chrétiens, du triste résultat de cette affaire. Ce qui est arrivé, il est vrai, n'est pas chose nouvelle à la guerre; mais on ne doutait pas ici du succès de l'expédition. La conviction à ce sujet, d'après ce qu'on avait vu et entendu, était même si grande que tout le monde voulait rejoindre Ben Redouan. J'ai craint un moment que la ville ne restât abandonnée, et j'ai dû faire publier qu'aucun soldat, sous peine de la vie, ne pourrait sortir d'Oran, à l'exception de ceux qui avaient été désignés. Malgré cette précaution, quelques-uns sont parvenus à s'échapper. Plaise à Dieu que les autres choses se terminent plus heureusement au gré de Votre Majesté, et que tout le mal se borne à ce qui est advenu. Je suis obligé d'en faire l'aveu, on doit considérer comme un véritable désastre la défaite que nous venons d'éprouver (1).

Suivant ce que disent ceux qui sont arrivés ici, le nombre des chrétiens tués serait peu considérable. Au moment de la déroute, on ne comptait que quatre morts et trente blessés. J'ai envoyé des espions sur les lieux et j'espère qu'ils pourront m'apprendre le nombre et les noms des soldats qui ont été faits prisonniers. Les Arabes qui ont ici des ôtages croient qu'ils n'ont pas été emmenés à Tlemsên et qu'on nous les rendra. Mouléï Mohammed, avant ce malheureux évènement, nous avait fait des propositions de paix, et certains Maures détenus à Oran ont écrit au roi pour lui demander de les échanger contre nos soldats. S'il y consent et s'il se montre disposé à conclure la paix en acceptant nos conditions et en offrant des garanties suffisantes, j'accueillerai favorablement les ouvertures qu'il nous fera.

Mouléï Mohammed n'ignore pas qu'il vient d'échapper à un grand péril. Son frère d'ailleurs est toujours libre, et il est possible que ces considérations le déterminent à traiter de bonne foi, ce qu'il n'a pas voulu faire jusqu'à ce jour. Bien qu'il nous ait battus, il a pu juger, en voyant à l'œuvre le petit nombre des chrétiens qui étaient avec Ben Redouan, ce qu'un plus grand nombre pourrait faire.

La ville est toujours bien pourvue de troupes ; je renvoie même en Castille plus de 300 hommes qui ne sont pas nécessaires. Les ôtages de Ben Redouan et tous les autres Arabes s'emploient activement à terminer les affaires de l'expédition. Ben Redouan m'a fait aussi demander un sauf-conduit dans le même but.

. . . .

Je venais d'écrire ce qui précède, lorsqu'il m'est arrivé un messager de Tlemsên, avec la lettre ci-joint que j'envoie à Votre

---

(1) « Si, algun desbarate de los que se han ofrescido desta calidad, se le puede llamar verdaderamente desastre, es á esto juzgandolo por razon. »

Majesté. Elle est d'El-Mansour, kaïd des Beni-Rachid, et adressée à son frère, celui-là même qui avait été envoyé à la cour de Votre Majesté, en qualité d'ambassadeur, par le père du roi de Tlemsên, et qui est détenu ici par le motif que j'ai mandé à Votre Majesté (1). Les chrétiens qui sont prisonniers n'ont pu obtenir la permission d'écrire; mais un juif a envoyé la liste de plusieurs dont il a su les noms.

J'ai appris que, lorsque les Maures et les chrétiens arrivèrent victorieux à Tifida, tout se passa bien jusqu'au soir; ce jour-là et l'autre, ils n'avaient eu à combattre que les cavaliers du kaïd des Beni-Rachid, au nombre de mille lances tout au plus. Ce qu'il y avait à faire, c'était de marcher rapidement sur Tlemsên : les gens de cette ville et les autres Arabes s'attendaient à voir paraître Ben Redouan d'un moment à l'autre; mais, ayant appris qu'au lieu de pousser en avant, il s'était arrêté à Tifida et négociait avec le kaïd, ils pensèrent qu'il se défiait de ses propres forces, et, n'espérant plus rien de lui, ils commencèrent à se déclarer pour Mouléï Mohammed.

Le messager arrivé de Tlemsên et d'autres Arabes venus d'El-Kala assurent que plus de 2,000 Maures ont été tués; je n'ose même pas répéter le chiffre, qui m'a été attesté par quelques-uns. El-Mansour, si j'ai bien compris sa lettre, paraît désirer qu'on fasse la paix. J'ai tiré de ce fait les deux conclusions suivantes : le roi de Tlemsên a reçu sans doute la nouvelle que Votre Majesté a réussi dans son expédition contre Tunis, et en même temps il a reconnu combien il avait été près de perdre son royaume.

Si Votre Majesté ne veut pas faire davantage pour le petit-fils de Ben Redouan et l'assister d'une manière plus sérieuse, il con-

---

(1) C'est le même ambassadeur maure dont il est parlé dans les lettres du licencié Melgarejo. Le motif de sa détention à Oran ne nous est pas connu. Nous avons vu également qu'au mois d'août 1534, Mouléï Mohammed avait fait arrêter le frère de l'ambassadeur, ce même El Mansour, qui était alors son mezouar, et qui reparaît ici. Le corrégidor d'Oran annonçait même que le roi de Tlemsên avait confisqué tous ses biens, et que son intention était de le laisser mourir en prison.

viendrait de s'entendre avec le frère d'El-Mansour ; ce que ce dernier promettra au nom du roi de Tlemsên, le kaïd le fera observer là-bas. Je persiste néanmoins à croire que ce qu'il y aurait de mieux à faire serait de soutenir Ben Redouan jusqu'au bout ; mais, comme il n'est pas possible de se fier aux Maures, il faudrait pour cela beaucoup d'hommes.

Ben Redouan m'a fait dire qu'il se rend dans le Sahara : il va y chercher son argent, et, comme il redoute une nouvelle trahison des Arabes, s'ils viennent à apprendre sa défaite avant qu'il ne les ait rejoints, il est parti en toute hâte. Il viendra ensuite ici, et son intention est de se rendre auprès de Votre Majesté pour la supplier de lui venir en aide. S'il le faut, il dépensera (1).... *doblas*, et si Votre Majesté, libre d'agir comme elle l'entendra dans le royaume de Tlemsên, veut bien le choisir pour son lieutenant, il sera satisfait. Il n'a qu'une pensée, celle de se venger de Moulëï Mohammed. Il m'a donc demandé un sauf-conduit pour revenir à Oran, et tous les cheikhs qui ne l'ont pas abandonné m'ont fait la même demande. J'ai envoyé les saufs-conduits, et, comme il importe de tenir les Arabes toujours divisés, j'ai engagé Ben Redouan et les cheikhs à continuer les hostilités. Ils m'ont répondu qu'ils déposeront ici les femmes et les enfants qui leur restent, et feront à leurs ennemis une guerre sans trêve, jusqu'à ce qu'ils aient pris assez de Maures pour racheter les chrétiens captifs et leurs ôtages.

Deux cheikhs m'ont ramené aujourd'hui quatre de nos soldats : deux qui leur ont été vendus, et les deux autres qu'ils ont repris à des Arabes. Les chrétiens m'ont dit que ces cheikhs ont tué les cinq Maures qui les emmenaient. Je vais travailler à fomenter la discorde entre les deux partis. Si Ben Redouan apporte l'argent dont il m'a parlé, j'en informerai immédiatement Votre Majesté et je lui ferai connaître ce qu'il me paraîtrait convenable de faire (2).

---

(1) Chiffre illisible.

(2) Au rapport de Marmol, la défaite d'Alfonzo Martinez eut lieu en 1541 ; mais il se trompe, comme le prouve cette dépêche. Suarez Montanes, dans le fragment inédit que nous avons déjà cité, signale cette erreur. Voici ce qu'il dit : « Consta por escripturas autenticas

XLVI

LETTRE ÉCRITE, AU NOM DU KAÏD EL-MANSOUR, DES BENI-RACHID,
A SON FRÈRE (1).

Sans date.

Sid Abd-Allah, fils du Mezouar, de la part de votre frère El-Mansour Benbogani.

Vous aurez certainement appris ce qui est arrivé, par la permission de Dieu, entre nous et Ben Redouan et ses Arabes. Il a été battu et s'est enfui pendant la nuit. Nous aurions bien voulu que cette chose n'arrivât pas ; mais nous devons nous soumettre à la volonté de Dieu. Ben Redouan, qui a trompé ceux d'Oran, est le seul responsable de ce qui est advenu.

J'ai un grand désir de vous revoir. Je vous prie de me faire connaître où en sont vos affaires, si le comte est disposé au bien, au nom de Dieu (s'il n'est pas irrité et si l'on peut s'entendre avec lui). Comme dit le proverbe, « il n'y a pas de paix meilleure que celle qui se fait après la guerre. » Que Dieu nous la procure bonne ! Donnez-moi des nouvelles de votre situation.

XLVII

ORDRE POUR L'ATTAQUE DE LA GOULETTE.

Au camp devant la Goulette, 12 juillet 1535.

(Arch. de Simancas. — Estado, Legajo 462.)

Les bataillons (*escuadrones*) (2) d'infanterie qui ont été dési-

---

de los testamentos que hizieron los soldados, y las ordenes del capitan general, y librانças de municiones, que la jornada llevando por caudillo à Alonzo Martinez en favor de Abdila, rey de Tlemecen, fué en el ano de 1535 y no en el de 1541. »

(1) Cette lettre était jointe à la dépêche précédente. Le comte d'Alcandète annonce à l'empereur qu'il la lui envoie.

(2) Dans l'ancienne milice espagnole, on appelait indifféremment *escuadron* un corps d'infanterie ou de cavalerie appartenant à une armée.

gnés pour garder le camp, même après la prise de la Goulette (1), ne quitteront pas, sans un ordre spécial de Sa Majesté, le poste qui leur aura été assigné. Les mestres de camp et capitaines veilleront à l'exécution de cet ordre.

Demain, mardi, avant le jour, tous les gentilshommes et officiers de la cour et de la maison de Sa Majesté devront être armés et avoir leurs chevaux sellés et bridés, afin qu'au premier son de la trompette, ils puissent se réunir autour de l'étendard et faire ce qui leur sera ordonné. Aucun d'eux ne devra s'éloigner de son poste pour voir la batterie ou pour toute autre chose. Ils doivent être prêts à monter à cheval au moment indiqué.

Tous les volontaires, Espagnols et Italiens, qui sont montés et équipés suivant l'ordonnance, se joindront aux gentilshommes et officiers de Sa Majesté; nul ne devra quitter son rang. Ceux qui sont à pied occuperont les postes que leur assignera le marquis Alarcon; Sa Majesté leur fera connaître plus tard ce qu'ils auront à faire.

Tous les domestiques non montés des seigneurs de la cour et de toutes autres personnes se réuniront, au premier roulement des tambours des gardes de Sa Majesté, dans l'endroit qui leur sera indiqué par D. Sancho Alarcon, et, sous peine de mort, aucun d'eux ne devra s'écarter de ce lieu.

Sa Majesté promet et assure à tout homme de terre ou de mer qui entrera le premier, par la brèche, dans la Goulette, sans quitter son guidon et son corps, conformément à l'ordre d'attaque, 300 ducats de rente pendant sa vie, au second, 200, au troisième, 100. Celui qui arborera le premier un drapeau sur la Goulette aura 400 ducats de rente, le second, 300, le troisième, 200 (2).

---

(1) La Goulette fut emportée d'assaut, ce même jour, 12 juillet. Le lendemain matin, de bonne heure, Charles-Quint fit son entrée dans la forteresse, ayant à sa gauche le roi de Tunis, Mouléï Hacen. On trouve dans Sandoval une lettre de l'empereur annonçant la prise de la Goulette.

(2) Les historiens racontent qu'un chevalier catalan, nommé Pedro de Tuniente, et un soldat sicilien, dont ils ont oublié de faire connaître le nom, furent les premiers qui pénétrèrent dans la Goulette; mais,

XLVIII.

Dispositions pour ouvrir le feu contre La Goulette et donner l'assaut.

12 juillet 1535.

(Arch. de Simancas. — Estado, Legajo 462.)

Les vingt-trois pièces d'artillerie qui se trouvent dans le camp des Espagnols battront la tour pour détruire les ouvrages que les Turcs y ont élevés. Elles tireront en même temps sur les galères ennemies et leur feront le plus de mal qu'elles pourront.

L'artillerie de la tranchée des Italiens battra le bastion qui est à la pointe de l'étang.

Lorsque les feux de l'ennemi seront éteints et que la brèche paraîtra praticable, on enverra des personnes expérimentées pour la reconnaître, afin que, suivant leur rapport, l'on prenne immédiatement les dispositions nécessaires pour donner l'assaut.

Les Espagnols vétérans, au nombre de 3,600, formeront trois détachements d'égale force. Deux sortiront des tranchées par les passages que l'on y aura pratiqués. Le troisième ne se mettra en marche, pour soutenir les deux autres, que lorsqu'ils seront arrivés au pied de la muraille.

Mêmes dispositions pour les Italiens, qui devront faire ce que feront les Espagnols.

Deux mille Allemands viendront se placer entre les deux colonnes d'assaut et se tiendront prêts à venir en aide à l'une ou à l'autre. Mille autres resteront avec l'artillerie du camp des

---

comme tous deux prétendaient avoir arboré le drapeau qui flottait sur les remparts, et que, de part et d'autre, de nombreux témoins affirmaient ce que disait chacun des concurrents, Charles-Quint ordonna que la contestation serait jugée par six personnes, trois chevaliers italiens et trois capitaines flamands, en présence de l'amiral André Doria. Les voix s'étant partagées également, et Doria ayant déclaré qu'il n'osait se prononcer entre les deux prétendants, l'empereur trancha la difficulté en décidant que tous deux avaient mérité la récompense promise, qui leur fut accordée en effet.

Espagnols, et mille avec celle des Italiens. Ces deux détachements agiront suivant les circonstances ; Ils ne sortiront des tranchées, pour prendre part à l'attaque, que s'ils voient les troupes pénétrer dans la forteresse.

Chaque compagnie recevra six échelles d'escalade. Il est recommandé aux capitaines de ne les confier qu'à des soldats bien connus, qui ne se contenteront pas de les appliquer contre la muraille, mais qui seront déterminés à en faire bon usage (1).

Les Espagnols de Malaga, 2,600 Allemands, et toute la cavalerie demeureront à la garde du camp.

Un drapeau, placé au bout d'une pique sur le retranchement, du côté de la plage, servira de signe aux galères pour qu'elles commencent le feu.

XLIX.

Résumé de la conférence qui a eu lieu aujourd'hui, par ordre de Sa Majesté, avec le Roi de Tunis (2).

23 juillet 1535.

(Arch. de Simancas —   »   —)

. . . .

Passant ensuite à ce qu'il serait utile de faire, non-seulement pour rétablir sur le trône le roi de Tunis, mais aussi pour l'y

---

(1) « Seran repartidas entre las companias seis escalas por compania, y los capitanes las consignaran à personas conocidas que no solo las pongan, mas suban por ellas. »

(2) Charles-Quint fit son entrée dans Tunis, le 21 juillet. Le présent document fait connaître le résultat d'une première conférence qui eut lieu avec Mouléï Hacen, après la prise de cette ville, conférence dans laquelle furent discutées, par les parties contractantes, les conditions qui devaient servir de base au traité de paix conclu solennellement quelques jours après (le 6 août) dans le camp impérial. Nous donnons le traité un peu plus loin, et nous n'avons pas cru devoir reproduire ici tous les paragraphes de cette conférence. On remarquera que les noms de Luis Presenda et d'Anfran Camugio se trouvent cités dans les articles que nous publions.

consolider, de même que pour garantir le bon voisinage et la sécurité de la chrétienté et des royaumes et possessions de Sa Majesté, il a été généralement reconnu que le projet de traité, envoyé par Luis Presenda au roi de Tunis et accepté par ce dernier dans un écrit signé de sa main, était ce qui paraissait le plus convenable. . . . .

Les conditions que le vice-roi de Sicile avait chargé Anfrande Camugio d'offrir au roi de Tunis étaient les suivantes :

Le roi de Tunis remboursera les frais de l'expédition ;
Il s'engagera à payer un tribut de 12,000 ducats ;
Il consentira à ce qu'on construise une forteresse dans un certain endroit ;
Il remettra à Sa Majesté la ville d'Africa (1) ;
Il ne recevra dans les ports du royaume aucun corsaire. — Cette disposition sera réciproque ;
Les sujets de Sa Majesté seront admis à faire le commerce à à Tunis, en ne payant pour tous droits que cinq pour cent ;
Le roi mettra en liberté les esclaves chrétiens et permettra aux Rabatins de vivre conformément à la loi chrétienne.

. . . .

Le roi de Tunis a accordé tout ce que demandait Sa Majesté, à l'exception de (2). . . . . . ., parce que, s'il acceptait cette clause, il ne serait plus le maître du commerce.

Il a offert en échange la libre pêche du corail.

Il a fait également observer que, la ville d'Africa s'étant révoltée et donnée aux Turcs, il ne pouvait, ainsi qu'il l'a dit à Luis Presenda, la remettre entre les mains de l'empereur. Il a même ajouté que, si la place lui appartenait encore, il se trouverait

---

(1) Africa ou Mahedia, la plus forte place du royaume. Elle fut fondée en l'an 300 de l'hégire, sur les ruines d'une ville romaine, l'ancienne *Zella*, au rapport de Mac-Carthy, par l'iman el Mahedi, second prince de la dynastie des Fatimites, qui lui donna son nom.

(2) Illisible.

fort embarrassé d'accéder au désir de Sa Majesté, car, s'il le faisait, il serait lapidé par les Maures (1).

De son côté il demande :

4,000 escopettes avec de la poudre ;

Quelques pièces d'artillerie, de celles qui ont été prises dans la forteresse de la Goulette, avec des munitions ;

Quelques galères, dont il a un grand besoin, et qu'il fera armer.

Sa Majesté devra promettre aussi :

Que les nouvelles fortifications de la Goulette n'apporteront aucun empêchement au commerce, et que les soldats qui tiendront garnison dans la forteresse n'essaieront pas de pénétrer dans le pays. Toutes les fois qu'ils voudront venir à Tunis, ils devront être munis d'un sauf-conduit du roi.

Pour la sûreté personnelle de ce dernier, il sera également permis aux Rabatins de tenir garnison provisoirement dans le château.

L.

LETTRE DE SA MAJESTÉ AU COMMANDANT DE BOUGIE.

Tunis, 23 juillet 1535.

(Arch. de Simancas. — Estado, Legajo 462)

Vous savez qu'avec notre *Armada* nous sommes venus à Tunis, pour en chasser Barberousse et les autres corsaires, ennemis de de notre sainte foi catholique, et pour rétablir sur le trône le roi Moulëï Hacen, qui avait imploré notre assistance. Nous avons pris de vive force la forteresse de la Goulette, où les Turcs ont perdu beaucoup de monde, ainsi que toutes leurs galères, galiotes et fustes, et laissé entre nos mains une nombreuse et

---

(1) « Lo de Africa se escusa de hazer porque, como lo havia respondido à Luis Presenda, no està en su mano, y que, si consintiese en ello, lo apedrearian los Moros. » — Moulëï Hacen consentit cependant à céder Africa, ainsi qu'on le verra par le traité.

excellente artillerie. Après avoir occupé la Goulette, nous avons marché sur Tunis; le mardi, 21 du présent mois, Barberousse étant sorti de la ville avec ses Turcs pour nous présenter la bataille, nous l'avons attaqué et défait complètement : un grand nombre de ses gens sont restés sur la place ; de notre côté, nous n'avons éprouvé aucune perte notable (1). Barberousse s'est enfui, et le même jour nous avons pris possession de Tunis ; mais, comme les habitants n'ont pas accueilli leur souverain, ainsi qu'ils devaient le faire et qu'il avait le droit de l'être, nous avons cru devoir, pour les punir de leur obstination, permettre le pillage de la ville (2).

Barberousse s'est enfui, comme je viens de le dire, avec les autres corsaires. Si nous devons croire ce que nous ont appris plusieurs esclaves qui se sont échappés, les Turcs sont encore 5,000, trois mille fantassins et deux mille cavaliers, mais ils manquent de tout : ils sont sans vivres, sans eau, et les Arabes se sont mis à leur poursuite, comme ils font après toute armée en déroute. Un grand nombre d'entre eux accablés par la chaleur sont morts de soif.

---

(1) Les Espagnols n'eurent en effet que 18 hommes tués ou blessés. Les Turcs, qui avaient si bien défendu la forteresse de la Goulette, ne montrèrent pas leur valeur accoutumée en cette circonstance : la bataille de Tunis fut moins un combat qu'une déroute.

(2) « Siendo huydo Barbarosa, el mismo dia entramos en la ciudad, y visto la pertinacia de los della que no embiaron à su rey, permitimos que la metiesen à saco, y fué saqueada. » — Ceci n'est pas exact. L'empereur n'osa pas avouer qu'il avait promis aux soldats le pillage de Tunis. Lorsque les principaux habitants vinrent lui présenter les clés de la ville en se recommandant à sa clémence, il regretta la promesse qu'il avait faite et chercha même un moyen de de ne pas la tenir ; mais, averti que les soldats murmureraient, il leur abandonna Tunis. On sait que cette malheureuse ville fut horriblement pillée et saccagée. — Dans une lettre que Charles-Quint écrivit le lendemain (24 juillet) à son ambassadeur en France et qui a a été publiée dans les *Papiers d'État du cardinal de Grouvelle*, T. II, p. 366, on trouve la même raison donnée par lui du sac de Tunis. « Voyant, dit-il, que les habitants ne s'étaient mis en nul devoir envers nous ni leur roi, ledit lieu a été saccagé et pillé par les soudards de notre armée. » L'empereur ajoute même que ce fut du consentement du roi de Tunis, ce qu'il est difficile d'admettre.

On ne connaît pas le chemin qu'a pris Barberousse. Quelques-uns pensent qu'il cherchera à gagner Alger par terre et, à cause de cela, nous avons donné ordre au capitaine de la galiote que vous avez envoyée pour prendre part à l'expédition, de retourner à Bougie et de vous remettre cette lettre. Informez le plus tôt possible Ben el Kadi (1), qui est l'ennemi de Barberousse, et les autres cheikhs du pays, de ce qui est arrivé, ainsi que de la fuite des Turcs, et faites en sorte qu'ils se réunissent pour fermer à Barberousse le chemin d'Alger, si en effet, il essaie de se sauver par terre, et pour lui faire le plus de mal qu'ils pourront. On dit qu'il serait facile de l'empêcher de passer, en occupant une montagne voisine de Koukô (2), ce qui l'obligerait à faire un très-grand détour.

Faites dans ce but tout ce qui vous sera possible et agissez promptement. Vous me ferez connaître les mesures que vous aurez cru devoir prendre et ce que vous aurez appris relativement à la marche de Barberousse (3).

LI.

MÉMOIRE SUR L'ENTREPRISE D'ALGER (4).

Sans date (le.... juillet 1535)

(Arch. de Simancas. — » —).

Toutes les fois que Votre Majesté a bien voulu me parler de

---

(1) Ahmed ben el Kadi, *roi* de Koukî.

(2) Sans doute, le Djebel Djerjera, le *Mous Ferratus* des anciens où se trouve le fameux défilé des *Bibán* ou Portes de fer.

(3) On sait que Khaïr ed Dîn n'essaya pas de gagner Alger par terre. Il avait pris ses précautions et laissé quinze de ses galères à Bône. mouillées à l'embouchure de la Seybouse ; ce fut par là qu'il s'enfuit. Le frère Juan de Iribès, dans sa relation de la conquête de Tunis, par Khaïr ed Dîn, parle de ces quinze galères, et on s'étonne que l'empereur ne fit pas occuper ce point important, avant de se présenter devant la Goulette. Lorsqu'il y songea, il était trop tard.

(4) Après la prise de Tunis, la question de poursuivre Khaïr ed Dîn, jusque dans Alger, fut sérieusement agitée dans le conseil. L'empe-

cette entreprise, j'ai cru remarquer que son intention a toujours été de détruire la flotte de Barberousse, dont Dieu a déjà fait la grâce à Votre Majesté de lui livrer une bonne partie (1). Barberousse s'est enfui avec quinze galères qu'il avait laissées à Bône. Il en a trouvé onze autres à Alger, ce qui fait vingt-six galères, sans compter les fustes et les galiotes. On doit craindre que Barberousse, avec ces navires, si on le laisse libre d'agir, ne cause de grands dommages aux royaumes de Votre Majesté (2).

En ce qui regarde l'expédition d'Alger, s'il serait convenable ou non de l'entreprendre, je ne puis en parler qu'au point de vue des forces que Votre Majesté pourrait faire entrer en ligne, attendu que je ne sais rien de l'état des choses dans cette ville, et que tout ce que je dirais ne serait fondé que sur des conjectures. Je ferai seulement observer à Votre Majesté, que

---

reur, dit Rotalier, qui, à cette occasion, cite Sandoval et les papiers d'état du cardinal de Grosvalle, eut un moment le désir de se porter rapidement sur Alger, et d'attaquer Barberousse sans lui donner le temps de se reconnaître. Ce projet était plein de sagesse, et ce fut une grande faute de ne pas l'exécuter. Les succès passés de Pédro Navarro, sur les côtes d'Afriqua, avaient assez appris combien il était important d'agir contre les Maures avec vigueur et promptitude ; il est probable qu'Alger, intimidé par la victoire de l'empereur, n'eût point osé résister.

(1) Nous ne savons pas le nom de l'auteur de ce mémoire ; mais, ainsi que le prouve ce premier paragraphe, il devait être particulièrement connu de l'empereur.

(2) « Se puede creer que con estas galeras, si el queda en libertad para poder salir con ellas, harà mucho dano en los reynos de Vuestro Majestad. » — C'est ce qui arriva, en effet. « Pendant que tous les poëtes de l'Italie, dit Pellissier, chantaient la gloire de Charles-Quint et la destruction de la puissance de Khaïr ed Dîn, cet audacieux pacha, sortait de nouveau d'Alger, avec une flotte armée comme par enchantement. Il se dirigea d'abord vers l'île de Majorque, d'où il fut repoussé. Il se porta alors sur Mahon, surprit l'entrée de sa rade et se mit à canonner la ville. Le commandant de la place perdit la tête et capitula, sans stipuler d'autres conditions que sa liberté et celle de sa famille. La lâcheté de cet homme réduisit en servitude plus de huit cents chrétiens. Khaïr ed Dîn ayant chargé ses navires de butin, retourna à Alger. Il tint parole au commandant de Mahon ; mais le capitaine-général des îles Baléares livra cet indigne officier à la rigueur des lois militaires. »

Barberousse est depuis trop longtemps dans Alger, qui lui a servi de refuge dans bien des circonstances, pour n'avoir pas pris toutes ses précautions et fortifié tous les points vulnérables de la place.

J'envisage de nombreuses difficultés dans les moyens à employer pour réduire la ville d'Alger. Votre Majesté a vu à l'œuvre les maîtres de son artillerie, et compris qu'elle ne pouvait guère compter sur elle (1). Il convient de considérer que nous manquons de pionniers, ainsi que de l'armement et des outils nécessaires. Les troupes, soldats et marins, sont exténuées de fatigue. Je m'inquiète aussi des vivres et de la saison ; mais je suis surtout préoccupé des dangers que pourrait courir la personne de Votre Majesté, après la notable victoire que Dieu vient de lui accorder. Si Barberousse a abandonné Tunis, c'est que, sans doute, il avait trouvé dans Alger, une retraite assurée.

Néanmoins, malgré ces difficultés, et quoique je sache combien on désire en Sicile et à Naples, la venue de Votre Majesté, je je n'hésite pas à lui conseiller de poursuivre Barberousse jusqu'au bout, avec la flotte, allégée de tous les malades et de toutes les personnes inutiles. Si on passait devant Alger, et après avoir tout examiné, Votre Majesté reconnaît qu'il soit possible de se rendre maître de la place, qu'elle donne immédiatement l'ordre d'attaquer. Il se peut que Dieu favorise son entreprise,

---

(1) « Vuestra Majestad ha visto los ministros de l'artilleria que tiene y el poco effecto que se puede hazer con ella. » — Au seizième siècle, l'artillerie espagnole était très-inférieure à l'artillerie française. « Les Français, dit Paul Jove (l. XV), n'attèlent pas à leurs voitures, comme les Espagnols et les Italiens, de faibles chevaux ni les premiers venus, mais ils achètent à grand prix les meilleurs et les plus fougueux. Ils ont beaucoup de considération pour les maîtres de l'artillerie et les canonniers, leur donnent de grosses paies et ont organisé des écoles pour les jeunes gens qui s'adonnent avec zèle à cet art. Les Espagnols et les Italiens, quoiqu'ils aient appris à fondre des canons avec un grand art et qu'ils en soient bien approvisionnés, ne savent pas s'en servir dans l'occasion, à cause de l'ignorance de ceux qui gouvernent l'artillerie et qui sont d'ailleurs en petit nombre, parce qu'on refuse de leur donner une solde supérieure, et qu'il est difficile de trouver des hommes qui consentent à s'exposer à un danger manifeste, si on ne les paie pas bien. »

comme il arrive souvent à ceux que suit la victoire. Si, au contraire, Votre Majesté voit qu'il n'y a rien à tenter, que la flotte continue sa route et se rende à Barcelone. Votre Majesté pourra passer l'hiver dans cette ville et envoyer de là un certain nombre de galères choisies pour croiser devant Alger. Les dites galères se trouvant à proximité des îles Baléares et de la Sardaigne, auront toute facilité pour s'y ravitailler ou s'y refugier en cas de besoin ; et, de cette manière, Barberousse, bloqué dans Alger, ne pourra plus courir la mer et causer du dommage aux royaumes et vassaux de Votre Majesté.

Il arrivera aussi que les moyens lui manquant pour compléter ses chiourmes et se procurer de l'argent et des vivres, le temps amènera de lui-même sa déconfiture. Il est une chose certaine, c'est qu'Alger, avec ses seules ressources, ne peut pas subvenir aux dépenses des troupes que Barberousse tient à sa solde. Cela n'empêchera pas, d'ailleurs, Votre Majesté, quoique absente, de s'occuper des affaires d'Italie ; Dieu lui a donné un pouvoir assez grand pour qu'elle puisse suffire à tout, et elle le pourra, grâce aux nombreux subsides que chaque jour lui fournissent ses royaumes d'Espagne (1).

LII.

AVIS DONNÉ A TUNIS A SA MAJESTÉ SUR CE QU'IL SERAIT POSSIBLE DE FAIRE AVEC LA FLOTTE POUR NUIRE AUX ENNEMIS.

... juillet 1535.

(Arch. de Simancas. — Estado, Legajo 462).

De Tunis, Votre Majesté pourrait se rendre à Bizerte. C'est

---

(1) Ce mémoire est écrit avec une rare concision. On y remarque aussi une grande réserve dans le langage. Comme on l'a vu, l'auteur expose les difficultés que présente l'entreprise d'Alger : l'artillerie espagnole laisse beaucoup à désirer, on manque de vivres et la saison n'est pas sûre. Il se montre surtout préoccupé des dangers que pourrait courir l'empereur. Il y a dans ce mémoire comme un pressentiment du désastre qui attendait Charles-Quint quelques années plus tard sous les murs d'Alger.

une ville de mille feux, assez forte et qui a une rivière où les fustes peuvent entrer. Les corsaires de cette ville faisant un grand mal en Sicile et dans les Iles Baléares, il conviendrait de la ruiner de manière à la rendre inhabitable.

Sa Majesté irait ensuite à Bône, où l'on compte environ trois mille feux. La ville a, comme Bizerte, une rivière où les galères peuvent entrer et même hiverner. C'est une place forte, et il faudrait l'occuper, en raison surtout de la rivière.

De Bône, Sa Majesté se rendrait à Kollo, ville toute en faubourgs et construite sur un cap qui se prolonge assez loin dans la mer. Il y a un hâvre de chaque côté du promontoire, où les galères peuvent mouiller très-près de la côte. Kollo étant le port de Constantine, ses habitants, au nombre de mille, sont tous marchands.

De Kollo, Sa Majesté pourrait aller à Djidjel, village de quatre cents habitants, situé sur une langue de terre dont l'entrée est très-étroite et facile à défendre; les galères peuvent hiverner dans le port. On fait sur la côte la pêche du corail. Plusieurs marchands catalans offrent de s'établir à Djidjel et de s'y maintenir contre les Maures, si on veut bien leur accorder la franchise de la pêche. C'est du port de Djidjel que partit Barberousse, lorsqu'il vint s'installer à Alger, et sa flotte y passait l'hiver avant la construction du môle de cette ville.

Sa Majesté visitera ensuite Tedlès, ville de mille feux, dont les murailles tombent en ruines, et Bresk qui ne compte que sept cents habitants. Cette place n'a plus d'enceinte, un tremblement de terre l'ayant renversée, il y a quatre ans (1). La flotte pourrait mettre à sac ces deux ports.

De Bresk, Sa Majesté irait à Mostaganem, ville qui appartient au roi de Tlemsên. Les habitants, enrichis par le commerce, sont au nombre de quatre mille. La place n'étant éloignée de la mer que de six cents pas, pourrait être facilement canonnée par l'ar-

---

(1) « Brisca es un lugar de 700 vezinos, metido en la mar, sin cerca, que se le cayo de un terremoto que hubo habrà cuatro anos. »

(2) L'ancienne lieue espagnole était de près de huit kilomètres.

tillerie des Gardes. Mazagran, située a trois milles de Mostaganem, est à une distance un peu plus grande de la mer.

Ceci fait jusqu'à la fin de septembre, temps suffisant et favorable, toute l'armée irait débarquer au port de Harchgoun et se rendrait par terre à Tlemsên, qui n'est qu'à six lieues de là (2), avec une rivière en amont et une route commode. On mettrait la ville à sac, et l'armée s'y installerait pour l'hiver. Le pillage de la ville satisferait les soldats et leur servirait de paie ; et, comme le royaume de Tlemsên est très-fertile en blé et que le bétail y abonde, l'armée ne manquerait pas de vivres pendant l'hiver. De cette manière, on parviendrait à châtier le roi de Tlemsên, que protége Barberousse et qui s'est fait son vassal ; puis, lorsque l'armée quitterait la ville, on la laisserait au frère du roi qui est bon serviteur de Sa Majesté.

LIII.

TRAITÉ DE PAIX ENTRE L'EMPEREUR CHARLES-QUINT ET LE ROI DE TUNIS.

6 août 1535.

(Arch. de Simancas. — Estado, Legajo 462).

A tous ceux qui ces présentes verront soit notoire, comme au jour de cette date, que

Entre le très-haut, très-excellent et très-puissant prince Don Carlos, par la divine clémence, empereur des Romains, toujours auguste, roi d'Allemagne, des Espagnes, des Deux-Siciles, de Jérusalem, etc...., et Mouléï Hacen, roi de Tunis, etc (3).

---

(3) Cet acte important a été publié en langue française, dans la collection des documents inédits sur l'histoire de France (*Papiers d'Etat du cardinal de Granvelle*, t. II, p. 368-377). On a comparé avec soin les deux documents : la version espagnole est plus complète que la traduction française. La teneur de ce traité est curieuse ; les précautions minutieuses et surabondantes, qu'il accuse, nous font connaître que l'empereur n'avait pas une bien grande confiance dans la bonne foi du roi de Tunis. On trouve dans Sandoval L. xxii) un extrait assez étendu de ce même traité.

Ont été faits et arrêtés les articles suivants :

Premièrement, le dit roi de Tunis reconnaît avoir été dépossédé de son royaume par Khaïr ed Dîn Pacha, surnommé Barberousse, naturel de Turquie, lequel a envahi et occupé le dit royaume tyranniquement, par des moyens pervers, en usant de cruauté et de violence envers les sujets du dit royaume ; que lui, roi de Tunis, il était chassé et exilé, sans espoir aucun de recouvrer son royaume, sinon par la volonté et la clémence du Dieu tout-puissant ; que le dit seigneur empereur est venu avec une puissante armée de chrétiens, pour châtier et renverser le dit Barberousse, et pour venger le roi, qui s'est remis aux mains de sa dite Majesté impériale, sa dernière espérance ; que, par la force des armes, Sa Majesté s'est emparée de la place et forteresse de la Goulette, laquelle, fortifiée et bien approvisionnée, était défendue par un grand nombre de Turcs et autres gens et par une nombreuse artillerie ; et que successivement, après avoir vaincu et défait, dans divers combats et en bataille rangée, le dit Barberousse, et avoir pris de vive force la ville de Tunis, l'empereur l'a rendue, ainsi que le royaume, au dit roi de Tunis, avec promesse de sa protection et de son assistance pour soumettre ses sujets.

Pour ces causes, le roi s'est engagé et a consenti, de son propre mouvement, à remettre en pleine et entière liberté tous les chrétiens, hommes, femmes et enfants, qui sont ou seraient détenus prisonniers, esclaves ou serfs dans la ville et dans son royaume, pour quelque motif que ce soit ou puisse être ; et cela, libéralement, franchement et volontairement, sans demander, exiger ou prendre aucune chose aux dits captifs et esclaves, ni permettre ou souffrir qu'il leur soit fait aucun mauvais traitement ; il devra, au contraire, les aider et assister dans leurs traversée et retour sur les terres de la chrétienté. Le tout avec bonne foi. (1).

---

(1) En marge est écrit : « Su Majestad impérial redimio en la dicha empresa XXII mil cautivos ». — Cette note ne donne pas le chiffre exact des chrétiens qui furent délivrés. L'empereur dit lui-même,

En outre, le roi de Tunis s'est engagé et a consenti, s'engage et consent, pour lui et pour ses héritiers et successeurs, rois du royaume de Tunis, dès à présent et pour toujours, à ne jamais détenir comme esclave, dans son royaume, pour quelque cause que ce soit, aucun chrétien, homme, femme ou enfant, tant de l'empire romain, nations et terres qui en dépendent, que des royaumes et domaines patrimoniaux que possède ou possèdera l'empereur, soit de l'Espagne, du royaume de Naples, de la Sicile et autres îles, des états de la Basse-Allemagne, de la Bourgogne et des pays de la maison d'Autriche, appartenant au sérénissime roi des Romains, frère de Sa Majesté Impériale.

Et pareillement, Sa Majesté s'engage à ce que, dans les états de l'empire et dans ses royaumes, comme dans les possessions du roi des Romains, son frère, aucun sujet du roi de Tunis ne puisse être fait esclave. Ainsi le dit seigneur empereur et le dit seigneur roi de Tunis et leurs héritiers feront garder, observer et durer à perpétuité et inviolablement le présent article.

De même, le roi de Tunis, ainsi que ses successeurs et héritiers, permettront que, dès à présent et pour toujours, les chrétiens puissent venir, vivre et résider dans le royaume de Tunis, en restant fidèles à la foi chrétienne, sans être troublés ou molestés directement ni indirectement ; que les églises des dits chrétiens, tant de religieux que d'autres, soient entretenues et réparées sans opposition et sans aucun empêchement ; et que les dits chrétiens puissent fonder et faire construire d'autres églises, quand ils le voudront, selon leur dévotion, et dans les lieux où ils auront leurs maisons et demeures. De plus, le dit roi de Tunis ne recevra et n'accueillera dans son royaume aucuns maures, nouvellement convertis, sujets de Sa Majesté impériale, tant de Valénce et de Grenade que de tout autre royaume ou pays de Sa Majesté, et ne les autorisera à y venir et demeurer ; au contraire, il les expulsera et les fera expulser entière-

---

dans une lettre à son ambassadeur en France, que nous avons déjà citée, qu'il fit mettre en liberté dix-huit à vingt mille captifs, tant de ses sujets que de diverses autres nations : dans ce nombre, il n'y avait que 71 Français.

ment par ses officiers, les tenant et faisant tenir comme ennemis, et ordonnant de procéder contre eux comme tels, toutes les fois qu'ils viendront ou se trouveront dans son royaume pour y résider ou faire le commerce, à moins que ce ne soit de l'exprès commandement de Sa Majesté impériale, lequel sera constaté par ses lettres patentes ou par celles de ses vices-rois, lieutenants ou capitaines-généraux.

Comme il existe des points fortifiés sur la frontière et le littoral de ce royaume, qui ont été pris et occupés par Barberousse, tels que Bône, Bizerte, Africa et d'autres, au moyen desquels le dit Barberousse pourrait continuer les actes de piraterie et de violence qu'il a exercés jusqu'à ce jour contre les chrétiens, porter préjudice au seigneur roi et à ses successeurs, fomenter des troubles dans le royaume de Tunis; et comme le dit roi ne saurait recouvrer ces points fortifiés, en raison des dommages et pertes considérables que lui a causés Barberousse, en pillant et s'appropriant ses trésors, le roi a consenti expressément et accordé, consent et accorde que toutes les places fortes ou lieux maritimes que Sa Majesté impériale jugerait à propos de prendre, maintenant ou plus tard, pendant qu'ils sont au pouvoir de Barberousse ou d'autres Turcs, soient et demeurent avec leurs dépendances à Sa Majesté et à ses successeurs en toute prééminence; en même temps le roi abandonne, cède et transmet, purement et à perpétuité, dès à présent et pour l'avenir, au dit seigneur empereur, qui les admet pour lui et pour ses successeurs, les revenus, profits, bénéfices et tous les droits, quels qu'ils soient, que le dit roi ou ses héritiers avaient, afin que l'empereur les ait, tienne et possède en entier et pacifiquement, pour la sécurité du royaume de Tunis, et afin d'obvier aux inconvénients qui d'autre manière pourraient résulter pour la chrétienté, les royaumes, pays et sujets maritimes de Sa Majesté.

Considérant que l'expérience a démontré qu'il importe grandement et nécessairement de conserver le fort de la Goulette, à la faveur duquel Barberousse s'est rendu maître de la ville de Tunis et successivement du royaume; — considérant qu'il avait réuni et logé, dans la dite forteresse, une grande partie de ses forces pour la garder et défendre, et de la sorte se maintenir dans le royaume, et que, si l'on n'avait pas soin de fortifier, approvisionner et préserver le dit lieu de la Goulette, Barberousse, avec l'assistance des Turcs et de tous autres, pourrait s'en emparer de nouveau, par mer ou par terre, et remettre en péril les états du roi de Tunis, lequel n'a aucun moyen de le fortifier et défendre ; — considérant qu'il en résulterait, non-seulement pour le roi, mais encore pour toute la chrétienté et particulièrement pour Sa Majesté impériale et ses royaumes, possessions et sujets, autant et plus de dommages que n'en ont déjà occasionnés l'usurpation et l'occupation du royaume de Tunis par Barberousse, dommages qui auraient été bien plus grands encore sans le secours efficace de Sa Majesté impériale ; — considérant aussi que Sa Majesté, par la force de ses armes, avec grand danger, dommage et perte de ses troupes et au prix d'énormes dépenses, a conquis la dite Goulette, laquelle lui appartient par le droit de la guerre.

Pour ces causes et d'autres, le dit seigneur roi a cédé, abandonné et transféré, comme par le présent il cède, abandonne et transfère, en son nom et celui de ses héritiers, au dit seigneur empereur, qui accepte pour lui et les siens tous les droits, quels qu'ils soient, que le dit roi et ses héritiers tiennent, peuvent et pourraient prétendre et contester comme leur appartenant, et ce, pour le présent et pour l'avenir, sur la dite place de la Goulette, avec toutes ses dépendances intérieures et extérieures, et deux milles d'étendue à l'alentour, en y comprenant la tour de l'Eau, sous la condition que la garnison de la Goulette n'empêchera pas les habitants du cap de Carthage de venir prendre de l'eau aux puits qui sont voisins de la dite tour, lesquels puits devront être considérés comme une de ses dépendances.

Le dit roi veut et permet que l'empereur puisse fortifier la dite place dans les limites ci-dessus spécifiées, et qu'il la tienne et possède à perpétuité, avec ses appartenances, pour lui et ses héritiers. Il consent aussi à ce que la navigation soit libre pour tous navires, quels qu'ils soient, et en tel nombre que voudra Sa Majesté, depuis la Goulette, par l'étang et le canal conduisant à Tunis et à la darse qui est auprès, et à ce que les gens appartenant à sa Majesté impériale ou à ses successeurs, qui tiendront garnison dans la Goulette, puissent aller et venir et résider dans la dite ville de Tunis et dans tout le royaume, pour y acheter à un prix raisonnable les vivres et autres approvisionnements nécessaires à la dite forteresse et à sa garnison, le tout franchement, librement, pacifiquement, sans opposition, et sans payer aucune taxe, gabelle ou droit ancien et nouveau.

Toutefois, il est convenu que, si les dites gens veulent trafiquer ou vendre aucunes marchandises, ils devront payer les droits accoutumés, et que, pour cet objet, les personnes députées par le gouverneur et capitaine de la Goulette pourront seules venir à Tunis ; en cas de fraude ou d'abus, ou si les personnes désignées pour se rendre à Tunis commettent quelque délit ou autre acte répréhensible, le dit gouverneur et capitaine de la Goulette les fera punir conformément à la justice, et ces personnes encourront et subiront les peines établies, dans le dit royaume, contre ceux qui se rendent coupables de fraudes dans le transport et le commerce des marchandises ; le dit gouverneur et capitaine de la Goulette devra prêter serment de garder et faire observer les présents articles.

En outre, il a été convenu que le trafic de toutes les marchandises se ferait auprès de la dite place de la Goulette, comme auparavant, au profit du seigneur roi et de ses successeurs, sans qu'il y soit apporté ni trouble ni empêchement de la part de ceux qui auront autorité dans la forteresse, lesquels devront, au contraire, prêter leur assistance et appui à cet effet. Les taxes, impositions et autres droits de douane sur les marchandises et le trafic par mer seront recouvrés pour compte du dit roi et de ses héritiers, et, sur le produit net, avant toutes choses, il sera prélevé, chaque année, la somme de douze mille ducats d'or qui seront payés, à partir de ce jour, en deux termes :

Le premier, le jour de saint Jacques, c'est-à-dire le 25 juillet ;
Le second, à la fin du mois de janvier,

à raison de six mille ducats à chaque terme. Le premier terme commençant à courir au mois de janvier de l'année prochaine

1536, le premier paiement devra avoir lieu le jour de saint Jacques de la même année, et les autres successivement à leur échéance. Ceux qui seront chargés de recouvrer et percevoir les dits droits et impositions seront tenus d'effectuer les paiements aux dits termes, et, s'ils y manquent, le gouverneur et capitaine de la Goulette pourra, pleinement et de sa propre autorité, procéder incontinent au recouvrement, perception et administration des dits droits, et contraindra, au nom du roi, et de fait, les dits receveurs à payer la dite somme d'un terme à l'autre.

De plus, le commerce, trafic et vente de tout le corail qui sera transporté sur le dit marché est expressément et spécialement réservé à l'empereur et à ses héritiers à perpétuité, et ce, pour le compte et au profit de Sa Majesté et de ses successeurs, par les soins de la personne qu'elle aura désignée, sans que nulle autre que la dite personne puisse faire commerce ou trafic du dit corail.

Il a été aussi convenu qu'il y aura à l'avenir un consul et juge commissionné, envoyé par Sa Majesté impériale, pour connaître, juger et décider toutes les contestations entre les sujets de Sa Majesté, à quelque royaume qu'ils appartiennent, traitant et faisant le commerce dans cette partie de l'Afrique; le dit consul rendra la justice et la fera rendre sans empêchement aucun du roi de Tunis ou de ses officiers, qui ne devront se mêler en rien et n'intervenir en aucune manière dans ces jugements, contre lesquels il n'y aura aucun recours.

Le roi de Tunis, reconnaissant le signalé service que lui a rendu Sa Majesté impériale, et combien il lui importe d'avoir et de conserver le seigneur empereur et ses successeurs pour protecteurs et défenseurs de ses états, a consenti et promis, consent et promet, pour lui et pour ses héritiers, de donner et livrer, chaque année, au seigneur empereur et à ses successeurs, rois d'Espagne, et, en leur nom, au gouverneur et capitaine de la Goulette, le jour de la fête de saint Jacques, laquelle se célèbre le 25 juillet, six bons chevaux mauresques et douze faucons, en perpétuel et sincère témoignage et reconnaissance du bienfait reçu, sous peine, s'il ne les donne, d'avoir à payer à l'empereur : la première fois, cinquante mille ducats d'or ; la seconde, cent mille ; et, pour la troisième, de voir son royaume confisqué au profit de l'empereur et de ses successeurs, rois d'Espagne, qui pourront s'en emparer et l'occuper de leur propre autorité.

Le roi de Tunis promet encore, pour lui et pour ses héritiers, de ne faire aucun traité, convention ou alliance avec princes, communautés ou autres états quelconques, soit chrétiens, turcs ou autres, au préjudice direct ou indirect du dit empereur, de ses successeurs et de ses royaumes, possessions et sujets ; et, dans tout traité, convention ou négociation, de garder et faire garder les droits du seigneur empereur, de ses royaumes, états et vassaux, et d'avertir, de temps à autre, le dit seigneur empereur de tout ce qu'il verra, apprendra ou entendra comme pouvant intéresser son honneur et la prospérité de ses royaumes et vassaux, et cela sincèrement et de bonne foi.

De même, Sa Majesté impériale s'engage à ne faire ni conclure aucun traité au préjudice du roi de Tunis et de son royaume, et à lui donner avis de ce qu'il saura être important pour le bien et l'avantage de son royaume, et pour empêcher qu'il lui soit causé aucun dommage.

De plus, il a été convenu, entre les dits empereur et roi, pour eux, leurs héritiers et leurs successeurs, qu'il y aura mutuellement et constamment entre eux et leurs royaumes, possessions et sujets, bon et pacifique voisinage, avec libre commerce, par terre et par mer, de toutes les marchandises licites et permises ; et, que les vassaux de l'empereur et du roi pourront aller, venir, demeurer et trafiquer réciproquement dans les royaumes, pays et dépendances de chacune des parties contractantes, en toute sécurité, liberté et bonne foi.

Le roi de Tunis et ses successeurs, rois du dit royaume, n'accueilleront, n'aideront et n'assisteront, au moyen de vivres ou de toute autre manière, les corsaires et pirates qui viennent par mer dans ses ports, ni tous autres qui seraient ennemis de Sa Majesté impériale, ni les gens qui chercheraient à occasionner quelque dommage à ses royaumes, possessions et vassaux ; au contraire, le dit roi et ses successeurs feront tout ce qui sera en leur pouvoir pour les châtier et détruire ; promettant, le dit seigneur empereur et le dit roi de Tunis, chacun d'eux respectivement et individuellement, sur leur foi de prince et sur leur honneur, et en engageant tous leurs biens, quels qu'ils soient, et ceux de leurs successeurs, d'observer, maintenir et accomplir, inviolablement et perpétuellement, toutes les conditions ci-dessus et chacune d'elles, le tout de bonne foi, et de ne jamais entreprendre ni souffrir chose qui y porte atteinte.

En témoignage de quoi et pour que le présent traité soit à perpétuité stable et invariable, ledit empereur et ledit roi de Tunis ont signé de leurs noms et seings quatre expéditions dudit traité, deux en langue castillane et deux en langue arabe, et ont fait apposer leurs sceaux sur lesdites expéditions, deux devant rester ès-mains du seigneur empereur et de ses successeurs, et les deux autres ès-mains du roi de Tunis et des siens; lesquelles expéditions ont été rédigées et échangées dans la tente de sa Majesté Impériale, dans son camp situé auprès du fort de l'Eau, à deux mille de la Goulette, le six du mois d'août de l'année mil cinq cent trente-cinq de la naissance de Jésus-Christ, selon la manière de compter des chrétiens, et, selon les Maures, le sixième jour de la lune du mois de zaphar de l'année neuf cent quarante-deux de l'hégire, étant présents, pour être témoins, et, à cet effet, mandés et appelés:

Messer Nicolas Perrenot, seigneur de Granvelle, du conseil d'État de l'Empereur;
Le capitaine Alvar Gomez de Horosco el Zagal;
Mohamed Tate, maure et serviteur du roi de Tunis;
Ahmed Gamarazan,   id.
Abderrahman,   id.

MOI LE ROI.

Pour plus grand éclaircissement et déclaration des intentions desdits empereur et roi, il est expressément convenu entre eux que dorénavant ledit seigneur empereur, ses successeurs et héritiers ne pourront occuper de force ni acquérir d'aucune manière terres, forteresses ou villes de ce royaume que possède ledit roi de Tunis ou qui seront possédées par lui ou ses héritiers et successeurs, le présent traité étant fidèlement gardé et observé par eux; moyennant quoi, le roi de Tunis, indépendamment de ce qui est stipulé plus haut, relativement à la ville, territoire et forteresse d'Africa, a expressément consenti et accordé qu'au cas où ladite place d'Africa viendrait à rentrer au pouvoir dudit roi de Tunis, soit par la force des armes ou de toute autre manière, ledit seigneur empereur pourra toujours disposer entièrement, suivant son bon plaisir et sa volonté, de ladite ville d'Africa, et, s'il lui convient, la garder pour lui et pour ses successeurs, rois et reines d'Espagne.

Fait au lieu, jour, mois et an susdits, en présence des mêmes témoins.

. . . . (1)

Moi, Francisco de los Cobos, grand commandeur de Léon, secrétaire et conseiller du seigneur empereur, j'atteste qu'en ma présence et celle d'Abraham Almazarati, secrétaire du roi de Tunis, et en présence des témoins ci-dessus nommés, lesdits seigneurs empereur et roi ont signé de leurs mains et seings le présent traité, en quadruple expédition, deux en langues castillane, et deux en langue arabe.

Etant interprètes, pour attester, ainsi qu'ils l'ont fait, le contenu des deux expéditions en langue castillane au roi de Tunis et aux témoins maures, et les deux expéditions en langue arabe au seigneur empereur et aux témoins chrétiens :

Le capitaine Alvar Gomez de Horosco el Zagal ;
Frère Barthelemy de los Angeles ;
Frère Diego Valentin, religieux de l'observance de Saint-François.

Lesquels ayant, par ordre de l'empereur, interpellé ledit roi de Tunis, il fut par lui répondu qu'il tenait lesdits interprètes pour fidèles et dignes de confiance, lorsqu'ils disaient, affirmaient et certifiaient que la substance des quatre expéditions, deux en langue castillane et deux en arabe, contenaient toutes

---

(1) Les paragraphes qui suivent ne se trouvent pas dans la traduction française donnée par le cardinal de Granvelle.

les quatre la même chose ; ledit roi de Tunis, ayant d'abord entendu la lecture du traité écrit en langue castillane, au moyen de la traduction et déclaration desdits interprètes, et lu celui qui est écrit en arabe, avant que lesdits seigneurs empereur et roi se réunissent pour l'accepter, et l'avoir ensuite entendu lire par son secrétaire, en présence de Sa Majesté et des susdits témoins, a déclaré qu'il tenait ledit traité pour bien et dûment compris, et qu'il l'avait accepté, comme il l'acceptait, de son plein gré, avec sa propre et libre volonté, confessant que toujours. . . . . (1) Sa Majesté avait reçu ; et lesdits seigneurs empereur et roi jurèrent solennellement, l'empereur, en posant la main sur la croix, et le roi de Tunis, suivant la coutume des Maures, de garder et observer tous les articles du présent traité et de n'y contrevenir jamais en aucun point.

Et de même, par ordre de l'empereur, Bernardino de Mendoza, nommé gouverneur et capitaine de la Goulette et ayant reçu commission de Sa Majesté, a prêté serment et promis, la main posée sur l'habit de l'ordre de Saint-Jacques, qu'il portait en qualité de chevalier et commandeur dudit ordre, de garder, observer et accomplir tout ce qui le concernait dans la teneur dudit traité.

En foi de tout quoi, j'ai signé de mon nom, avec mon paraphe habituel, les deux expéditions en langue castillane, et ledit secrétaire du roi de Tunis en a fait autant sur les autres expéditions en langue arabe, pour attester à jamais tout ce qui est dit ci-dessus.

LIV.

INSTRUCTIONS DE SA MAJESTÉ AU MARQUIS DE MONDEJAR.

Tunis, 16 août 1535.

(Arch. de Simancas — Estado, Legajo 462.)

Charles-Quint, au moment de quitter l'Afrique pour passer

---

(1) Lacune dans le texte.

en Sicile, renvoie en Espagne une partie de son armée et de sa flotte. Il en confie le commandement au marquis de Mondejar, capitaine général du royaume de Grenade. Vingt-cinq galères, quinze d'Espagne sous les ordres de D. Alvaro de Bazan, et dix de Sicile avec Berenguer de Requesens, accompagnent le marquis. Cette flotte doit se diriger sur Malaga ou Carthagène « avec le premier vent favorable que Dieu enverra. »

Toutefois l'empereur prescrit au marquis de Mondejar, de passer à Bône, dont s'était emparé Barberousse. Le marquis n'ignore pas que le prince André Doria s'est présenté devant cette place avec ses galères, et qu'à son approche les Turcs se sont hâtés de l'évacuer. Conformément au traité conclu avec le roi de Tunis, le capitaine général devra prendre possession de la Kasbah, pour la garde de laquelle, ainsi qu'il a été convenu, il sera prélevé 8,000 ducats sur les rentes et les revenus de la place. Le marquis laissera dans la forteresse 600 fantassins espagnols et pour gouverneur le capitaine D. Alvar Gomez el Zagal (1), avec les vivres et munitions nécessaires.

L'empereur entre ensuite dans de nombreux détails sur les précautions qu'il juge convenable de prendre pour que l'occupation de Bône s'opère autant que possible pacifiquement et que les Maures, qui l'ont abandonné reviennent promptement l'habiter. Sa Majesté s'en remet du reste à la sagesse et à la prudence du marquis de Mondejar qui pourra débarquer 200 hommes de plus si, d'après l'importance de la ville et son étendue, il pense que le nombre de 600 fantassins fixé d'abord pour en former la garnison soit insuffisant. L'empereur désire, en outre, que le marquis s'assure lui-même de l'état des fortifications et, s'il lui paraît utile pour la sûreté de la place que certaines parties des murailles soient réparées, qu'il donne à ce sujet les ordres nécessaires. Le résultat de cette inspection devra être soumis à Sa Majesté dans un rapport indicatif de la dépense présumée.

Il sera parlé plusieurs fois dans les dépêches suivantes de cet Alvar Gomez de Horosco *El Zagal*, un des signataires, comme on vient de le voir, du traité de paix conclu avec le roi de Tunis. Ce surnom d'*El Zagal* (le vaillant), lui avait été donné sans doute par les Arabes.

Cette opération terminée, le marquis de Mondejar, ainsi qu'il a été dit, fera voile pour Malaga ou Cartaghène, ou tout autre point de la côte orientale. Son premier soin, en arrivant, sera de débarquer immédiatement l'infanterie, la cavalerie et tous les gens de guerre. Chacun s'en ira chez soi ou dans tel lieu qui lui conviendra. Les capitaines et enseignes ne devront lever aucune bannière ni emmener les soldats par bandes. On leur enjoindra de se disperser tous immédiatement par petites troupes de dix à douze hommes au plus, afin que les soldats ne puissent pas piller et voler en route ou causer du dommage à qui que ce soit. Il sera écrit en conséquence aux corrégidors, alcades et autres officiers de justice de tous les lieux de passage, et ces magistrats devront veiller, avec la plus grande rigueur au maintien du bon ordre.

Les mêmes mesures sont applicables au personnel de la flotte.

« En ce qui concerne particulièrement le licenciement de l'infanterie, on a examiné, poursuit l'empereur, s'il n'y aurait pas moyen d'employer dans le royaume de Tlemcên toute celle qu'emmène la flotte, ou au moins une partie, et cela sans la payer, en la nourrissant seulement. Il serait très-avantageux que la chose pût se faire; nous en aurions une grande satisfaction. Vous savez bien la manière de vous y prendre, et je n'ai rien de plus à dire si ce n'est que ce sera nous rendre un véritable service si l'on peut occuper dans le royaume de Tlemcên, pour cet hiver ou pour plus longtemps, s'il y a lieu, le plus grand nombre de ces gens. (1) »

---

(1) « En lo que toca à despedir la infanteria, se ha platicado, como sabeis, que podria aver medio para entretener toda la que va en la armada ò alguna parte della, en el reyno de Tremecen, sin paga, dando orden que se les diesse de comer. Si esto se podiesse hazer, seria provechoso y nos lo querriamos mucho. Sabeis de la manera que se ha de guiar. No hay mas que desir, de que seriamos muy servidos que se procure y que la dicha gente se entretenga en el dicho reyno de Tremecen por este invierno, ò por el mas tiempo que haya lugar, el mayor numero que ser pueda. » — Cette disposition est fort étrange. Il fallait que le soldat renvoyé dans ses foyers y fût bien malheureux, pour que l'on pût espérer qu'il accepterait une semblable proposition.

† L'empereur recommande aussi au marquis de Mondejar d'exercer la plus grande vigilance pendant la traversée. L'infant Don Luis de Portugal, qui était venu prendre part à l'expédition contre Tunis avec un certain nombre de galères, s'en retourne de conserve avec la flotte espagnole ; Sa Majesté ordonne qu'on obéisse à son beau-frère, comme si elle-même se trouvait présente, et toutes les fois que l'état de la mer le permettra, on devra demander au prince le mot d'ordre pour la nuit.

LV

Lettre du marquis de Mondejar a Sa Majesté.

Bône, 29 août 1535.

(Arch. de Simancas — Estado, Legajo 462.)

La flotte retardée par des calmes et le vent contraire, a mis cinq jours pour se rendre à Bône. D. Alvaro de Bazan nous y avait précédés avec les galères. Quand il se présenta dans la rade, on lui tira quelques coups de canon, ce qui fit penser que les habitants avaient l'intention de défendre la ville.

Les troupes ayant été débarquées, on en forma deux colonnes, et on les lança contre le château. Les Maures ne nous attendirent pas, et se hâtèrent de l'abandonner. Ce jour-là, on ne fit pas autre chose ; nous prîmes possession de la Kasba et de la ville, et les navires, que le feu de l'ennemi avait empêché de s'approcher, vinrent mouiller dans le port. Pendant les trois jours suivants, on mit à terre l'artillerie, les munitions et les vivres. Après avoir examiné la situation de la ville et de la forteresse, il m'a paru que l'on devait, provisoirement, les occuper toutes les deux : la garnison du château ne pourrait être que très-difficilement secourue et ravitaillée, si les Maures étaient maîtres de la ville. Il faut qu'ils n'y rentrent qu'avec notre permission, et qu'ils ne la trouvent pas abandonnée, attendu que dans ce cas, il y aurait à craindre que les anciens habitants n'y revinssent pas, et qu'elle ne servît de refuge à d'autres Maures ou Arabes qui s'y conduiraient de manière à la rendre inhabitable. Je laisserai à Bône 800 hommes, comme Votre Majesté l'a ordonné. Avec 200 soldats dans le château, et les 600 autres dans la ville, je crois que l'on peut se maintenir, en attendant que Votre Majesté ait fait connaître ses intentions à ce sujet. Il serait utile, si la ville doit être repeuplée de Maures, de construire une tour, sur un mamelon près de la marine, afin de pouvoir secourir, au besoin, ceux du château. Cette tour construite, on permettrait aux Maures de rentrer à Bône, et, à mon avis, 300 hommes suffiraient alors pour garder la forteresse. Messer Benedito a dressé le plan de la ville et du château. Je l'envoie à Votre Majesté, avec un mémoire des réparations qu'il conviendrait de faire, et de la dépense qu'elles coûteraient (1).

Les vivres sont avariés pour la plus grande partie. On s'en aperçoit à la mine des soldats ; pas un n'a la figure d'un homme sain. Quelques-uns sont déjà morts, et un grand nombre d'autres sont malades. Je me hâte de tout terminer afin que nous puissions, le plus tôt possible, faire voile pour l'Espagne (2).

Il y a eu quelques pourparlers avec les Maures ; mais ils ne veulent pas de la paix. D. Alvaro de Bazan nous a été très-utile pour le débarquement des vivres et des munitions : avec son aide, nous avons pu, en peu de temps, mener à bien cette opération.

LVI

LETTRE DU COMTE D'ALCAUDÈTE A SA MAJESTÉ

Oran, 3 septembre 1535.

(Arch. de Simancas. — Estado, Legajo 462.)

Depuis que j'ai mandé à Votre Majesté la défaite de Ben Re-

---

(1) Ces deux pièces ne sont pas jointes à la présente dépêche.

(2) « En las victuallas, ha habido gran corrompimiento, loqual se paresce bien a disposicion de la gente, que certifico à Vuestra Majestad que no veo persona que tenga rostro de hombre sano, y asi han començado à morir algunos y adolescido muchos, por loqual pienso darme la mayor priesa que fuere posible y trabajar de tomar a Espana lo mas presto que pudiere. »

douan et des troupes qu'il avait emmenées avec lui, il ne s'est rien passé d'important jusqu'au 27 août. Quelques-uns des cheikhs qui étaient avec Ben Redouan, ainsi que je l'ai dit à Votre Majesté, m'avaient supplié, postérieurement à la déroute, de leur permettre de se réfugier sous la protection de cette place, afin de se refaire de leurs fatigues et d'y rallier leur monde, parce que les gens du roi de Tlemsên les poursuivaient.

Je leur donnai les saufs-conduits qu'ils m'avaient demandés, et, pour cette bonne œuvre, ils m'offrirent de continuer la guerre contre Moulêï Mohammed. S'ils nous avaient tenu parole, ils ne nous devraient plus rien ; mais, comme tous sont de la même loi, quoique d'opinion différente, ils ne se font pas la guerre, ainsi qu'il conviendrait pour nous dédommager des pertes que nous avons éprouvées (1).

Les dits cheikhs m'ayant demandé, plus tard, pour d'autres tribus qu'ils avaient invitées à les rejoindre, la même permission de se retirer sur notre territoire, je ne voulus pas la leur donner, avant qu'ils ne m'eussent livré de nouveaux ôtages et juré (2) . . . . et de faire la guerre aux ennemis de (3) . . . . Malgré ce que je leur ordonnai, en cette occasion, au nom de Votre Majesté, ils se réunirent, au nombre de vingt ou trente tribus, après s'être concertés avec leurs amis et leur avoir donné certaines choses pour qu'ils les laissassent (4) . . . . avec leurs troupeaux.

Aussitôt que j'eus avis de ce qui se passait, j'envoyai reconnaître ces tribus et je communiquai aux capitaines et à certaines personnes expérimentées le rapport qui me fut fait par nos espions. Tout le monde fut d'avis que l'on pouvait surprendre facilement quelques-unes de ces tribus. Elles comptaient, il est

---

(1) « Si lo cumplieran ya no nos deverian nada, mas como todos son de una ley aunque son diferentes en la opinion, no se hazen la guerra tan crudamente como fuera menester para satisfazer nuestro dano. »

(2) L'original est endommagé en cet endroit.

(3) Autre lacune.

(4) Un mot omis et un autre illisible.

vrai, plus de 1,000 fantassins et de 400 lances ; mais les espions s'étaient assurés qu'avec notre cavalerie nous aurions le temps de nous retirer en toute sécurité, avant qu'elles pussent se réunir pour se mettre à notre poursuite, attendu que, se défiant les unes des autres, elles ne campaient pas ensemble (1).

En conséquence, la veille de Saint-Augustin, nous sortîmes de la place, à minuit, et, à la pointe du jour, nous arrivâmes à une petite distance de leurs douars. Nous pénétrâmes, sans avoir été vus et entendus des sentinelles, jusqu'au milieu du camp d'une des plus nombreuses tribus, et, ayant coupé les cordes des tentes, nous rassemblâmes à la hâte tous les gens qui s'y trouvaient. Lorsque le soleil se leva, nous étions déjà loin, emmenant avec nous 200 Arabes environ, hommes, femmes et enfants, et la plus grande partie des troupeaux de cette tribu. Je ne permis pas que l'on prît tout ce qu'il y avait dans les tentes, parce que les ennemis, revenus de leur surprise, se donnaient beaucoup de mouvement pour se réunir, et parce que notre retraite n'aurait pu se faire en bon ordre, si nous avions emmené un plus grand nombre de bestiaux. De la sorte, nous avons pu regagner Oran, sans aucun risque. J'ai voulu, moi-même, diriger cette petite expédition, afin d'être sûr que tout se passerait bien (2).

Que Dieu soit loué, et grâces lui soient rendues pour la bonne réussite de cette affaire. C'est un commencement de vengeance et une consolation dans notre malheur L'échec de Tifida fut un véritable désastre : Votre Majesté doit en être bien persuadée. Nous savons aujourd'hui très-positivement que, le vendredi, lorsque le roi de Tlemsên apprit l'arrivée des nôtres à Tifida, il considéra la partie comme perdue. Il était déjà monté à cheval pour

---

(1) Pour comprendre ceci, il faut se souvenir qu'au combat de Tifida, ces mêmes cheikhs arabes avaient abandonné Ben Redouan et la petite troupe espagnole qui marchait avec ce dernier. Le comte d'Alcaudète leur gardait rancune.

(2) Le récit de cette razzia, conduite par le capitaine général en personne, semble avoir été emprunté aux bulletins de notre armée d'Afrique. En lisant ces vieux documents du xvie siècle, on reconnaît que les mœurs, les habitudes, les instincts des indigènes n'ont pas changé.

s'enfuir, après avoir donné ordre de charger sur les chameaux ses femmes et ses trésors; mais Ben Redouan n'osa pas se porter en avant. Nous ne méritions pas d'obtenir le succès que nous avions espéré, et c'est pour cela que Dieu n'a pas permis qu'une affaire si bien commencée se terminât heureusement (1).

Le lendemain de la fête de Saint-Augustin, le 29 août, je fus informé que certains Maures parcouraient la montagne de Guiza et s'étaient présentés dans les villages qui sont en paix avec nous, exigeant un tribut des vassaux de Votre Majesté. Je fis partir immédiatement, dans la nuit, quelques soldats à pied et à cheval; ils sont revenus hier, à midi, ramenant avec eux 25 Maures. Je n'ai rien de plus à dire à Votre Majesté. Plaise à Dieu que les choses continuent ainsi, afin que nous ayons toujours de bonnes nouvelles à lui mander, et non plus des mauvaises, pour lui causer des ennuis.

J'attends tous les jours Ben Redouan, selon ce qu'il m'a écrit. Le roi Mouléï Mohammed m'a fait offrir de me rendre les prisonniers et de payer le tribut que payaient son père et son aïeul. Il m'a demandé aussi d'envoyer à Tlemsên une personne avec laquelle il pourrait traiter. J'ai envoyé quelqu'un là-bas, comme il le désirait, afin de connaître ses véritables intentions. Dès que ce messager sera de retour, j'informerai Votre Majesté de ce qu'il aura appris, et je lui dirai ce que je pense de ces ouvertures de paix qui nous sont faites par le roi de Tlemsên.

. . . .

J'ai reçu, par la voie du Levant, la nouvelle de la victoire que Dieu vient d'accorder à Votre Majesté, et, comme son serviteur

---

(1) « A Dios se han dado gracias por ello y sea muy loado, porque se comience à tomar consolacion y venganza de lo que por nuestro desastre perdimos ; y crea Vuestra Majestad, que fué tan gran desastre, que hoy se sabe muy cierto que estuvo el rey de Tremeceu el viernes siguiente despues que nuestra gente llego a Tifida a cavallo y sus camellos cargados con sus mugeres y hazienda para salirse ; si Ben Reduan osara pasar adelante. No lo merecimos y por esto no permitio Dios que sucediese bien tan buena jornada, sino que la perdiesen despues de ganada. »

loyal et dévoué, je lui en rends des grâces infinies, surtout parce que Votre Majesté emploie toute sa puissance à faire la guerre aux infidèles. Je la supplie de ne point se lasser dans cette sainte entreprise, et de ne s'arrêter que lorsqu'elle aura remporté autant de victoires que lui en méritent la grandeur et l'excellence de sa valeur.

J'apprends, à l'instant même, de certains Juifs de Tlemsên et d'Alger, que Barberousse s'est enfui de cette dernière ville avec seize galères, et qu'il a emmené son fils avec lui (1). Je savais déjà qu'il s'était échappé de Tunis et qu'il était revenu à Alger; et le roi de Tlemsên m'ayant demandé de le recevoir comme serviteur de Votre Majesté, moyennant les offres dont j'ai parlé, j'envoyai aussitôt une personne auprès de lui pour l'informer que je n'ignorais pas le retour, à Alger, de Barberousse; mais que je pensais qu'il n'oserait pas y attendre la flotte de Votre Majesté, et chercherait peut-être un refuge dans le royaume de Tlemsên. Je lui disais que, si Barberousse, son fils, ou tout autre corsaire venait dans ce royaume, il les fît arrêter et les tînt sous bonne garde, ou qu'il me les envoyât pour être livrés à Votre Majesté. J'ajoutais que, s'il agissait ainsi, Votre Majesté le reconnaîtrait pour son serviteur et ferait tout ce qu'il demandait; qu'au contraire, s'il accueillait Barberousse et le laissait libre, lorsqu'il serait si facile de le prendre, lui et son royaume seraient anéantis.

Je lui rappelais que les 600 hommes, donnés par Votre Majesté à Ben Redouan, avaient été sur le point de le chasser de sa capitale, et qu'il pouvait ainsi juger de ce que ferait l'armée que Votre Majesté enverrait contre lui (2). Le roi et le kaïd des Beni-Rachid, lequel est celui qui gouverne réellement, m'ont fait assurer que, si Barberousse se présente dans le royaume de Tlemsên, ils

---

(1) Khaïr ed Dîn, revenu à Alger, en était sorti, en effet, mais non, comme on l'a vu, avec la pensée de s'enfuir.

(2) « Que pues havia visto que seis cientos hombres que Vuestra Majestad mandò dar à Ben Reduan fueran parte para quitalle el reyno, que mire lo que podrà hazer el exercito que Vuestra Majestad embiaria sobre él. »

le prendront et me l'amèneront ; mais ils ne pensent pas qu'il ose venir de ce côté, parce que tous les Arabes sont très-mal disposés pour lui.

Don Alonzo de Cordoba, mon fils, dira à Votre Majesté différentes choses qui intéressent son service ; je la supplie de vouloir bien l'écouter et de le croire.

LVII.

LETTRE DU ROI DE TLEMSÊN A SA MAJESTÉ, AVEC LE PROJET DE TRAITÉ QU'IL LUI ENVOYA, SIGNÉ DE SA MAIN.

Tlemsên, 5 septembre 1535.

(Arch. de Simancas. — Estado, Legajo, 462.)

I.

J'informe Votre Majesté par la présente, qu'à diverses reprises je lui ai écrit pour la supplier de me recevoir au nombre de ses alliés et serviteurs, et que je n'ai jamais reçu de réponse. Dieu sait cependant le grand désir que j'avais de devenir l'ami de Votre Majesté. Sur ces entrefaites, Ben Redouan m'a déclaré la guerre, et est venu m'attaquer avec un certain nombre de chrétiens. J'ai été forcé de me défendre, au risque de déplaire à Votre Majesté : cela m'a coûté beaucoup, mais je ne pouvais pas faire autrement. J'ose espérer que Votre Majesté ne m'en voudra pas d'avoir défendu mon royaume et ma personne.

J'ai toujours la même volonté et le même désir de devenir l'allié et le serviteur de Votre Majesté, et je serai heureux qu'elle veuille bien m'admettre comme tel. A cet effet, j'envoie un traité, signé de ma main et scellé de mon sceau, au comte d'Alcaudète, capitaine général d'Oran, et je prie Votre Majesté de le ratifier (1).

---

(1) La défaite de Kheïr ed Dîn, à Tunis, explique cette lettre du roi Mohammed. Croyant les Turcs perdus, et sachant bien qu'il ne pouvait pas, avec ses seules forces, résister aux Espagnols, il voulait essayer de se réconcilier avec eux. Comme on le verra par un

II.

Je dis que, depuis longtemps, j'ai la volonté d'être l'allié et le serviteur de l'empereur Don Carlos (Dieu le fasse prospérer!), et cela avant même que Ben Redouan et son petit-fils ne vinssent dans la ville d'Oran, ce dont le comte d'Alcaudète se montra satisfait. Depuis, est survenu ce qui s'est passé avec ledit Ben Redouan. Je supplie Votre Majesté de vouloir bien me recevoir pour son allié et son serviteur, et de mander au dit comte d'Alcaudète et aux habitants de la dite ville d'Oran, de me considérer comme ami et me traiter comme tel.

En échange de quoi, je demande et promets ce qui suit :

Premièrement, que Sa Majesté me reconnaisse pour allié et serviteur, et qu'elle me protége en toutes circonstances, de manière que mes amis et mes ennemis deviennent les siens, déclarant que les amis et les ennemis de Sa Majesté seront les miens également, et cela sans difficulté ni doute aucuns.

De plus, je dis et promets que je paierai, chaque année, 4,000 *doblas*, aux mêmes échéances, et, ainsi que le faisait mon père, sous condition que le revenu de la porte de Tlemsên m'appartiendra, de même qu'il lui appartenait (1).

Il est convenu que, si les droits de la dite porte s'élèvent, par an, à plus de 4,000 *doblas*, l'excédant sera pour moi.

En témoignage de ma volonté bien sincère et de mon vif désir d'être l'allié de Sa Majesté, et pour que personne n'en doute, je prends l'engagement de renvoyer au comte d'Alcaudète les Chrétiens prisonniers, au nombre de soixante-dix, qui sont en ce moment à Tlemsên. Cinq d'entre eux appartenant à certains

---

des paragraphes de la capitulation qui accompagne sa lettre, il n'oubliait pas, en même temps, de demander sa part des dépouilles de ses anciens alliés, dans le cas où Charles-Quint viendrait à s'emparer d'Alger, de Cherchell ou de Ténès.

(1) Toutes les marchandises et denrées, achetées ou vendues par les Maures du royaume de Tlemsên, devaient acquitter un certain droit à l'entrée et à la sortie d'Oran. Le roi Mohammed demande que ce droit soit prélevé à son profit.

Maures qui ont eux-mêmes cinq de leurs parents au pouvoir des Chrétiens, je prie Sa Majesté de permettre qu'il soit fait un échange.

Je demande que Ben Redouan et son petit-fils, ainsi que tous ceux de son parti, gardes, serviteurs ou autres, ne puissent être reçus dans la ville d'Oran, et qu'on ne les assiste en aucune manière ; dans le cas où ils s'y présenteraient, je supplie Sa Majesté de les faire arrêter et retenir prisonniers.

Si Sa Majesté parvient à s'emparer des royaumes d'Alger, de Cherchel et de Ténès, je demande aussi qu'ils me soient remis, Sa Majesté se réservant les dites villes d'Alger, de Cherchel, de Ténès et les autres ports qu'elle voudra, parce que ces royaumes faisaient autrefois partie des domaines de mes ancêtres, et qu'ils en ont été dépouillés contre toute raison et justice.

La paix devra être consentie et ratifiée pour dix ans ; en garantie de quoi je dis et m'oblige, par le présent écrit, signé de ma main et scellé de mon sceau, à faire et accomplir entièrement tout ce qui précède, Sa Majesté accordant et confirmant, par ordonnance royale, les susdites conditions.

LVIII.

LETTRE DE D. ALVAR GOMEZ DE HOROSCO EL ZAGAL
A SA MAJESTÉ (1).

Bône, 13 septembre 1535.

(Arch. de Simancas. — Estado, Legajo, 462.)

Le samedi, 23 août, dans la matinée, les galères se présentèrent devant Bône. On nous tira trois ou quatre coups d'un

---

(1) On a vu, dans l'instruction adressée par l'empereur au marquis de Mondejar, capitaine-général de Grenade, que Don Alvar Gomez el Zagal avait été choisi par Charles-Quint pour commander la place de Bône. La présente pièce, qui nous fait connaître la date précise de l'occupation de Bône par les Espagnols, est fort curieuse. Don Alvar décrit longuement cette ville, et signale son heureuse situation. Il note particulièrement ce fait, que la flotte, revenant de Tunis, avait

mauvais petit canon de fer qui ne nous fit aucun mal : nous avons trouvé ce canon qui n'est bon ni à tuer, ni même à épouvanter. Les galères se retirèrent dans la partie du couchant, à une demi-lieue environ de la ville. Les Maures, au nombre d'une trentaine de cavaliers, se montrèrent bientôt. . . . . . nous avons su ensuite. . . . . les Turcs. . . . . des galères qui faisaient de l'eau se réunirent à nous par. . . . . raboteux, et ils atteignirent trois ou quatre chrétiens. Le lendemain, dimanche, ils firent de même. Les Maures et les Turcs avaient allumé de grands feux, et, pendant ces deux jours, ils conservèrent leurs drapeaux arborés sur la Kasba et sur la ville, de sorte que le roi de Tunis ne pourra pas dire que cette place est à lui.

Le lundi, au point du jour, le marquis de Mondejar parut avec le reste de la flotte. Le débarquement se fit immédiatement dans une anse, au couchant de la ville, et nous prîmes possession de cette dernière et de la forteresse, sans rencontrer aucune résistance. Je restai dans le château avec deux compagnies, celles de Francisco de la . . . . . et de Juan Avellan. Le marquis s'établit dans la ville avec les autres troupes et une bonne partie des hommes de la flotte. La cavalerie ne débarqua pas : nous n'avions pas besoin d'elle.

Le jour suivant, on commença à mettre à terre l'artillerie, les vivres et les munitions. Trois demi-canons, dix fauconneaux et vingt barils de poudre furent transportés au château, et on laissa, auprès de la porte de mer, sur une petite place qui s'y trouve, les autres approvisionnements et le reste de l'artillerie. Les officiers comptables de Votre Majesté ont eu soin de prendre note de tout.

---

mouillé à l'entrée de cette même rivière, comme autrefois la flotte de Publius Sittius, lieutenant de César, qui y détruisit celle de Metellus Scipion. C'était là aussi que Khaïr ed Din avait caché les quinze galères qui lui servirent à échapper à la poursuite des Espagnols. Malheureusement, cette lettre est très-endommagée : toutes les feuilles sont brisées par le milieu, et malgré le soin que l'on a pris d'indiquer leur concordance par des chiffres correspondants, il est impossible de rétablir les lignes altérées. Les lacunes qui existent dans le texte ont été remplacées par des points.

Messer Benedito et moi nous avons mesuré le contour de la forteresse et l'enceinte de la ville, ainsi que la distance de cette dernière à la Kasba et celle qui existe de la forteresse à une hauteur que l'on voit sur le bord de la mer. Une petite tour, construite sur une hauteur, protégerait efficacement le débarquement des vivres et des munitions. En élevant un mur de la dite tourelle au château, qui permettrait d'aller et de venir en sûreté. . . . . La hauteur est disposée de manière qu'elle fait. . . . . où les navires sont à l'abri. . . . . de cette forteresse, si elle doit être détachée de la ville; afin qu'elle ait une sortie assurée vers la mer et qu'elle puisse être secourue en cas de besoin.

Une muraille, en partie ruinée, s'étend de la Kasba à la ville; elle paraît avoir été construite pour mettre à couvert et protéger, du côté de la mer, les gens qui montent à la forteresse ou qui en descendent.

Du côté de la terre, il y a un terrain inculte, terminé par une autre hauteur qui commande la ville. On pourrait construire sur cette hauteur une forte tour, et, de cette tour au château, un premier mur, puis un autre qui joindrait ladite hauteur à un *espolon* (ouvrage avancé), lequel touche à la ville. Cet *espolon*, comme le verra Votre Majesté, est indiqué sur le plan qu'a dressé Messer Benedito. Si l'on doit occuper la ville et la Kasba, il nous semble que cette tour serait bien placée sur la hauteur; en reconstruisant également la muraille qui tombe en ruines et la menant jusqu'aux deux autres dont il vient d'être parlé, on pourrait remédier à l'inconvénient que présente actuellement le château qui n'a point de communication assurée avec la mer, disposition dont on ne saurait se passer. Votre Majesté examinera le plan et ordonnera les constructions qu'elle jugera convenables.

Le même plan lui fera connaître la grandeur de la Kasba. Les murs sont faibles et tellement ruinés qu'ils s'écroulent lorsqu'on les pousse avec la main. Les parties les plus larges ont à peine trois pieds d'épaisseur. Sur le mur d'appui, il y a un certain nombre d'arcades; mais, presque partout, pour aller de l'une à l'autre, il faut s'aventurer sur des poutres jetées en travers, et il n'est pas possible d'y passer pour faire les rondes. La disposition des embrasures est mauvaise. Le château renferme 50 ou 60 loges ou cellules : quelques-unes ont des citernes très-petites, et dehors il y en a une autre, plus grande ; mais toutes sont à sec.

On est obligé de descendre chaque jour à la ville pour s'approvisionner d'eau. Ce n'est pas une petite besogne, et il pourrait se présenter telle circonstance où notre embarras serait grand. Tout notre temps se passe à transporter les munitions et les provisions de bouche que l'on a dû laisser auprès de la porte de mer, et à monter de l'eau de la ville à la forteresse. Il nous est impossible de nous occuper d'autre chose, et cependant il y a beaucoup à faire (1). La maison où nous sommes aurait besoin de grandes réparations. . . . . elle n'a pas même de porte. . . . .

. . . .

Pendant les douze ou treize jours que sont restés à Bône les soldats débarqués avec le marquis de Mondejar, ils ont si bien employé leur temps, qu'ils ont enlevé tout ce qu'il y avait dans les maisons, jusqu'aux marbres des murs et aux moulins (2), petits et grands, dont ont fait usage dans ce pays. Ceux de ces objets qu'il n'était pas possible d'embarquer, on les brisait pour en avoir les ferrements. Quant aux coffres et aux bahuts que

---

(1) « Asimismo verá Vuestra Majestad por la traza el grandor desta fortaleza. La muralla es muy flaca y muy ruin que con las manos se puede deshazer, y es tan angosta la muralla que por lo mas ancho tiene tres pies de maciço. En el pretil tiene unos arcos vazios por donde se puede rondar, y por muchas partes no se puede andar sino por unos palos que a traviesan de un arco à otro ; no tiene ninguna tronera que venga à proposito. Hay en ella cinquenta o sesenta casillas y en alguna dellas hay sisternas muy pequenas ; fuera de las casas está una sisterna mayor que las otras y todas estan sin gota de agua ; y cada dia decienden por allà à la ciudad, que no es pequeno trabajo para qualquier necesidad de las que pueden suceder ; y a si en traer agua, como las municiones que quedaron en la ciudad y la provision que han de comer, se nos va todo el tiempo sin poder entender en otras muchas cosas que hay necesidad. »

(2) *Tahona, atahona*, moulin à blé mû par des chevaux.

les Maures avaient laissés chez eux, il faudra, s'ils y reviennent, qu'ils en apportent d'autres. Bien peu de maisons ont encore des portes et des fenêtres : tout a été détruit. Les soldats ont percé en beaucoup d'endroits la muraille du côté de la mer, comme si les portes de la ville n'étaient pas assez grandes, et par là ils ont fait passer du blé, de l'orge et des fèves. Les rues en sont pleines. Ils craignent sans doute de n'avoir pas le temps de tout embarquer.

Votre Majesté a ordonné que 600 hommes me fussent accordés pour la garde de la Kasba ; ce nombre, si le marquis de Mondejar le jugeait utile, devait être porté à 800. Elle a ordonné également qu'on me remît, pour l'armement de la forteresse, une couleuvrine, trois canons doubles, trois demi-canons renforcés et vingt fauconneaux avec les munitions nécessaires. On ne m'a pas donné ladite couleuvrine ; il me manque aussi trois fauconneaux. Quant aux munitions et aux vivres, Votre Majesté verra le peu qu'il nous en reste par la note du pourvoyeur.

Le marquis m'a laissé la compagnie de Rodrigo d'Avalos, qui est forte de 200 hommes. Avec cette compagnie et les 600 soldats de la forteresse, il lui a paru qu'il était possible de garder le château et la ville, mais il ne m'a pas expliqué comment il pense que la chose peut se faire. J'avoue que je ne le comprends pas ; les gentilshommes et les capitaines, venus avec lui sur la flotte, auxquels il en a parlé, ne le comprennent pas plus que moi. Ils ont tous été d'avis que, pour défendre la ville et le château, il fallait 2,000 hommes au moins et une artillerie plus nombreuse, attendu que celle qu'on a laissée pour la forteresse seulement. . . . .
. . . .
et le château, la chose était évidente pour tous ceux qui s'y connaissent. On observa au marquis qu'il me faisait tort en agissant ainsi, et qu'avec si peu de monde je ne pouvais pas me maintenir dans la forteresse et occuper en même temps la ville.

De mon côté, je lui dis que, d'après les ordres de votre Majesté, je devais garder seulement le château avec 600 hommes, et que, conformément au traité conclu avec le roi de Tunis, la ville devait être rendue aux Maures ; mais le marquis ne voulut rien entendre. Considérant donc que les vivres étaient encore dans la ville, ainsi que la moitié de l'artillerie et toutes les munitions, que nous étions obligés de nous approvisionner d'eau aux puits de la ville, et surtout que la Kasba n'a point de communication assurée avec la mer, j'insistai fortement auprès du marquis de Mondejar pour qu'il me donnât 1,500 hommes que je répartirai dans les deux places, et 20 ou 30 autres pièces d'artillerie, destinées à armer la ville. Tous ceux qui ont vu les lieux convenaient que je ne demandais qu'une chose nécessaire et raisonnable ; le marquis n'avait pas besoin d'ailleurs de tout ce monde qu'il emmenait, puisqu'en arrivant en Espagne il avait ordre de payer les soldats et de les licencier ; mais je ne pus rien obtenir de lui.

Je lui demandai alors de me laisser 200 hommes de plus, afin de pouvoir en garder 400 avec moi dans le château et d'établir les 600 autres dans la ville, jusqu'à ce que Votre Majesté eût été informée de ce qui se passait. J'ai bon espoir que les ordres qu'elle donnera seront tels que je pourrai remplir mes obligations, ainsi qu'il convient au service de Votre Majesté et à mon honneur. Il est impossible qu'on m'abandonne, comme je suis aux hasards des évènements. Non-seulement je manque de vivres, d'artillerie et de munitions ; mais le petit nombre d'hommes que je commande est à peine en état de servir. Les soldats sont dénués de tout, sans chaussures et sans vêtements, affaiblis par les fatigues et la faim qu'ils ont endurées, et démoralisés complètement. Je crois et tiens pour certain que la moitié succombera cet hiver : il en est déjà mort plus de 50, et notre pauvre hôpital est encombré de malades.

Je supplie Votre Majesté de ne pas oublier qu'avec ces 200 hommes de plus que le marquis m'a laissés, et que je paierai, s'il le faut, de ma bourse, j'ai vu moins d'inconvénient à me hasarder à garder la ville qu'à l'abandonner. Avec l'aide de Dieu, je la défendrai, ainsi que le château, jusqu'à ce que Votre Majesté ait fait connaître ses intentions.

Bien que nous ayons de méchants voisins dans ces Turcs qui sont dispersés dans . . . . . . et à Constantine, le plus grand embarras . . . .

. . . . nous ne pouvons nous secourir les uns les autres ni tirer parti de la grosse artillerie, parce que, dans le château, et dans la ville, il n'y a aucun *cavalier* (1) préparé pour la recevoir. J'ai placé quatre canons dans la forteresse et deux dans la ville ; les fauconneaux ont été répartis dans l'une et dans l'autre. Mais les soldats, comme je l'ai dit à Votre Majesté, sont très-mal disposés. J'ai surtout à me plaindre de leur manque de discipline et de leur peu de courage. Pendant que la flotte a été ici, il est arrivé certaines choses qu'il m'est impossible d'avouer à Votre Majesté : dix Chrétiens ont fui sans honte devant un Maure, comme s'ils eussent été des femmes, et chaque jour l'ennemi ramenait les soldats à coups de lances jusqu'aux murs de la ville et aux proues des galères. Nous avons perdu de cette manière plus de 20 hommes. (2).

La mer entoure à peu près la moitié de la ville, et naturellement de ce côté elle est plus forte. L'autre côté n'est défendu que par un mur sans terre-plein, dans lequel on a pratiqué un grand nombre de trous. En certains endroits, ce mur est très-faible et offrirait peu de résistance à ceux qui voudraient pénétrer dans la ville. A une petite distance de la muraille, on trouve une tour située sur un rocher. Elle est grande et solidement construite (3). Au-dessus, il y a un emplacement si vaste, qu'on pourrait y disposer trois ou quatre canons, et, comme la pointe sur laquelle est bâtie la tour s'avance dans la mer, il serait facile d'empêcher tout navire, grand ou petit, d'aborder d'un côté ou

---

(1) *Cavallero*, emplacement élevé au milieu de la courtine sur la même escarpe et destiné à porter du canon. En Espagne, on appelle cet ouvrage *cavallero* (cavalier), parce qu'il est à *cheval* sur la courtine. En France, on lui donne le nom de *plate-forme*.

(2) « En el tiempo que aqui estuvo el armada, acaccieron algunas cosas que dan mucho fastidio a dézir à Vuestra Majestad, porque tan sin verguenza huyan diez cristianos de un moro, como si fueran mugeres, y cada dia hasta los muros de la ciudad y las proas de las galeras los trayan à lanzadas, y a si murieron mas de veynte hombres. »

(3) Aujourd'hui le fort Cigogne.

de l'autre de la ville. Un pont-levis donne entrée dans cette tour, dont le sommet est à ciel ouvert, ainsi que les embrasures. Dans ses fondations, il y a une citerne.

La muraille qui entoure la ville, du côté de la terre, est en meilleur état et plus élevée que celle du château ; mais elle est encore moins large. Elle a des barbacanes et un petit chemin de ronde souterrain, formé d'arcades, qui, comme celles de la forteresse, tiennent au rempart. Ces arcades, pour la plupart, ne sont pas solides. L'une et l'autre muraille ne résisteraient pas à l'artillerie : elles ne sont bonnes que contre des Arabes armés de lances.

Deux jours après le départ de la flotte, quelques Arabes qui m'avaient demandé une entrevue, vinrent dresser leurs tentes sous les murs de la ville. Un d'eux me dit qu'il était fils d'Abd-Allah, cheikh des Merdès, lequel cheikh et un autre, tous deux de la tribu des Hannêcha, sont les plus puissants du pays. Il m'assura que son père, bon serviteur du roi de Tunisie, désirait vivre en paix et commercer avec nous......................
....

prix que leur avaient donné les gens des galères, à dix ou douze ducats les bœufs et à deux ou trois les moutons.

Pendant les deux jours que les Arabes ont trafiqué avec Don Alvaro de Bazan, sur les bords de la rivière, de l'autre côté de la ville, ils en sont venus aux mains plusieurs fois avec les nôtres, et de part et d'autre trois ou quatre hommes ont été tués. Nos gens firent deux prisonniers. Un de ces Arabes fut emmené sur les galères ; mais l'autre ayant été laissé dans la ville, je le fis mettre en liberté et lui rendis moi-même ce qu'on lui avait pris. Cette circonstance a tourné à notre profit. Ce Maure est le premier qui nous ait vendu des poules et des œufs. Quant au fils du cheikh, il n'a fait avec nous aucun trafic. Au prix qu'il voulait vendre ses bœufs et ses moutons, les capitaines des galères auraient pu seuls en manger. Il me demanda des burnous pour lui, pour son père et pour son frère, et je lui répondis que, si j'étais assuré qu'ils fussent de bons serviteurs de Votre Majesté et du roi de Tunis, je les lui donnerais volontiers. Il partit, en promettant de vous amener un autre jour, de bon matin, des moutons et des bœufs, à un prix raisonnable.

Le lendemain, au point du jour, il revint, en effet, mais avec 200 Turcs, plus de 500 Arabes à pied et 200 autres à cheval. Nous lui tuâmes trois de ses hommes. On fit aussi prisonnier un Turc dangereusement blessé d'une arquebusade. Nous avons su par lui que les Turcs, laissés ici par Barberousse, se sont présentés pour entrer dans la ville : ils pensaient que nous l'avions abandonnée ; mais bien qu'ils se fussent vantés auprès des Arabes, parmi lesquels ces coquins se sont fait une grande réputation de bravoure, de nous chasser de Bône, ils n'ont pas osé nous attaquer. Depuis ils n'ont pas reparu ; mais on m'a dit qu'ils sont campés à trois ou quatre lieues de la ville.

Quant aux Arabes, nous les avons revus deux ou trois fois, et, dans ces escarmouches, nous leur avons tué six ou sept hommes et fait un prisonnier. Un seul des nôtres a été blessé légèrement au bras. Des petits combats ont eu lieu plutôt par nécessité que par notre volonté. Lorsque les Arabes les ont attaqués la première fois, nos hommes étaient occupés à renouveler la provision d'eau ; la seconde fois, ils faisaient la reconnaissance d'un ravin, peu éloigné de la forteresse, où l'ennemi avait l'habitude de se mettre en embuscade. Dans ces diverses affaires, nous avons reconnu combien il serait avantageux d'avoir ici de la cavalerie et des arbalétiers. Pour la cavalerie, il y a de bonnes plaines, et, pour les arbalétiers, des haies de jardin et un sol montueux, le tout si bien disposé, que les uns et les autres peuvent s'aider mutuellement.

J'ai différé jusqu'à ce jour de faire partir le brigantin, espérant que j'aurai quelque chose de particulier à mander à Votre Majesté ; je voulais aussi attendre pour savoir si le roi de Tunis, en exécution de son traité avec Votre Majesté, enverrait des ordres.................. ce que j'ai à dire à ce sujet, c'est qu'il y a trois ou quatre jours, il vint ici un......................
qui paraît être un homme sage............................
....
voir l'autorité qu'il a et la confiance qu'il mérite. Après les compliments que les Maures sont dans l'usage de prodiguer, il m'a dit que le roi de Tunis l'avait envoyé à Bône, comme gouverneur de cette ville ; mais il ne m'a pas appris comment il se nomme,

et il n'a amené avec lui aucun des Maures que j'ai connus à Tunis, ce qu'il aurait dû faire, attendu que je ne l'ai jamais vu lui-même.

Je ne sais s'il m'a dit la vérité ou s'il a menti. Il peut fort bien mentir et dire vrai tout à la fois, car le roi de Tunis ne voit pas les choses avec beaucoup de sûreté et ne les conduit pas comme le voudrait la raison. Les Maures, d'ailleurs, sont si cupides que, lorsqu'ils y voient leurs intérêts, ils s'exposent à tout ce qui peut leur arriver. Ce gouverneur, ou soi disant tel, m'a certifié que l'Arabe, qui, ces jours derniers, m'a dit qu'il était le fils du cheikh des Merdès, était un imposteur, lequel voulait se faire donner un burnous. Je ne répondrai pas que ce soit la vérité et que le dit gouverneur ne mente pas lui même dans un but quelconque. Quoi qu'il en soit, il perdra son temps et sa peine, parce que je me tiens sur mes gardes, avec lui comme avec les autres. Je les connais trop bien tous.

Voici ce dont je puis rendre compte à Votre Majesté, quant au motif de la venue à Bône de ce personnage, en supposant toujours qu'il m'ait dit la vérité : il paraît que le roi de Tunis lui a remis des lettres pour les habitants de cette ville, qui presque tous se sont retirés à Constantine ; les autres ont cherché un refuge dans les montagnes voisines. Quelques-uns même avaient accompagné Barberousse à Alger ; mais ceux-là sont revenus, et, si je dois croire ce qu'ils m'ont dit, Barberousse ne s'y trouve plus : il s'est embarqué sur ses galères. Ils m'ont appris aussi que 1,000 Turcs, de ceux qui sont venus par terre de Tunis, se sont emparés de Constantine, et que Hassen Agha les commande. Ce sont 200 de ces mêmes Turcs qui ont poussé une pointe jusqu'à Bône ; ils espéraient, comme je l'ai dit à Votre Majesté, s'en rendre maîtres facilement et l'occuper au nom de Barberousse.

Le dit caïd apporte aussi un sauf-conduit et le pardon du roi pour les habitants de Bône, qui, Votre Majesté s'en souvient sans doute, ont tué leur gouverneur avant l'arrivée de Barberousse. Le roi leur fait savoir l'amitié et l'affection que Votre Majesté a pour lui et les grâces qu'elle lui a accordées. Il leur dit qu'en conséquence rien ne s'oppose à ce qu'ils reviennent en toute sécurité dans la ville et qu'ils pourront y vivre en paix ; que nous autres chrétiens nous devons occuper la forteresse, mais que nous serons pour eux de bons voisins. Le Caïd a également des lettres pleines de belles promesses pour les cheikhs de ces deux tribus dont j'ai parlé à Votre Majesté et qui sont les principales du pays.

J'ai répondu au gouverneur de faire ce que le roi son maître lui avait commandé; que ce serait une très-bonne chose de se concilier les Arabes et de les ramener, ainsi que les Maures, à l'obéissance du roi de Tunis; mais que le but vers lequel il devait tendre surtout, c'était d'expulser les Turcs de cette contrée, parce que.................... nous ne pouvons garder sûre et bonne amitié... qu'il m'avertit de tout ce qu'il ferait; je lui ai dit aussi que les Arabes qui viendraient à Bône pour trafiquer avec nous seraient bien payés de tout ce qu'ils nous apporteraient et qu'on ne leur ferait aucun mal. Ils ont déjà commencé à venir et nous ont vendu quelques bœufs et des poules, dont nous nous sommes régalés, car nous avions tous grand besoin de nous refaire. Mais ce n'est pas sans peine que nous pouvons trafiquer avec eux, parce qu'ils refusent notre monnaie d'or, dont on ne fait pas usage dans le pays. Les Arabes ne se servent que d'une monnaie d'argent, qu'ils appellent *nazarinès*, et qui est la trente-deuxième partie d'un ducat. Les bœufs nous ont coûté de trois à quatre *doblas*, et les poules trois nazarinès, à peu près un réal.

Ces jours-ci, le caïd est revenu me voir. Il m'a dit qu'il négociait avec le cheickh des Merdès, afin d'obtenir de lui qu'il renvoyât les 230 Turcs qui sont avec ses gens dans la montagne, à deux lieues d'ici. Il a offert à ce cheikh, au nom du roi de Tunis, tout ce que Barberousse lui avait donné, c'est-à-dire certains villages du territoire de Bône. J'ai répondu au gouverneur qu'il avait agi prudemment; et que, s'il le pouvait, il serait convenable d'ajouter quelque chose au don fait par Barberousse; que de mon côté je donnerai au dit cheikh des burnous et de l'argent, s'il se montrait un loyal serviteur du roi de Tunis La pacification du pays dépend de cette négociation, et j'ai recommandé au Caïd de se hâter.

Les choses sont dans cet état, et je ne sais ce qui adviendra de tout ceci ; mais, de quelque manière qu'elles tournent et quand bien même ceux de Bône consentiraient à revenir habiter cette ville, je ne la remettrai pas au gouverneur. Je ne doute pas d'ailleurs que nous rencontrions, à cet égard, de l'opposition de la part des Turcs, si, comme je le crains, les Maures ne savent pas s'y prendre pour en débarrasser le pays ou pour les tuer tous, ceux d'ici et ceux de Constantine, ce qui serait le meilleur et le plus sûr pour tout le monde. Jusqu'à ce que Votre Majesté m'ait fait connaître ce que je dois faire, je garderai la ville et j'amuserai le Caïd avec cette affaire des Turcs.

On dit que Barberousse a été très-content de cette place, et il a eu raison, parce qu'elle réunit de très-bonnes qualités qui s'accordent avec son nom. Elle est parfaitement assise en un terrain plat. Son port est bien abrité contre les vents. Deux grandes rivières arrosent une grande étendue de terres labourables, qui certainement ne le cèdent pas en fertilité à la campagne de Cordone. Il y a aussi un bon espace occupé par des jardins auprès de la ville, et la montagne a des pâturages excellents pour les bestiaux sur les versants du côté de la mer (1). Dans quelques gorges on trouve également de bons pacages. . . . . . .
. . . . de la place est une autre montagne . . . .
. . . .
autour de la ville, les Arabes font herbager leurs bestiaux, l'été, et ils les conduisent, l'hiver, sur le bord de la mer. Ils disent que la montagne est très-giboyeuse. On y trouve des lions, des porcs-épics, des ours, des sangliers, des lièvres, des lapins, des perdrix. Les sangliers surtout y pullulent à tel point qu'on les voit rôder par bandes en beaucoup d'endroits. Votre Majesté sait déjà que la rivière principale peut recevoir autant de galè-

---

(1) « Dizenme que Barbarosa fué muy contento desta ciudad, y tiene razon porque concurren en ella muy buenas calidades que se conforman con su nombre. Tiene muy buen asiento todo en llano, el puerto tiene abrigo y reparo de muchos vientos ; dos rios caudales que atravesan por unas vegas y canpina que me parece que en cantidad y en fertilidad no le hace ventaja la de Cordova. Tiene otro muy buen pedazo de huertas y vega que estan entre la ciudad y la sierra, tiene buenos pastos para ganado à las vertientes de la mar. »

res que l'on veut, et qu'elles peuvent hiverner dans ce port, à l'entrée de la mer, avec la plus grande sécurité. Nous en avons eu récemment la preuve par le séjour qu'y a fait la flotte. Les deux rivières sont si abondantes en poissons, qu'on les tue à coup de bâton. La plus petite passe sous un pont qui a onze grandes arches; mais on ne peut traverser la plus grande à gué qu'auprès de son embouchure dans la mer, et cette embouchure est au plus à deux traits d'arbalète de la ville. La mer donne aussi de très-bons et très-beaux poissons.

Si Votre Majesté ordonne que la ville soit rendue aux Maures, en conformité du traité fait avec le roi de Tunis, l'occupation de la Kasba sera moins dispendieuse : avec le revenu des trois *quintos* de chaque année, on pourra payer une bonne partie de la dépense de la dite forteresse. Toutefois, avant que Votre Majesté se dessaisisse de la ville, il convient de bien fortifier le château, d'assurer sa communication avec la mer, et de le munir d'une artillerie plus nombreuse. Il faudrait, pour compléter son armement, dix autres fauconneaux, une demi-douzaine de sacres, trois couleuvrines en échange des trois canons doubles dont nous ne savons que faire, et quelques versos (1) qui nous seraient très-utiles. De cette manière, nous tiendrons toujours la ville, et les Maures ne pourront pas bouger sans notre permission. Dans l'état de choses actuel, si on leur remettait Bône, nous nous trouverions à leur merci. Il importe aussi que nous soyons bien approvisionnés d'eau et des vivres qui nous font faute en ce moment.

Pour me maintenir dans la forteresse, je n'ai besoin que des 600 hommes que Votre Majesté m'a confiés; mais, si je dois en même temps garder la ville, je la supplie de vouloir bien mettre à ma disposition 500 hommes en sus des 1000 qui m'ont été laissés, ainsi que l'artillerie nécessaire, celle que l'on m'a donnée, comme je viens de le dire à Votre Majesté, suffisant à peine pour la forteresse.

Il y aurait une chose à faire, ce serait de repeupler Bône au

---

(1) *Verso*, ancienne couleuvrine d'un très-petit calibre. Au XVIe siècle, les pièces longues et minces étaient en grande faveur.

moyen de Grecs ou d'Albanais (1) ; avec 200 cavaliers de ces gens, nous serions maîtres d'une si grande partie de la campagne que. . . . .
. . . .
et la forteresse qu'il faut reconstruire, l'une et l'autre étant peuplées de chrétiens, il y aurait facilité d'y entretenir bon nombre de troupeaux. Avec ces Albanais, dont je viens de parler, pouvant fournir 200 cavaliers, si la Kasba était bien fortifiée et la partie des murailles de la ville qui tombe en ruines convenablement réparée, principalement du côté de la mer, il serait possible de les garder toutes deux avec 1000 soldats.

Quoi que Votre Majesté ordonne d'ailleurs, je la supplie très-humblement de me faire donner les gens, l'artillerie, les munitions et les vivres qui me sont nécessaires, afin que je puisse, à mon honneur et comme j'y suis obligé, lui rendre bon compte de ce qui touche à son service. En tout et pour tout, je m'en remets entièrement à la décision de Votre Majesté. Elle sait mieux que moi ce qu'il est convenable de faire, beaucoup mieux que je ne saurais le concevoir et le demander.

Le capitaine Juan Avellan est retourné en Espagne, et le marquis de Mondejar a remis sa compagnie à Pedro Hernandez de Caravajal. Le choix qu'il a fait est bon. Le capitaine de Caravajal, qui sert depuis longtemps, mérite la faveur dont il a été l'objet. Je prie Votre Majesté d'approuver sa nomination.

Francisco de Alarcon, notre trésorier, se rend auprès de Votre Majesté ; il l'informera de tout ce qui se passe ici et de la situation dans laquelle nous nous trouvons. Il remettra en même temps à Votre Majesté une note détaillée des choses qui nous manquent. Je la supplie de donner des ordres pour que les dites munitions et autres approvisionnements soient fournis le plus promptement possible, avant que le temps ne se gâte et que nos besoins deviennent plus pressants.

J'ai l'espoir que Francisco de Alarcon me rapportera aussi de

---

(1) Alvar Gomèz veut sans doute parler des Grecs et des Albanais qei, après la mort du fameux Scanderbeg (1467), s'étaient refugiés un grand nombre dans l'Italie méridionale.

la Cour les ordres de Votre Majesté sur la conduite que je dois tenir avec les Maures et les Arabes, dans le cas où ils accepteraient la paix ou voudraient nous faire la guerre. Le départ précipité de Votre Majesté de la Goulette ne lui a pas permis de me donner à ce sujet toutes les instructions nécessaires. Notre trésorier, en ce qui concerne son office, nous laisse bien approvisionnés, et son absence n'aura aucun inconvénient : son second et son frère, qu'il a chargés de pourvoir à tout, pendant son voyage en Espagne, sont des gens habiles et dignes de confiance.
..................dans l'armement de cette place..........
........................comme Votre Majesté le verra par le plan ci-joint.

Je la prie de renvoyer à Bône Messer Benedito, et de permettre qu'il dirige la construction des nouvelles fortifications. Il est très-habile, et Votre Majesté peut être certaine que ses ordres seront exécutés ainsi qu'il convient. Ce sera pour nous une grande faveur. Je lui ai fait compter cent ducats pour la dépense de son voyage, et il m'a promis, si l'on veut qu'il revienne à Bône, de se charger de tous les travaux et de toutes les réparations qu'ordonnera Votre Majesté, afin de mettre le château et la ville en bon état de défense. Son intention bien arrêtée était de se retirer chez lui, et il n'a cédé, en venant ici, qu'à mes instances et à celles du marquis de Mondejar.

Je finissais cette lettre, lorsque quelques-uns de nos hommes, qui étaient à faire de l'eau pour la forteresse, m'ont envoyé prévenir que certains Maures à pied et à cheval voulaient s'y opposer. Ils n'ont pas réussi, et nous leur avons tué deux fantassins et un cavalier. Le bijou le plus précieux que portait celui-ci est cette lance que j'envoie à Votre Majesté. Elle était aussi longue que le fer l'exigeait ; mais un soldat l'a coupée, ce qui n'a fait grand plaisir ni au cavalier ni à moi. Je ne dois plus à Votre Majesté qu'une paire d'étrivières et une sangle, attendu que j'ai fourni le reste à la Goulette. S'il y avait ici meilleure occasion, j'acquitterais ma dette plutôt deux fois qu'une (1).

---

(1) Ce que dit ici Alvar Gomez a sans doute quelque rapport à quelque fait de guerre qui le fit distinguer à la prise de la Goulette.

On m'a dit que, dans ce pays, les bons chevaux ne sont pas rares J'ai un poulain qui deviendra, je crois, un excellent cheval. Si Votre Majesté désire qu'on lui en cherche quelques-uns, qu'elle veuille bien me le faire savoir, et je donnerai des ordres en conséquence.

LIX.

Capitulation adressée par le comte d'Alcaudète au roi de Tlemsén pour traiter de la paix que ce prince avait demandé a conclure (1).

Sans date (13 Septembre 1535)

(Arch. de Simancas. — Estado, Legajo 462)

Moi, Mouléï Mohamed, roi de Tlemsên,

Je dis, qu'en témoignage de ma ferme volonté d'être le serviteur, l'ami, l'allié et le tributaire du seigneur empereur Don Carlos, roi d'Espagne, si Sa Majesté (2) veut bien me prendre sous sa protection, je promets et m'oblige de faire tout ce qui est contenu dans les chapitres suivants, suppliant Sa Majesté de vouloir bien m'accorder les choses que je lui demande pour l'avantage de ma personne et de mon royaume, et cela sans dommage ni préjudice pour les siens.

I.

Premièrement, je déclare que je suis l'ami, l'allié confédéré et

---

(1) Ce document n'est pas daté, mais dans une autre dépêche que l'on trouvera plus loin, le comte rappelle au roi Mohamed qu'il lui a envoyé, *le 31 septembre*, un traité pour le signer. La présente capitulation était sans doute accompagnée d'une lettre d'envoi : le comte d'Alcaudète ne pouvait laisser sans réponse celle que le roi de Tlemsén lui avait écrite le 5 septembre ; mais cette lettre n'a pas été retrouvée.

(2) Il y a lieu de remarquer que, dans ce traité comme dans tous les autres conclus avec les rois de Tlemsén et de Tunis, le titre de *Majesté* n'est jamais donné qu'à l'Empereur Charles-Quint.

le tributaire de Sa Majesté. Je promets d'être l'ami de ses amis et l'ennemi de ses ennemis, et de m'opposer au passage, par mon royaume, de tous Maures ou Chrétiens qui seraient en guerre avec l'empereur ou avec ses sujets ou vassaux.

Si Sa Majesté vient en personne dans le royaume de Tlemsên pour guerroyer contre les autres rois du pays, je m'engage à l'accompagner partout où Elle ira, avec toutes les forces dont je pourrai disposer ; mais si Sa Majesté ne vient pas elle-même et envoie seulement une armée avec le capitaine-général d'Oran, je serai dispensé de servir personnellement et je pourrai me faire remplacer par un de mes principaux officiers, lequel devra faire tout ce qu'ordonnera le capitaine général de Sa Majesté. Par réciprocité, l'empereur devra, avec les troupes qui tiendront garnison dans ses places frontières, m'aider et secourir contre quiconque voudrait me faire la guerre ou me causer du dommage.

Si Sa Majesté vient en personne dans le royaume de Tlemsên ou si elle y envoie une armée, je m'engage, dans l'un et l'autre cas, à fournir les vivres et les bêtes de somme nécessaires, au juste prix de leur valeur.

II.

Je dis et je promets que je rendrai et je ferai conduire sains et saufs, dans la ville d'Oran, huit jours après la conclusion de la paix, tous les Chrétiens prisonniers désignés dans un mémoire que m'a adressé le comte d'Alcaudète, lesquels se trouvent actuellement dans le royaume et la ville de Tlemsên (1).

III.

Je ne recevrai dans mon royaume ni Barberousse ni aucun corsaire turc, non-seulement parce qu'ils sont les tyrans et les

---

(1) Comme l'indique ce paragraphe, le comte d'Alcaudète, en dictant ce projet de capitulation était surtout préoccupé des soldats faits prisonniers au combat de Tifida. Ceci nous explique pourquoi il se montre si empressé d'accueillir les propositions de paix du roi de Tlemsên. Il consent même, comme il est dit plus bas et comme l'avait demandé le roi Mohamed, *si toutefois l'empereur l'ordonne ainsi*, à retenir dans la ville d'Oran, pendant tout le temps que durera la paix, Ben Redouan et son petit-fils, le prince Abd-Allah.

ennemis de tout le monde, Chrétiens ou Maures, mais aussi et surtout parce qu'ils sont hostiles à Sa Majesté. S'il arrive que, par ruse ou autrement, Barberousse s'introduise dans le royaume, je ferai tout mon possible pour m'emparer de lui, et, si je réussis à le prendre, je le livrerai au capitaine-général de Sa Majesté à Oran.

IV.

Je défendrai à toute personne de mon royaume, Arabe ou Zenète, de faire la guerre ou de causer du dommage aux villes d'Oran et de Mers el-Kebir et à leurs habitants, Maures ou Juifs, ainsi qu'aux Arabes qui vivent dans la montagne, pendant tout le temps que devra durer la paix. Quiconque contreviendra à cet ordre sera châtié sévèrement.

V.

Je donnerai des ordres pour que tout le commerce du royaume passe par la ville d'Oran, et je ne laisserai pas charger ou décharger des marchandises sur d'autres points du littoral, à moins que Sa Majesté n'y consente.

De son côté, l'empereur me permettra d'avoir, dans la dite ville d'Oran, un ou plusieurs *almoxarifer*, receveurs et fermiers, comme il me conviendra, pour le recouvrement des droits qui m'appartiennent tant à l'entrée qu'à la sortie des marchandises. Ces agents n'auront rien à percevoir sur les approvisionnements destinés à la ville d'Oran, excepté sur les dattes, lesquelles sont considérées comme marchandise.

Ces dispositions sont applicables, le cas échéant, aux villes de Mostaganem et de Mazagran.

VI

Les Maures, Arabes ou Zenètes et les Juifs qui habitent ou habiteront les territoires d'Oran et de Mers-el-Kebir, ou tout autre endroit appartenant à Sa Majesté, lui paieront les mêmes droits que s'ils étaient ses sujets, pour toutes les marchandises qu'ils exporteront du royaume de Tlemsen ou y introduiront, ainsi que le font les autres Maures qui sont mes vassaux.

VII

Les Maures et les Juifs, habitants de Tlemsên ou de toute autre ville du royaume, pourront venir à Oran et résider dans la dite ville ou son territoire ou dans tout autre lieu appartenant à Sa Majesté, librement, pacifiquement et sans empêchement aucun, moyennant la permission de Sa Majesté ou du capitaine-général. Il en sera de même pour les habitants d'Oran et de Mers-el-Kebir qui voudront venir ou s'établir à Tlemsên avec ma permission.

VIII

Si quelques Arabes ou Maures de la montagne de Guiza, de Zafina, de Canastel (1) ou de Benarian, lesquels sont obligés de payer tribut à Sa Majesté, à titre de vasselage, viennent, en vue de s'en dispenser, pendant le temps de la paix, à se déclarer rebelles ou à s'éloigner pour cette cause ou pour toute autre relative au service de Sa Majesté et à celui de la ville d'Oran, il m'en sera donné avis immédiatement, et je devrai faire tout ce que je pourrai pour remédier au mal et châtier les délinquants.

IX

Tous les Arabes du royaume, cheiks ou autres, seront tenus d'accepter les conditions du présent traité de paix, dans le délai de trente jours. Ceux qui s'y refuseront, seront considérés comme étant hostiles à Sa Majesté et pourront être partout poursuivis comme tels, — même dans les villages de la banlieue d'Oran et quoique munis d'un sauf-conduit, à moins qu'ils ne

---

(1) « Canastel, dit Marmol, est une ancienne peuplade parmi des jardins et des vergers, à trois lieues d'Oran, du côté du levant. On y recueille beaucoup de bois rouge qui est le principal trafic des habitants. » — Elle était située sur le bord de la mer, où l'on voit aujourd'hui la bourgade de Cheristal. La tribu des Hamian, qui occupe son territoire, approvisionnait Oran de charbon. Ces Arabes ont encore aujourd'hui la même profession, et les autres indigènes les désignent habituellement tous sous le nom de *charbonniers*. — Benarian était un village indigène de la banlieue d'Oran.

fassent partie d'une caravane, — sans que pour cela la paix soit rompue.

X.

Sa Majesté prendra sous sa protection les Almoxarifes, receveurs, inspecteurs des poids et mesures, gardes, ou tous autres qui auront été désignés par moi pour recouvrer dans la ville d'Oran les droits qui m'appartiennent. Nul ne pourra percevoir les dits droits à leur place. Je me réserve la faculté de disposer de ces agents, comme je l'entendrai, et de les révoquer, le tout sans empêchement de la part du capitaine général d'Oran qui devra au contraire leur prêter son assistance, lorsqu'ils la réclameront.

Sa Majesté devra également assigner un local à ses mêmes agents dans la douane publique et permettre que ceux qui frauderont les droits soient punis et châtiés, quand bien même ils seraient ses sujets. Toutes les marchandises de contrebande qui seront saisies, appartiendront aux dits almoxarifes et receveurs, et les contestations qui s'élèveront au sujet des susdites dispositions, devront être résolues en première et seconde instance dans la ville d'Oran et devant le Conseiller de la cour des comptes.

XI.

Les marchands Maures, Juifs ou autres, qui viendront commercer dans la ville d'Oran, en caravane ou isolément, ainsi que les marchandises qu'ils introduiront dans la ville ou qu'ils exporteront, si elles proviennent du royaume de Tlemsên ou si elles y vont, ne pourront être ni retenues ni saisies pour les dettes que j'aurais contractées ou que je contracterais envers Sa Majesté, à moins que ce ne soit pour sommes dues aux almoxarifes ou receveurs (1).

Les dits Maures, Juifs et autres, pourront trafiquer à Oran, venir et s'en retourner en toute sécurité, soit par mer, soit par

---

(1) Le tribut que le roi de Tlemsên s'oblige par le même traité à payer annuellement, devait être prélevé sur le montant des droits d'entrée et de sortie des marchandises, perçus par les agents du prince, et cette circonstance explique l'exception dont il s'agit ici.

terre, sans qu'il leur soit fait aucun tort, offense ou injustice. Quiconque les maltraitera ou leur causera du dommage sera puni comme s'il eût agi contre un chrétien sujet de Sa Majesté, et châtié de la même manière qu'il le serait en Castille.

XII.

Lorsque je voudrai envoyer à Sa Majesté des ambassadeurs ou d'autres personnes, avec ou sans présents, pour me plaindre de quelque tort qui m'aura été fait, à moi ou à mes vassaux, ou pour quelque autre motif que ce soit, le capitaine général de Sa Majesté ou son lieutenant ne pourra pas s'opposer au départ des dits ambassadeurs ou envoyés et de toutes personnes qui les accompagneront. Il devra même leur fournir un navire à juste prix pour se rendre en Espagne. Il est d'ailleurs bien entendu que, si les dits ambassadeurs emportent avec eux des marchandises, ils paieront les droits accoutumés.

XIII.

On ne pourra pas contraindre mes sujets, Maures ou Juifs, de se faire chrétiens. Ils vivront librement, selon leurs lois, dans leurs maisons et propriétés, et pourront faire le commerce dans tous les royaumes et avec tous les sujets de Sa Majesté, en se conformant aux lois des dits royaumes.

XIV.

Sa Majesté prend l'engagement de me considérer comme ami, allié, confédéré et tributaire, et, si j'exécute et accomplis loyalement tout ce qui est stipulé dans le présent traité, à me garder bonne foi et amitié, à moi et à mes vassaux, tant sur mer que sur terre.

XV.

Le présent traité de paix et d'alliance durera cinq années, qui commenceront du jour qu'il aura été proclamé dans la ville d'Oran. Selon le bon vouloir de l'Empereur, la durée de la dite paix pourra être prolongée ou réduite; mais, dans ce dernier cas, si Sa Majesté veut rompre la paix avant que les cinq ans soient expirés, il me sera accordé six mois de trêve ainsi qu'à mon royaume, pendant lesquels je n'aurai rien à payer. Si, au contraire, la paix se prolonge au-delà du terme fixé, les six mois de trêve en feront partie, et je serai tenu de payer le tribut pour le même temps.

XVI.

Je m'engage à payer et à donner à l'Empereur, que je reconnais comme mon suzerain, ou à la personne désignée par lui, quatre mille *doblas*, chaque année, en bon or et de poids juste, au titre de dix-sept carats (1), lesquelles je m'oblige à verser dans la ville d'Oran, par tiers, tous les quatre mois, à partir du jour que le dit traité de paix, ratifié par l'Empereur, aura été proclamé dans la dite ville.

Je promets, en outre, de faire hommage au dit seigneur Empereur, chaque année, de deux chevaux, tels qu'entre souverains on doit se les donner (*quales se deven dar entre reyes*), et de douze faucons crécerelles, sous la condition que Sa Majesté m'accordera le revenu libre de la porte de Tlemcen, de la même manière qu'en jouissaient mon père et mon aïeul, et que les fermiers de la dite porte s'obligeront, en donnant caution suffisante, à payer les quatre mille *doblas* soit en argent, soit en approvisionnements, ainsi que cela se fait pour les rentes royales.

XVII.

Le dernier traité conclu par l'Empereur avec mon père, le roi de Tlemsên, portait qu'en cas de nécessité, Sa Majesté lui accorderait, s'il les demandait, cinq cents hommes pour la défense de son royaume. Dans le cas où j'aurais le même besoin de gens de guerre, je supplie Sa Majesté de mettre à ma disposition les dits cinq cents hommes. Je prends, d'ailleurs, l'engagement de payer leur solde, du jour où ils quitteront la Castille pour s'embarquer, et de rembourser toutes les autres dépenses qni seront faites. En garantie de ma parole, je livrerai les otages qui seront exigés par le capitaine-général de Sa Majesté ou son lieutenant.

---

(1) On sait que l'or le plus parfait est supposé au titre de 24 carats.

Si la dite troupe que je demande n'était point prête à venir de Castille, je prie Sa Majesté, en raison de la nécessité dans laquelle je me trouverai, d'ordonner au capitaine-général d'Oran de me donner, sous les mêmes conditions, trois cents hommes de ceux qui tiennent garnison dans la dite place.

XVIII.

Il arrive fréquemment que des Maures ou Juifs, habitants de Tlemsên, viennent à Oran pour commercer avec les marchands de cette ville, souscrivent des billets payables à leur retour, puis s'éloignent et ne reparaissent plus ; je m'engage à payer aux dits marchands ou à toute autre personne, authentiquement autorisée par eux, les sommes qui leur seront dues.

De même, tout marchand de la dite ville d'Oran qui se trouvera débiteur de quelque Maure ou Juif de Tlemsên, devra être mis en demeure de payer ce qu'il doit.

XIX.

Dans le cas ou Ben-Redouan viendrait à Oran avec son petit-fils, Mouleï Abd-Allah, le capitaine-général de Sa Majesté prendra les mesures nécessaires pour qu'ils soient retenus dans la dite place, pendant tout le temps que durera la paix, ainsi qu'il importe au service de Sa Majesté, et, comme il fut fait autrefois sous le règne du roi mon père, lorsque le roi de Ténès se retira dans la même ville.

XX.

Les stipulations contenues dans le présent traité et relatives aux Arabes, seront portées à la connaissance de mes sujets du royaume de Tlemsên, qui se sont révoltés contre moi, et ont embrassé le parti de Mouleï Abd-Allah, mon frère, et celui de Bou-Redouan, aieul du dit Mouleï Abd-Allah. Je promets de bien traiter ceux qui se conformeront aux dites stipulations et de les reprendre à mon service ; mais les autres, ceux qui refuseront de se soumettre, ne devront pas être reçus dans la ville d'Oran ou sur son territoire, et Sa Majesté devra les considérer comme ennemis.

Pour l'accomplissement de tout ce qui est dit et contenu dans la présente capitulation, j'engage ma parole royale que, du moment qu'elle aura été ratifiée par l'Empereur, j'observerai et ferai observer tout ce que je m'oblige à faire pour le service de Sa Majesté et dans l'intérêt de la ville d'Oran.

Et afin que la chose soit notoire à Sa Majesté, ainsi qu'à tous, j'ai signé la dite capitulation de ma main et de mon nom, et fait apposer au bas d'icelle le sceau de mes armes.

Fait dans la ville de Tlemsen, le........

Le comte d'Alcaudète.

LX.

Compte-rendu des lettres écrites de La Goulette et apportées par le capitaine Louis de Haro.

Palerme, 14 septembre 1855.

(Arch. de Simancas. — Estado, Legajo 462.)

Voici ce qu'il paraît convenable que réponde Votre Majesté:

1. — Le roi de Tunis écrit à Votre Majesté une lettre de félicitation et de remerciement. Les habitants qui s'étaient enfuis commencent à rentrer dans la ville, et ils se conduisent bien avec lui; les marchands peuvent venir y commercer de nouveau. Le roi est très-content du commandant de La Goulette, D. Bernardino de Mendoza: c'est un homme dans lequel on peut avoir toute confiance. Il prie Votre Majesté de recommander au dit commandant de bien traiter les gens de Tunis et de permettre que Radez, El-Marza et le cap de Carthage soient repeuplés (1).

---

(1) « Au nord de La Goulette, dit Pellissier *(Description de la Régence de Tunis)*, entre les deux collines de Sidi-Bou-Saïd et de Kamart (le cap de Carthage), on trouve un terrain bas et sablonneux de 4 à 5 kilom. d'étendue. Ce quartier s'appelle *La Marza*. La végétation y est assez fraîche et assez riche. On y voit un grand nombre de maisons de campagne dont quelques-unes sont fort belles. C'est le

Le Conseil est d'avis qu'on invite les marchands à aller à Tunis, et qu'on écrive à D. Bernardino de faire ce que le roi désire.

2. — Il est urgent d'envoyer à la Goulette, pour l'approvisionnement de la dite forteresse et l'achèvement des nouvelles fortifications, ce que demande D. Bernardino. Le président du royaume de Sicile, auquel Votre Majesté avait écrit de Tunis, a donné à ce sujet les ordres nécessaires, et tout est prêt.

Le Conseil pense que, par le brigantin qui a amené le capitaine Luis de Haro, on pourrait envoyer tout de suite les choses dont on a le plus grand besoin à La Goulette. Le reste partirait un peu plus tard.

3. — La garnison de cette forteresse travaille beaucoup ; son installation est très-mauvaise et elle ne peut se procurer des vivres qu'en les payant fort cher. Elle demande la même solde que les troupes qui servent en Italie.

Afin de ne pas créer un précédent fâcheux, le Conseil pense qu'on ne doit pas lui accorder une solde plus forte que celle que l'on donne en Castille........ en Sicile ...... où ...... (1) les capitaines reçoivent seize écus et deux tiers, les enseignes, six, les caporaux, quatre, les arquebusiers, trois, et les piquiers, un ; c'est la solde que demande la garnison (2).

4. — D. Bernardino écrit qu'Antonio Doria, qui dirige les tra-

---

lieu de délices des Tunisiens, celui où les gens riches et les amis du plaisir vont prendre leurs ébats. La Marza n'est arrosée que par des puits, mais l'eau s'y trouve à peu de profondeur. » Le village de *Radès* est situé sur un mamelon, au sud du canal de La Goulette. De ce point à Tunis, on ne compte que huit kilomètres, en contournant le lac dans sa partie méridionale. Cette route est beaucoup plus courte que celle du nord ; mais en hiver elle est impraticable.

(1) Les mots laissés en blanc manquent dans l'original.

(2) On lit en marge : C'est bien. Ne pas faire connaître le chiffre de la solde de Sicile, lequel est plus élevé, et dire à la garnison qu'elle doit se contenter de ce qui a été réglé. (Està bien, sin declarar lo que se da en Sicilia que es mas desto, diziendoles que se contenten con lo prometido).

vaux de fortification, s'en acquitte fort bien, et il prie Votre Majesté de le laisser à La Goulette jusqu'au 20 octobre prochain.

5. — Il demande aussi qu'on lui fasse connaître à quel prix il doit donner aux troupes les vivres et autres provisions de bouche fournies par Votre Majesté.

Le Conseil est d'avis, sauf approbation, qu'on doit lui répondre de distribuer ces vivres aux soldats de manière que Votre Majesté ne gagne ni ne perde, c'est-à-dire au prix qu'ils reviennent rendus à La Goulette. On aura soin, à l'avenir, de lui envoyer la liste des prix avec les approvisionnements qui lui seront expédiés.

6. — Les capitaines restés dans la dite forteresse écrivent que, pendant toute la durée de l'expédition, ils n'ont touché aucune ration de vivres, et ils supplient Votre Majesté de donner des ordres pour qu'on leur en tienne compte, comme on l'a fait aux soldats.

Le Conseil pense qu'ils n'ont pas raison.

7. — D. Bernardino demande qu'il lui soit permis d'envoyer des messagers à la cour, quand il le jugera à propos, et de les payer comme il l'entendra.

Le Conseil est d'avis qu'il y a lieu de lui répondre de se montrer très-réservé à ce sujet ; s'il croit d'une absolue nécessité d'envoyer un exprès, il devra le faire avec le plus d'économie possible.

8. — Le capitaine Luis de Haro, qui a rempli les fonctions de comptable quand il servait en Italie, réclame l'indemnité qui lui est due.

Le Conseil ne croit pas qu'on puisse accueillir cette demande, à raison de ce qui pourrait s'en suivre, et il propose d'écrire au capitaine qu'on lui tiendra compte de cela dans une autre circonstance.

9. — Antonio Doria informe Votre Majesté que le roi de Tunis a un grand désir de voir la campagne de Carthage peuplée comme elle l'était autrefois ; mais D. Bernardino s'y oppose : il exige que, conformément à la capitulation, Mouleï Hacen rende d'abord

tous les captifs chrétiens que retiennent les Arabes et autres du royaume. Le roi répond que cela ne dépend pas de lui, mais qu'il fera tout ce qu'il pourra pour amener les Arabes à y consentir. Comme des plus petites causes naissent souvent de grandes difficultés, Doria pense que, sans attendre la reddition des captifs, on pourrait permettre à Mouleï Hacen de repeupler la dite campagne, attendu que tout le monde en profitera.

Le Conseil est du même avis et prie Votre Majesté de faire écrire dans ce sens à D. Bernardino.

LXI.

Lettre du comte d'Alcaudète au roi de Tlemsèn.

Oran, 21 septembre 1535.

(Arch. de Simancas. — Estado, Legajo 462.)

Je sais qu'on publie, dans la partie du Levant, que Barberousse a l'intention de venir attaquer la ville d'Oran. Je ne crois pas qu'il ait cette audace, et j'ai prié Abd-Allah Benbogani et Beniazar d'écrire à Votre Seigneurie que c'est une ruse pour vous tromper.

Le 13 de ce mois, je vous ai adressé un traité de paix pour le signer afin que je pusse rendre compte de cette affaire à l'Empereur. Abd-Allah et Beniazar vous feront connaître certaines autres choses dont je leur ai parlé. Si vous me renvoyez le dit traité signé de votre main, je m'emploierai auprès de Sa Majesté pour qu'elle l'approuve ; mais si vous ne voulez pas la paix aux conditions que je vous propose, avertissez-moi sur-le-champ, et il n'en sera plus question.

Que Votre Seigneurie réfléchisse bien à ce que je dis. Si elle met sa confiance dans Barberousse, elle passera par son couteau comme les autres rois qui ont accepté sa protection (1), et l'Empe-

---

(1) Acuerdese Vuestra Senoria que os digo que si os fiais de Barbarosa, que pasareis por su cuchillo, como los otros reyes que se han confiado d'el, y que vuestro reyno estara en manos del Emperador como estuvo el de Tunis.

reur s'emparera du royaume de Tlemsên, comme il vient de le faire de celui de Tunis. Répondez-moi promptement. On m'a dit que vous receviez des Turcs dans Tlemsên. D'après ce que j'entends, vous vous exposez à perdre votre royaume, et cela arrivera certainement, si vous n'y prenez garde. Le châtelain d'Alcaudète vous parlera de toutes ces choses, et je m'en réfère à ce qu'il vous dira.

LXII.

Lettre du comte d'Algaudète au caid des Beni-Rachid.

Oran, même date.

(Arch. de Simancas. — Estado, Legajo 462.)

Très-honorable et très-vaillant chevalier El-Mansour Benbogani, caïd des Beni-Rachid.

Le retard que le roi apporte à répondre à ce que je lui ai écrit, le 13 de ce mois, me fait croire qu'il compte sur Barberousse. S'il en est ainsi, je vous demande d'obtenir de lui qu'il me réponde sur-le-champ et sans ambages : oui ou non. Si en raison de l'amitié qu'il a contractée avec Barberousse, il persiste à garder le silence, il ne connaîtra que trop vite le mal qui en résultera pour sa personne et son royaume, lorsque Barberousse aura étendu sa main sur lui.

On me dit que Barberousse a annoncé hautement son intention de marcher sur Oran et Mers-el-Kebir. Je reconnais que c'est un grand homme de guerre et je sais qu'il est dévoré d'un grand désir d'être roi; mais s'il ose nous attaquer, il verra de quelle manière nous le recevrons ici, lui et ses gens, et le profit qui lui reviendra d'avoir essayé de tromper le roi et tous ceux de son entourage. Croyez-le bien, il veut vous couper la tête et se faire roi de Tlemsên, et cette année ne se passera pas sans que cela arrive. Il est temps de faire ce qui est convenable. Le roi le peut encore, s'il est bien conseillé, et vous aussi ; mais si vous vous laissez abuser, vous en serez puni par ceux-là même que vous aurez introduit dans votre maison (1).

On me dit encore que chaque jour il arrive des Turcs à Tlemsên. C'est une preuve très-évidente de l'intention de Barberousse. Si son but n'était pas celui que je viens de dire, il n'enverrai pas ses janissaires à Tlemsên et les garderait auprès de lui. Je vous ai déjà entretenu longuement à ce sujet, ainsi que Beni-azar.

Voyez ce que vous avez à faire et répondez-moi promptement. Le moment paraît venu où il serait utile que vous fussiez auprès du roi, car il ne manquera pas de gens qui se réjouiront de le voir, ainsi que tous les principaux de son royaume, se mettre dans la dépendance de Barberousse, afin que plus tard celui-ci puisse faire dans la ville tout ce qu'il voudra.

Ce qui s'est passé autrefois et ce qui se passe aujourd'hui vous montre clairement le profit que rapporte l'amitié de Barberousse à ceux qui placent en lui leur confiance. Vous ne pouvez être trompé que si vous le voulez bien.

LXIII.

LETTRE DU COMTE D'ALCAUDÈTE AU CHATELAIN (2) D'ALCAUDÈTE, ALFONSO MARTINEZ DE ANGULO (3).

Oran, même date.

(Arch. de Simancas. — Estado, Legajo 462).

Châtelain d'Alcaudète, mon cousin,

Le 13 de ce mois, j'ai écrit au roi Mohammed et je lui ai

---

(1) Yo tengo Barbarosa por buen hombre de guerra y por grand amigo de ser rey, mas si viene sobre nosotros conocerá el daño que su personna y su gente podran recebir a qui, y el provecho que se la siguira de enganar al rey y a quantos cerca d'el estais, cortando las cabezas y haciendose rey de Tremecen, porque no puede escapar deste ano si esto no haze. Tiempo es en que, si el rey tuviera buen consejo de sus criados, puede hazer lo que le cumple, y vosotros asimismo ; y si lo errais que haveis de recebir la pena de las manos de aquellos que meteis en vuestra caza.

(2) Alcayde, Allide.

(3) Cette lettre prouve que le commandant espagnol ne fut pas tué au combat de Tifida avec presque tous ses soldats, comme le disent

adressé un traité de paix, en le priant de le signer, afin que je puisse conférer de cette affaire avec l'Empereur. Faites-moi savoir s'il consent à signer ledit traité, et, dans ce cas, qu'il me le renvoie immédiatement ; s'il s'y refuse au contraire, avertissez-moi aussitôt que possible. Le temps viendra où il nous fera de nouvelles ouvertures de paix : aujourd'hui on veut bien l'écouter, mais plus tard on ne l'écoutera plus.

Je soupçonne que le retard mis par le roi à me répondre tient à ce qu'il a appris que Barberousse n'était pas loin avec ce qui lui reste de son *Armada*. Il suivra un bien mauvais conseil, s'il ne saisit pas cette même occasion de se placer sous la protection de l'Empereur. Celui que n'éclaire pas le mal fait aux autres ne saurait être considéré comme un homme de bon sens. Rappelez au roi le tort qui a été fait à son royaume par l'autre Barberousse, celui qui est mort, lorsqu'il fut reçu dans Tlemsen. Quant à celui-ci, on sait quelles preuves d'amitié il a données aux princes qui l'ont accueilli dans leurs royaumes.

Je lui demande en grâce de considérer que Barberousse ne sait où reposer sa tête en sûreté. L'intention de l'Empereur, après avoir fortifié Tunis, où notre armée se trouve en ce moment, est de poursuivre les Turcs partout. S'il le faut, Sa Majesté s'exposera à perdre tous ses royaumes plutôt que de renoncer à ce projet. Elle est bien résolue à en finir cette fois avec Barberousse, et Elle a juré de l'anéantir, lui et toute sa puissance.

Faites en sorte que Mouleï Mohammed soit bien persuadé de cela. Barberousse le sait, et il cherche à tromper le roi en publiant qu'il veut venir attaquer Oran. C'est un homme rusé qui s'ingénie de toutes les manières pour retarder la paix que le roi

---

plusieurs historiens. Nous donnons plus loin quelques dépêches où il est encore parlé du châtelain d'Alcaudète, toujours prisonnier à Tlemsén ; une d'elles a même été écrite par lui. Il est singulier que le général Sandoval, qui paraît avoir constaté les archives de Simancas, n'ait pas relevé cette erreur dans sa *Notice historique*, assez complète d'ailleurs, sur les deux places d'Oran et de Mers-el-Kebir : au contraire, il répète ce qu'ont dit Marmol, Farreras et les autres écrivains du temps.

semble disposé à conclure, le détourner de l'amitié de Sa Majesté et l'obliger à rester dans sa dépendance, afin qu'en cas de nécessité il puisse trouver un refuge dans le royaume de Tlemsên.

Dites encore à Mouleï Mohammed que j'engage ma foi qu'avant un mois il aura la tête coupée et que son royaume sera envahi. C'est pour en arriver là que Barberousse envoie des Turcs à Tlemsên ; autrement il les garderait auprès de lui pour sa propre défense, car il en a un grand besoin. En ce qui concerne Oran et Mers-el-Kebir, je n'ai aucune crainte : Barberousse n'osera rien tenter contre nous ; alors même qu'il se présenterait avec toute son armée et celle du sultan, nous sommes en état de le recevoir. Mais je voudrais, en raison des paroles d'amitié que le roi de Tlemsên et moi nous avons échangées, qu'il prît plus de soin de défendre contre ce tyran sa personne et son royaume.

Pressez-le donc de me répondre, parce que, s'il tarde encore, il pourra arriver que je ne serai plus en mesure de faire ce qu'il demandera.

LXIV.

LETTRE DU ROI DE TLEMSEN A SA MAJESTÉ, AVEC LA CAPITULATION QUE LEDIT ROI RENVOYA SIGNÉE ET SCELLÉE, ET QUI EST CELLE QUE LE COMTE D'ALCAUDÈTE LUI AVAIT ADRESSÉE TOUTE PRÉPARÉE (1).

Tlemsen, 3 octobre 1535.

(Arch. de Simancas. — Estado, Legajo 462).

I.

Mouleï Mohammed, roi de Tlemsên et loyal serviteur de Votre Majesté.

Je fais savoir à Votre Majesté qu'il y a déjà longtemps que je

(1) Le roi se décide enfin à renvoyer le traité de paix réclamé par le comte d'Alcaudète. Il y a lieu de remarquer que cette dépêche est la reproduction à peu près textuelle de celle qu'il avait écrite le 5 septembre et qui accompagnait le premier projet de capitulation rédigé par lui.

lui ai écrit pour la supplier et lui demander de me faire la grâce de me recevoir pour son allié et son serviteur; mais je n'ai jamais reçu aucune réponse. Dans cet intervalle, il est arrivé que Ben Redouan et son petit-fils m'ont attaqué avec l'aide de 600 chrétiens, et que j'ai été obligé de me défendre. Je regrette ce qui s'en est suivi ; mais je me plais à croire que Votre Majesté, comprenant que je ne pouvais pas faire autrement, n'aura pas été courroucée contre moi.

Je désire que Votre Majesté sache bien que ma ferme volonté est de devenir son serviteur, et je la supplie de vouloir bien me considérer comme tel, de me prendre sous sa protection, ainsi qu'elle avait fait pour mon père, et d'ordonner au capitaine général de la ville d'Oran de conclure la paix avec moi, conformément au traité que j'envoie signé de ma main et scellé de mon sceau.

Je supplie aussi Votre Majesté, dans le cas où elle s'emparerait du royaume d'Alger, de m'octroyer en don les terres dudit royaume, lesquelles appartenaient autrefois à mes ancêtres, et cela, afin que je puisse la servir utilement, comme je le dois et comme j'en ai le désir sincère, ainsi que le verra d'ailleurs Votre Majesté par les ordres qu'elle me donnera.

II.

CAPITULATION (1).

. . . .

XXI.

Les receveurs, fermiers et inspecteurs des poids et mesures, qui devront résider dans la ville d'Oran pour percevoir les droits qui m'appartiennent, pourront habiter le quartier qui leur conviendra, en payant le loyer des maisons qu'ils occuperont ; et si lesdits agents, se conduisant d'ailleurs comme ils le doivent, sont obligés de sortir, la nuit, pour affaires concernant les droits

---

(1) Voir pour le traité le n° LIX. — Nous donnons seulement la clause supplémentaire qui y fut ajoutée sur la demande du roi Mohammed.

qu'ils sont chargés de recouvrer en mon nom, ils pourront le faire en toute liberté, sans être arrêtés ou molestés par les hommes de justice.

XLV.

LETTRE DE BEN REDOUAN AU COMTE D'ALCAUDÈTE.

7 octobre 1535.

(Arch. de Simancas. — Estado, Legajo 462).

Après vous avoir baisé les mains, je vous fais savoir que vos lettres nous ont été remises par notre ami. Nous avons lu ce qu'elles contenaient, et nous vous remercions du délai que vous nous avez accordé. Que Dieu prolonge votre vie ! — Nous nous sommes aussi réjouis de ce que vous avez fait.

Nos chevaux étaient ferrés et nous nous disposions à partir, lorsque notre fils Ahmed est tombé dangereusement malade ; il a été bien près de la mort, et, pour l'amour de lui, nous avons dû retarder notre départ. Il nous vient ensuite la nouvelle que vous étiez allé en Castille, et nous étions dans une grande incertitude, ne sachant ce que nous devions faire. Jusqu'à l'arrivée des Arabes nos alliés, nous étions même très-embarrassés pour vous écrire.

Veuillez nous faire savoir, par votre réponse, si vous êtes à Oran et si vous devez prochainement vous rendre en Castille.

LXVI.

LETTRE DU COMTE D'ALCAUDÈTE A BEN REDOUAN

. . . . Octobre 1535.

(Arch. de Simancas. — Estado, Legajo 462).

Très-honorable et vaillant chevalier Abderrahmán Ben Redouan,

J'ai reçu votre lettre, mais c'était vous que j'attendais. Je regrette beaucoup que vous n'ayez pu venir au jour que vous m'aviez promis, parce que Mouleï Mohammed a fait de telles offres de service, qu'il était impossible de ne pas les accueillir favorablement. L'Empereur, je le crois, ne pourra faire autrement que de le recevoir comme son allié. Je vous conseille en conséquence de venir ici promptement et d'amener avec vous le seigneur roi Mouleï Abd-Alla. Nulle part vous ne trouverez une retraite plus honorable, et je puis vous assurer que vous pourrez y demeurer sans crainte d'aucun mal ou dommage pour vos personnes et celles de ceux qui vous accompagneront.

Votre salut est dans la promptitude de votre arrivée : le moindre retard peut devenir un péril. Agissez donc prudemment. Il ne vous sera fait, je le répète, ni tort ni offense ; mais hâtez-vous de vous *retirer du feu* (1) ; je sais que les Arabes qui vous entourent vous trahissent, et que vous êtes en grand danger au milieu d'eux, beaucoup plus grand que vous ne le pensez.

LXVII.

LETTRE DE SA MAJESTÉ A D. ALVAR GOMEZ DE HOROSCO EL ZAGAL, COMMANDANT DE BONE.

Messine, 23 octobre 1535.

(Arch. de Simancas. — Estado, Legajo 462).

LE ROI.

Nous avons lu votre lettre qui nous a été apportée par Messer Benedito et Francisco de Alarcon. D'après le compte qu'ils nous ont rendu, ce que vous nous avez écrit et le rapport que nous a fait le marquis de Mondejar sur l'état où vous avez trouvé la ville de Bône, sur son importance et ce qu'il convient de faire pour la fortifier et pourvoir aux besoins de la population, ainsi qu'aux autres choses qui la concernent ; après avoir considéré l'utilité, les inconvénients et les dépenses qui en résulteraient, et par-dessus tout notre volonté étant qu'on observe loyalement de notre part le traité qui a été conclu avec le roi de Tunis,

---

(1) « Daos prisa à salir dentro el fuego. »

Nous avons ordonné et ordonnons ce qui suit :

On occupera seulement, comme nous appartenant, la forteresse de ladite ville de Bône, ainsi qu'il avait été d'abord décidé et ordonné.

La garnison sera de 600 fantassins espagnols avec leurs officiers et gens de service, et dans le port stationneront deux brigantins.

Pour la sécurité de ladite garnison et afin que les habitants maures de la ville ne puissent lui causer aucun dommage, vous ferez démolir de fond en comble la muraille avec tours qui joint la forteresse à la ville.

Si vous croyez que l'on puisse garder et défendre la tour qui existe sur un rocher au bord de la mer, près du débarcadère du château, vous la ferez fortifier et vous y mettrez 25 ou 30 hommes, après vous être assuré qu'ils peuvent être secourus de la forteresse, par mer ou par terre, en cas de besoin. De cette manière, les deux brigantins qui devront rester à Bône se trouveront en sûreté, et les navires chrétiens qui viendront y commercer ou qui apporteront des approvisionnements pour la garnison, pourront, dans un cas de nécessité, être aidés ou secourus. La même disposition assurera l'embarquement et le débarquement des dits navires, ainsi que la communication entre le port et la forteresse, alors même que les habitants de la ville se montreraient hostiles.

La troupe qui devra être de garde dans ladite tour sera prise sur le nombre des six cents hommes de la garnison et commandée par une personne de confiance, laquelle sera responsable des soldats et du poste ; mais si vous connaissez que cette tour n'est d'aucun avantage pour le bien et la conservation du château, vous la ferez démolir, ainsi que la muraille, afin qu'aucun corsaire n'essaie de s'en emparer, et que les Maures de la ville, s'ils ne sont pas en paix avec nous, ne puissent en tirer parti pour attaquer la forteresse.

Il est bien entendu que vous ne remettrez à ces derniers la ville de Bône, que lorsque la muraille sera démolie et que la la tour aura été fortifiée et munie de sa garnison, si vous jugez qu'elle doive être conservée ou détruite ; dans le cas contraire, il importe que personne ne puisse s'y établir à notre détriment. Si le roi de Tunis vous écrit ou si le gouverneur qu'il a envoyé vous parle à ce sujet, vous devrez agir prudemment et leur répondre qu'incessamment vous leur rendrez la ville, lorsque vous aurez fait porter dans la forteresse l'artillerie et les approvisionnements qui sont restés en bas.

Lorsque vous aurez fait ce qui est dit ci-dessus, vous remettrez la ville aux Maures et vous vivrez avec eux en bonne intelligence; mais vous ne devrez pas leur permettre de recevoir des Turcs. S'il était même possible de les déterminer à chasser ceux qui sont dans le voisinage de la ville ou à Constantine, ce serait une bonne chose et une grande sécurité pour vous.

Afin d'aviser et de mettre ordre, suivant votre manière de voir, à tout ce qui concerne la démolition de la muraille et la fortification de la tour, ainsi qu'à ce qu'il vous paraîtrait convenable de faire si la forteresse nécessite des réparations, nous avons ordonné à Messer Benedito de retourner à Bône; il y restera jusqu'à ce que tous les travaux soient terminés. Pour revenir en Espagne, il prendra passage sur l'un des brigantins qui ont été mis à votre disposition. La distance n'est pas grande de Bône à Bougie, et il s'arrêtera dans cette dernière place pour examiner les fortifications. On nous a informé qu'il y a là des choses qui ne sont pas comme elles devraient être (1).

Pour les dites dépenses et réparations, frais d'espions et de messagers, nous avons donné ordre qu'il vous fût remis immédiatement mille ducats prélevés sur l'argent qui est envoyé à notre payeur Sebastiano de Ciçaguirre, ainsi que vous le verrez par le bordereau ci-joint, signé du grand commandeur de Léon, notre secrétaire, et de Pedro de Aïaçola, notre trésorier-général et notre conseiller. Vous recevrez aussi, par le premier navire qui partira d'ici, les bois de construction, munitions et autres approvisionnements que vous avez demandés.

---

(1) « Quando micer Benedito se uviere de volver à Espana, irá de camino en uno de los vergantines que ahi teneis, pues el Camino es breve, à Bugia, à ver y visitar las obras de aquella fortaleza, porque tenemos informacion que algunas cosas della no estan como seria menester. »

Vous aurez soin de veiller à ce que, dans la répartition de cet argent et dans l'emploi des matériaux, il soit procédé avec la plus grande économie. Je me repose sur vous à ce sujet. Vous ne devrez dépenser que ce qui sera modérément nécessaire et qu'on ne saurait absolument éviter, d'autant plus que les travaux de réparation dont il s'agit sont de peu d'importance et qu'il ne peut être question de rien faire de neuf hors de propos.

Dans un autre bordereau, adressé à Miguel de Penazos, notre pourvoyeur, et signé de notre grand commandeur de Léon et du dit trésorier-général, vous trouverez le détail des vivres et munitions qui vous sont expédiés par le navire ayant pour patron Jayme Gual, en attendant les autres approvisionnements que l'on réunit à Messine; et vous aurez à prendre les dispositions nécessaires pour assurer leur débarquement ainsi que leur transport dans la forteresse.

Il y a lieu de croire qu'avec les vivres qui vous restent encore et ceux qu'on vous envoie, vous serez convenablement pourvus jusqu'à la fin de cette année et même au-delà. Quant aux six premiers mois de l'année prochaine, des ordres ont été donnés pour que l'on se procure toutes les choses dont vous pourriez avoir besoin et pour qu'on vous les expédie sur un bon navire. Cependant on ne pourra le faire que lorsqu'il commencera à geler, à cause des viandes salées que l'on doit vous envoyer. En ce moment, avec la chaleur qui règne en Sicile, on ne peut préparer les dites viandes dans la crainte qu'elle ne se gâtent. On aura soin, d'ailleurs, que les vivres que vous recevrez plus tard soient de bonne qualité et qu'ils vous soient expédiés le plus promptement possible. Des ordres ont été donnés à cet effet au pourvoyeur de Palerme, chargé de cet envoi.

La garnison de la forteresse de Bône, devant être seulement de 600 hommes, vous ferez embarquer sans retard, pour être transportés à Mahon, avec le capitaine Pedro Erres de Carvajal, les 400 hommes que vous avez de trop, bien pourvus de vivres et payés de leur solde. Dans la lettre et la cédule qui accompagnent la présente dépêche et que vous devrez remettre au dit capitaine, tout est expliqué et spécifié d'une manière particulière. Vous veillerez à ce que l'on observe et exécute ce qu'elles contiennent avec toute la célérité possible.

Vous nous informez que, dans ce pays, il y a de beaux chevaux mauresques. Si vous en trouvez deux de taille moyenne et de bonne allure et deux autres grands coureurs, de haute taille et dont la robe soit remarquable, vous nous obligerez de les acheter, pourvu qu'ils aient de bonnes bouches, et vous nous les enverrez par des navires qui vous porteront des vivres ou par tout autre qui s'engagerait à les transporter à Barcelone, Valence, Carthagène, Alicante ou Malaga, suivant le port de destination (1), en prenant toutes les précautions pour que, du lieu de débarquement, ils soient conduits, bien soignés, à notre cour. Si nous sommes satisfaits de ces chevaux, nous vous écrirons pour que vous en achetiez d'autres.

Comme il ne s'agit pas pour nous de défendre la ville, l'artillerie que vous avez doit suffire pour la forteresse. Quant aux demi-couleuvrines et aux *versos* que vous demandez en échange des canons laissés à Bône, tout cela se fera quand il sera possible ; en ce moment, il n'y a aucun moyen de vous les procurer.

Notre payeur Sebastiano de Cyçaguirre a reçu ordre de porter en compte à son avoir les 200 ducats que vous avez fait donner à Messer Benedito pour les frais de son voyage et de son retour.

. . . .

Défense a été faite à tous nos vassaux, marchands ou autres, sous les peines les plus graves, de commercer avec Alger ou tout autre port occupé par les Turcs. Il ne leur est permis de trafiquer

---

(1) « Pues escrivis que, en esta tierra, hay buenos cavallos moriscos, seré servido de vos en que hallando un par que sean medianos y anden de andadura y otros dos de buenos colores y talla y que corran mucho, los compreis con tanto que sean todos de buenas bocas y me les embieis con las naves que os llevaran los bastimentos o con otros dirigidos à Barcelona, o Valencia, o Cartajena, o Alicante, o Malaga. »

qu'à Oran, Bougie, Bône, La Goulette, qui nous appartiennent. Ces ports sont situés dans de très-bons pays et parfaitement à la convenance des marchands ; cette mesure doit profiter également aux sujets du roi de Tunis, et, de cette façon, les garnisons des dites places se touveront toujours bien approvisionnées.

Je vous donne avis de cette disposition, afin que, si cela est nécessaire, les Maures de paix en soit avertis, et que les habitants de Bône sachent que notre intention est de les traiter avec bonté, et de faire tout ce qui nous sera possible pour augmenter la prospérité de leur ville, s'ils se montrent, comme ils le doivent, fidèles à notre service et à celui du roi de Tunis.

Ayez soin de nous informer de tout ce que vous apprendrez de nouveau et qu'il nous serait utile de connaître. Je sais que je puis compter sur vous pour cela.

Moi le Roi

LXVIII.

Lettre de D. Bernardino de Mendoza a Sa Majesté.

La Goulette de Tunis, 26 octobre 1535.

(Arch. de Simancas. — Estado, Legajo 463.)

J'ai reçu les trois lettres que Votre Majesté m'a écrites de Palerme, le 19 septembre et les 2 et 3 octobre, et je la remercie de ses bonnes paroles et de la confiance qu'elle veut bien me témoigner.

J'ai apporté le plus grand soin et la plus grande diligence à fortifier La Goulette. Par le plan que mon frère, Diego de Mendoza, remettra à Votre Majesté, elle pourra juger de l'état actuel de la forteresse. Les soldats ont travaillé et travaillent nuit et jour ; mais le manque de pionniers ne nous a pas permis de tout terminer entièrement. Il est absolument nécessaire que Votre Majesté veuille bien nous en envoyer : les fossés doivent être élargis et creusés ; il faut aussi que l'on cure le canal. Lorsque les navires seront arrivés d'Espagne et que j'aurai reçu ce qu'ils m'apportent, je ferai connaître à Votre Majesté les autres choses dont nous avons le plus grand besoin.

L'arrivée du prince de Mefli, André Doria, a produit ici un excellent effet. Les Maures se tiendront tranquilles, parce qu'ils ont compris qu'à la première tentative de révolte, la flotte de Votre Majesté serait là pour les châtier. J'ai averti le prince de la présence des fustes turques à Monestir (1) ; mais je l'en avait déjà prévenu, avant qu'il ne vînt à La Goulette, par le brigantin qui m'avait apporté la lettre de Votre Majesté. Le prince a pensé qu'il devait aller croiser devant Porto-Farina (2) pour y attendre au passage la flotte de Barberousse, à son retour à Alger. Avant de partir il a fait débarquer 80 barriques d'eau et quelques sacs de farine pour les besoins de la garnison. Pourvus comme nous le sommes maintenant, nous pouvons aller 150 jours.

Le prince a aussi l'intention de se rendre à Bizerte pour mettre à la raison les gens de cette ville qui sont très-belliqueux et très-remuants; mais il ne sait pas encore s'il occupera cette place ou s'il la fera démanteler (3).

En ce qui concerne le roi de Tunis, je suis très-circonspect dans mes rapports avec lui. Bien que ses façons d'agir ne m'inspirent aucune confiance, je me suis toujours conduit comme si j'étais convaincu de sa bonne volonté en toutes choses. Votre Majesté paraît croire que dans nos relations j'ai montré un peu de raideur ; si j'ai agi de cette manière, c'est que, ne connaissant pas les Maures et comment il faut agir avec eux, j'avais une expérience à faire. A l'avenir je me conformerai exactement aux instructions qui me seront données par Votre Majesté. Mais

---

(1) Monestir, l'ancienne *Ruspina*. Cette place, ainsi que presque toutes les villes maritimes au sud-est de Tunis, avait fait alliance avec les Turcs.

(2) Porto-Farina, appelé par les Arabes *Ghar-el-Melah*, la Grotte du Sel. — « C'est un port désert, dit Marmol, où les navires vont fréquemment faire aiguade. »

(3) Un grand nombre de Maures, expulsés d'Espagne, s'étaient réfugiés à Bizerte. Un des faubourgs de cette ville s'appelle encore aujourd'hui *faubourg des Andalous*.

je la prie de vouloir bien insister dans ses lettres sur la confiance qu'elle m'accorde, afin qu'auprès du roi j'obtienne tout crédit. Je ne pense pas, néanmoins, qu'il convienne, en toutes circonstances, de traiter les Maures avec cette grande douceur dont parle Votre Majesté, parce qu'ils s'imaginent que l'indulgence des chrétiens n'a d'autre mobile que la crainte ou l'intérêt. Dans certains cas, on peut les ménager ; mais dans d'autres, si l'on veut obtenir d'eux ce qu'on leur demande, il est nécessaire de les mener rudement (1).

Dans l'affaire des esclaves chrétiens que le roi oblige de changer de religion, j'ai dû agir ainsi que je l'ai fait et comme ils ont coutume d'agir eux-mêmes en pareille circonstance : une des principales clauses de la capitulation était sciemment mise en oubli par le roi, et la chose était trop grave pour que je pusse la tolérer. Je crois même qu'il serait utile que Votre Majesté rappelât à Mouleï Hacen, dans toutes ses lettres, ce qu'il a promis en ce qui concerne la reddition des captifs et qu'elle insistât à ce sujet.

Radès et El-Marza sont repeuplés. Lorsque la dernière lettre de Votre Majesté m'est parvenue, les Maures avaient déjà repris possession de leurs maisons et de leurs terres. Ils s'occupent en ce moment de leurs travaux des champs en toute sécurité. Si d'abord je m'y suis opposé, c'est que je voulais les obliger à me vendre de la chaux pour les nouvelles fortifications. Ils l'on fait, et je leur ai permis immédiatement de revenir. C'est ainsi que l'on doit presque toujours se conduire avec eux ; autrement on ne peut arriver à rien.

---

(1) « En lo que toca al rey de Tunez, siempre he tenido el cuidado que conviene, no fiandome de él en nada y mostrandole tener d'el toda seguridad. Si en algo me he mostrado recio, como à Vuestra Majestad paresce, ha sido por tener espériencia del tratamiento que se deve hazer à los Moros y conoscer la manera que con ellos ha de tener. De hoy mas me gobernaré, en esto y en todo, commo manda Vuestra Majestad por su instrucion. Pero es necesario para llevalle por este camino que Vuestra Majestad en sus cartas muestre tener de mi todo credito, para que yo le tenga con él y con los de la tierra ; y con todo esto permita que en algunas cosas no me muestre tan blando, como se me escribe, porque los Moros no piensen que se les muestra blandura, si no de miedo o por algun intéres, y es menester en algunas cosas mostrarme recio y en otras al contrario. »

Quant au reproche qui m'est adressé d'avoir été un peu bref dans ma dernière lettre, je répondrai que, jusqu'au moment où le brigantin est parti, je n'avais rien de plus à mander à Votre Majesté. Il importait, d'ailleurs, de vous aviser sans retard de ce que je venais d'apprendre, c'est-à-dire que la flotte de Barberousse s'était montrée dans les parages de Bizerte.

Dans deux de mes précédentes dépêches, j'ai informé Votre Majesté de l'expédition du roi contre Kaïrouan et de son retour à Tunis. Les gens de la ville l'ont bien accueilli : mais il n'en a pas été de même de ceux des faubourgs révoltés. Mouleï Hacen a fait pendre quelques habitants, et d'autres ont promis de lui donner de l'argent. Les choses ne vont pas bien à Tunis. La population de la ville a diminué considérablement. Le roi ne se conduit pas, d'ailleurs, avec ses sujets comme il conviendrait ; ils sont tous mécontents, et, à la première occasion, ils feront ce qu'ils ont déjà fait. Il serait nécessaire que Votre Majesté écrivît au roi et lui recommandât de mieux traiter ses vassaux, afin de se les concilier pour l'avenir.

Constantine et les Arabes de son territoire sont pour les Turcs. Hacen Agha est campé à trois lieues de la ville. Il a consenti à ne pas y entrer, sur la demande des habitants qui, de leur côté, ont promis de verser entre ses mains les contributions qu'il payait au roi. On dit qu'il a avec lui 1,500 Turcs et 1,500 Maures (1). Le pays autour de Bizerte, ainsi que Badja et quelques autres lieux jusqu'à une journée de marche de Tunis, reconnaissent l'autorité de Mouleï Hacen ; mais au-delà personne ne lui obéit. Monestir, Soussa et Africa tiennent pour Barberousse et lui paient tribut au nom du Grand Seigneur.

J'ai demandé dans une lettre, que Ferran Molin (2) a dû remettre à Votre Majesté, qu'elle voulût bien m'envoyer quatre

---

(1) « Constantina y su tierra estan por los Turcos. Acen Aga tiene su campo tres leguas della, por que los de la ciudad se convinieron con él en dalle las rentas por que no entrase dentro ; dicen que tienne tres mil hombres entre Moros y Turcos : el número de los Turcos segun me certifican, son mil y quinientos.

(2) Un des principaux ingénieurs espagnols, quelques années après, au siége d'Africa.

demi-couleuvrines, deux pour être placées sur le *cavalier* que je fais construire à l'entrée du canal, et les deux autres dans la tour de La Goulette. J'ai un grand besoin de ces quatre couleuvrines. Votre Majesté sait qu'en toutes choses j'apporte une minutieuse économie et que je ne demande rien qui ne me soit nécessaire. On pourra d'ailleurs fondre une de ces demi-couleuvrines avec un canon brisé que j'envoie à Gonzalo Vaguer.

Votre Majesté ne me fait connaître, dans ses lettres, que le prix du pain et du vin que l'on doit distribuer aux soldats. Quant aux autres provisions de bouche, on ne me dit rien, et jusqu'à ce que l'on m'ait donné des instructions, je ne puis tenir aucun compte exact. Les vivres dont je ne connais pas les prix sont : l'huile, le vinaigre, les pois-chiches, les fèves, le riz, le biscuit et le fromage. Aussitôt que Votre Majesté m'aura envoyé ses ordres à ce sujet, je m'empresserai de m'y conformer.

On peut se procurer dans ce pays, à meilleur marché qu'en Espagne, de l'huile et de l'orge, et il vaudrait mieux envoyer de l'argent pour acheter ici. Chaque mois, les soldats reçoivent deux arrobes et demie (1) de farine. Dans les autres forteresses, cette ration est suffisante; mais il conviendrait qu'elle fût portée à trois arrobes pour la garnison de la Goulette, continuellement occupée à faire des rondes ou à creuser des fossés. Les soldats n'ont même pas le temps de s'approvisionner d'eau et sont obligés d'avoir à cet effet un homme de peine — un pour quatre soldats. — Il paraît juste d'ailleurs qu'ils touchent cette ration, puisqu'elle leur est comptée dans leur solde.

Je demande aussi qu'on ne les oblige pas à payer les mèches de leurs arquebuses et la poudre qu'ils dépensent, tant que les nouvelles fortifications ne seront pas terminées, en raison de la nécessité où ils se trouvent, par suite des corvées et des gardes, d'avoir la plus grande partie du jour et toute la nuit les arquebuses chargées et les mèches allumées. Si on n'avise pas à cet égard, aucun ne voudra être arquebusier (2).

---

(1) Un peu plus de 17 kilogrammes.
(2) « Vuestra Majestad mande que, hasta que la fortaleza esta acabada » no se manda a los soldados contar la mecha y polvora que gastaren,

Après avoir reçu les lettres de Votre Majesté et pendant que le prince Melfi était ici, j'ai pensé que, bien que le roi fût courroucé contre moi à l'occasion de ces jeunes garçons chrétiens qu'il avait obligés de se faire maures et qui se sont réfugiés à la Goulette, je pouvais me présenter devant lui sans avoir rien à craindre. J'ai eu en effet une conférence avec lui, je lui ai remis les lettres de Votre Majesté et je lui ai parlé de Bizerte, ainsi que de la restitution de certains esclaves qu'il n'a pas encore rendus. Il m'a répondu que, conformément à ce qui a été dit dans la capitulation, il me remettra ces captifs aussitôt qu'il en aura reçu l'ordre de Votre Majesté. Quant à l'affaire de Bizerte, il m'a dit qu'il n'avait encore rien décidé. En ce moment, il essaie de traiter avec les révoltés et il espère les amener à se soumettre.

Deux jours après, ayant reçu une lettre du prince, datée de Porto-Farina, lequel me priait de parler de nouveau au roi de cette affaire et me disait qu'il avait résolu d'attendre, pour agir contre les rebelles, que Mouleï Hacen lui eût fait connaître sa volonté, je chargeais mon frère Diégo de voir le roi et de se concerter avec lui à ce sujet. Un jeune garçon, de ceux que les Maures obligent à se faire renégats, implora la protection de mon frère lorsqu'il sortait du château. Je donnais ordre au capitaine Martin Alonzo de los Ries de le conduire au roi, afin que l'ayant entendu et comprenant qu'il ne voulait pas se faire musulman, il nous le renvoyât. Mais Mouleï Hacen devint furieux, lorsque ce jeune garçon lui dit qu'il était chrétien. Après l'avoir frappé de son épée, il le livra à ses chaouchs qui le pendirent à la galerie du palais. Ce jeune garçon n'est pas mort ; Dieu ne l'a pas voulu. Détaché au bout de trois quarts d'heure, on est parvenu à le

---

» porque haziendo como agora hazen la guardia cada noche y haziendo
» escoltas es fuerza que toda la noche y la mayor parte del dia ten-
» gan encendidas las mechas y cargados los arcabuces, y si esto se
» les hubiese de contar no habria ninguno que fuese arcabucero » —
On se demande, en lisant ceci, ce que les soldats n'étaient pas obligés de payer. On a vu (n° VII) qu'ils donnaient tous les ans trois réaux pour le service de l'hôpital et qu'ils devaient en outre acheter les médicaments dont ils avaient besoin.

rappeler à la vie. Le lendemain, le roi a été très-honteux de ce qu'il avait fait, et il m'a rendu ce jeune esclave avec huit ou dix autres captifs que j'envoie à Votre Majesté (1). J'essaierai de profiter de la circonstance pour obtenir de Mouleï Hacen la remise du plus grand nombre de chrétiens qu'il me sera possible. Votre Majesté jugera sans doute convenable d'écrire au roi relativement à cette affaire.

J'ai passé la revue des artilleurs qui sont restés à la Goulette, et j'ai reconnu que beaucoup d'entre eux ne sont pas en état de faire un bon service. Je prie Votre Majesté de vouloir bien nous en envoyer six, des meilleurs que l'on pourra trouver, et d'ordonner que le nombre des autres soit porté à 26. Avec ce qu'on a laissé ici d'artilleurs, nous ne pouvons pas arriver à servir toutes les piéces. Il importe aussi que Votre Majesté donne promptement des ordres à ce sujet, car les fortifications sont déjà fort avancées.

Voici comment j'ai organisé le service des espions : Mouleï Hacen et moi, nous en avons quelques-uns que nous payons de moitié, et ceux-là, je les ai envoyés à Alger ; mais j'en ai d'autres qui surveillent le roi et m'informent de tout ce qui se passe dans la ville et dans le pays. J'aurai soin de consigner leurs rapports dans un livre, et le comptable de Votre Majesté tiendra également note de la dépense qu'ils occasionnent. Ces espions ne peuvent pas nous coûter bien cher, car ce sont tous de pauvres gens.

Le lendemain du départ des galères, une trentaine de cavaliers arabes se sont montrés dans le voisinage de la tour de l'Eau ainsi que du côté de Radès. Ils ont tué un de nos valets et volé

---

(1) « A la salida de la fortaleza, se asiò de mi hermano un muchacho de los, que tornaban moros, el qual enbió al rey con Martin Alonzo de los Rios, capitan de Vuestra Majestad, para que visto lo que dezia y ser cristiano como lo es se lo tornase á enbiar ; y viendole y hablandole el rey, y diziendo que era cristiano, porque lo dixo él furioso le dio uná cuchillada con su propia espada y le hizo ahorcar á la galeria, al qual quisò Dios dar la vida habiendo estado tres quartos de hora ahorcado ; y enbiolo à Vuestra Majestad con otros ocho ò Diez cristianos que me enbio el rey otro dia muy vergonzoso de lo que habia hecho. »

un mulet et un cheval. En ce moment on recherche ces maraudeurs, et je fais prendre des informations afin de savoir si ce sont des Arabes du roi. Je prie Votre Majesté, si je parviens à apprendre quelque chose, de vouloir bien m'autoriser à les faire pendre pour l'exemple, sur le lieu même où ils ont assassiné nos gens.

LXIX.

RAPPORT DU CONSEIL DE SA MAJESTÉ SUR LES AFFAIRES DU ROYAUME DE TLEMSÊN.

Novembre ou décembre 1535.

(Arch. de Simancas. — Estado, Legajo 463).

1. — Le comte d'Alcaudète a écrit, ces jours passés, à Sa Majesté l'Impératrice, notre souveraine, en lui faisant connaître l'état des choses dans le royaume de Tlemsên. Il a transmis en même temps une copie de la capitulation que le roi Mouleï Mohammed lui a envoyée signée de sa main.

Le comte dit que Sa Majesté n'est pas dans l'intention de secourir Ben Redouan et son petit-fils; il serait avantageux de traiter avec le roi pour de nombreux motifs, et notamment pour que la flotte de Barberousse ne puisse se réfugier dans le port d'Arzeu, ce qui est une chose très-importante ; pour la reddition des prisonniers, et parce qu'avec le tribut que le roi de Tlemsên s'engage à payer, on pourra fortifier Oran et Mers-el-Kebir. On doit considérer aussi que ladite capitulation est faite de manière que le roi de Tlemsên ne pourra pas remplir les engagements qu'il a pris, et qu'il sera toujours loisible à Sa Majesté de lui faire la guerre, lorsqu'elle le jugera à propos et qu'elle y verra son intérêt (1).

---

(1) « Ansimismo se deve considerar que la dicha capitulacion està hecha de manera que, segun à lo que obliga el dicho rey de Tremecen, no podrà cumplir lo capitulado, y Vuestra Majestad justamente podrà hazer la guerra todas las vezes que hubiere dispusicion y viere que conviene. » — L'observation est curieuse.

Voici ce que contient ladite capitulation (1) :

. . . .
. . . .
. . . .

Le Conseil n'a aucune observation à faire, et il pense qu'elle peut être ratifiée.

« Fiat. »

2. — Le comte demande deux ou trois mille ducats pour terminer le retranchement qu'il fait élever dans la montagne et quelques autres ouvrages de la Casbah d'Oran et de Mers-el-Kebir. Ces travaux sont très-nécessaires.

Le conseil donne son approbation ; mais il n'accorde pas l'argent demandé. Si la paix se fait, le comte devra essayer d'obtenir de Mouleï Mohammed qu'il paie le tribut à l'avance ; si le roi s'y refuse, il pourvoira aux choses les plus urgentes avec l'argent qu'il pourra se procurer à Oran.

3. — Il y a dans l'arsenal de Malaga, un gros canon appelé *San Juan*, trop pesant pour être employé à la mer. Le comte prie Sa Majesté de donner des ordres pour qu'il soit envoyé à Oran : il servira à défendre l'entrée du port de Mers-el-Kebir. Il demande aussi, pour remplacer les canons que les galères ont emportés, quelques-unes des pièces d'artillerie qui armaient la ville de Hone (2). Sa Majesté avait ordonné d'envoyer cette artillerie à Oran, mais on ne l'a pas fait.

Le conseil est d'avis qu'on donne le canon au comte d'Alcaudète. Quant aux autres pièces d'artillerie, on peut attendre.

---

(1) Voir le traité n° LIX.

(2) Ce passage nous fait connaître l'époque de l'évacuation de Hone. Cette ville fut abandonnée par les Espagnols, dans le courant de l'année 1535.

LXX.

SITUATION DE L'ARTILLERIE QUE L'ON TROUVE ET DE CELLE QUI MANQUE DANS LA KASBA D'ORAN, DANS LA VILLE ET DANS LE CHATEAU-NEUF (*Fortaleza de Raçalcazar*).

1535.

(Arch. de Simancas. — Estado, Legajo 462).

Alcaçava (1).

En la parte de la sierra donde se hizò el atajo del alcaçava vieja, hay un cubo (2) que se dize de Contreras. En este conviene que haya dos sacres ò dos medias culebrinas, en lo alto, para defender que en los padrastros (3), que señorean el alcaçava no se pudiese tener artilleria y para guardar las estradas de los caminos que vienen à la ciudad por esta parte ; y para las defensas baxas deste cubo para la de los traveses tiene necessidad de otros dos medios cañones. — Tiene en lo alto dos sacres, faltan dos medios cañones para las defensas baxas.

Dende este cubo hasta otro que hizò Rodrigo Baçan à la otra parte del alcaçava, hazia la sierra y hazia el padrastro del Bermejal, que es el mas peligroso, hay un terrapleno de cinquenta pasos que hizò D. Alonzo mi hijo (4) para defensa y ofensa de estos padrastros, y porque dende el cabo de este terrapleno que junta con el cubo de Rodrigo Baçan y dende el mismo cubo se ha de defender el largo de la muralla de la ciudad dende la Madre

---

(1) La Kasba, appelée par les Espagnols *Castillo Viejo*, où résidait le capitaine général.

Dans la terrible nuit du 8 au 9 octobre 1790, l'ancien palais de la Kasba fut complètement détruit.

(2) *Cubo*, tour dans les anciennes murailles.

(3) *Padrastro*, lieu élevé qui commande une place.

(4) D. Alonzo de Cordoba y Velasco, 2ᵉ comte d'Alcaudète. Après la mort de son père, il fut nommé capitaine général d'Oran et de Mers-el-Kebir.

vieja hasta el cubo de Coral y la punta de la playa, tiene necesidad el cubo y el terrapleno de cuatro medias culebrinas y un muy buen cañon doble para este alto; para las defensas baxas tiene necessidad de otras dos pieças, como el otro, que sean dos medios cañones ó falconetes, y con este estará razonablemente proveido. — Tiene este terrapleno y cubo dos sacres y en las defensas baxas no hay pieça.

Dende este cubo hasta el esquina del Alcaçava sobre la ciudad, hay una barrera de mas de cien pasos en largo. En esta he hecho yo dos sitios de artilleria contra el padrastro del Bermejal, y en el mas baxo que es en el esquina del Alcaçava sobre la ciudad se le hazen quatro cañoneras baxas, las dos que guardan el traves y guarda de esta cava, porque no tenia ninguna defensa, y las otras dos guardan el largo de la muralla de la ciudad, dende el cubillo de Pero Alvarez hasta el esquina de sobre la Madre vieja que hay ciento y setenta pasos. Este quartel hasta el cubo de Coral, que son otros ciento y treinta pasos adelante deste esquina es lo mas flaco de esta ciudad, porque tiene el padrastro del Bermejal por la parte de fuera que señorea la muralla, y otro por las espaldas de la otra parte de la ciudad, á buen tiro de escopeta ó arcabuz, á punteria que no dexarian estar nadie en la muralla; y por esta necessidad le he hecho estos sitios de artilleria en la barrera, de manera que no puede quitar el artilleria de los enemigos la que nosotros alli tuvieramos para defensa deste quartel. — Hay necessidad muy grande en esta barrera de quatro medias culebrinas ó sacres y de dos falconetes. — No hay ninguna pieça en ella.

FUERA DEL ALCAÇAVA.

En un sitio de artilleria que está delante del alcaçava en el Gibel, que tira al campo quando corren los Moros y á la playa estan tres sacres y dos cañones razonables que bastan para este effecto que no han de tirar muy lexos. — Esto está bien proveido.

MURALLA DE LA CIUDAD.

En el Gibel, hay una vuelta que haze la muralla donde hay dos cañoneras que guardan el muro del alcaçava hasta el cubo de Contreras; tienen necessidad de un medio cañon pedrero ó medio sacre. — No tiene ninguna pieça.

En el cubo nuevo que hizó Hernando de Quesada, hay necessidad para lo alto de un buen cañon, porque ha de guardar toda la muralla hasta el cubo de Contreras y un barranco que está junto con él, donde podrian poner sitio haziendo reparos los enemigos, y hay desde este cabo hasta el de Contreras quatro cientos y cinquenta pasos, y otras pieças menores no podrian hazer el efecto que esta à esta parte; por la cañonera del otro lado tiene necessidad de un falconete reforçado para la guarda de la puerta de Tremecen (1) hasta donde hay dozientos y cinquenta pasos, y para la guarda de la entrada del camino de la Torre gorda y para las defensas baxas de este cubo tiene necessidad de dos falconetes.

En el cubillo que está al espolon y junto á la puerta de Tremecen que hizo Pero Alvarez, hay necessidad de una dozena de versos y de un falconete que este sobre un terrapleno que está en frente de la puerta de Tremecen para guarda del camino de las Huertas. — De los versos hay recaudo, no hay falconete.

En la torre sobre la puerta de Tremecen no ha de haver pieça gruesa, sino versos y arcabuces.

En la torre del espolon que es sobre el rio, hay necessidad de un falconete para guardar el pié del cubo de la puerta de Tremecen y la entrada baxa del camino de la Torre gorda, y mas seis versos. — Los versos hay y el falconete no.

Entre esta torre y otra que está á la estrada de la carrera (2), hay tres torres y cinquenta pasos de una á otra; en estas ha de haver algunos versos y arcabuzes, y en la que está á la estrada de la carrera un falconete. — No lo hay, tiene que guardar del traves de la muralla hasta el cubo de Santo Domingo ciento y ochenta pasos

El el cubo de Santo Domingo (3) hay necessidad de un falco-

---

(1) La porte de Tlemsén n'existe plus. C'est notre soi-disant porte du ravin. (Fey, *hist. d'Oran*, p. 167.)

(2) Aujourd'hui la rue du Vieux-Château.

(3) La tour de St-Dominique est encore parfaitement visible à l'angle Sud du boulevard Oudinot.

nete en lo alto. — No lo tiene; hay dos lombardas en las defensas baxas.

Desde este cubo hasta un terrapleno hay ciento y treinta pasos en una vuelta que haze el muro es menester un falconete para la guarda del camino de Canastel. — No lo tiene.

En una torre que se ha henchido de tierra agora junto à la puerta de Canastel (1), tiene necessidad de dos sacres para guarda del rio, y es la principal guarda de las moliendas y del otro hasta la mar. — No hay en ella ninguna piéça.

En el cubo de la puerta de la mar que hizó Diego de Vera habia de haver dos piéças gruesas para la guarda del puerto, porque para este efecto se hizó encima de la playa y para que pudiese ayudar al castillo de Raçalcaçar y á el cubo de coral que está á la mano izquierda hazia el Bermejal. No puede sufrir cañon grande ni sacre por ser la obra falsa y porque está hundida. Tiene necessidad de dos falconetes reforçados para lo alto y otros dos para las défensas baxas, en el revellin deste cubo sobre la puerta hay necesidad de dos dozenás de versos. — Destos hay recaudo.

Dende el cubo de la puerta de la mar, hasta la casa de Ramon de Molina hay cien pasos, y porque el artilleriá no se podia poner en el dicho, cubo se hizó un sitio para ella junto à la casa de Ramon de Molina que descubre bien la playa. — Tiene necessidad de dos cañones buenos; no hay mas de uno.

Desde el sitio del artilleria de Ramon de Molina hay dozientos y quarenta pasos hasta el cubo de coral: este, si fuera bien labrado, havia de tener quatro sacres, dos pará las defensas altas porque está en punta donde defiende dos traveses de la muralla de la ciudad por estas que la parta. y esta sobre la mar para lo baxo. Tenia necessidad de dos falconetes reforçados; es tan flaco y falsamente obrado que no puede sostener encima mas que falconete. Ha menester dos falconetes reforçados y en lo baxo dos rébadoquines. — Estos hay acà, los falconetes no.

---

(1) La porte de Canastel était située sur le flanc est de la muraille d'enceinte. C'est la belle voûte courbe qui débouche sur le carrefour Kléber.

En un terrapleno que está encima de la *Madre vieja,* yendo deste cubo à la alcaçava à ciento y cinquenta pasos dél hay necessidad de una pieça media culebrina ó sacre, ó medio cañon pedrero que guarde el arroyo de la *Madre vieja* (1), porque descubra los sitios donde podria estar gente escondida. — Y no hay ninguna pieça.

RAÇALCAZAR (2).

Tiene tres cubos sin el revellin, que en cada uno dellos ha menester dos piéças para las défensas baxas, y las que hoy tienen en lo alto y una muy buena culebrina ó cañon reforçado, porque desde aqui se vee toda la bahia y puerto de Maçarquivir, y habia de ser el artilleria de la una parte y de la otra tan buena que se alcançasen ; el cubo de revelin tiene necessidad de otras tres pieças.

En la torre de los Santos hay un sacre y un medio canon pedrero, y un falconete y un ribadoquin son menester para la torre por esta parte que guarda las huertas y el nacimiento del agua, y quando los Moros corren les tira.

---

(1) Le conduit royal de la Vieille mère.

(2) Le Château neuf, le *Bordj-el-Mchal* (fort des Cigognes) ou *Bordj-el-Hamra* (château rouge) des anciens Maures. Marmol dit qu'il fut reconstruit par le comte Pierre Navarro en 1510; mais il se trompe, comme le prouve Suarez Montanez. Le comte Navarro et le cardinal Ximenès firent seulement lever le plan de cette forteresse, et elle ne fut restaurée qu'en 1514 par Diégo de Vera. (Tambien haze error Luis de Marmol en dezir que fabricó Razalcazar el conde Navarro, que solo desinaron él y el cardenal Ximenès quando ganaron Oran, y en el ano de 1514 le fabricó Diego de Vera). On a dit (*Revue Africaine* 1857, 2me année, page 39) que le mot de *Raçalcaçar* ou *Rosalzar,* comme il est écrit dans plusieurs chroniques, était une *mauvaise traduction* des deux mots espagnols *Rojas Casas*, les maisons rouges. Il nous paraît difficile d'admettre cette explication. On se demande qui aurait fait cette *mauvaise traduction*, les Espagnols ou les Maures ? Ces derniers avaient leur appellation toute trouvée *Bordj-el-Hamra*, le Château-Rouge. Quant aux Espagnols, on comprend encore moins qu'ils eussent adopté, surtout dans leurs pièces officielles, cette dénomination empruntée à leur propre langue et défigurée par les Arabes.

Esta es relacion del artilleria que hay y de la que falta. Vuestra majestad mande proveer lo que fuere servida, que muy gran necessidad hay della (1).

El conde de Alcandete.

LXXI.

LETTRE DE DON BERNARDINO DE MENDOZA A SA MAJESTÉ

La Goulette de Tunis, 20 décembre 1535.

(Arch. de Simancas. — Estado, Legajo 463).

Par le retour des brigantins, j'ai fait connaître à Votre Majesté le bon effet qu'avait produit ici l'arrivée du prince André Doria. La ville de Bizerte a fait sa soumission au roi, et, ainsi qu'il avait été convenu avec le prince, Mouleï Hacen s'y étant rendu, l'a fait démanteler sous ses yeux. Ce serait une bonne chose si on traitait de la même manière les autres places maritimes du royaume, afin que les corsaires ne puissent y trouver un refuge ou s'y ravitailler. Le roi a fait pendre quatre des principaux rebelles ; les habitants ont livré toutes leurs armes et payé une contribution de 10,000 ducats.

En ce moment Mouleï Hacen est campé près de Tunis, et il doit partir prochainement pour Kaïrouan. Il a avec lui 500 arquebusiers, 1,500 Maures à pied et 505 cavaliers arabes commandés par le cheikh Abd el Malek, de la tribu des Ouled-Bellil qui lui a toujours été très-dévouée.

Le roi est venu à la Goulette pour racheter certains esclaves maures que quatre navires avaient amenés ici, et pour faire emplette de draps qu'il a distribués à ses Arabes. On l'a laissé entrer avec sa suite qui était peu nombreuse, conformément aux instructions de Votre Majesté ; mais on avait renforcé tous les

---

(1) « Telle est la situation de l'artillerie existante et de celle qui nous fait défaut. Je prie Votre Majesté, de vouloir bien ordonner qu'il soit pouvu à nos besoins : ils sont urgents. » — Ce mémoire donne en effet une assez triste idée de l'armement d'Oran à cette époque.

postes, et toutes les précautions avaient été prises pour qu'il ne vît pas les nouvelles fortifications.

L'espion maure que j'avais envoyé à Alger m'a appris que les habitants ne sont pas encore rassurés : ils craignent toujours l'arrivée de Votre Majesté. Lorsque Barberousse est revenu de Mahon, ils ont cru que c'était la flotte chrétienne, et tous, Turcs et Maures, se sont enfuis de la ville. Barberousse est parti pour Constantinople avec 21 navires ; il a emmené avec lui son fils et sa nièce, et laissé pour gouverner Alger en son absence Hacen Agha, rappelé de Constantine avec 400 Turcs. Je crois que ce Maure m'a dit la vérité ; car j'ai su par une lettre d'Alvar Gomez que Barberousse s'est embarqué en effet, et le roi de Tunis vient de me prévenir que Hacen Agha a quitté Constantine.

Cette dernière place tient toujours pour les Turcs, bien que le roi m'ait dit que les habitants lui ont fait demander un gouverneur. Ceux de Bône, si je dois le croire, lui ont adressé la même demande ; mais un grand nombre d'Arabes de cette province lui sont hostiles, et je ne crois pas qu'ils accueillent bien le kaïd que leur enverra Mouleï Hacen. Les villes de Badja, de Matev et tout le pays à l'ouest jusqu'à Bône obéissent au roi. Tunis commence à se repeupler, mais cela va lentement, et il reste beaucoup à faire pour que la ville redevienne ce qu'elle était. Les faubourgs sont toujours très-mal disposés pour Mouleï Hacen. Ce dernier a fait arrêter certains Turcs qui se tenaient cachés dans la ville et avaient formé un complot pour massacrer les marchands chrétiens.

Au levant, toute la contrée jusqu'à Kalibia a fait sa soumission ; mais Monestir, Sousa et Sfax refusent de reconnaître le roi. On m'a dit que ceux d'Africa, par crainte sans doute de la flotte de Votre Majesté, car ils savent bien ce qui a été convenu avec le roi de Tunis, ont promis de l'accueillir dans leurs murs. Il paraît même que les Turcs de Sousa, pour se venger d'eux, leur ont enlevé tous leurs troupeaux. L'espion que j'avais dans l'île de Djerba est arrivé et m'a dit que le juif (le corsaire Sinan) a quitté Mezurata ; mais il ne sait pas où il est allé.

Kaïrouan est divisé en deux partis. Les faubourgs sont pour Mouleï Hacen, ainsi que toute la banlieue ; mais la ville tient pour Barberousse. Je crois cependant que les habitants consentiront à recevoir le roi, lorsqu'il se présentera, si toutefois ce n'est pas une ruse des Turcs pour l'attirer de ce côté et essayer de lui enlever son artillerie, ce qui ne serait pas une chose difficile, car la troupe que Mouleï Hacen doit amener avec lui est assez mal composée et fort en désordre.

Les navires que Votre Majesté a fait partir pour l'approvisionnement de la Goulette sont arrivés; mais ils ont mis un tel retard à venir que nous manquions de tout. Je prie Votre Majesté de donner des ordres pour qu'il ne soit apporté à ce sujet aucune négligence; il importe aussi à son service que nous soyons pourvus un peu plus largement: car si un navire venait à se perdre ou s'il ne se hâtait pas plus que ceux-ci ne l'ont fait, nous serions exposés à mourir de faim (1).

Le jour de Sainte-Catherine, une galiote turque s'est perdue corps et biens sur l'île Plane (2), et une autre brigantin monté par des gens de Djerba a fait côte près de Porto-Farina. Quelques-uns se sont sauvés avec un esclave chrétien que le roi m'a envoyé.

Jusqu'à ce moment Mouleï Hacen, conformément à la capitulation, m'avait rendu exactement tous les déserteurs de la Goulette, soldats ou autres, qui s'enfuyaient à Tunis; mais aujourd'hui il fait des difficultés et refuse de me les livrer. Je prie Votre Majesté de me faire connaître ce que je dois faire dans la circonstance. Il y a urgence d'aviser à ce sujet.

---

(1) « Vuestra Majestad no consienta que en esto haya ningun descuido, pues veo lo que importa à su servicio que no este tan tasadamente proveido que à perderse una nao ò à poner mala diligencia, como estas han hecho, muramos de hambre. »

(2) L'île Plane, l'ancienne *Korsoura*, située en face du cap Sidi Ali-el-Meki. Les Arabes lui donnent le nom de *Djezirat-el-Ouatia*.

LXXII

INSTRUCTIONS DU COMTE D'ALCAUDÈTE A GARCIA DE NAVARRETE, COMMANDANT DE MERS-EL-KEBIR.

1535.

(Arch. de Simancas. — Estado, Legajo 463.)

Vous direz ce qui suit à Sa Majesté :

Que j'ai accepté ce commandement, parce qu'il me semblait que je pouvais rendre ici de plus grands services à Dieu et à Sa Majesté que dans celui que j'avais précédemment ; et certes, on peut le croire, puisque je l'ai pris au moment où Barberousse reparaissait dans ce pays avec la puissante flotte que Sa Majesté connaît bien, tandis qu'en Navarre, où je me trouvais auparavant, on ne se souvenait même plus de la guerre ; que Sa Majesté m'a fait une grande faveur en me chargeant de fonctions plus éminentes, et que je me suis réjoui de venir à Oran dans ces circonstances difficiles.

Que j'ai eu plus de peine à défendre ces deux places contre la faim que contre l'ennemi.

Si Sa Majesté trouve que je remplis mes obligations comme il convient, en exposant chaque jour pour son service ma vie, mes biens et mon honneur, je La supplie d'ordonner que l'on me fournisse en quantité suffisante, ainsi qu'on me l'a promis d'ailleurs, tous les approvisionnements nécessaires pour défendre ces places, assurer notre existence et sauvegarder notre honneur à tous. Qu'Elle veuille bien donner des ordres pour qu'on se préoccupe un peu plus de cet objet d'une importance si grande et un peu moins de l'intérêt des fournisseurs (1).

---

(1) « Suplico à Su Majestad que, pues yo cumplo lo que se mande, arriscando cada dia la vida, la hazienda y la honra en su servicio, sea servido de mandar cumplir conmigo lo ordinario que se me ha prometido para la defensa destas plaças, de manera que baste para asegurar y las vidas y las honras de los que aqui estamos ; y que mande

Cette année, deux galiotes, une fuste et un brigantin des Turcs d'Alger ont croisé sur cette côte, toujours en vue d'Oran, comme je l'ai écrit à Sa Majesté, afin de guetter nos navires qui vont et viennent avec les dépêches. Avec l'aide de Dieu, j'ai si bien pris mes mesures, que ces navires ont pu effectuer quatre ou cinq voyages, sans qu'aucun deux ait été capturé par l'ennemi. Le dernier seulement a été pris, mais il était resté huit jours à Carthagène, contrairement à ce que je lui avais ordonné.

Vous ferez connaître à Sa Majesté l'ordre que l'on observe ici dans l'expédition de ces navires, pour qu'ils ne puissent être enlevés à moins d'un grand malheur, et vous lui direz que j'ai averti D. Alvaro de Bazan de la présence des bâtiments ennemis, en le priant de nous envoyer deux ou trois galères pour leur donner la chasse. Ma lettre aura tardé sans doute, puisque rien n'est encore venu.

Le corrégidor de Malaga agit tout-à-fait à notre détriment dans le chargement des navires qui doivent nous apporter du blé. Les ordonnances de Sa Majesté veulent qu'il soit présent, lorsque se font les embarquements; mais, empêché par ses occupations, il lui est souvent impossible d'y assister, et le départ des courriers se trouve ainsi ajourné indéfiniment, bien qu'il suffise d'un jour ou deux pour opérer le chargement d'un navire quel qu'il soit. Par suite de ces retards, il est arrivé, cette année, qu'ayant laissé passer le moment propice, deux mois se sont écoulés sans que les navires aient pu mettre à la voile.

Je supplie Sa Majesté d'ordonner au corrégidor de Malaga qu'étant requis par la personne que j'ai commissionnée pour faire charger les navires qui doivent être envoyés à Oran, il ait, toute affaire cessante, à assister au chargement, ou bien qu'il désigne un de ses agents en son lieu et place, afin d'éviter tout retard dans l'opération; et que, dans le cas où le corrégidor s'y refuserait, il soit fait attestation par témoins de la réquisition, et

---

Su Majestad que se tenga mas respeto à esto en que tanto va, que al intéres de los mercàderes. » — Il fallait que l'approvisionnement d'Oran laissât considérablement à désirer, pour que le comte d'Alcaudète se plaignît comme il le faisait.

que, sur le vu d'icelle, les fournisseurs de Sa Majesté puissent eux-mêmes désigner une personne pour surveiller l'embarquement, laquelle personne agirait comme si le corrégidor fût présent. De cette manière, le chargement des navires serait toujours fait en temps utile, et nous n'aurions plus à souffrir de ces retards très-préjudiciables (1).

Vous direz aussi à Sa Majesté que je lui ai mandé l'extrême besoin qu'ont ici l'église et les monastères de personnes d'autorité, d'habileté et de bon exemple, pour attirer les Juifs et les Maures à la foi de Jésus-Christ et pour instruire et éclairer ceux qui veulent embrasser notre sainte religion. Vous demanderez que Sa Majesté fasse donner de quoi manger aux prêtres et aux moines, et qu'à cet effet elle permette qu'on prenne sur l'ordinaire de la guerre 40 ou 50 pains pour les leur distribuer. Vous ajouterez que je trahirais ma conscience, si je n'informais pas Sa Majesté combien peu d'ailleurs ces gens-là sont méritants. Je la supplie qu'elle veuille bien ordonner qu'on envoie ici, dans tous les monastères et dans l'église, des personnes connaissant les langues hébraïque et arabe, afin qu'elles puissent rendre les services qu'on doit attendre d'elles sur une frontière comme celle-ci, où il y a toujours des Maures et des Juifs dont ils peuvent gagner les âmes, parce que s'ils n'ont autre chose à faire qu'à dire la messe, mieux vaut pour la défense de cette place avoir 50 soldats que 20 moines (2).

Depuis que je suis ici, seize ou dix-sept Maures sont venus se faire chrétiens, et plus de cinquante autres de ceux qui ont été pris dans les razzias ont été baptisés. Dans toute la ville, il n'y a pas un ecclésiastique qui sache leur dire en leur langue une

---

(1) On lit en marge : qu'il soit écrit au corrégidor et aux fournisseurs, afin qu'il n'y ait aucun retard.

(2) « Suplico à Su Majestad que mande que se provean, en todos los monasterios y en la iglesia, personas que entiendan la lengua hebraïca y araviga para que hagan el oficio que deven en tal frontera, como esta, donde hay siempre Moros y Judios en que puedan hazer grande provecho, porque si no han de aprovechar à mas que à dezir una misa, mas provecho será para la defensa desta ciudad tener cinquenta soldados que veinte frayles. »

parole de notre foi, ce qui est cause que trois ou quatre de ceux qui se sont faits chrétiens sont morts sans confession. Je remplis le devoir qui m'est imposé, en suppliant Sa Majesté de prendre à cet égard les mesures qu'elle jugera convenables pour le service de Dieu et pour le sien (1).

Le frère Alejo, prieur du couvent des Dominicains de cette place, ne s'est pas encore rendu à son poste ; il s'est même procuré un bref pour se dispenser de venir ici. C'est un abus fâcheux qu'il importe de ne pas laisser subsister, et j'ai dû en donner avis à son supérieur. Vous prierez Sa Majesté de vouloir bien apporter remède à cet état de choses; autrement il arrivera que nous n'aurons dans ce couvent que des individus déserteurs de la règle et de mauvaise vie (2).

. . . .

J'ai appris que Ben Redouan avait réuni de nouvelles forces, et il m'a fait dire qu'il perdrait la vie ou s'emparerait du royaume de Tlemsên, afin de dédommager Sa Majesté de la perte des chrétiens qu'elle lui avait confiés. Jusqu'à ce que je l'aie vu à l'œuvre, je ne lui ferai aucun offre de service. Quant à l'autre (le roi de Tlemsên), je m'en tiendrai aux promesses que je lui ai faites pour la délivrance des soldats prisonniers. J'informerai Sa Majesté sans le moindre retard de ce qui arrivera ultérieurement (3).

---

(1) On lit en marge : Que le très-révérend cardinal de Tolède avise à ce qu'il est possible de faire.

(2) Qu'on donne avis au supérieur et qu'il soit écrit au comte de s'en remettre à ce que le supérieur décidera.

(3) On lit en marge : Que le comte agisse ainsi, mais qu'il ne donne de troupes ni à l'un ni à l'autre. (Que asi lo haga el conde, no dando gente à ninguna de las partes).

LXXIII

LETTRE DU COMTE D'ALCAUDÈTE A BEN REDOUAN

... Janvier 1536.

(Arch. de Simancas. — Estado, Legajo 463).

Très-honorable, vaillant et renommé chevalier Abd-er-Rahmán Ben Redouan,

J'ai reçu votre lettre le 21 janvier. Vous me dites que vous avez pu réunir un bon nombre de gens de guerre, et j'ai été heureux de l'apprendre, parce que je vous considère comme un fidèle serviteur de Sa Majesté. Dans votre dernière entreprise contre Tlemsên, vous savez que j'ai fait pour vous tout ce que j'ai pu en me conformant aux intentions de l'Empereur. Nous ne doutions pas du succès; mais Dieu n'a pas voulu nous favoriser jusqu'au bout. Depuis, la situation a changé. Mouleï Mohammed sollicite comme vous la protection de Sa Majesté: il a offert de rendre les chrétiens prisonniers et m'a envoyé une capitulation que j'ai dû accueillir et transmettre à l'Empereur.

Vous me demandez que je vous dise ce que vous devez faire et que je vous parle en toute franchise. J'ignore ce que décidera Sa Majesté, et jusqu'à ce qu'elle m'ait fait connaître ses instructions, je dois garder entre vous et Mouleï Mohammed une stricte neutralité. Je ne puis que vous dire ce que je dirais au roi de Tlemsên lui-même, s'il me faisait une semblable demande: que chacun accomplisse le mieux qu'il pourra ce qu'il a promis à Sa Majesté (1).

---

(1) « Pedisme que os diga lo que me paresce que podeis hazer y que os enbie con determinacion à dezir mi voluntad. Hasta saber lo que Su Majestad me manda hazer, no seria bien que yo me determinase en ninguna cosa que toque à vos y al dicho rey de Tremecen, por que no sé lo que me mandarà. No puedo deziros à vos lo que diria à él, si me pidiese consejo, y es que cada uno haga lo que pudiere para mejor cumplir lo que tiene ofresido al servicio de Su Majestad,

LXXIV

LETTRE DU COMTE D'ALCAUDÈTE AU CHEIKH BOU-ZIAN-SAHIB

Même date.

(Arch. de Simancas. — Estado, Legajo 463).

Honorable et vaillant chevalier, Bou-Ziàn-Sahib,

Votre lettre m'est parvenue; mais avant de m'écrire, vous avez bien fait de vous rapprocher d'Oran. J'ai appris avec une grande satisfaction ce que vous me dites de la situation des affaires de Mouleï Abd-Allah: je n'ai jamais douté de sa fidélité, et je le considère comme un fils. Je crois avoir prouvé d'ailleurs que je lui voulais du bien.

Quant au conseil que vous me demandez, je ne puis vous répondre, comme autrefois je l'aurais fait, parce que Mouleï Mohammed a traité avec moi et qu'il a envoyé à Sa Majesté une capitulation signée de sa main. Je sais que Mouleï Abd-Allah et Ben Redouan ont écrit aussi à l'Empereur. J'attends ses ordres. La seule chose que je puisse vous dire, c'est que celui-là fera bien qui montrera le plus d'empressement et d'exactitude à tenir ses promesses.

LXXV

LETTRE DU CHATELAIN D'ALCAUDÈTE AU COMTE D'ALCAUDÈTE

Tlemsén, 26 janvier 1536.

(Arch. de Simancas. — Estado, Legajo 463).

Aujourd'hui lundi, 24 du courant, le roi m'ayant fait appeler, je lui ai répété tout ce que Votre Seigneurie m'avait chargé de lui dire par ses deux lettres du 23 novembre et du 10 décembre. Il m'a répondu qu'il avait appris du kaïd des Beni-Rachid tout ce que je lui disais, et qu'ayant cru inutile de m'en parler, il vous avait écrit à ce sujet et envoyé le juif Choa, un de ses serviteurs, avec la mission de faire tout ce que Votre Seigneurie voudrait et ordonnerait. S'il n'a pas fait partir, comme il l'avait promis, les chrétiens prisonniers que réclame Votre Seigneurie, c'est qu'il croyait que la capitulation qui a été envoyée à Sa Majesté serait revenue plus vite. Je lui ai dit qu'il avait eu tort de demander qu'elle fût confirmée par l'empereur, et qu'il suffisait de la ratification de l'impératrice ; il m'a répondu qu'il ne pensait pas ainsi. Il peut arriver en effet, je le crois, que l'empereur ne confirme pas la dite capitulation, alors même qu'elle aurait été acceptée par l'impératrice.

Il m'a prié de vous écrire et voici ce qu'il m'a dit :

« J'ai offert et j'offre toujours d'être l'allié et le serviteur de Sa Majesté, ainsi que l'ami de Sa Seigneurie. En ce moment le comte peut me rendre un grand service. Si Ben Redouan vient à Oran avec ses Arabes, je demande que Sa Seigneurie refuse de le recevoir dans cette ville ou sur son territoire, qu'elle ne l'écoute que pour lui faire payer ce qu'il lui doit, et qu'elle l'oblige ensuite à se retirer ; dans le cas où Sa Seigneurie croirait devoir accueillir Ben Redouan et ses Arabes, je ne m'oppose pas à ce qu'ils soient reçus dans Oran, mais ils devront y être retenus prisonniers. Que le comte fasse cela et qu'il m'avertisse sur-le-champ, sans nouvelle réclamation, et sans attendre que la capitulation soit revenue de la Cour. Je ferai en outre tout ce qu'il me demandera. C'est ainsi que les deux marquis, l'ancien et le jeune (1), ont toujours agi avec mon père et mon aïeul, les assistant contre ceux qui refusaient de les reconnaître comme légitimes possesseurs du royaume. Je demande en grâce que l'on se conduisent de la même manière avec moi. »

Le roi m'a dit tout cela et beaucoup d'autres choses, et il m'a paru si sincère et avoir une si bonne volonté, que je crois qu'il fera ce qu'il promet et même davantage.

La ville est tranquille. Le roi tient tout en bon ordre, mais il

---

(1) D. Diégo de Cordoba et D. Luis son fils, marquis de Comarès et gouverneurs d'Oran.

se montre très-sévère. Ces jours passés, deux des principaux habitants de Tlcmsên, qui entretenaient une correspondance secrète avec Ben Redouan, ont été mis à mort. Cette semaine, trois autres habitants ont été pendus pour je ne sais quel délit. On craint beaucoup le roi. Il a fait jeter en prison plusieurs cheikhs et autres Arabes des Beni-Rachid, parce que leurs parents ont rejoint Ben Redouan et le prince Abd-Allah. Ces cheikhs, menacés par le roi d'avoir la tête tranchée si leurs parents et amis persistaient dans leur rebellion, se sont empressés de leur écrire pour les supplier d'abandonner Ben Redouan. Cette même semaine, le roi a remis en liberté deux fils d'un autre cheikh des Beni-Rachid, lequel cédant à leurs instances est venu faire sa soumission. Les principaux de la ville paraissent dévoués au roi. Le kaïd des Beni-Rachid est sorti de Tlemsên avec beaucoup de monde pour se mettre à la recherche de Ben Redouan et pour le combattre.

LXXVI

LETTRE DU COMTE D'ALCAUDÈTE AU CHATELAIN D'ALCAUDÈTE

Oran, ...janvier 1536.

(Arch. de Simancas. — Estado, Legajo 463).

Châtelain Alfonso de Angelo, mon cousin,

J'ai reçu votre lettre et j'ai été très-heureux d'apprendre que le roi s'est enfin décidé à parler. Son silence prolongé me donnait de l'inquiétude. Il paraît qu'il a compris enfin combien il est important pour lui de traiter sans délai avec l'Empereur, et qu'il est convaincu de ma bonne volonté de faire tout ce que vous me demandez de sa part. S'il renvoie les chrétiens, ainsi qu'il le promet, j'agirai avec Ben Redouan de la manière qu'il le désirera.

Comme garantie de ma résolution bien arrêtée d'accomplir ce que je dis ici, je signe la présente lettre de mon nom et j'y appose le sceau de mes armes.

LXXVII

LETTRE DE FRANCISCO PEREZ DE IDIACAYZ A SA MAJESTÉ L'IMPÉRATRICE

Bougie, 29 mars 1536.

(Arch. de Simancas. — Estado, Legajo 463).

Il y a quelque temps, Votre Majesté m'avait écrit pour me charger d'entrer en arrangemement avec les frères de l'Infant de Bougie (1); mais je n'ai pu le faire, attendu que l'un deux, celui qui avait le plus d'influence dans le pays est mort, et que l'autre s'est enfui à Biskra, ville située à 50 lieues d'ici, par crainte du roi de Koukô, Ahmed ben el Kadi.

Dans le temps que j'étais esclave, j'avais essayé de traiter avec ce Ben el Uadi au sujet de l'approvisionnement des forteresses, en insistant sur le grand profit qu'il en retirerait ; il avait paru bien accueillir les ouvertures que je lui avais faites. Après mon retour à Bougie, lorsque j'eus recouvré ma liberté, il m'envoya même, pour conférer de cette affaire, son mezouar, la seconde personne du royaume, et il fut convenu que Ben el Kadi écrirait à Votre Majesté pour lui faire connaître qu'il acceptait et s'entendre à cet égard avec elle.

Malheureusement, certains marabouts, amis de Barberousse ou gagnés par lui, firent des remontrances au roi qui, craignant ce qu'ils pourraient dire contre lui, rompit la négociation. Ben el Kadi montrait d'ailleurs de la répugnance à traiter avec le commandant Perafau. Aujourd'hui qu'il sait que le commandant doit partir et que Barberousse est absent, je crois qu'il nous reparlera lui-même de cette affaire. Si, comme je l'espère, il nous fait de nouvelles propositions, je ne négligerai rien pour qu'elles

---

(1) On a vu (n° XXXVII) que cet Infant de Bougie était fils du roi Abd Allah. Il s'était fait chrétien et avait reçu au baptême le nom de *Fernando*. Une pension de 500,000 maravedis (5 à 6,000 ducats) lui avait été accordée par Charles-Quint pour le récompenser sans doute de sa conversion ; il était obligé de donner à ses sœurs, nièces et cousins 600 ducats pour leur entretien.

réussissent, et j'aviserai immédiatement Votre Majesté, ainsi que de toutes autres choses qui pourraient survenir.

Le père Pedro de Caravajal, qui était venu ici à bord d'une caraque (1) pour l'affaire des frères de l'Infant et pour celle de Ben el Kadi, n'a pu s'employer utilement dans ces deux négociations par suite de ce que je viens de dire à Votre Majesté. Je l'avais engagé à retourner en Espagne avec la même caraque ; mais au moment où il se disposait à s'embarquer, il est tombé dangereusement malade, et il est mort le 26 février dernier. Le frère qui l'accompagnait est reparti sur le navire qui a amené à Bougie le juge de résidence.

Voici les nouvelles que nous avons apprises d'Alger. Elles nous ont été apportées par six esclaves chrétiens qui, le 27 février, se sont échappés de cette ville sur une barque et sont parvenus à gagner Bougie.

Ils nous ont dit qu'il y avait 2,000 Turcs et 7 à 8,000 Maures andalous à Alger, à Miliana et dans les autres lieux où Barberousse tient habituellement garnison. Le gouverneur d'Alger est un renégat sarde, appelé Hacen Agha. Les habitants sont fort inquiets, car ils ont des nouvelles certaines de la flotte de Votre Majesté.

Les mêmes captifs nous ont aussi appris qu'à la suite des grandes pluies de l'hiver, la muraille de la ville s'est écroulée, en trois endroits différents, sur une étendue considérable. Les habitants la réparent en toute hâte, mais le travail n'avance pas vite, parce qu'ils manquent de bons ouvriers. Il est question d'enrôler 1,500 Arabes de la campagne pour terminer cet ouvrage.

A Constantine, il y a, dit-on 1,500 janissaires commandés par un caïd turc, nommé Aluch Ali (2). Ces janissaires y ont été

---

(1) *Carraca*, navire d'origine portugaise, très-grand, étroit par le haut, rond et fort élevé. Il y avait des caraques qui jaugeaient jusqu'à 2,000 tonneaux.

(2) Les historiens mentionnent deux vaillants corsaires de ce nom : Aluch Ali, surnommé *Iskender*, renégat grec, et Aluch Ali *El fortass* (le chauve), renégat calabrais. Ce dernier, le plus célèbre, fut plus tard gouverneur d'Alger et capitan pacha de la flotte ottomane, comme l'était alors Khaïr ed Din.

envoyés par Barberousse. Comme cet Aluch Ali obéit au gouverneur d'Alger, on peut croire qu'il s'empressera de revenir dans cette ville, dès qu'il apprendra que Votre Majesté réunit une nouvelle *armada*.

D'après les rapports de nos espions maures, tous les Turcs qui le peuvent se sauvent d'Alger. Le renégat (Hacen Agha) fait son possible pour arrêter la désertion, mais il n'y parvient pas.

Un jeune homme, natif de Arevalo, qui arrive de Tunis, nous a dit que le roi, d'accord avec les chrétiens et les Arabes, préparé une expédition contre Constantine. Le commandant turc de cette place a fait demander du secours à Hacen Agha ; mais ce dernier lui a répondu qu'on ne pouvait lui envoyer aucun renfort.

LXXVIII

NOTE SUR L'ARMEMENT DE BOUGIE

Bougie, ...mars 1536.

(Arch. de Simancas. — Estado, Legajo 463).

On compte dans les deux châteaux et dans les divers fortins ou retranchements 36 pièces d'artillerie, réparties comme il suit :

Dans la Tour de la Victoire :

Une demi-couleuvrine et deux ribaudequins. Les roues de la demi-couleuvrine sont en mauvais état, mais l'affût est bon. Quant aux deux ribaudequins, les roues et les affûts ne peuvent plus servir.

Dans le fortin de la Croix :

Une couleuvrine, deux canons, un demi-canon, un fauconneau et un ribaudequin. Un des canons n'a plus de roues, l'autre, le demi-canon, la couleuvrine et le fauconneau peuvent servir. Le ribaudequin est tellement détérioré qu'on l'a mis au rebut.

Dans la Tour Neuve :

Deux ribaudequins avec lesquels il est impossible de tirer.

Dans le retranchement qui se trouve entre la Tour Neuve et celle des Têtes :

Un demi-canon et un canon. Les roues du demi-canon sont bonnes, et l'affût est passable ; mais le canon est dans un mauvais état.

Dans la tour des Têtes :

Deux ribaudequins qui n'ont plus de roues. Les affûts seuls peuvent encore servir.

Dans le retranchement de la maison du capitaine :

Un canon et un ribaudequin. Le canon est bon ; mais le ribaudequin n'a plus ni roues, ni affût.

Dans la tour de Solis :

Un ribaudequin qui est en très-mauvais état. On ne pourrait pas s'en servir sans danger.

Dans le fortin de Fonseca :

Un canon pierrier assez bien conservé.

Dans le retranchement de la Grue :

Un fauconneau sans roues ni affût.

Dans le fortin neuf auprès du port :

Un demi-canon qui est bon.

Dans le retranchement de la porte des Lions :

Un demi-canon qui peut servir.

Dans la tour des Lions :

Deux ribaudequins n'ayant plus de roues ni d'affûts.

Dans le fortin de Martinen :

Un demi-canon et un fauconneau. Le demi-canon peut être encore utilisé, mais le fauconneau est en très-mauvais état.

Dans le fortin de la prison ou de la citerne (algiba) :
Un fauconneau qui n'a ni roues ni affût.

Dans le petit château :
Deux canons serpertins et trois ribaudequins. Un des canons est couché par terre ; les deux autres et les trois ribaudequins tiennent à peine sur leurs affûts.

Dans le retranchement situé un peu plus bas :
Une demi-couleuvrine et une grosse *lombarda* de fer. La couleuvrine est bonne, mais la *lombarda* ne peut plus servir.

Dans la tour de l'hommage :
Un fauconneau et un ribaudequin. Tous deux n'ont plus de roues ni d'affûts.

Le dernier navire venu de Malaga nous a apporté des pièces d'artillerie en bon état, avec roues et affûts bien conditionnés. Elles serviront à remplacer celles qui sont devenues inutiles (1).

Francisco Perez de Idiacayz.

LXXIX

LETTRE DU COMTE D'ALCAUDÈTE AU KAID HAMIDA, CHEIK PRINCIPAL DU LEVANT.

Avril, 1536.

Très-honorable chevalier et renommé parmi les Maures, Kaïd Hamida,

La réception de votre lettre et la venue de vos messagers m'ont rempli de joie. D'après ce qu'ils m'ont répété de votre part et ce que vous m'écrivez, j'ai compris que vous demandez le secours

---

(1) Il résulte de cette note que l'armement de Bougie, au mois de mars 1536, se composait de 46 pièces d'artillerie; mais la moitié à peine en état de servir. On s'explique difficilement cette incurie du gouvernement espagnol. C'était faire aux Turcs la partie un peu trop belle: Salah-Reis sut en profiter.

de l'Empereur contre vos ennemis, et que de votre côté vous ferez tout ce qu'il vous sera possible pour le service de Sa Majesté.

Afin que je sache bien ce que vous désirez et que vous soyez instruit de ce que nous attendons de vous, il convient que vous nous envoyiez ici quelques personnes de marque et de confiance, munies d'un pouvoir pour traiter en votre nom.

Nous avons à conférer des choses suivantes :

J'aurai besoin d'être renseigné au sujet des forces dont vous pouvez disposer pour l'entreprise d'Alger et des garanties que vous nous fournirez comme sûreté de votre parole. Je voudrais savoir aussi ce que vous demandez que Sa Majesté fasse pour vous, au cas où l'on se rendrait maître de cette place. Vous nous direz tout ce que vous avez appris par vos espions, si les habitants sont bien ou mal disposés pour Barberousse, si la ville est suffisament approvisionnée, quel est le nombre exact des Turcs et des pièces d'artillerie, en un mot, tout ce qu'il vous paraîtra utile que nous sachions pour nous aider à chasser ce tyran du pays. Vous pouvez être assuré que si, avec l'aide de Dieu, Sa Majesté s'empare d'Alger, elle fera la part que votre honorable personne mérite.

En ce qui regarde le royaume de Tlemsên, je désire que vous deveniez l'ami et l'allié de Mouleï Abd-Allah et de son aïeul Abd-er-Rahmân ben Redouan, qui sont des bons serviteurs de Sa Majesté et ennemis de Barberousse. Je vous prie de vous rapprocher du territoire des Beni-Rachid, et, si cela est nécessaire, d'entrer dans le royaume et de vous joindre à Mouleï Abd-Allah. Vous me ferez connaître, aussi brièvement que possible, ce que vous demandez pour nous rendre ce service. Je puis vous promettre que, si Mouleï Abd-Allah devient roi de Tlemsên, vous aurez en lui un bon fils et en moi un ami dévoué qui vous viendront en aide dans toutes les affaires du Levant et du Ponant (1).

---

(1) Il paraît que les négociations avec le roi de Tlemsên n'avaient pas abouti ; mais nous ne savons pas ce qui était arrivé.

LXXX

COMPTE-RENDU DES LETTRES QUE LE COMTE D'ALCAUDÈTE A ÉCRITES LE 28 ET 29 AVRIL

mai, 1536.

(Arch. de Simancas. — Estado, Legajo 463).

1, 2, 3. — Les trois premiers paragraphes sont relatifs aux approvisionnements. La récolte de l'année précédente a été mauvaise, et la ville d'Oran manque de blé. Le comte se plaint aussi qu'on ne paie pas les troupes régulièrement : elles viennent seulement de toucher le second tiers de leur solde de 1535. Les soldats sont mécontents et demandent à s'en retourner en Castille.

4. — On s'attend cette année à une démonstration de Barberousse. Le comte écrit que, conformément au désir que lui a exprimé Sa Majesté et bien qu'il ai résidé à Oran six mois de plus qu'il n'y est obligé, il n'ira pas en Espagne avant la fin de l'été.

5. — En ce moment il fait réparer les murailles de la ville et de Mers-el-Kebir, et fortifier la montagne. On presse les travaux autant qu'il est possible.

6. — Il dit que le 12 avril, D. Fransisco de Cordoba, son fils, étant sorti d'Oran pour faire du bois, a rencontré à deux lieues de la ville un nègre, renégat portugais, que le raïs turc qui rôde sur la côte avec deux galiotes, avait envoyé à terre. Ce commandant, dont la croisière n'a pas été heureuse, avait résolu de tenter une surprise de nuit dans le port de Mers-el-Kebir, et à cet effet il avait chargé le dit nègre de s'informer s'il s'y trouvait quelque bâtiment de haut bord.

Voici les nouvelles d'Alger que le comte a apprises de cet espion :

Le nombre des Turcs et Andalous (*Mudejares*) qui se trouvent dans cette ville, ainsi qu'à Cherchêl, Miliana, Medea et Tenez, ne s'élève qu'à 12 ou 1,500. On ne sait rien de Barberousse; on dit qu'il est à Rhodes avec la flotte du sultan.

Alger, comme Oran, souffre de la disette. La mesure de blé, un peu moins d'une demi-fanègue, s'y vend une *dobla* et demie.

Il y a deux mois à peu près, un gros navire français a mouillé dans le port d'Alger. Il apportait des draps, du vin, du sel et des épices. Quand les galiotes ont quitté Alger, il était occupé à charger des cires, du lin et des laines. On a dit au nègre que ce même navire devait revenir incessamment avec un chargement d'armes, et un marchand français, nommé *Juaner*, est resté à Alger pour attendre son retour. — Il y avait à bord de ce navire un gentilhomme bien mis et de bonne mine, porteur d'une lettre du roi de France pour Hacen Agha, lieutenant de Barberousse; c'est du moins ce que l'on a raconté au nègre. Les gens de l'équipage ont dit aussi que, lorsque ce dernier partit pour Constantinople, le roi de France envoya quelques galères pour se joindre à lui; mais qu'elles arrivèrent trop tard (1).

Les Algériens, qui savent que l'Empereur prépare une grande *armada*, se fortifient en toute hâte. Ils ont construit, dans l'endroit où se trouvait le Péñon, un nouveau bastion pour défendre l'entrée du port.

Le nègre assure aussi que le roi de Tlemsên a écrit à Hacen Agha de prévenir Barberousse, lorsqu'il reviendra, que la ville d'Oran manque de vivres et que les murailles tombent en ruines. Il a promis, si Barberousse se présentait avec sa flotte devant la place, de se mettre en campagne avec tous ses gens.

(1) « Podian haber dos meses que fué à Argel una nao gruesa francesa que llevò panes y vino y sal y canela; quando las galeotas particeron quedaba cargando de cera y lino y lana, y oyò dezir que luego habia de volver con armas y que quedò un mercader aguardando que volviese el qual cree se llama *Juanes*. — En la dicha nao iba un caballero francès bien dispuesto y aderecado y habia traido cartas del rey de Francia para Acen Aga, capitan general de Barbarosa; y los Franceses que iban en la dicha nao habian dicho que, quando Barbarosa se partiò, el rey habia enviado algunas galeras que le acompañasen, y no le pudieron alcançar. »

7. — Le comte informe Sa Majesté que Ben Redouan se trouve dans le voisinage de Tlemsên et qu'il tient la ville bloquée. Presque tous les Arabes font cause commune avec lui, et ils espèrent s'en emparer ; mais le comte dit qu'il ne le croira que lorsqu'il l'aura vu. Une première fois, Ben Redouan a été bien près de gagner la partie, et il l'a perdue par sa faute.

8, 9. — Le Kaïd Hamida a répondu à la lettre que le comte lui avait écrite. Il fera en faveur de Ben Redouan ce que demande le comte. Si Sa Majesté se décide à faire l'expédition d'Alger, il promet de donner 3,000 lances et de fournir aux troupes, à un prix raisonnable, tous les vivres dont elles pourraient avoir besoin. Le comte est d'avis qu'il faudrait profiter de l'absence de Barberousse pour faire cette expédition. Le moment serait bien choisi.

10. — Il arrive souvent que le comte ne peut pas faire partir en temps utile les messagers qu'il envoie à Sa Majesté. Le payeur répond toujours qu'il manque d'argent. Le départ d'un brigantin ou même l'envoi d'un espion est devenue une grosse affaire. Le comte demande que Sa Majesté lui permette de prendre sur les rentes de la ville l'argent nécessaire pour cet objet. (1)

11. — Il réclame aussi les 100 mille maravédis qu'il doit recevoir chaque année comme corrégidor et qu'il n'a pas touchés.

LXXXI

LETTRE DE D. BERNARDINO DE MENDOZA AU GRAND-COMMANDEUR DE LÉON

La Goulette de Tunis, 24 mai 1536.

(Arch. de Simancas. — Estado, Legajo 463).

Le 16 mai, j'ai écrit longuement à Votre Seigneurie. Ce que

---

(1) La situation faite au gouverneur d'Oran et aux commandants des autres places frontières en Afrique par le manque d'argent où on les laissait, devait être fort difficile. On était souvent obligé d'attendre, parce qu'on manquait des fonds nécessaires, et on laissait ainsi échapper l'occasion propice. On est un peu moins étonné, après avoir lu ces détails, de ce que les Espagnols n'aient pas fait en Afrique tout ce qu'ils auraient pu faire.

j'ai à lui mander aujourd'hui, c'est que le roi de Tunis ne paie pas les soldats de la garnison de Bône. Il prétend qu'il n'y est pas obligé, et que, d'ailleurs, son Kaïd manque d'argent, attendu qu'Alvar Gomez ne lui a pas donné ce qui lui revenait, à lui et à ses cavaliers, des différentes razzias que l'on a faites. Le roi n'a pas raison de se plaindre : son Kaïd a reçu sa part du butin calculée sur le nombre de ses gens. Ce sont les Maures eux-mêmes qui me l'ont assuré. Ce qu'ils voudraient tous deux, c'est que le produit des razzias fût partagé par moitié ; mais, à mon avis, cela serait injuste. Le Kaïd n'a que 60 cavaliers, et les Chrétiens sont au nombre de 4 ou 500 fantassins et de 20 lances.

Votre Seigneurie peut être bien persuadée que, dans cette affaire comme dans toutes les autres choses, Alvar Gomez se conduit très-loyalement ; mais comme ceux de Bône n'ont pas voulu se soumettre au roi ni recevoir son gouvernement, ce qui est cause que le roi et le Kaïd se trouvent à court d'argent, ils cherchent des prétextes pour se dispenser de payer (1).

Je donne avis de tout ceci à Votre Seigneurie, pour qu'elle soit informée de la vérité et qu'on n'accuse pas Alvar Gomez qui ne mérite aucun reproche.

LXXXII

LETTRE DU COMTE D'ALCAUDÈTE A SA MAJESTÉ

Oran, 5 juin 1536.

(Arch. de Simancas. — Estado, Legajo 463.)

Le 25 du mois dernier, deux caravelles (2) sont entrées dans le port d'Oran. Elles nous ont apporté 3700 fanègues de blé que nous envoient les fournisseurs de Malaga, ainsi que Votre Majesté le leur a ordonné. J'ai reçu également de chez moi 3,000 autres

---

(1) « Vuestra Senoria puede tener por cierto que asi en esto como en las otras cosas, Alvar Gomez lo ha hecho con ellos muy bien, mas como los de la tierra de Bona no han querido recibir al rey y à su alcayde, no tienen de que pagar y buscan maneras para escusarse. »

(2) *Caravela*, sorte de navire rond ou à formes arrondies, portant des voiles latines.

fanègues de blé et 500 d'orge. L'arrivée de ces navires a eu lieu bien à propos : nous n'avions plus de pain, et les autres vivres commençaient à nous manquer.

D'après ce que Votre Majesté m'avait écrit, je pensais que nous recevrions en même temps l'argent nécessaire pour payer le terme échu de la solde des troupes ; mais il n'est rien venu. C'est très-fâcheux. Les soldats souffrent beaucoup et ne trouvent plus personne qui consente à leur faire crédit. J'ai déjà dit à Votre Majesté combien nous avons de peine à pourvoir à la subsistance de la garnison. Je l'ai dit et écrit tant de fois que je ne veux pas l'importuner d'avantage à ce sujet (1).

La guerre a duré entre le roi de Tlemsên et son frère Mouléï Abd-Allah tant que les Arabes ont pu tenir la campagne. Ainsi que je l'ai mandé à Votre Majesté, Ben Redouan qui s'était avancé avec des forces nombreuses jusque sous les murs de Tlemsên, a tenu la ville bloquée pendant quatre mois ; il a même essayé de s'en rendre maître par surprise ; mais il n'a pas réussi. Ceux des habitants qui étaient pour lui n'ont pas osé se déclarer en sa faveur, parce que le roi avait trop bien pris ses précautions ; la ville était pleine de gens de guerre, et les portes toujours bien gardées. Mouléï Mohammed a fait aussi couper la tête à quelques Maures qui lui étaient suspects, et la crainte a empêché les autres de remuer.

Dans les premiers jours du moi de mai, les Arabes sont repartis pour le Sahara : c'est le temps où ils y retournent, parce que leurs chameaux ne peuvent vivre dans ce pays. Ben Redouan m'ayant fait dire qu'il désirait venir ici avec son petit-fils, j'avais donné ordre à deux brigantins de se rendre à Melilla, afin qu'il pût s'y embarquer. Malheureusement, ces navires ont été retardés par le vent contraire, et Ben Redouan, qui les avait attendus vainement, ne se trouvait plus à Melilla lorsqu'ils s'y sont présentés.

---

(1) « Por lo que Vuestra Majestad ha escrito, creia que en estos navios viniera la paga del tercio pasado deste ano, y como no ha venido ninguna razon desto, la gente pasa mucho trabajo porque no hallan quien les dé lo necesario para comer. Lo que se paga de trabajo a entretenellos, y lo he escrito y dicho tanto en esta matéria que no quiero enojar mas a Vuestra Majestad sobre ello. »

LXXXIII

LETTRE DE MOULÉÏ MOHAMMED AU COMTE D'ALCAUDÈTE.

Tlemsên, 12 juin 1536.

(Arch. de Simancas. — Estado, Legajo 463).

Il y a longtemps que je ne vous ai écrit. Le grand embarras dans lequel je me suis trouvé en a été la cause ; mais je me souviens des promesses que je vous ai faites et je suis toujours disposé à les tenir. Je vous prie de mettre en oubli tout ce qui s'est passé jusqu'à ce jour. Qu'il n'en soit plus question, et que chacun fasse ce qu'il doit et accomplisse ce qui a été convenu (1).

J'ai causé de toutes ces affaires avec votre châtelain. Il vous écrira à ce sujet, et je m'en remets à lui. Je vous envoie Alcantara (2) votre serviteur, qui vous dira ma volonté et vous racontera ce qui est arrivé ici. Veuillez le renvoyer à Tlemsên le plus tôt possible avec une bonne réponse, ainsi que je l'espère de vous.

LXXXIV.

PROCÈS-VERBAL DE LA CONFÉRENCE QUI A EU LIEU ENTRE LE COMTE D'ALCAUDÈTE ET LES CHEIKHS ARABES DU PARTI DE BEN REDOUAN, POUR LA REDDITION DES OTAGES (3).

14 juin 1536.

(Arch. de Simancas. — Estado, Legajo 463).

En la noble y leal ciudad de Oran, quatorce dias del mes de

---

(1) Le roi de Tlemsên cherche à renouer les négociations, mais toujours avec l'arrière-pensée de dégager sa parole, aussitôt que l'occasion s'en présentera. Il faut avouer que les rois Beni-Ziân, placés entre les Espagnols et les Turcs, se trouvaient fort embarrassés. Au fond, ils n'aimaient ni les uns ni les autres et les redoutaient également.

(2) L'interprète Alcantara avait été fait prisonnier avec Alfonzo Martinez, au combat de Tifida.

(3) Ceux-ci redemandent leurs fils et leurs parents ; mais le comte ne veut pas s'en dessaisir. Pour terminer la contestation, Ben Redouan et le prince Abdallah offrent de se remettre eux-mêmes entre les mains du comte d'Alcaudète, en échange des otages que, sur leur demande, les cheikhs avaient consenti à donner.

junio, año del nacimiento de Nuestro Salvador Jesus-Cristo, de mil y quinientos y treinta y tres años, — El muy ilustre señor D. Martin de Cordoba y Velasco, conde de Alcaudète, señor de la casa de Montemayor, capitan général de los reynos de Tremecen y Tenez, y justicia mayor en la dicha ciudad por Su Majestad, etc.

Al tiempo que Su Majestad mandó ayudar y favorescer á Muley Baudila, rey foragido de Tremecen, y a Cid Aburrahamen Ben Reduan, su abuelo, para le meter en su reyno, el dicho rey y el dicho Ben Redouan metieron en esta ciudad ciertos Moros rehenes que le dieron los xeques y caballeros alarabes, que en la jornada fueron a servir al dicho señor rey, los quales dichos rehenos su señoria recibió para seguridad de la gente que desta ciudad enbió por mandado de Su Majestad, con el dicho Muley Baudila y Ben Reduan, y para satisfacer y pagar los otros gastos que en la dicha jornada se hiciesen, conforme al asiento que Su Señoria tomó con ellos.

Agora el dicho rey y Ben Reduan, con los dichos xeques y caballeros alarabes son venidos obra de dos leguas de esta ciudad y desde donde han enbiado á dezir á Su Señoria, los dichos xeques y caballeros alarabes, especialmente los del linage de Aulete Muça, que le suplican salga con la gente de guerra al campo, porque ellos le quieren hablar en presencia del dicho rey y Ben Redouan, cerca de los rehenes que en esta dicha ciudad tienen.

Su Señoria, por complacer á los dichos caballeros, ha respondido que iria al campo; mas porque podria ser que lo que se platicase allá conviniese que paresciese asentado por escrito para si fuese necesario informar dello á Su Majestad y por otros justos respetos, mandó al licenciado Rodrigo de Contreras, su teniente de la justicia de la dicha ciudad, se hallase presente à lo susodicho, y á nos los escribanos publicos del nùmero de la dicha ciudad que diesemos por testimonio, lo que, cerca de la negociacion susodicha, sucediese y se platicase y concertase con el dicho señor rey su abuelo y los dichos xeques y caballeros alarabes, para que todo paresciese por asiento.

In continente Su Señoria partió con la gente de guerra caminando hacia donde estavan las tiendas y aduares del dicho rey y su real, y yendo cerca de una torre que dicen la *Torre Quebrada*, se vinieron à juntar y hablar Su Señoria y el dicho señor rey y Ben Redouan y otros muchos xeques y caballeros alarabes y otros Moros y escopeteros turcos que venian en compañia y guarda del dicho señor.

Y asi juntos, Su Señoria dixo à Gonzalo Hernandez, jurado, y Alonso de Cabra, y Juan de Medina, y Juan de San Pedro, Lenguas y interpretes de la dicha ciudad que preguntasen á los dichos caballeros que era lo que le querian dezir y que lo dixesen, en presencia del dicho señor rey y su abuelo y de los otros caballeros cristianos que presentes estaban.

Luego con aprobacion de los otros interpretes, el dicho Gonzalo Hernandez habló en arábigo à los dichos caballeros y xeques, especialmente à los de Aulete Muça, en presencia de los otros caballeros de Aulete Abrahen y Benarax, y ellos dixeron que ya Su Señoria sabia como habian venido à servir al dicho señor rey, que para ello habian dexado en esta ciudad sus hijos y parientes en rehenes, y que el termino que con él habian puesto era cumplido; que ellos le habian servido muy bien hasta llegar á las puertas de la ciudad de Tremecen dos vezes, la una habian sido desbaratados y ido con el señor rey à la Zabara y de alli habian tornado á rehacerse de gente; y con ella el señor rey fué esta ultima vez sobre la dicha ciudad de Tremecen y la habia tenido cercada mas de seis meses, en la qual no entró por no acudille sus amigos y servidores de dentro; que pues ellos habian tan bien servido haziendo lo que habian sido obligados, que Su Señoria les mandase dar sus rehenes que en esta ciudad tenia.

Mandó Su Señoria á los interpretes que dixesen à los dichos caballeros Moros que él no habia recibido dellos los dichos rehenes, sino del señor rey y de Ben Reduan para seguridad de la gente que les dió y para pagar otras costas y gastos que en la dicha jornada se hizieron; y que quando le dieron los dichos rehenes no pusieron tiempo limitado para ello, y que cerca desto no tenian que hablar con Su Señoria, sino con el señor rey y su abuelo que estaban presentes.

Luego el dicho Gonzalo Hernandez habló con los dichos caballeros, y à lo que les dixó le replicaron el señor rey y Ben

Reduan, diziendo que era verdad que los dichos caballeros de Aulete les habian venido á servir por tiempo de un año y que para ello les habian dado los dichos rehenes; que el dicho año era cumplido y que ellos les habian prometido de volverles sus rehenes; que sublicaban á Su Señoria se los mandase dar porque los dichos caballeros fuesen contentos, pues el dicho señor rey se lo habia prometido.

Su Señoria respondiendo á lo susodicho, mandó al dicho Gonzalo Hernandez que dixese al señor rey y Ben Reduan que justo era, que con los dichos caballeros se hiziese todo buen cumplimiento, pues tan bien habian servido; pero que porque quando el recibió los dichos rehenos dió noticia dello à la corte, no se le podia dar ni soltar sin escrebillo á Su Majestad, para que cerca dello mandase lo que se debiese hazer, y que si no querian el señor rey y su abuelo aguardar á que escribiese, que dandole otros rehenes ó seguridad tan bastante como ellos, holgaria por hazelle plazer al señor rey de soltar los rehenes que pedian los dichos caballeros de Aulete Muça.

El dicho Gonzalo Hernandez habló con el señor rey y Ben Reduan y respondiendo á ello dixó que el dicho señor rey y su abuelo dezian que los dichos caballeros de Aulete Muça querian, con empeño, que se le diesen sus rehenes, que Su Señoria se los mandase dar y sacar luego de la ciudad, y que el señor rey y ben Reduan y la reyna, madre del dicho señor rey, quedarian por fiadores para cumplir y pagar todo lo que los dichos rehenes debian y eran obligados y debaxo de la misma obligacion, y que mañana vendrian á la ciudad á dar asiento cerca desto con Su Señoria.

Mandó Su Señoria al dicho interprete que dixese al señor rey y su abuelo que este negocio era importante y cosa que tocaba á Su Majestad; que no haria lo que debia en soltar los dichos rehenes hasta tener dentro de la ciudad de Oran otros tales rehenes y seguridad que cumplan y esten debaxo de la misma obligacion y segun y de la manera que ellos estaban; y que, en querer el señor rey y Ben Reduan y la señora reyna ponerse por rehenes en lugar de los susodichos hacian mucho y que lo mirasen bien, y que cosa nueva era que el rey y su abuelo se pusiesen en rehenes por sur criados y vasallos.

El dicho Gonzalo Hernandez habló al señor rey y a Ben Reduan, y ellos le replicaron á él, y el dicho interprete dixó á Su Señoria que el señor rey y su abuelo dezian que ellos, de su voluntad por cumplir con los dichos caballeros de Aulete Muça lo que les habian prometido, querian quedar y quedaban por rehenes, poniendose en las manos del señor conde, y que el dicho señor rey y Ben Reduan se querian ir luego con Su Señoria á la ciudad para estar dentro en ella y de la manera que Su Señoria fuese servido; y que ellos idos á Oran, Su Señoria mandase dar luego los dichos rehenes á los dichos caballeros, pues ellos le habian servido muy bien y tenian por cierto que ansi lo harian de aqui adelante.

Su Señoria, visto lo susodicho, mandó al dicho interprete que dixese al señor rey y Ben Reduan que, pues ellos querian entrar en Oran y quedar en rehenes, él los recibia y era dello contento, pues de su propia voluntad lo hacian; y que dixese à los dichos caballeros moros que eran en mucho cargo y obligacion á su rey que por ellos quisiese quedar en rehenes de sus criados, que nunca rey tal habia hecho, y que eran obligados de aqui adelante á serville bien y lealmente y como buenos vasallos.

Los dichos caballeros moros replicaron que habian servido y servirian lealmente al señor rey que lo hazia tan bien con ellos, y que con una soga al pescuezo moririan á su servicio.

Passada la dicha platica y concertado lo susodicho en cumplimiento dello, Su Señoria se vinó á Oran con el señor rey y Ben Reduan, y se entraron en la ciudad para soltar los dichos rehenes.

Y nos los dichos escribanos damos fé que los dichos Alonzo de Cabra, y Juan de Aranda, y Juan de San-Pedro, interpretes, dixeron que todo lo que Su Señoria habia mandado dezir al señor rey, y á su abuelo, y á los dichos caballeros moros, por lengua del dicho Gonzalo Hernandez, que él lo habia dicho y lo que ellos habian respondido asi mismo.

A esta platica fueron presentes por testigos los señores capitanes D. Francisco de Cordoba, y Mendez de Benavides, y el señor comendador Fray Antonio de Caravajal, y Pedro Davila, y los capitanes Luis de Rueda, y Luis Alvarez, y Diego de Navarrete, alcayde del Castillo de Raçalcaçar, y Garcia de Navarrete, alcayde de Màçarquivir, y Juan Diaz Romero, contador del sueldo de Su Majestad ; y presente tambien el dicho señor Rodrigo de Contreras, téniente de la justicia, que aqui firmó su nombre.

LXXXV

Lettre du comte d'Alcaudète a Moulëï Mohammed, roi de Tlemsên.

Oran, 15 juin 1536.

(Arch. de Simancas. — Estado, Legajo 463.)

Gonzalo de Alcantara m'a remis la lettre de Votre Seigneurie. Vous me mandez que vous êtes toujours dans les mêmes dispositions et que vous me renverrez les chrétiens prisonniers. Je veux bien le croire, puisque vous me le dites ; le châtelain d'Alcaudète m'écrit la même chose, et Alcantara me l'a assuré aussi de votre part. Vous demandez que tout soit oublié, que les bonnes volontés se manifestent de nouveau, et que, de mon côté, j'accomplisse ce que j'ai promis et signé de mon nom.

Que Votre Seigneurie soit bien persuadée que je n'ai pas changé de sentiments et que je n'ai jamais eu l'arrière-pensée de manquer à mes engagements lorsque je lui ai fait une promesse. Il me paraît fort inutile d'entamer de nouvelles négociations à cet égard. Votre Seigneurie a donné sa parole, et son honneur exige qu'elle rende les chrétiens.

Tant qu'elle ne l'aura pas fait, je ne puis ni ne dois rien lui dire de ce qu'a pu m'écrire l'empereur et des nouvelles qui me sont venues de Castille. J'ai longuement conféré de cette affaire avec Gonzalo de Alcantara, et je lui ai donné mes instructions; il vous dira aussi ce qui vient de se passer à Oran (1). Ainsi que le demande Votre Seigneurie, je le renvoie immédiatement à Tlemsên. J'espère que votre réponse ne se fera pas attendre : dans ces sortes d'affaires, il convient d'agir promptement.

---

(1) Allusion à l'échange des otages, dont il est parlé dans la pièce précédente.

LXXXVI

Lettre de Mouléï Mohammed, roi de Tlemsèn, au comte d'Alcaudète.

Tlemsén, 9 août 1536.

(Arch. de Simancas. — Estado, Legajo 463.)

Votre lettre m'a été remise par Abed... Je vous prie de m'envoyer une copie du pouvoir que vous avez dû recevoir de l'empereur et de me faire connaître en même temps les deux clauses du traité qui concernent Ben Redouan et les Arabes. Je vous demande aussi de prolonger de quelques jours le délai de 20 jours que vous m'avez accordé pour la reddition des prisonniers.

Ce n'est pas une affaire que l'on puisse terminer aussi promptement que vous paraissez le croire. Vous désirez que les chrétiens se rendent à Oran par terre, et je ne dois pas les laisser partir avant que toutes les précautions n'aient été prises pour que leur voyage puisse s'effectuer sans danger. J'ai fait dire au kaïd El-Mansour de venir à Tlemsên et d'amener avec lui une troupe de ses cavaliers. Mon intention est de le charger d'escorter lui-même les chrétiens, et aussitôt qu'il sera arrivé je les ferai partir. Vous avez bien voulu attendre jusqu'à ce moment, et j'espère que par amitié pour moi vous ne refuserez pas d'attendre encore un peu.

Si j'ai tant différé à vous répondre, c'est que je croyais qu'El-Mansour viendrait plus tôt. Il m'avait écrit qu'il avait seulement quelques petites affaires à terminer. Ne soyez pas fâché de cela. Pour ma part, je suis vraiment désolé de ce qui arrive; mais vous connaissez les Arabes : dans ce pays, on ne peut pas toujours faire les choses comme on le voudrait.

LXXXVII

Lettre du comte d'Alcaudète a Sa Majesté.

Oran, 12 août 1536.

(Arch. de Simancas. — Estado, Legajo 463.)

J'ai reçu, le 21 juillet, les lettres que Votre Majesté m'a écrites les 18 et 28 mai, et le 25, celles datées du 16 juin. J'ai été très-heureux d'apprendre le succès de la campagne de Votre Majesté en Italie pour l'affaire du duc de Savoie (1). J'espère que Dieu lui donnera toujours la victoire et déjouera les projets du roi de France. Ce sera justice, et le roi le mérite bien pour s'être allié avec les Turcs contre des chrétiens. Si Votre Majesté n'a pu mener à bonne fin la sainte croisade qu'Elle avait entreprise contre les infidèles, c'est le roi de France qui en a été cause. Nous sommes très-affligés de cela, car nous savons qu'on aurait pu, cette année, faire de grandes choses en Afrique. Je prie Dieu de conserver Votre Majesté, afin qu'après avoir châtié les mauvais chrétiens, elle puisse continuer la guerre contre Barberousse.

Je la remercie aussi des ordres qu'elle a bien voulu donner pour l'approvisionnement d'Oran. J'ai reçu l'argent qu'elle m'a envoyé pour payer aux troupes le premier terme échu de la solde de cette année. Les 200 hommes que j'avais demandés sont arrivés : ce sont de très-bons soldats. D'ici à une quinzaine de jours, si Dieu le permet, j'embarquerai pour l'Espagne. En ce moment, je puis m'absenter sans inconvénient, et je sais que je rendrai plus de services à Votre Majesté en me rendant auprès d'Elle pour l'informer de tout ce qui se passe dans le royaume et des affaires de Barberousse, qu'en continuant à résider ici. Grâce à Dieu, tout va bien à Oran.

Il y a deux jours, l'espion que j'entretenais à Alger est arrivé ici ; le pauvre diable était fort effrayé : il m'a dit qu'il a vu mettre à mort sous ses yeux trois de nos espions venus de Bougie à Alger. Je communiquerai à votre Majesté le rapport qu'il m'a fait.

J'ai essayé de traiter avec le roi de Tlemsên et fait tout mon possible pour obtenir de lui la remise des chrétiens. Lorsque,

---

(1) Au mois de février de cette année, François Ier avait donné ordre au comte de Saint-Pol d'envahir les États du duc Charles de Savoie. A l'approche des Français, Turin et presque toutes les villes du Piémont, mal défendues, s'étaient empressées d'ouvrir leurs portes ; mais la défection du marquis de Saluces, le seul allié que la France eût conservé en Italie, vint compromettre le succès des plans du roi. Attaquées par l'empereur en personne, les troupes françaises furent obligées d'évacuer le Piémont.

s'il plaît à Dieu, je pourrai partir, je raconterai longuement toute cette affaire à Votre Majesté. Le roi m'ayant demandé un dernier délai de 20 jours, j'ai cru devoir le lui accorder ; mais je sais qu'il a envoyé un messager à Alger pour conférer de cela avec Hacen Agha.

J'ai reçu une lettre du kaïd des Beni-Rachid, le principal conseiller du roi et celui qui conduit tout à Tlemsên. Il me mande que Mouleï Mohammed a la ferme volonté de faire ce qu'il a promis ; mais, comme il a contracté certaines obligations, il cherche un prétexte pour dégager sa parole. A cet effet, il a écrit à Hacen Agha et lui a demandé, pour se défendre contre nous et contre Mouleï Abdallah, mille Turcs et trente ou quarante pièces d'artillerie ; il lui a dit que, s'il ne pouvait lui envoyer ce secours, il serait obligé de traiter avec les chrétiens d'Oran afin de sauver sa personne et son royaume.

Le kaïd m'assure que c'est pour cela que le roi m'a demandé un délai de 20 jours, et qu'aussitôt qu'il aura reçu la réponse d'Hacen Agha, il renverra les prisonniers. Cinq jours se sont déjà écoulés, et bien que j'eusse fait toutes mes dispositions pour partir avec le temps propice que nous avons en ce moment, j'ai décidé d'attendre afin de savoir ce que fera le roi. Plaise à Dieu qu'il nous renvoie enfin les prisonniers !

LXXXVIII

LETTRE DU COMTE D'ALCAUDÈTE A D. JUAN VASQUEZ DE MOLINA, SECRÉTAIRE DU CONSEIL DE SA MAJESTÉ.

Oran, 12 août 1536.

(Arch. de Simancas. — Estado, Legajo 463).

Comme je sais que vous lirez la lettre que j'adresse à Sa Majesté et que vous apprendrez ainsi ce qui se passe de ce côté et mon départ prochain pour la Cour, je ne vous écrirai pas longuement, afin de ne pas gâter le plaisir que j'aurai de causer avec vous. Le pays est tranquille, et les choses vont de manière que ma présence est plus nécessaire là-bas qu'elle ne le serait ici. En partant, je laisserai tout en bon état.

J'ai fait publier les bonnes nouvelles que nous avons reçues du duché de Savoie. Tout le monde s'en est réjoui. Pour ma part, j'ai attrapé, au milieu de l'allégresse générale, un coup de canne à la jambe, qui m'a obligé de garder le lit dix ou douze jours. J'aurais pu partir néanmoins; mais j'ai voulu rester pour en finir une bonne fois avec les mensonges du roi de Tlemsên. Ses amis m'assurent qu'il tiendra les promesses qu'il nous a faites. Dieu le veuille! car il y a bien longtemps que nos pauvres soldats sont prisonniers; mais je ne puis le croire (1).

Il y a eu ici une grande mortalité parmi les bestiaux, et nous craignons de manquer de viande cet hiver. Je vous prie d'informer de cela Sa Majesté, afin qu'elle donne des ordres en conséquence aux fournisseurs de Malaga. S'ils peuvent nous envoyer pour cette époque 500 quintaux de porc salé, ils nous rendront un grand service.

LXXXIX

INSTRUCTION DU COMTE D'ALCAUDÈTE A ANTONIO DE VILLALPANDO SUR CE QU'IL DEVRA DIRE A SA MAJESTÉ, RELATIVEMENT A LA VENUE DE MOULEÏ ABDALLAH ET DE BEN REDOUAN, ET A L'ENTREPRISE DE TLEMSÊN.

..... 1536.

(Arch. de Simancas. — Estado, Legajo 463).

Voici ce que vous, Antonio de Villalpando, aurez à dire de ma part à Sa Majesté :

J'ai fait tout ce que j'ai pu pour attirer à Oran le roi Mouleï Abd-Allah.

Ce qu'il me paraît convenable de faire maintenant, c'est d'agir activement pour le placer sur le trône, ce qui importe beaucoup au service de Sa Majesté. On aura ainsi l'assurance d'être remboursé des dépenses de la première expédition, et on ne craindra plus de voir Barberousse s'emparer du royaume.

---

(1) « Con todo esto me partiera sino por llegar à cabo las mentiras del rey de Tremecen. Certificanme los suyos que cumplira : Dios lo haga, porque estos pobres cristianos no queden en poder de Moros, mas no lo creo. » — Comme on le voit, le comte d'Alcaudète n'était pas la dupe du roi de Tlemsên. Il était convaincu depuis longtemps de sa mauvaise foi.

Je demande 15,000 hommes et 300 *ginetes* des gardes de Sa Majesté pour entreprendre la conquête de Tlemsên. Je pense que quatre mois me suffiront pour me rendre maître de tout le pays. Mouleï Abd-Allah accepte à l'avance toutes les conditions qu'on voudra lui imposer.

Si Sa Majesté veut garder pour elle Tlemsên, je m'engage à défendre cette place, pendant un an, avec 4,000 hommes et 400 lances. Sa Majesté paiera la solde de la garnison, ainsi qu'elle le fait à Oran, et donnera l'artillerie et les munitions nécessaires. Quant à tout le reste, j'y pourvoirai moi-même.

Il me semble, si la guerre d'Italie est enfin terminée, qu'on peut me fournir sans inconvénient ce que je demande. Je ne doute pas de pouvoir réunir facilement 15 ou même 20,000 hommes, si Sa Majesté veut bien me donner des navires pour les transporter à Oran et me permettre en même temps de disposer des approvisionnements amassés depuis longtemps à Malaga.

Sa Majesté donnera aussi les instructions suivantes :

On ne pourra pas exiger des soldats le droit du cinquième (*quinto*), ou toute autre contribution, soit ici, soit en Espagne, sur le butin qu'ils auront fait.

Ils ne devront rien payer pour le passage de leurs prisonniers, s'ils veulent les emmener avec eux.

Il me sera loisible de choisir les capitaines et les officiers que je voudrai, me chargeant d'ailleurs de payer leur solde, sans que Sa Majesté y contribue en aucune manière.

Si l'on réussit à s'emparer de Tlemsên, Sa Majesté désignera, pour les lieutenances et autres emplois supérieurs, mes fils ou mes parents, reconnus habiles et suffisants pour remplir lesdites fonctions.

Elle me nommera aussi commandant en chef, dans le cas où l'on ferait l'expédition d'Alger avec l'armée de Tlemsên, et elle donnera des ordres pour que les troupes soient payées conformément à la coutume d'Espagne.

Si Sa Majesté veut, au contraire, que l'on attaque Velez (1)

---

(1) Le Pénon de Valez. En 1522 une trahison avait enlevé aux Espagnols ce poste important, dont s'était emparé, en 1508, le comte Pierre Navarro.

avec la même armée, et si le marquis de Mondejar est chargé de l'entreprise, je me montrerai satisfait et aiderai de tout mon pouvoir ledit marquis, si celui-ci le désire.

Dans le cas où Sa Majesté ne pourrait rien faire en ce moment en faveur de Mouleï Abd-Allah, je demande qu'on veuille bien lui accorder quelque chose pour son entretien, ainsi qu'on l'a fait pour d'autres infants et rois Maures. Il conviendrait également que Sa Majesté écrivît au prince, à la reine, sa mère, et à son aïeul, qu'elle a été heureuse d'apprendre leur venue à Oran et qu'elle les tient pour de bons serviteurs.

Mouleï Abd-Allah a amené avec lui quatorze ou quinze Turcs et Azouagues (1), que l'on ne peut laisser résider à Oran ; Sa Majesté devra aussi l'inviter à les congédier.

Si Mouleï Mohamed faisait demander la permission d'envoyer à la Cour des ambassadeurs par une autre voie que celle d'Oran, je prie Sa Majesté de ne pas lui accorder cette permission et de lui répondre que, jusqu'à ce qu'il ait renvoyé les chrétiens prisonniers, ainsi qu'il l'a promis, on n'écoutera aucune de ses propositions.

Si j'insiste autant pour que l'on fasse l'expédition de Tlemsên, c'est que le moment me paraît très-favorable.

Barberousse est toujours absent, et on ne sait pas à Alger quand il reviendra.

Dans le Maroc, la guerre a recommencé entre le roi de Fez et le chérif, et tous deux sont trop occupés pour songer à secourir Tlemsên ou Velez.

La récolte a été bonne, cette année, et le royaume est bien approvisionné de blé et d'orge. Mouleï Mohamed manque aussi de chevaux pour monter sa cavalerie. Cette année, il en est mort un grand nombre.

On a fait à Malaga de grands approvisionnements en prévision

---

(1) Kabyles du Djurjura. — Les Azouagues, dit Marmol, « sont gens belliqueux, qui vivent la plupart du temps sans reconnaître aucun seigneur, ni payer tribut à personne ; mais ils sont si brutaux, qu'ils s'entre-tuent pour peu de chose. Il y a parmi eux d'excellents arquebusiers. » — Ce nom se retrouve dans celui de *Beni-Azzoug*, très-commun en Kabylie.

de l'expédition projetée et, si on ne veut pas qu'ils achèvent de se perdre, il importe d'agir sans plus attendre.

XC

CE QUE MOULEÏ ABD-ALLAH S'OBLIGE A FAIRE, SI SA MAJESTÉ L'AIDE A RECOUVRER SON ROYAUME (1).

..... 1536.

(Arch. de Simancas. — Estado, Legajo 463).

La ville de Tlemsên étant prise, le roi Abd-Allah, avant toutes choses et dans le délai de dix jours, remboursera les frais de l'expédition.

Il acquittera immédiatement le tribut de 10,000 *doblas*, qui a été convenu, et prendra l'engagement de le payer toujours une année à l'avance.

Si l'on pense qu'il soit nécessaire d'envoyer ailleurs l'armée qui aura fait l'expédition de Tlemsên, il fournira, sur ce qu'il doit payer, la quantité de blé et d'orge et le nombre de bœufs (*vacas*) (2) que Sa Majesté exigera. Dans le cas contraire, il acquittera le tribut en argent, comme il est dit.

Trois mille cavaliers, commandés par Ben Redouan, se joindront à l'armée chrétienne si l'on se décide à attaquer Alger, et, pour aider aux dépenses de cette expédition, le roi Abd-Allah donnera et fera conduire à Oran 15,000 *fanègues* de blé, 5,000 d'orge et 1,500 bœufs.

Il livrera au capitaine-général de Sa Majesté 50 otages, choisis parmi les principaux cheicks arabes, ses parents et amis.

Si Sa Majesté veut faire construire un château dans le port d'Arzew et un autre à Archgoum, positions importantes dont l'occupation mettrait pour toujours ledit royaume à sa dévotion, le roi Abd-Allah fournira les matériaux pour la construction des

---

(1) Ce mémoire fut remis avec la pièce précédente à Antonio de Villapando.

(2) En Espagne, quand on veut parler de la viande que l'on vend ou que l'on mange, on ne se sert pas du mot bœuf (*buey*), mais du mot vache (*vaca*).

deux forteresses, et lorsqu'elles seront achevées, il ne s'opposera pas à ce que Sa Majesté y mette garnison et les munisse de l'artillerie qui sera nécessaire pour interdire l'entrée de ces deux ports aux flottes des Turcs, ou de toute autre nation ennemie de Sa Majesté (1).

Non-seulement le roi Abd-Allah servira Sa Majesté en ce qui vient d'être dit, mais il fera tout ce qu'il a promis dans le premier traité conclu avec le comte d'Alcaudète.

Enfin, si pour plus grande sûreté de la parole du roi, Sa Majesté demande que le *Mezouar*, le plus fort château de Tlemsên, soit occupé par ses troupes, Mouleï Abd-Allah permettra au capitaine-général d'Oran d'y mettre le nombre de soldats qui lui paraîtra nécessaire pour la défense du château, et aucun Maure, à moins d'y être autorisé par le capitaine-général, ne pourra entrer avec le roi dans le château ; de plus, Mouleï Abd-Allah et Ben Redouan approvisionneront la garnison de farine, de blé et d'orge, pendant tout le temps que Sa Majesté l'ordonnera.

Si, en raison de l'absence de l'empereur, Sa Majesté (2) ne croit pas devoir permettre de faire ce que demande le roi Abd-Allah, il la supplie de vouloir bien lui accorder, pour son entretien, le même subside qu'elle a fait donner à d'autres princes maures, ses alliés et ses serviteurs (3).

---

(1) « Que si Su Majestad fuere servido de mandar hazer una fortaleza en el puerto de Arceo y otra en Risgol, que son importantes para que aquel reyno este siempre à servicio de Su Majestad, Muley Baudila en los materiales para la obra y que despues de acabados Su Majestad mande poner la guarda y artilleria necesaria para que en estos dos puertos, no pueda surgir armada de Turcos ni otra ninguna contra la voluntad de Su Majestad. »

(2) L'empereur était toujours en Italie, et ce mémoire, ainsi que la lettre précédente, étaient adressées à l'impératrice.

(3) Les autres documents ne parlent pas des négociations du comte d'Alcaudète avec le roi de Tlemsên, et on ignore si ce dernier consentit enfin à renvoyer les soldats prisonniers. Dans une lettre de D. Alonzo de Cordoba à son père, qui porte la date du 4 janvier 1542 et que nous publions plus loin, il est question du châtelain d'Alcaudète (Alfonso Martinez de Angulo), qui doit se rendre en Espagne pour conférer avec le comte des affaires de Tlemsên. Si les soldats ne furent pas rendus, le commandant espagnol, du moins, recouvra sa

XCI

LETTRE DU ROI DE TUNIS AU GRAND COMMANDEUR DE LÉON.

Tunis.... . 1536.

(Arch. de Simancas. — Estado, Legajo 463).

J'envoie auprès de toi le fakir Mohammed, le premier de mes officiers. Il te dira de vive voix ce qui ne peut être écrit dans une lettre. J'ai demandé à l'empereur de m'envoyer une armée pour chasser les Turcs du royaume : ils ne sont que 500 ; mais tous ceux qui me veulent du mal se sont joints à eux.

Je n'ai d'espérance qu'en ta Seigneurie, parce que je sais en quelle estime te tient Sa Majesté. Souviens-toi que je suis entré dans ta maison et que j'ai mangé ton pain. Mohammed te remettra quelque chose que je te prie d'accepter. C'est un cheval aubère, à crinière large.

J'ai écrit à l'empereur de m'envoyer 2,000 soldats jusqu'à ce que l'armée puisse venir. S'il ne peut rien m'envoyer, je te demande de me fournir les moyens de quitter ce pays et de gagner en sûreté la terre des chrétiens. Je ne puis rester une heure dans Tunis, si Sa Majesté refuse de me venir en aide (1).

---

liberté. On sait qu'en 1544, le comte d'Alcaudète ayant enfin obtenu de l'empereur l'autorisation de faire l'expédition de Tlemsén, autorisation qu'il sollicitait depuis près de sept ans, se dirigea sur cette ville avec une armée de 9,000 hommes et s'en rendit maître sans beaucoup de peine. Mouleï Mohammed n'avait pas osé attendre les Espagnols et s'était enfui Le comte demeura 40 jours à Tlemsén, et y ayant laissé le prince Abd-Allah, revint à Oran ramenant avec lui les quatre canons pris lors de la défaite d'Alfonso Martinez..

(1) « Avisote como allà va el faqui Mahoma cabeza de nuestros oficiales ; avisarate de boca de lo que no puede caber en carta. Yo he escrito al emperador que me enbie una armada para echar los Turcos de la tierra, que seran hasta quinientos, mas todos los malos hombres se han juntado con ellos. — No tengo esperanza en otro sino en tu Senoria, porque sé el grado en que te tiene Su Majestad. Acuerdate de mi que he entrado en tu casa y comido tu pan. Enbiote una cosa, tu Senoria la reciba : es un caballo hobero (*) de crines largas.

(*) *Hobero, overo.* On le dit d'un cheval dont la robe est couleur de fleur de pêcher, entre le blanc et le bai.

XCII

COMPTE RENDU DES LETTRES QUE LE ROI DE TUNIS ET D. BERNARDINO DE MENDOZA ONT ÉCRITES A SA MAJESTÉ.

Sans date (1536).

(Arch. de Simancas. — Estado, Legajo 463).

Voici ce que le roi de Tunis dit dans sa lettre :

« Que Sa Majesté lui envoie une armée pour chasser les Turcs du royaume et l'aider à faire rentrer dans le devoir les Maures rebelles. Il offre de remettre aux officiers de Sa Majesté les forteresses qu'elle désignera, et Sa Majesté pourra les conserver ou les démanteler, si elle le juge à propos. Comme cette armée ne peut venir assez vite, le roi demande 2,000 soldats pour commencer la guerre immédiatement. Si Sa Majesté ne peut pas les lui donner, il la supplie de lui envoyer des navires, afin qu'il puisse se retirer en sûreté sur les terres de Sa Majesté. Il lui est impossible de se maintenir plus longtemps dans Tunis. Il demande aussi qu'il lui soit permis d'acheter des armes et des munitions. »

Le Maure qui a apporté la lettre du roi n'est muni d'aucun pouvoir pour traiter. Le roi écrit qu'il s'en remet à lui pour toutes les autres choses dont il ne parle pas. Ce Maure, au nom de son maître, promet que ce dernier, rétabli pacifiquement dans Tunis, livrera non-seulement les forteresses, mais remboursera tout ce que Sa Majesté aura dépensé pour lui rendre son royaume.

Le capitaine Varaez, envoyé auprès de Sa Majesté par D. Bernardino, dit que le roi de Tunis ne peut se maintenir dans la ville, si on ne lui donne pas quelques troupes pour y tenir garnison. Le roi qui le sait bien, a offert lui-même à D. Bernardino

---

— He escrito al emperador que me enbie dos mil soldados hasta que venga el armada. Si no viene nada, embiame conque me venga á tierra de cristianos y dexé esta tierra. No puedo estar una hora en Tunez si no tengo socorro y ayuda de Su Majestad. »

de payer la solde de mille soldats et de faire construire pour eux une forteresse où ils pourront résider en toute sécurité, dans le lieu que choisira le commandant de La Goulette. Le capitaine dit aussi que D. Bernardino peut obliger le roi à faire construire cette forteresse, alors même qu'il aurait menti (1).

Depuis que le Maure et le capitaine sont ici, on a reçu deux autres lettres du roi et de D. Bernardino. La lettre de ce dernier à laquelle se réfère Mouleï Hacen est chiffrée. Elle est relative à la ville d'Africa. D. Bernardino, qui sait que Sa Majesté désire posséder, depuis longtemps, cette place importante, a tout fait auprès du roi pour obtenir de lui qu'il le secondât dans cette affaire. Un marabout, ami d'enfance de Mouleï Hacen, que les Maures tiennent en grande estime, est le maître d'Africa : c'est lui qui garde les clefs des portes. Sondé au sujet de ce marabout, le roi a répondu qu'il essaiera d'entrer en pourparlers avec lui, si l'on envoyait la flotte qu'il a demandée, et il a promis, si le marabout consentait à lui livrer la ville, de la remettre à D. Bernardino, sous condition, toutefois, que les Maures ne seront pas faits esclaves, et que l'on permettra à ceux qui voudront se retirer, d'emporter ce qu'ils pourront de leurs effets. D. Bernardino supplie Sa Majesté de lui confier le commandement de cette expédition. Il peut, sans inconvénient, s'absenter de La Goulette, étant sûr, comme de lui-même, du lieutenant qu'il y laissera. Pour mener à bien cette entreprise, il ne demande que quinze galères et 1,500 soldats ; il dit même que la garnison de La Goulette pourra fournir un certain nombre d'hommes, attendu la proximité des deux places et la facilité des communications.

D. Bernardino écrit, en outre, que le roi a fait tant de mal aux Maures et s'est rendu si insupportable à tous, qu'il est urgent de mettre un terme à cette situation impossible.

---

(1) On lit en marge : D'Asti, on a déjà écrit à ce sujet au roi et à D. Bernardino. Le Conseil pense qu'il convient d'attendre On s'occupera de cette affaire, lorsque Sa Majesté en aura le loisir, et l'on verra alors ce qu'il est opportun de faire pour son service. — Cette note marginale nous fait connaître la date de ce rapport et de la lettre qui précède. Au mois de juin 1536, Charles-Quint se trouvait à Asti, où il réunissait son armée pour envahir la Provence.

De deux choses l'une, il faut que Sa Majesté oblige le roi à abandonner Tunis ou qu'elle en chasse tous les habitants. L'avis de D. Bernardino serait que l'on fît maintenant ce que l'on sera obligé de faire plus tard, c'est-à-dire que Sa Majesté prît possession de Tunis. En garantissant aux Maures bonne et prompte justice, ainsi que la libre disposition de leurs propriétés, ils se soumettront volontiers et deviendront d'utiles auxiliaires. Moyennant le tribut et les autres droits qu'ils paieront, on pourra entretenir la troupe chargée de la garde de la ville, et il sera facile aussi, lorsqu'on sera maître du pays, d'approvisionner à peu de frais le corps d'armée qui devra faire l'expédition d'Africa. La contrée autour de Tunis est très-fertile, et les denrées de toute sorte y abondent.

Quant aux autres places fortifiées du littoral, D. Bernardino pense qu'il conviendrait de les démanteler. De cette manière, les corsaires n'auront plus de ports pour se ravitailler ou pour échapper à la poursuite des galères de Sa Majesté, et la navigation, le long des côtes, pourra se faire avec plus de sécurité. Les Maures de ces villes n'oseront plus également acheter le butin fait par les corsaires, dans la crainte d'un châtiment qui ne se ferait pas attendre.

On croit qu'il serait dangereux de permettre à Mouleï Hacen d'acheter des armes et des munitions. Il faut aussi que le roi livre des otages et donne toutes les sûretés possibles, autrement on n'obtiendra jamais de lui la vérité et, le moment venu, il se refusera à faire ce qu'il aura promis.

Dans tous les cas, il importe d'agir avec promptitude, surtout en ce qui concerne la ville d'Africa. Si les Maures viennent à soupçonner ce que l'on veut faire, ils appelleront aussitôt les Turcs. Comme l'ambassadeur du roi de Tunis pourrait parler, il conviendrait même de le retenir en Espagne, jusqu'à ce que l'on eût pourvu à tout. On peut facilement répondre à Mouleï Hacen par une autre voie.

D. Bernardino écrit que le roi a auprès de lui un renégat, que les Maures appellent Kaïd Ferah. Cet homme est un grand ennemi des chrétiens et les traite fort mal. On pense que Sa Majesté ferait bien d'écrire à Mouleï Hacen de châtier ce misérable ou de le renvoyer (1). D. Bernardino demande aussi qu'on lui envoie des lettres pour certains cheiks Arabes ; il donne leurs noms dans un mémoire qu'il a transmis au Conseil.

XCIII

MÉMOIRE SUR LES CHEIKS ET LES ARABES DU ROYAUME DE TUNIS

..... 1536.

(Arch. de Simancas. — Estado, Legajo 463).

J'adresse la présente relation à Sa Majesté pour qu'elle soit informée de la force numérique des Arabes du royaume de Tunis et qu'elle connaisse les localités qu'ils habitent.

I

La tribu des Ouled Saïd est une des plus puissantes du royaume (2). Elle compte huit cheiks ; le principal d'entre eux se nomme Baldiaf. Le nombre des cavaliers de cette tribu s'élève en tout à 2,700. Ils sont répartis de la manière suivante :

Le cheikh Baldiaf peut réunir 500 lances. Son territoire s'étend de Mouestir jusqu'à Djemal (3). C'est une ville de 500 maisons, située à dix milles à l'ouest de Mouestir.

Le cheikh Ahmed ben Mezouar peut réunir 300 lances. Ses douars confinent avec ceux de Baldiaf.

Le cheikh Beni-Dilgueli peut réunir 500 lances. Il habite El Djezira (4), à dix mille à l'est de la Goulette.

---

(1) Ce kaïd *Ferah*, ainsi nommé par les Arabes à cause de son caractère peu facile, était un renégat corse, fort dévoué à Mouleï Hacen. Il le prouva quelques années plus tard en se faisant tuer pour lui, lorsque le prince Hamida, révolté contre son père qui se trouvait alors en Italie, se fit proclamer roi de Tunis.

(2) *Guelet Cerd*. — Aujourd'hui cette tribu compte à peine 500 cavaliers.

(3) Djemal, située à 26 kilomètres au sud-est de Sousa, sur la route de Sfaks. Pélissier lui donne près de 6,000 habitants. C'est le siège d'un khalifa ou lieutenant du kaïd de Sousa.

(4) Sans doute la presqu'île du cap Bon, que Bekri et Ebn Khaldoun appellent *Djarirat el Cherik*. Les Arabes lui donnent maintenant le nom de *Da Khelat el Maouïn (Dakhela*, entrée, coin, qui entre).

Le cheikh Ahmed Beni-Dilgueli peut réunir 300 lances. Son territoire s'étend de Kalibia jusqu'à certains villages connus sous le nom de Ben-Saïd.

Le cheikh Abd-Allah ben Ahmed peut réunir 200 lances. Il occupe le même territoire.

Le cheikh Ahmed ben Marabet peut réunir 400 lances. Ses douars sont situés au pied de la montagne de plomb (1), à douze milles au sud de La Goulette. Ce cheikh est celui qui sauva Barberousse (2). C'est un de ses plus fidèles alliés. Il est parti pour le Sahara et se trouve en ce moment dans le voisinage d'une ville que l'on appelle Biskra et qui compte 2,000 maisons.

Le cheik Ali el Marabet peut réunir 400 lances; c'est le frère du précédent. Il est de la même opinion et demeure avec lui.

Le cheik Ahmed ben Brahen peut réunir 100 lances. Cousin germain des deux cheiks dont il vient d'être parlé, il est comme eux partisan dévoué des Turcs et occupe la même plaine, au pied de la *Montagne de plomb*.

II

La tribu des Ouled Bellil (3) compte six cheiks. Le principal d'entre eux se nomme Abd el Melek. Le nombre des cavaliers de cette tribu s'élève à 1,500.

Le cheikh Abd el Melek peut réunir 400 lances. Ses douars sont disséminés dans les montagnes, autour de Badja (4), à 65.

---

(1) La montagne de plomb, le *Djebel er Ressas* ou *Monte-Plombino*. Au pied de la *Sierra* s'étend une riche plaine, arrosée par de nombreux cours d'eau.

(2) Aucun historien ne parle de ce cheik arabe qui *sauva Barberousse*. Rotalier raconte la fuite de Khaïr ed Din, et voici ce qu'il dit : « En se retirant de Tunis, Barberousse prit d'abord le chemin de Mahedia (Africa). Il fit environ 4 milles dans cette direction, marchant sous un soleil accablant et perdant quelques hommes tant par la chaleur que par le fer des Arabes. A peine vaincu, il ne trouva plus en eux que des ennemis ; il faillit même tomber entre leurs mains. »

(3) *Guelet Beley*.

(4) « Beja (Badja), dit Marmol, est une des plus riches places de l'Afrique en blé. Elle en pourvoit Tunis et une grande partie du royaume. Les Arabes disent que s'il y avait une autre ville comme celle-là, le blé serait aussi commun que le sable. »

milles à l'Ouest de Tunis. C'est une ville de 2,500 maisons. Le pays de Badja est le plus riche en blé de tout le royaume.

Les cheikhs Saula et Abd el Aziz peuvent réunir chacun 200 lances et occupent le même territoire que le cheikh Abd el Melek.

Le cheikh Ali ben Bouchina peut réunir 300 lances. Ses douars sont également situés dans le voisinage de Badja.

Le cheikh des Ouled Mendil peut réunir 150 lances. Il habite Mater (1), à 12 milles de Bizerte.

Le cheikh El Mansour ben Touroug, peut réunir 300 lances. Ses douars sont contigus à ceux du précédent.

III

La tribu des Beni Helâl (2) compte douze cheikhs, et le nombre de ses cavaliers s'élève à 5,250. Trois fractions de cette tribu obéissent à Baldiaf, à Abd el Melek et à Ahmed ben Marabet.

Le cheikh des Ouled el Hach peut réunir 300 lances. Son territoire s'étend du Raz el Djebel (3) jusqu'à Bizerte. C'est un massif de montagnes, à douze milles au nord de Tunis.

Le cheikh des Ouled Eudel, peut réunir 300 lances. Ses douars confinent avec ceux du précédent.

Le cheikh des Ouled Bou-R'his (4) peut réunir 150 lances. Il occupe le même territoire que les deux autres.

Le cheikh des Ouled............ peut réunir 300 lances. Il habite à vingt milles du détroit de l'île de Djerba.

Le cheikh des Ouled Nacer (5) peut réunir 100 lances. Ses douars sont situés entre Africa et Sfaks.

---

(1) Mater, l'ancien *Oppidum Materense* de Pline. — Cette petite ville, bâtie sur une éminence, au milieu d'une plaine fertile qu'arrose l'oued Djounîn, est aujourd'hui encore dans une position prospère. Sa population est de 3,000 âmes. C'est un marché où les tribus du Mogod, placées sous le commandement du kaïd de Mater, viennent s'approvisionner d'objets manufacturés et vendre le superflu de leurs produits.

(2) *Beni Ely*.

(3) Raz el Djebel, *le Cap de la Montagne*, petite ville située entre raz Sidi Ali el Meki et Biserte.

(4) *Guelet Burhiz*.

(5) *Guelet Naça*.

Le cheikh des Ouled Cheima (1) peut réunir 600 lances.

Il y a une fraction de la tribu des Beni Helâl que l'on connaît sous le nom de *Bahir*. Ces Arabes, qui n'ont pas de cheikh, habitent les montagnes entre Africa et Sousa.

Le cheikh el Mazaïa el Houceïn peut réunir 150 lances. Ses douars sont dispersés autour de Sfaks qui lui appartient.

IV

La tribu des Ouled Cheifa (2) compte quatre cheikhs. Le nombre de ses cavaliers s'élève à 1,500.

Le cheikh Abd el Giaffar ben El Guelfi et son frère, qui est cheikh des Ouled Ali, peuvent réunir 500 lances. Ils habitent Cheres Oul Ahmed, entre Badja et El Orbes, grande terre de plus de 2,000 maisons, au midi de Badjà.

Le cheikh El Mansour ben Fat et celui des Oulad Soltan peuvent réunir 1,000 lances. Leurs douars sont situés dans le voisinage de Bône.

V

La tribu des Ouled Yahia, que l'on appelle aussi Riah, compte 1,500 cavaliers. Elle n'a que deux cheikhs, qui sont frères et oncles du roi de Tunis. L'un se nomme Ali et l'autre Talem. Leur territoire s'étend de Kaïrouan jusqu'à Teboursouk, grande terre à cent milles à l'ouest.

VI

La tribu des Ouled Melhel compte six cheikhs. Le nombre de ses cavaliers s'élève à 1,400.

Le cheikh ben Ahmed ben Mezquin, le plus puissant de cette tribu, peut réunir 500 lances. Il habite entre Badja et El Orbes.

Le cheikh Almaragin et celui des Ouled Sedira (3) peuvent réunir 500 lances. Leurs douars sont situés dans le Sahara, dans le voisinage de Zafra. Ces deux cheikhs, qui sont frères, ont embrassé le parti de Barberousse.

---

(1) *Guelet Xemha.*
(2) *Guelet Xeyfa.*
(3) *Guelet Cedera.*

Le cheikh des Ouled Aoun peut réunir 200 lances. Il habite une montagne entre Badja et Kaïrouan, où l'on trouve 200 villages.

Le cheikh Ahmed ben Requi peut réunir 100 lances. Il occupe le même territoire.

Le cheikh Ahmed ben Ahmed ben Ader peut réunir 100 lances. Ses douars sont contigus à ceux des deux autres.

VII

La tribu des Ouled Yacoub compte trois cheikhs. Le nombre de ses cavaliers s'élève à 1,700.

Le cheikh Abdallah ben Ahmed ben Mahdi, le principal d'entre eux, peut réunir 1,000 lances. Il est du parti des Turcs. Ses douars sont situés dans le Sahara, autour de Biskra et de Touggourt.

Le cheikh Ahmed ben Alet peut réunir 200 lances. Il habite le même territoire.

Le cheikh Ahmed bel Hadj Talem peut réunir 500 lances. Ses douars confinent avec ceux des deux autres.

VIII

La tribu des Hannêcha (1) compte deux cheiks, et le nombre de ses cavaliers s'élève à 1,500.

1,000 sont commandés par le cheikh des Merdès ben Nacer ben Ahmed, et les 500 autres par le cheikh Abdallah ben Soula. Ils habitent tous deux le même territoire, une grande terre que l'on appelle Tébessa, à deux journées au midi de Bône.

IX

La tribu des Douâouda occupe la province de Constantine. Ses trois principaux cheikhs sont ceux des Ouled Soula (2), des Ouled Sebah (3) et des Ouled Aïssa (4). Le nombre de leurs cavaliers s'élève à 10,000. Leur territoire s'étend de Constantine

---

(1) *Linage de Annexe.*
(2) *Guelet Çaula.*
(3) *Guelet Cubba.*
(4) *Guelet Ayxa.*

jusqu'auprès de Bougie. Cette même tribu peut aussi fournir un assez grand nombre de gens de pied ; mais cette infanterie est mal armée et peu estimée dans le pays. Parmi ces Arabes, on compte quelques autres cheikhs dont on ne parle pas, parce qu'ils ne sont pas indépendants. On a compris dans le nombre donné plus haut les cavaliers que peuvent réunir ces cheikhs subalternes.

Tribu des	Ouled Saïd	2,700
—	Ouled Bellil	1,500
—	Aeni Helâl	5,250
—	Ouled Cheifa	1,500
—	Ouled Yahia	1,500
—	Ouled Melhel	1,400
—	Ouled Yakoub	1,700
—	Hannêcha	1,500
—	Douâouda	10,000
		27,050

BERNARDINO DE MENDOZA.

XCIV

RELATION DE CE QUI S'EST PASSÉ A BÔNE

Octobre 1540.

(Arch. de Simancas. — Estado, Legajo 463).

Le capitaine Pedro Codinez de Azevedo écrit ce qui suit de Bône, à la date des 2 et 22 octobre :

Le 26 septembre, le commandant Alvar Gomez (1) fit appeler

---

(1) « Alvar Gomez se montra, dit Rotalier, plein d'activité et de talent, inquiéta les Arabes par des courses fréquentes, les battit en plusieurs rencontres, ainsi que les Turcs de Constantine, et leur fit un grand nombre de prisonniers ; mais ses qualités guerrières furent malheureusement ternies par une vie déréglée, une avarice extrême et enfin par une mort honteuse, car il s'étrangla. Après cet événement, on retira la garnison qu'il aurait fallu nécessairement augmenter, si on eût voulu garder Bône. »

le payeur Miguel de Penagos, et l'ayant enfermé dans une chambre, il le poignarda. Il sortit ensuite et dit, devant tout le monde, que, s'il avait tué le payeur, c'était à son corps défendant, parce que ce dernier voulait le tuer lui-même. Il prévint en même temps le capitaine Godinez, qu'ayant l'intention de s'en aller, il lui remettrait le commandement de la forteresse. Quelques heures après, il avait changé d'avis et vint lui dire qu'il ne partirait pas et qu'il mourrait dans le château, l'épée à la main. Il ajouta que personne d'ailleurs n'échapperait à la mort, pas plus le capitaine que les autres, parce qu'il mettrait le feu à la forteresse.

Voyant ce qui se passait, le capitaine Godinez avertit la garnison de se tenir sur ses gardes. On avait désarmé le commandant, mais il paraît qu'il avait caché une dague entre les matelas de son lit. Un clerc, qui avait été laissé auprès de lui, accourut prévenir le capitaine qu'Alvar Gomez venait de se frapper de plusieurs coups de poignard. Ayant fait venir deux notaires, le capitaine leur dit de se rendre dans la chambre du commandant et de dresser procès-verbal de ce qui était arrivé.

Interrogé par eux, Alvar Gomez fit des aveux. Il déclara que, s'il avait essayé de se tuer, c'était parce qu'il savait qu'on avait reçu l'ordre de l'arrêter, qu'il avait eu en effet la pensée de s'enfuir, non par crainte des soldats, mais parce qu'il ne voulait pas être conduit en Espagne, que tout ce que l'on disait d'ailleurs était vrai et qu'il méritait d'être brûlé ; mais il affirma qu'il n'avait fait aucun traité avec les Maures et qu'il n'avait rien à se reprocher dans l'affaire de la tour (1).

---

(1) « El capitan Pero Godinez de Azevedo escrive de Bona dos de octubre y veinte y dos del mismo : — Que en veinte y seis de septiembre Alvar Gomez hizò llamar â Miguel de Penagos pagador y le metiò en una camara donde le matò à puñaladas ; y despues dixò publicamente que el dicho pagador le habia querido matar à él y que por esto le habia muerto. Dixò asimismo el dicho Alvar Gomez al dicho Pero Godinez que le queria dar su poder de Alcayde porque él se queria ir, y que el mismo dia le tornò à dezir que no se queria ir y que queria morir en el castillo con su espada en la mano, y que no pensase el dicho Godinez que se podia salvar, que tambien havia de morir como los otros, y que el castillo se havia de arder. Y que visto esto, el dicho Godinez juntò la gente y les diò aviso dello. Un clerigo

Le capitaine Godinez s'était empressé de donner avis à La Goulette de ce malheureux événement; et, le 16 octobre, D. Giron est arrivé à Bône où il se trouve encore. Il a fait arrêter Alvar Gomez, ainsi que plusieurs autres. Le capitaine écrit aussi qu'il faut changer la garnison, parce qu'un grand nombre de soldats sont mariés.

Rodrigue de Orosco, lieutenant du trésorier de Bône, dans une lettre qui porte la date du 1er octobre, raconte de la même manière que le capitaine Godinez la mort du payeur et ce qui s'est passé ensuite dans la chambre du commandant. Il a donné ordre que l'on dressât un état de tout l'argent qu'Alvar Gomez avait en sa possession. On n'a retrouvé que 4000 ducats; mais il croit que plus de 10,000 autres ont été cachés par le commandant. Quant au mobilier, on n'a pas fait d'inventaire.

Les enseignes, sergents et caporaux de la garnison écrivent que le capitaine Godinez s'est très-bien conduit dans cette triste circonstance. Ils rappellent à Sa Majesté qu'ils sont à Bône depuis cinq ans; et, comme beaucoup d'entre eux sont mariés et ont des enfants, il la supplient de leur permettre de rentrer en Espagne.

Le crime dont s'est rendu coupable Alvar Gomez emporte la confiscation de tous ses biens. Le Conseil pense qu'il serait juste que les deux petites filles du payeur Miguel de Penagos reçussent en don une partie de cette fortune. On pourrait aussi donner à un de ses frères ou à quelque autre de ses parents l'emploi qu'il laisse vacant.

---

que havia quedado con el dicho Alvar Gomez le vino à dezir que se havia dado de puñaladas con una daga que tenia entre los colchones de su cama, y para que constase como havia pasado enbiò el dicho Godinez dos escribanos al dicho Alvar Gomez para que lo declarase, los quales dieron testimonio de lo que él dixò. Lo que declarò el dicho Alvar Gomez es que él no tenia hecho ningun trato con los Moros, y que se havia dado aquellas heridas porque savia que le havian de llevar à la corte, y que merecia ser quemado y que era verdad que él se queria ir huyendo no por temor de los soldados sino porque no le traxesen à la corte, y que todo quanto dél se dezia cabia en él, ecepto que en lo de la torre no tenia alguna culpa. »

XCV

LETTRE DE FRANCISCO DE ALARCON A SA MAJESTÉ.

Bône, 8 novembre 1540.

(Arch. de Simancas..............)

De Cagliari j'ai écrit à Votre Majesté pour l'informer de ce que j'avais appris relativement à la mort du payeur Penagos ; mais, à mon arrivée à Bône, j'ai entendu un tout autre récit du capitaine Godinez. Le commandeur Giron doit écrire à Votre Majesté et lui raconter les choses comme elles se sont passées véritablement. Il a fait quelques arrestations. En ce moment, il termine l'instruction de cette affaire, et Votre Majesté peut être certaine qu'on ne lui cachera pas la vérité, bien qu'on ait essayé de la tromper à diverses reprises. Aucune considération ne l'a arrêté : il a fait résolûment son devoir. A mon avis, Dieu et Votre Majesté ont été bien servis par le commandeur ; on peut dire qu'il a sauvé cette malheureuse garnison d'une ruine totale.

Nous nous demandons tous avec étonnement ce qu'Alvar Gomez a pu faire de tout l'argent qu'il a reçu ; on n'a retrouvé que 4400 ducats, ainsi que le verra Votre Majesté par le mémoire que lui envoie le commandeur Giron, — ce dont j'ai pris note dans mes livres. — Le commandeur se donne beaucoup de peine pour découvrir ce qu'est devenu cet argent.

Comme je sais que Votre Majesté sera contente d'apprendre l'heureux changement survenu dans la manière de vivre des soldats, je m'empresse de l'informer que ces malheureux qui, par désespoir, voulaient se faire Maures, se confessent aujourd'hui et communient. Nous en avons tous remercié Dieu, et nous espérons que le jour de la Nativité de Notre Seigneur ils feront ce que font les autres chrétiens, car ils ont maintenant une église, grâce au commandeur Giron, et ils croient en Dieu et ne blasphèment plus (1).

---

(1) « Porque sé que Vuestra Majestad se holgarà de saber la diferencia que enpieça aver en la vida de los soldados, se lo quiero infor-

La venue à Bône dudit commandeur a été heureuse pour tout le monde, et Votre Majesté devrait bien lui ordonner d'y résider quelque temps, jusqu'à ce qu'il ait pu remettre toutes choses en bon état. On a envoyé le frère Thomas de Guzman pour réformer les monastères de la Catalogne, et il serait bien nécessaire qu'on laissât ici le commandeur pour faire la même chose. Les soldats l'aiment : bien traités par lui, ils sont redevenus ce qu'ils étaient autrefois, gais et contents.

XCVI

LETTRE DE D. JUAN VASQUEZ DE MOLINA, SECRÉTAIRE DE L'EMPEREUR, AU RÉVÉRENDISSIME CARDINAL DE TOLÈDE.

Bougie, 14 novembre 1541.

Arch. de Simancas. — Estado, Legajo 461).

Très-Illustre et Révérendissime Seigneur,

Le courrier expédié par Votre Seigneurie, le 2 du mois dernier, nous a rejoints au moment où Sa Majesté se disposait à abandonner la place d'Alger, et elle n'a pu prendre connaissance des dépêches qu'il apportait qu'après son arrivée à Bougie. Elle a éprouvé une grande satisfaction de recevoir des nouvelles de la santé de ses enfants et de la situation des choses dans ses royaumes.

Comme l'Empereur répond particulièrement à Votre Seigneurie et qu'il l'informe de tout ce qui s'est passé jusqu'à ce jour, ma lettre sera courte. Nous attendons un vent favorable pour retourner en Espagne. Le port, où nous nous trouvons, est d'une certaine importance ; et, si nous n'avions pu nous y réfugier, nous aurions couru les plus grands dangers : nous avons eu un temps épouvantable.

---

mar que todos estos desesperados que se iban de tornar Moros, agora se confiesan y reciben el Santo Sacramento, de que todos damos gracias à Dios, y esperamos que en la Natividad de N.-S. hagan lo que hazen los otros cristianos, porque tienen iglesia. Despues que vino el commendador Giron y creen en Dios y no lo blasfeman. »

Les fortifications de Bougie sont très-mauvaises, et tout est dans un tel désordre, que, si l'on veut conserver cette place, il est urgent de porter remède au mal. Sa Majesté a ordonné la construction d'une tour et de quelques autres ouvrages ; et afin que l'on puisse commencer immédiatement les travaux et venir en aide en même temps à la garnison, qui manque des choses les plus nécessaires, elle a laissé l'argent dont elle parle dans sa lettre, à Votre Seigneurie (1).

Grâce à Dieu, nous sommes sains et saufs, mais nous avons beaucoup souffert et nous en aurons long à raconter. Sa Majesté se porte bien ; elle considère ce qui est arrivé comme un effet de la volonté divine.

En ce qui concerne la flotte, bien que nous n'ayons pu mettre à profit tout ce qu'elle apportait, Sa Majesté a été très-contente de l'activité que l'on a déployée pour qu'elle fût équipée en temps utile. Elle sait toute la peine et les soins que vous vous êtes donné, et elle vous en remercie.

La lettre de chancellerie, relative aux renégats, nous est parvenue à temps ; mais la manière dont les choses se sont passées n'a pas permis d'en faire usage.

XCVII

LETTRE DE D. ALONSO DE CORDOBA A SON PÈRE LE COMTE D'ALCAUDÈTE (2)

Oran, 25 décembre 1541.

(Arch. de Simancas. — Estado, Legajo 463).

Les nouvelles fraîches et certaines d'Alger que je puis donner

---

(1) « Las fortalezas de Bugia son muy flacas y lo de aqui està en tan mala orden, que es bien menester proveerse. Su Majestad ha mandado hacer una torre y otras obras con que se pondra en defensa, y para empezarlas immediatamente y socorrer à esta gente muy menesterosa, ha dexado el dinero que escrive à Vuestra Senoria. »

(2) Berbrugger a donné dans la *Revue africaine* (n° 53, — septem-

à Votre Seigneurie, sont que les Turcs ont renfloué cinq des galères qui avaient été jetées à la côte : quatre sont entières, et la cinquième n'est que très-peu endommagée.

Ils ont tiré de l'eau soixante pièces d'artillerie, grandes et petites. On dit que vingt sont de gros canons et les autres d'un calibre moindre.

Hacen Agha a envoyé un ambassadeur au roi de Tlemsén pour lui demander du secours contre la nouvelle *armada* qui doit venir au printemps. Ce même ambassadeur est allé à Velez pour faire construire des navires (1) et pourvoir aux autres choses qui manquent à Alger. Il doit être déjà rendu à sa destination, ce dont j'informe Votre Seigneurie, parce que, si par là on pouvait empêcher que le roi de Velez donnât des navires aux Turcs d'Alger, ce serait une très-grande chose.

Je fais savoir également à Votre Seigneurie que la seconde tempête, survenue après le départ de Sa Majesté, a emporté la moitié du môle d'Alger. La plus grande partie des navires qui se

---

bre 1865) la traduction de cette lettre et des deux suivantes. Voici ce qu'il dit au sujet de ces trois documents : « Parmi les nombreux faits incertains ou contestés de l'histoire algérienne pendant la période turque, il faut ranger les négociations de Hacen Agha avec le représentant de Charles-Quint, lorsque ce dernier vint attaquer Alger en 1541. Le chef musulman a-t-il rendu alors tout arrangement impossible par une réponse insultante à l'empereur, comme le prétendent les auteurs indigènes, ou bien, au contraire, comme l'assurent les écrivains espagnols, inclinait-il fort à traiter avec lui et n'y a-t-il renoncé que devant une manifestation populaire qui pouvait mettre sa vie en péril ? Sans être encore en état de trancher directement et complétement la question, nous sommes du moins en mesure de produire des preuves nouvelles qui pourront aider à sa solution. »

(1) « Au temps de leur prospérité, dit Marmol, les habitants de Velez s'enrichissaient de deux choses : les uns, des sardines qu'ils vendaient aux Berbères des montagnes voisines; les autres, par le moyen des fustes et des galiotes qu'ils armaient et avec lesquelles ils couraient les côtes de la chrétienté. Les montagnes d'alentour sont fort commodes pour cela, à cause de la multitude des chênes, des liéges et des cèdres dont elles sont pleines. Sur le bord de la mer, il y avait un arsenal où l'on construisait les navires que faisait équiper le gouvernement. »

trouvaient dans le port ont été mis en pièces, et ceux qui sont partis pour Velez sont dans un fort mauvais état.

Hacen Agha a envoyé aussi des messagers, gens de bien, en bon équipage et traitement, à Hamed ben Sliman, actuellement cheikh du camp du roi de Tlemsên, le priant de vouloir bien venir à son secours, quand il lui indiquerait le moment. Hamed lui a répondu que, s'il était toujours alors cheikh du camp, il le ferait volontiers, et que, s'il ne le faisait pas, c'est qu'il se trouverait dans le Sahara.

Il a fait dire la même chose au kaïd El Mansour et à tous les principaux marabouts du royaume.

Marzo (1), qui est à Mostaganem, viendra ici dans quatre à cinq jours ; on sera fixé par lui sur le degré de certitude de tout cela. Que Votre Seigneurie veuille bien me faire savoir si elle désire que l'on touche quelque chose de l'affaire passée. Qu'elle s'informe là-bas à ce sujet et m'en donne avis, parce que je crois que Marzo voudra s'en retourner promptement. Je n'ai rien de plus à dire.

XCVIII

LETTRE DE D. ALONSO DE CORDOBA AU COMTE D'ALCAUDÈTE

Oran, 4 janvier 1542.

(Arch. de Simancas. — Estado, Legajo, 463).

Par le scorciapin (2) qui a été à Alméria, j'ai écrit à Votre Seigneurie comment ma maladie avait abouti à une fièvre doubletierce ; j'ai eu sept accès qui m'ont passablement fatigué. Il a plu à Dieu qu'avec deux saignées qui m'ont été faites, j'en aie été délivré. Elles m'ont laissé assez faible, mais enfin débarassé,

---

(1) Dans une lettre du gouverneur de Bône, D. Vallejo Pacheco, du 13 mars 1534, il est parlé d'un certain *Marzo* (Marzouk) qui faisait la guerre à Barberousse. Il s'agit sans doute ici du même personnage.

(2) Archapin, corchapin, scorciapino, bâtiment court (*pino*, pin, nazires, *scorciato*, raccourci). Les scorciapins sont fréquemment nommés dans les documents espagnols.

Dieu soit loué ! Grâce à une sueur très-abondante, survenue après la dernière saignée. Je le fais savoir à Votre Seigneurie, parce que je sais qu'elle s'en réjouira.

Le navire est arrivé au port de Mers-el-Kebir un jour après Pâques. Alonso............... toute la maison de Votre Seigneurie et les autres passagers sont arrivés en bonne santé et vous baisent les mains. Je ne parle pas à Votre Seigneurie de ce que contient ce navire, parce qu'on n'a pas encore fini de le décharger. Je vous aviserai de tout particulièrement par le châtelain d'Alcaudète qui doit se rendre en Espagne sur ce même navire, et par Miguel de Antillan.

Je supplie Votre Seigneurie de me pardonner l'emploi d'un main étrangère, car n'étant pas encore guéri de mes yeux, je ne puis écrire moi-même.

XCIX

LETTRE DU COMTE D'ALCAUDÈTE A SA MAJESTÉ

Montemayor, 16 janvier 1542.

(Arch. de Simancas. — Estado, Legajo 463).

Le 7 de ce mois, il arriva ici un messager de mon fils, D. Alonzo, avec des nouvelles d'Alger. Je l'envoie à Votre Majesté, avec un mémoire, en la priant d'ordonner qu'il soit examiné. Le Maure, que D. Alonzo dit qu'il attend à Oran, est le même qui vint le sonder de la part de Hacen Agha, il y a un an ou un peu plus, au sujet d'une négociation dont j'ai rendu compte, pendant l'absence de Votre Majesté, au révérendissime cardinal de Tolède et au Grand-Commandeur. Tout ce que je sais, jusqu'à présent, c'est que D. Alonzo attend ledit Maure, ainsi qu'il l'écrit. Que Votre Majesté veuille bien me faire savoir ce que l'on devra lui répondre, s'il vient pour renouer la négociation (1).

---

(1) « El Moro que alli dize que esperava es uno que, havrà un ano o poco mas que acometiò à D. Alonso contracto de parte de Acenaga, de lo qual yo di cuenta al reverendissimo Cardenal de Toledo y al

D. Alonso me mande qu'il a un grand besoin d'argent. Je supplie Votre Majesté de donner des ordres pour que la plus grande partie des 30,000 ducats qui doivent être envoyés à Oran soit en espèces monnayées, afin que l'on puisse aviser aux nécessités les plus pressantes et, pour conserver le crédit, payer quelque chose de ce que l'on doit.

Au dos de la lettre, on lit l'analyse suivante, annotée de la main de Charles-Quint.

A Sa Majesté,

Du comte d'Alcaudète. Il adresse un mémoire des nouvelles que D. Alonso, son fils, lui a envoyée sur ce que l'on a su d'Alger depuis que Sa Majesté a quitté ce littoral. Il dit que le Maure, qu'attend son fils, est le même qui, il y a un peu plus d'un an, entreprit D. Alonso au sujet des négociations de la part de Hacen Agha, et il ajoute qu'il en a rendu compte au cardinal de Tolède et au Grand-Commandeur de Léon (1).

Il demande que la majeure partie des 30,000 ducats que l'on doit envoyer à Oran soit en espèces monnayées, parce qu'on en a un grand besoin là-bas pour se remettre en point et conserver quelque crédit (2).

Commendador-Mayor, en el absencia de Vuestra Majestad. No he sabido mas del hasta ahora que D. Alonso dize que le espéra, como Vuestra Majestad verà por su memorial. Vuestra Majestad me enbie à mandar ir lo que se le dirà, si algo quisiere tratar. »

(1) On lit en marge : Que D. Alonso entende ce qui lui veut le Maure, et qu'il avise.

(2) On lit en marge : Qu'il soit ainsi et qu'on envoie une bonne quantité d'argent *(que ya sea y veydo que vaya buen golpe de dinero)*. — Voici la traduction donnée par Berbrugger de cette deuxième note marginale : « *Qu'il soit ainsi et qu'on voie que l'argent soit bien employé.* » Nous croyons qu'il a eu raison de ne pas la garantir, ainsi qu'il le dit.

C

DÉCLARATION DU ROI MOULEI HACEN. — DESCRIPTION DES PIERRERIES, DE L'ARGENT ET DES AUTRES OBJETS PRÉCIEUX QUE LUI A PRIS D. FRANCISCO DE TOVAR (1).

Sin data.

(Arch. de Simancas. — »)

Paresce por la confesion del dicho rey que el dicho D. Francisco de Tovar le tomò en una caxeta que estava en sus tiendas quatro piedras grandes preciosas, que dize que le darian por ellas los venecianos docientos y veynte y cinco mil ducados ; y asimismo dize que le tomó otras veynte y seis piedras de gran valor y otras cien piedras valajes y quatro cientos çafires y otras muchas piedras y esmeraldas y perlas y joyas de gran valor, que eran de los reyes antepasados, que todas dize que valian un millon de oro.

Paresce por la dicha su confesion que el dicho D. Francisco le tomò en dineros ochenta y tantas mil doblas de oro, en doblas del cuño de su padre y del suyo.

Paresce por la dicha confesion que el dicho rey compró en Palermo y Napoles en hacienda y sedas y pañós y artilleria y municiones y otras cosas el valor de setenta mil ducados, y que todo lo que comprò se lo tomò el dicho D. Francisco.

Paresce por la dicha confesion que el dicho rey dexò à la Go-

---

(1) Cette déclaration est fort curieuse. Lorsqu'en 1542, Mouleï Hacen, dont la position était devenue très-difficile à Tunis se rendit en Italie, espérant déterminer l'Empereur à tenter un nouvel effort en sa faveur, il fit porter dans le fort de la Goulette les joyaux de la couronne et le trésor royal. « Le roi Maure ne croyait pas qu'il existât dans Tunis une fidélité au-dessus d'un pareil appât ; » mais, ainsi que le prouve cette singulière *confession* de Mouleï Hacen, il avait assez mal choisi son dépositaire. Marmol mentionne ce fait, sans entrer d'ailleurs dans aucun détail. « Le roi de Tunis, dit-il, s'étant rendu à Augsbourg auprès de l'Empereur, se plaignit à lui que le gouverneur de la Goulette lui avait dérobé l'argent et les pierreries qu'il lui avait donnés en garde, lors de son voyage à Naples.

leta, quando fué à Napoles cinco mil cantaros de azeite que valen cinco mil ducados.

Paresce por la dicha confesion que el dicho D. Francisco le tomò en su nave que le tenian cargada de mercaderias los Moros para enbiar à Napoles diez mil ducados en mercaderias, y que dellos se pagaron de los cueros de la dicha nave dos mil ducados en cueros por el flete de las naves que llevaron los Italianos, y asimismo paresce que le tomò su la dicha nave dos mil y quinientas doblas, y dellas le volviò mil y quinientas : quedan mil y ocho mil de las mercaderias que son nueve mil.

Valen.......... las ropas de oro y seda y paño y adereços y otras muchas y diversas cosas moriscas, y plata y oro y navios que el dicho rey llevò de Tunez quando fué à Napoles, y lo traxò y pusò en sus tiendas quando volviò, y se lo tomò el dicho D. Francisco muy gran suma de ducados, porque son muchas cosas de precio y en mucha cantidad, como paresce por la dicha confesion.

CI

LETTRE DE L'INGÉNIEUR LIBRANO A SA MAJESTÉ.

Bougie, 9 janvier 1543.

(Arch. de Simancas. — Mar y tierra, Legajo 23).

Après avoir baisé les pieds de Votre Majesté, je dois l'informer de ce qui se passe à Bougie, au sujet des fortifications de cette place où j'ai été envoyé par le vice-roi de Sicile D. Fernando de Gonzaga, avec la mission de diriger leur reconstruction (1).....
Votre Majesté a confiance dans D. Fernando de Gonzaga, et elle peut être certaine qu'ayant été choisi par lui je la servirai bien, étant son serviteur et son vassal, comme les autres ingénieurs

---

(1) On a vu (XCVI) que l'empereur Charles-Quint, lorsqu'en 1541 il relâcha à Bougie, à son retour d'Alger, avait donné des ordres pour qu'on réparât d'urgence les fortifications de cette place qui étaient en fort mauvais état. L'ingénieur italien Librano fut chargé de ce travail.

Martinengo, Faust Marie de Viterbe, Jean-Marie Lombardo, Jean Jacob Bazan et Ferra Molin.

D. Luis de Peralta, commandant de Bougie, m'accuse de ne pas savoir diriger les fortifications de cette ville comme il conviendrait; il prétend s'y connaître et veut m'empêcher de continuer mon travail. Votre Majesté n'ignore pas cependant comment il a exécuté certains ouvrages, en agissant seulement à sa tête ; ces ouvrages démontrent qu'il n'a aucune idée de l'architecture militaire. Tout en ayant l'air d'épargner mille ducats à Votre Majesté, il risque de tout perdre, ou il se verra obligé de refaire son travail avec une dépense beaucoup plus grande ; car Votre Majesté sait fort bien qu'on ne bâtit pas des forteresses pour un an ou deux, et que, pour leur construction, il faut dépenser ce qui est nécessaire (1). Je suis ingénieur, et j'ai été envoyé à Bougie pour réparer les fortifications de cette place, ce dont je rendrai compte plus tard. Je prie en conséquence Votre Majesté d'ordonner à D. Luis de Péralta de me laisser libre d'agir dans cette affaire comme je l'entends et comme il convient.

En ce qui concerne le château impérial......, le commandant de Bougie s'est également opposé à ce que l'ouvrage fût construit, ainsi qu'il me paraissait devoir être exécuté dans un tel lieu ; il a voulu le faire lui-même, sur mon refus de me conformer à sa volonté et de me guider d'après ses plans. A mon avis, je ne pouvais pas consentir à ce qu'il me demandait, puisque j'étais venu à Bougie pour exécuter moi-même ce travail. Construit comme il l'est, on doit craindre que le château impérial ne vienne par terre avec deux volées de canon et même par le seul tir de notre artillerie: on a donné à l'ouvrage une élévation

---

(1) « En quanto à las obras de estas fortalezas de Bugia, D. Luis de Peralta alcayde de ellas, nos acusa y da impedimento à que no hagamos nada como se deve y que él lo entiende bien. Para esto vuestra Majestad sabe las obras que a fechas queriendose regir por su cabeza, sin que en ello lleva arte de fortificacion, pareciendole que por excusar mil ducados le pone à ventura de perder la obra ò tornarla à hacer con mucha mayor despensa, pues vuestra Majestad sabe muy bien que las fortalezas no se hacen para un año ni por dos. »

trop grande, et les murs n'ont pas été convenablement reliés les uns aux autres (1).

CII

Relation adressée au comte d'Alcaudète par Miguel de Lezcano sur les négociations avec le Chérif (2).

Malaga, 22 juillet 1855.

(Arch. de Simancas. — Negociado de Estado, Legajo 108).

Le 26 avril, notre navire appareilla de Malaga, et, le 29, il jeta l'ancre dans le port de Ceuta. Nous fûmes bien reçus par le commandant de cette place. Mais ayant appris que le fils du chérif réunissait une armée pour entrer en campagne, je ne voulus pas attendre, et nous partîmes aussitôt pour Tetouan, où nous arrivâmes le mercredi 1er mai.

Le lundi suivant, nous nous joignîmes à une caravane assez nombreuse pour n'avoir rien à craindre des *coupeurs de route* de Velez, que l'on pourrait rencontrer, et, le dimanche 12 mai, nous fîmes notre entrée dans la ville de Fês. Pologrillo, que j'avais fait prévenir de ma prochaine arrivée, avait envoyé au-devant de

---

(1) En lo del castillo imperial, D. Luis no quisò dejarme proseguir la obra por orden que conviene en tal lugar, sino que quisò la hacer el mismo ò que yo me conformase con su voluntad, y yo como aquel que para semejante negocio vinò; no pareciendome bien, no quisé consentir que de mi voluntad se hiciere la obra..... porque con dos canonadas que alli diesen y asi mismo con la misma artilleria que del mismo reparo se tire se cayera todo y esto por subir tanto alto la obra y qual muro del no se pueda ligar una obra con otra. »

(2) Le chérif Mouléï Mohamed. — La présente lettre ne nous dit pas comment se termina le conflit entre l'ingénieur Librano et D. Luis Peralta. On doit croire, d'après ce qui arriva douze ans plus tard, lorsque Salah Reïs s'empara de Bougie, que D. Luis obtint gain de cause à la cour et que l'empereur, toujours à court d'argent et empressé d'accueillir les économies qu'on lui proposait, le laissa diriger à sa guise la reconstruction des fortifications de la place. Ce qu'il y a de curieux, c'est que la prédiction de l'ingénieur Librano s'accomplit à la lettre. Quelques volées de l'artillerie turque suffirent en effet pour démanteler le château impérial.

nous plusieurs domestiques richement équipés, que nous trouvâmes à une demi-lieue de la ville. Ils avaient amené un cheval pour moi et nous dirent qu'ils avaient l'ordre de nous conduire directement au fondouk où logeait Pologrillo.

A peine arrivé, j'envoyai au palais un de nos gens pour annoncer notre venue au roi, ainsi qu'à son oncle le kaïd Bou Chameda. Le chérif, ayant fait venir le maître du fondouk, lui enjoignit de ne permettre à aucun juif de communiquer avec nous, et surtout avec Cousino. En même temps il nous fit dire par le caïd Bou-Chameda de garder le plus grand secret relativement à l'affaire qui nous amenait à Fês.

On nous avait déjà interrogé à ce sujet, et nous avions répondu que notre voyage n'avait d'autre but que de traiter avec le kaïd El-Mansour (1) de la rançon de son fils. Bou Chameda ayant rapporté cela de notre part, il en fut très-content.

En arrivant à Fês, la première chose que nous avions demandée, c'était si Mouléï Abd-Allah et le kaïd El-Mansour s'y trouvaient encore, et nous avions appris que le fils du roi campait hors de la ville avec sa *smala*, et que le kaïd était au vieux Fês, où il achevait ses préparatifs pour rejoindre ce prince.

Le même dimanche, 12 mai, après vêpres, on vint nous dire que le chérif désirait nous voir. Pologrillo, Cansino et moi, nous nous rendîmes aussitôt au palais. Le roi nous reçut dans la salle *des orangers*, où il se tient d'habitude pour traiter des affaires de l'État. Nous lui fîmes nos révérences, ainsi qu'il se pratique dans le pays. Il nous dit que nous étions les bienvenus, s'informa de Votre Seigneurie et parut se réjouir d'apprendre qu'elle

---

(1) El-Mansour Benbogani, ancien kaïd des Beni Rachid, dont il a été souvent parlé dans les dépêches précédentes. — En 1551, les habitants de Tlemsen, incapables, comme le dit Haedo, de supporter aucun joug, voulurent secouer l'autorité du Beni Zian qui le gouvernait. Le chérif Mohamed, instruit de ce projet, conçut le désir d'en profiter pour s'emparer lui-même du royaume. Les Marocains occupèrent presque sans résistance Tlemsen et Mostaganem ; mais l'année suivante, ils furent chassés de ces deux places par les Turcs d'Alger que commandait Hacen Agha. El-Mansour était un de ceux qui avaient appelé les Maugrebins, et lorsque le fils du chérif Mouleï Abd-Allah fut obligé de se retirer, il le suivit à Fez.

était en bonne santé ; puis il nous congédia en nous prévenant que le lendemain il ne pourrait pas nous voir, parce que ce jour là il devait se rendre à la smala de son fils ; mais que le mardi il entendrait tout ce que nous avions à lui dire. Il nous demanda si nous apportions des lettres. Je lui répondis que Votre Seigneurie avait écrit à Mouléï Abd-Allah et au kaïd El-Mansour, et que, lorsqu'il lui serait possible de nous accorder une plus longue audience, nous lui remettrions ces lettres. J'ajoutai que, comme elles étaient écrites en partie en *aljamia* (1), il faudrait un interprète pour les traduire.

Le lundi, de bonne heure, le kaïd El-Mansour vint nous voir en passant : il se rendait auprès du chérif qu'il devait accompagner à la smala du prince. Il ne s'arrêta qu'un instant et ne descendit même pas de cheval. Après nous avoir souhaité la bienvenue, il s'excusa de nous quitter aussi vite. Il semblait très-joyeux de nous revoir et nous dit qu'il resterait à Fès tout le temps qu'il pourrait.

Ce même jour, le chérif, comme il nous l'avait annoncé, alla rendre visite à son fils. Il ne revint à Fès que le mardi. On nous dit que, pendant ces deux jours, il avait eu plusieurs longues conversations avec le prince Abdallah.

Le mercredi, 15 mai, dans la matinée, nous fûmes invités à nous rendre au palais. Le roi, ayant auprès de lui les caïds El-Mansour et Bouchameda, son secrétaire, et le juif Lévi, son interprète, nous attendait dans la salle *des orangers*. Après lui avoir fait nos salutations, nous lui remîmes nos lettres. L'interprète les traduisit, puis le chérif nous demanda de lui dire de vive voix ce qui nous amenait à Fès.

Je répondis que nous ne pouvions que lui répéter ce qui était contenu dans les lettres qui nous accréditaient et que nous venions de lui remettre ; que Mouleï Abdallah et le caïd El-Mansour ayant écrit à Votre Seigneurie de leur envoyer quelques personnes pour traiter de l'affaire d'Alger, elle nous avait ordonné de partir pour Fès, ce que nous avions fait avec toute la diligence possible.

---

(1) *Aljamia*, arabe corrompu des Maures d'Espagne.

Le roi dit qu'il était toujours dans les mêmes dispositions et qu'il voulait chasser les Turcs de toute l'Afrique ; qu'à cet effet il avait demandé à Sa Majesté 10,000 fantassins armés d'arquebuses offrant de pourvoir à toutes leurs dépenses pendant la campagne ; mais qu'il lui paraissait raisonnable que Sa Majesté consentît à payer la solde des troupes, attendu que l'expulsion des Turcs devait profiter surtout à ses royaumes et à toute la chrétienté ; il ajouta que la conquête d'Alger coûterait peu de chose à Sa Majesté, parce que son intention était d'y aller en personne avec 30,000 mille cavaliers ; qu'au besoin il pourrait montrer des lettres de plusieurs cheikhs principaux du royaume, qui lui avaient fait à cette occasion des offres de service.

Je répliquai que cette affaire intéressait le roi et ses fils beaucoup plus que Sa Majesté ; que le chérif ne pouvait avoir oublié en quel grand péril il s'était trouvé récemment (1) et qu'il savait bien qu'il pouvait peu compter sur la fidélité des habitants de Fès. Je lui dis aussi que Votre Seigneurie, si Sa Majesté l'y autorisait, serait très-heureuse de l'aider dans cette entreprise et qu'elle espérait la mener à bonne fin très-promptement ; mais qu'avant toutes choses, ainsi que Votre Seigneurie l'avait écrit à diverses reprises au prince Abdallah et au caïd El-Mansour, le roi devait prendre l'engagement de subvenir à toutes les dépenses de l'expédition et remettre en mains sûres l'argent nécessaire ; que Votre Seigneurie, s'il faisait cela, était toute prête à exécuter ce qu'elle avait promis.

On discuta longtemps à ce sujet. Enfin le caïd Bou-Chameda nous dit que le chérif avait mis de côté une bonne somme d'argent pour faire la guerre aux Turcs, qu'il se réjouissait de l'assistance que l'empereur voulait bien lui prêter, et que, la chose

---

(1) Allusion à l'expédition des Turcs d'Alger contre Mouleï Mohammed. Le pacha Salah-Reïs s'étant déclaré le protecteur de la famille royale des Beni-Merin, auxquels les chérifs disputaient l'empire du Maroc, vint installer lui-même à Fès Bou-Azzoun, prince de cette famille. Son intervention toutefois ne sauva pas les Beni-Merin. A peine eut-il quitté le pays pour retourner à Alger, que Mouleï Mohammed reprit possession de Fès, après avoir battu et tué Bou-Azzoun.

devant se terminer promptement, il paierait ce qu'on demandait.

Il fut ensuite question de ce que l'on ferait d'Alger, s'il plaisait à Dieu qu'on s'en emparât. Le roi insista pour que la ville fût détruite de fond en comble ; quant aux habitants, il dit qu'on pourrait leur prendre leurs biens et les tuer même, s'ils se défendaient ; mais qu'il ne voulait pas qu'ils devinssent esclaves des chrétiens. J'observai au chérif que les Turcs étaient des étrangers et ses ennemis, et que sans doute il ne s'opposerait pas à ce qu'ils fussent traités comme tels ; que je pensais d'ailleurs que Votre Seigneurie, si les Maures se soumettaient volontairement, ne verrait aucun inconvénient à ce qu'on les laissât libres. Le roi répondit qu'il ne permettrait en aucun cas et quoique l'on pût dire qu'un seul Maure fut fait esclave, parce que cela était contraire à sa loi.

Il nous dit ensuite que Votre Seigneurie avait dû recevoir de Sa Majesté un plein pouvoir pour traiter avec lui de cette affaire, et il nous demanda si nous l'avions apporté. Je lui répondis que Votre Seigneurie avait écrit pour cela à l'empereur, et que, dans le navire qui nous avait amenés, se trouvait un de ses capitaines qu'elle envoyait à la cour.

Le roi, après avoir répété qu'il serait bien que Sa Majesté payât une partie des frais de l'expédition, termina l'audience en nous disant de bien préciser nos demandes et de conférer à ce sujet avec le caïd El-Mansour.

Ce même jour, ledit caïd vint nous voir à notre fondouk. Je causai avec lui de nos anciennes relations, lorsqu'il habitait Tlemsen, et je lui rappelai les bons offices que Votre Seigneurie lui avait rendus ; puis nous parlâmes de la négociation qui nous avait amenés à Fès. Je compris à ses réponses que c'était par ordre du chérif qu'il était venu nous trouver.

Le 29 mai, nous fîmes au roi une nouvelle visite. Dès qu'il nous aperçut, au moment où nous entrions dans la salle d'audience, il fit signe à Bou-Chameda de s'avancer au-devant de nous. Le caïd nous ayant conduit dans un autre appartement, nous dit que le roi désirait savoir ce que nous avions décidé. Je lui répondis que, comme Votre Seigneurie l'avait demandé d'abord, il nous paraissait juste que le chérif se chargeât de toutes les dépenses de l'expédition. Bou-Chameda nous quitta afin de communiquer cette réponse au roi ; puis il revint au bout de quelques instants dans la salle où nous l'attendions, Pologrillo, Cansino et moi. Il nous dit que le chérif consentait à donner à chacun des 10000 arquebusiers qu'il avait demandés trois mitkhâl d'or tous les mois, qu'il ne lui était pas possible de donner davantage, et que la solde commencerait à courir du jour où les soldats auraient mis les pieds en Afrique. Je répondis que Votre Seigneurie vait l'intention d'amener avec elle 12,000 hommes, dont 2,000 cavaliers chrétiens non montés auxquels le roi devrait fournir des chevaux, et que, quant aux trois mitkhâl d'or, nous ne pouvions pas les accepter, parce que nous n'avions pas mission pour cela ; que nous pensions que Votre Seigneurie ne les accepterait pas non plus, mais que nous lui ferions part de cette offre du chérif.

Bou-Chameda, étant retourné auprès de se dernier et ayant conféré avec lui, revint nous dire qu'en ce qui concernait l'argent, le roi s'en tenait à ce qu'il avait dit ; qu'il croyait que l'infanterie espagnole suffirait, et que nous n'avions pas besoin de chevaux, puisque son intention était de se joindre en personne à l'armée chrétienne avec toute sa cavalerie ; qu'il donnerait à chaque soldat, ainsiqu'il l'avait promis, trois mitkhâl d'or exactement payés, et que de plus il fournirait l'artillerie dont on aurait besoin pour l'expédition. Je répondis qu'il nous paraissait convenable, avant toutes choses, que le chérif chargeât un des officiers de sa maison de déposer dans une des places occupées par Votre Seigneurie 100,000 piastres ou mitkhâl, comme disent les Arabes, afin que l'on pût immédiatement commencer à recruter des soldats et réunir les approvisionnements nécessaires.

Le caïd, ayant répété au roi ce que je venais de lui dire, nous rapporta sa réponse. Le chérif refusait de faire aucune avance d'argent ; il s'engageait d'ailleurs, ainsi qu'il l'avait offert, de payer régulièrement les soldats, aussitôt qu'ils seraient débarqués ; mais il exigeait que nous lui remettions le plein-pouvoir que Votre Seigneurie avait dû recevoir de Sa Majesté pour traiter de l'affaire en question. Dans toutes ces audiences, il nous avait fait la même demande. Nous nous trouvions assez embarrassés pour lui répondre, et nous ne pûmes que lui répéter ce que nous lui avions dit déjà, c'est-à-dire que Votre Seigneurie avait envoyé à cet effet un de ses officiers à l'empereur, et que, si le chérif voulait donner l'argent que nous demandions, tout serait promptement conclu. Le roi, insistant au sujet de la commission de Sa Majesté, nous dit que nous pouvions considérer la négociation comme rompue, si nous ne lui présentions pas ledit plein-pouvoir.

Nous le priâmes alors de nous permettre de partir, afin de rendre compte aussitôt que possible à Votre Seigneurie du résultat de notre voyage, et nous lui demandâmes de vouloir bien nous remettre une lettre pour elle ; mais le roi s'y refusa, attendu qu'on ne lui avait pas écrit à lui-même ; il nous dit que le caïd El-Mansour, qui connaissait bien toute cette affaire, répondrait à Votre Seigneurie ; puis il nous congédia, et nous revînmes à notre fondouk assez peu satisfaits de cette audience.

Le 3 juin, ayant terminé nos préparatifs pour retourner à Ceuta, nous nous rendîmes au palais afin de prendre congé du roi ; mais il nous fit dire de revenir le lendemain. Ce jour-là, conformément aux ordres qu'il avait donnés, nous fûmes reçus dans l'intérieur du palais. On nous fit voir toutes les richesses qu'il renfermait, puis on nous servit un dîner splendide. Tout le monde nous a dit que le chérif n'avait jamais témoigné autant de bienveillance à d'autres chrétiens. Cependant il ne voulut pas nous permettre de nous rendre auprès de son fils Mouleï Abd-Allah, que nous aurions désiré voir avant de partir et auquel nous voulions demander une lettre pour Votre Seigneurie. Le caïd El-Mansour, qui se trouvait en ce moment au camp du prince, nous ayant fait dire par son majordome de l'attendre quelques jours, nous résolûmes de différer notre départ.

Le mardi, 11 juin, nous vîmes le roi de nouveau, et dans le moment où nous insistions auprès de lui pour qu'il voulût bien nous accorder une escorte afin de nous rendre au camp du prince Abd-Allah, on annonça l'arrivée du caïd El-Mansour qui apportait au chérif une lettre de son fils, ainsi conçue :

Lettre de Moulei Abd-Allah.

« J'ai écrit deux fois à Votre Altesse, et je n'ai pas reçu de réponse ; je ne sais quelle en est la cause. En ce qui concerne la négociation avec les envoyés du comte d'Oran, il ne me paraît pas convenable qu'on les congédie sans faire tout ce qu'il est possible pour tirer vengeance de nos ennemis. Dans ce but et afin que le caïd El-Mansour puisse traiter de la rançon de son fils, je lui ai permis, sur sa demande, de se rendre auprès de Votre Altesse. Je m'en remets à ce qu'il vous dira. A mon avis le comte pourrait envoyer à Fès, comme ôtage, un ou plusieurs de ses fils, et Votre Altesse lui remettrait l'argent nécessaire pour la solde des troupes pendant un mois ou deux. Dans le cas où l'armée, une fois débarquée, servirait plus longtemps Votre Altesse paierait exactement la solde convenue tous les mois, jusqu'à la fin de la campagne. Le caïd El-Mansour vous donnera toutes les autres explications que vous pourrez lui demander. Je n'ai rien de plus à dire (1). »

Le mercredi, 12 juin, le caïd, après avoir conféré avec le roi, vint nous voir et nous dit que le chérif désirait deux choses : la remise du plein-pouvoir que Sa Majesté a dû envoyer à Votre Seigneurie, et une caution de l'argent qu'il consentait à donner pour la dépense de l'expédition. Je répondis qu'en ce qui concernait le plein-pouvoir, je ne pouvais que répéter ce que j'avais

---

(1) « Carta de Muley Abdala. — Dos vezes he escrito à vuestra Alteza y no he habido respuesta ; no sé que ha sido la causa. En lo que toca à los negocios que han traido los mensageros del conde de Oran, no conviene que se pespidan sin hazer todo lo posible por alcanzar venganza de nuestros enemigos, y asi por esto como porque me rogò el Alcayde Mançor que le dexase ir allà à tractar del negocio de su hijo, embiolo. A su relacion me remito. Me paresce que debe pedir Vuestra alteza al conde, y es que embie à Fez sus hijos ò alguno dellos y dàrsele han dineros para la paga de la gente un mes ò dos, y venida la gente habiendo servido la cantitad que se les hubière dado, cada mes se les pagarà lo que mas hubieren de haber, hasta que acabe la jornada. En todo lo demas que hay que dezir en este negocio darà à Vuestra Alteza larga cuenta el alcayde Mançor. No digo mas. »

déjà dit, et que, quant à la caution demandée par le chérif, je ne m'expliquais pas son insistance à ce sujet, l'argent en question, ainsi qu'il le savait bien, ne devant pas être remis à Votre Seigneurie ou à quelqu'un de ses gens, mais demeurer en dépôt aux mains d'un officier de la maison du roi qui serait chargé de payer les soldats.

Le caïd El-Mansour me répliqua que le chérif, ne voulant pas agir légèrement dans cette affaire, refusait formellement d'avancer la somme convenue, à moins d'une bonne sûreté, et que le seul moyen, suivant lui, de lever cette difficulté était que Votre Seigneurie envoyât à Fès un de ses fils comme caution de la dite somme. Il ajouta que, si Votre Seigneurie faisait cela, le chérif donnerait immédiatement les 100,000 mitkhâl d'or, et que Mouleï Abdallah, très-désireux de voir abandonner la négociation, aurait alors un motif pour insister à ce sujet auprès de son père. El-Mansour me dit même que le prince l'avait chargé de demander au chérif l'autorisation d'avancer lui-même l'argent demandé, dans le cas où ce dernier refuserait de le faire.

Pendant trois jours, du mercredi 12 juin au vendredi 15, nous avons débattu cette affaire avec le caïd El-Mansour ; mais nous n'avons pu tomber d'accord. Le caïd nous objectait sans cesse que le roi était bien résolu à ne rien faire, tant qu'on ne lui aurait pas remis le plein-pouvoir de Sa Majesté ni offert une bonne sûreté pour son argent ; et de notre côté, nous ne pouvions que lui répondre, comme il s'agissait d'un fils de Votre Seigneurie, que nous vous rendrions compte de ce qu'exigeait le chérif, et que vous aviseriez à cet égard.

Le 18 juin, nous sommes enfin partis de Fès, où nous étions reséts trente-huit jours.

CIII.

Lettre du comte d'Alcaudète sur la conférence avec le chérif.

Mers-el-Kebir, 9 août 1555.

(Arch. de Simancas. — Negociado de Estado, Legajo 108).

Le 2 de ce mois, il est arrivé ici un des messagers que j'avais envoyés à Fès. Le mémoire ci-joint, que le licencié Cardenas remettra à Votre Altesse (1), lui fera connaître le résultat de cette ambassade. Il la supplie de vouloir bien m'autoriser à traiter avec le chérif. Il semble que Dieu ait conduit lui-même cette négociation d'une si grande importance pour le service de Sa Majesté et de celui de Votre Altesse.

Nous devons en effet nous estimer comme très-heureux que, dans le même temps où le roi de France, notre plus grand ennemi, met tout en œuvre, avec si peu de crainte de Dieu, pour que le sultan envoie sa flotte ravager les possessions de Sa Majesté et celles de ses alliés, un roi Maure, aussi puissant que le chérif, offre lui-même de faire guerre aux Turcs d'Alger et de les chasser des places qu'ils occupent en Afrique, si on veut lui accorder 12,000 hommes levés en Espagne à ses frais.

Le chérif ne met pas d'autre condition à l'alliance qu'il nous propose, et il a promis, si je consens à livrer un ôtage un de mes fils, de déposer l'argent nécessaire pour que l'on s'occupe immédiatement d'enrôler des soldats. Comme il doit résulter de cette entreprise de grands avantages pour le service de Sa Majesté et le bien de toute la chrétienté, je n'hésite pas à offrir le fils que le chérif demande, quand bien même je saurais qu'il veut le sacrifier. Tous ceux qui me restent et moi-même, nous sommes prêts également à servir d'ôtages, et le chérif pourra nous vendre (2), s'il le veut.

Je supplie Votre Altesse de donner des ordres pour que l'on m'envoie aussitôt que possible l'autorisation de terminer cette affaire. Il importe de ne pas laisser échapper une si heureuse occasion. En attendant comme il convient de maintenir le chérif dans ses bonnes dispositions, je prie Votre Altesse de me

---

(1) Cette dépêche est adressée à l'Infant D. Philippe.

(2) « El Xarifa ofresce de concluir este negocio con solo dar su Majestad esta licencia, con dalle yo por prenda un hijo mio anteponia el dinero necesario para haser gente. Como esta jornada serà para el servicio de Dios y de Su Majestad y bien universal de la cristiandad, ofrezco de muy buena voluntad el hijo que el Xarifa pide aunque fuese para sacrificallo, y todos los otros que me quedan y mi persona para empenarnos y el podrà vendernos si quisiere. »

permettre de faire partir pour Fès mon interprète, le capitaine Gonzalo Hernandez. Miguel Lezcano m'écrit que le chérif ne veut conférer de ladite affaire avec aucun de nos interprètes juifs de Tlemcen ou d'Oran, attendu qu'ils ont tous des intelligences avec le roi d'Alger (1).

CIV.

Lettre de D. Alonso Carillo de Peralta a son altesse la princesse (2).

Bougie, 17 septembre 1555.

(Arch. de Simancas. — Negociado de Estado, Legajo 108.)

J'ai déjà écrit à Votre Altesse pour lui faire connaître la triste situation de Bougie : cette place a un grand besoin d'être promptement secourue. Il n'y a pas de muraille qui puisse résister à cette artillerie épouvantable que ce chien de roi d'Alger (*este perro de rey Argel*) a amené avec lui. En deux jours, les Turcs ont démantelé entièrement le château impérial et comblé les fossés. Une plus longue défense paraissant impossible, la garnison m'écrivit, ainsi qu'à l'inspecteur, nous requérant au nom de Dieu d'aviser aux moyens de la sauver.

Je réunis immédiatement dans la maison de l'inspecteur les officiers supérieurs et autres personnes compétentes en semblable circonstance, pour les consulter sur ce qu'il convenait de faire. Ochoa de Celaya, le comptable Philippe de Pamenes, l'enseigne d'infanterie Thomas del Castillo et Alonzo Sanchez de Villasur, vieux soldat des guerres d'Allemagne, se rendirent audit château

---

(1) Nous ne connaissons pas la réponse qui fut faite par le Conseil d'Espagne à cette proposition du comte d'Alcaudète. Moins de deux ans après, en 1557, le chérif Mohammed, qui était âgé de 86 ans, fut assassiné par un Turc d'Alger, et l'année suivante, le comte lui-même périt dans la malheureuse expédition de Mostaganem, un des plus grands désastres que les Espagnols aient subis en Afrique.

(2) La princesse Jeanne de Portugal, fille de Charles-Quint et sœur du roi Philippe, que son père avait nommée, l'année précédente, régente d'Espagne.

pour examiner les brèches faites par l'artillerie ennemie. Accompagné d'Alonzo de Luque, de l'ingénieur en chef et de Pedro de Peralta, ils visitèrent tout et reconnurent qu'il n'était pas possible de résister plus longtemps, tout était ruiné jusqu'aux fondations, les murailles ouvertes, et ce qui restait debout prêt à s'écrouler. En conséquence, il fut décidé qu'on abandonnerait le fort et qu'on ferait sauter les voûtes et les courtines qui tenaient encore. Ce qui fut fait.

Nous attendons maintenant ce qu'il adviendra de nous. Les Turcs ont établi leurs batteries contre la ville. Ils sont nombreux et armés d'arquebuses. Je prie Votre Altesse de vouloir bien considérer l'importance de Bougie et de ses forteresses ; si ces misérables Turcs, que Dieu confonde ! parviennent à s'en rendre maîtres, toutes les forces de Sa Majesté suffiront à peine pour les chasser de cette place. Les ingénieurs disent qu'aucune fortification, battue par la formidable artillerie qu'ils ont avec eux, n'est en état de résister.

Je supplie Vôtre Altesse de donner des ordres pour qu'on envoie d'Espagne au plus vite les secours nécessaires ; elle peut-être convaincue d'ailleurs que, comme mon père, je saurai mourir, s'il le faut, pour le service de Dieu et de Sa Majesté.

CV.

LETTRE DU FRÈRE HIERONIMO DIAS SANCHEZ AU COMTE D'ALCAUDÈTE ÉCRITE D'ALGER, OU LEDIT SANCHEZ A ÉTÉ ENVOYÉ PAR LE ROI DE PORTUGAL POUR RACHETER DES CAPTIFS.

Fin septembre 1555.
(Arch. de Simancas. — Negociado de Estado, Legajo 108.)

Votre Seigneurie aura sans doute appris que le roi d'Alger (1) s'est présenté devant Bougie. Dieu a voulu que l'entrée de la rivière se trouvât libre, ce qui n'était jamais arrivé (2) : la barre

---

(1) Saláh-Reïs, pacha d'Alger.

(2) « Quand la ville de Bougie était aux chrétiens, dit Marmol, il n'entrait point de vaisseau dans la rivière à cause du sable qui était

de sable qui obstrue son embouchure avait été refoulée dans la mer, à la suite de pluies considérables tombées au mois d'août. Les galères et les pontons purent ainsi pénétrer facilement dans le fleuve et mettre l'artillerie à terre. Les Turcs, à l'aide de cabestans, la hissèrent sur une hauteur d'où l'on pouvait battre le château impérial. Le 16 de ce mois ils commencèrent le feu et le 17 tout était ruiné. Il convient d'ajouter que le château impérial n'avait que l'apparence d'une forteresse ; l'ouvrage avait été très-mal fait. On dit que chaque boulet faisait brèche (1).

Don Pedro, qui occupait le château impérial avec 150 hommes, fit connaître sa situation désespérée à son cousin, le commandant Don Alonso, afin qu'il avisât. Le payeur et deux autres officiers se rendirent au fort dans la nuit, et, ayant tout examiné, ils furent d'avis que Don Pedro ne pouvait pas tenir plus longtemps. Un de ces officiers était l'ingénieur même qui avait fait construire ledit château. Ayant entendu leur rapport, Don Alonso réunit le conseil qui pensa, comme lui et comme les trois officiers, qu'une longue résistance était impossible. En conséquence, ordre fut envoyé à Don Pedro d'abandonner le Fort Impérial, ce qu'il fit après avoir fait sauter ce qui restait debout.

Le roi d'Alger ne perdit pas un moment pour attaquer l'autre château qu'il emporta au bout de quatre jours. La garnison de ce fort était de 60 hommes ; lorsqu'il fut pris, 43 étaient encore vivants, avec le capitaine, nommé Bilbao. Cet officier et ses gens ont été amenés à Alger, et c'est lui-même qui m'a raconté la prise des deux forteresses.

Le vendredi, 27, les batteries, qui avaient ouvert leur feu contre la ville, renversèrent une partie considérable des murailles.

à son embouchure. Mais l'année que Salharrès la prit, il plut tant que les eaux l'emportèrent, et il y entra depuis des galères et des galiotes avec de gros vaisseaux qui y sont à couvert pendant la tempête et ne sont incommodés que du vent du nord. »

(1) « Los turcos subieron su artilleria con cabestrantes à fuerza grande y la pusieron en lugar donde le diesen la bateria al castillo imperial, y à los diez y siete ya era todo acabado. Vuestra Altessa sepa que el imperial no era fuerte, porque su obra fué falsa : las valas que le echaban dicen paraban de la otra parte. »

Les Turcs se lancèrent sur la brèche ; mais ils furent repoussés par les nôtres après un rude combat. Un grand nombre d'entre eux ont été tués par l'explosion d'une mine.

Ce même jour, le roi, qui manquait de munitions, fit partir deux galiotes pour Alger. Nous avons su par elles les détails de cet assaut.

Une troisième galiote, apportant la nouvelle de la perte de Bougie, est entrée dans le port aujourd'hui, dernier jour du mois. Les deux autres, qui s'en retournaient à Bougie chargées de poudre, l'ayant rencontrée en route, sont revenues avec elle. On s'occupe en ce moment de les décharger.

Le bruit court que la place a capitulé, mais on ne sait pas à quelles conditions. Les uns disent que le commandant et 150 hommes, à son choix, ont été renvoyés sains et saufs ; les autres, que les Turcs ne lui ont permis d'emmener que 40 hommes, avec les femmes et les enfants. Quoi qu'il en soit, le roi d'Alger a pris possession de Bougie le samedi, veille de la Saint-Michel. A la porte de la ville, on lui a remis en présent les 52,000 ducats qui avaient été envoyés d'Espagne pour payer la solde de la garnison et celle des gens de la Goulette (1). Les secrets de Dieu sont impénétrables. On dit que le capitaine du galion a été tué et Don Alonso blessé d'une arquebusade ; mais on ne sait rien de certain.

CVI.

LETTRE DE DON ALONSO CARRILLO DE PERALTA, EX-COMMANDANT DE BOUGIE, A SON ALTESSE LA PRINCESSE.

Alicante, 16 octobre 1555.

(Arch. de Simancas. — Negociado de Estado, Legajo 108.)

J'ai écrit deux fois à Votre Altesse pour lui faire connaître

---

(1) « Dicen que se dieron à partido, mas no sabemos lo cierto del partido. Unos dicen que conque pudiesen salir 150 hombres con el capitan quales les paraciere, otros dicen que quarenta y mugeres y ninos. Empero este rey entrò el sàbado vispera de San-Miguel, en Bugia ; à la puerta della le dieron por collacion los cinquenta y dos mil ducados que llevaban para la paga della y de la Goleta. »

l'arrivée du roi d'Alger sous les murs de Bougie avec la plus redoutable artillerie que l'on vît jamais. Ayant établi ses batteries devant le Fort Impérial, il ruina toutes ses fortifications dans l'espace d'un jour et demi. Il se rendit ensuite maître du château de la mer, et enfin dirigea le feu de son artillerie contre la Kasba que, depuis le matin du dimanche jusqu'au vendredi, il battit nuit et jour. Tout était démantelé ; il semblait que la Kasba n'avait jamais eu de muraille ; les cavaliers eux-mêmes auraient pu monter par la brèche.

Le roi ordonna l'assaut, et de part et d'autre un grand nombre de gens furent tués ; mais, ce jour-là, il n'entra pas dans Bougie. Toutefois la résistance n'était plus possible, et nous dûmes capituler. J'envoie ci-joint à Votre Altesse ladite capitulation que le Roi, cédant à de mauvais conseils, n'a pas voulu exécuter. Il a pris tout ce qu'il y avait dans la ville, nous laissant entièrement nus, sans épargner les femmes et les enfants. Il n'a fait grâce qu'à Louis Godinez, à moi et à 120 autres, mais tous vieux, infirmes ou blessés, sans bras ni jambes. Embarqués par son ordre dans un *scorciapin*, sans un seul marin, ce n'est qu'avec bien de la peine que nous avons réussi à gagner le port d'Alicante (1).

Pas un de nous n'avait figure d'homme en arrivant ici. Si Dieu me rend la santé, j'adresserai à Votre Altesse un rapport détaillé sur ce triste événement. Le roi d'Alger a l'intention d'attaquer Oran, et si Votre Altesse ne veut pas que cette place succombe comme Bougie, elle doit se hâter de donner des ordres pour qu'elle soit mise en bon état de défense (2).

---

(1) « Tomò todo lo que en Bugia habia, asi mugeres como muchachos, y todos nuestros haberes hasta dejarnos desnudos, y dejò à mi personna y à la de Ruis Godinez con cumplimiento de hasta 120 personas, y estos fueron sin brazos y sin piernas, y todos heridos y enfermos y viejos, y nos metiò en un corchapin sin darnos marineros, y habemos abordado à este puerto con gran trabajo. »

(2) On sait que le commandant Peralta, traduit par ordre de l'Empereur devant un conseil de guerre et condamné pour n'avoir pas su mourir à son poste, eut la tête tranchée sur la grande place de Valladolid. — La perte de Bougie fut vivement sentie en Espagne. « En 1556, dit Ferreras, les royaumes de Castille et de Valence et la principauté de Catalogne, qui souhaitaient fort qu'on recouvrât cette

CVII.

EXTRAIT D'UNE LETTRE ÉCRITE DE TABARKA (1)

12 mai........ (2)

(Arch. de Simancas............)

Hier, il est arrivé ici une frégate française. Elle nous a apporté des nouvelles de nos amis qui nous donnent des détails sur la révolution survenue à Alger.

Il y a dix-huit jours, le roi, qui souffrait d'un mal dans les jambes, partit pour les bains de Miliana, situés à une journée et demie d'Alger. Les renégats étaient fatigués de lui, parce que chaque jour il faisait mourir ou dépouillait de ses biens l'un ou l'autre d'entre eux. Profitant de l'absence des corsaires, ils réunirent les membres du Divan et leur dirent qu'ils ne voulaient pas rester exposés plus longtemps aux cruautés du roi, et que, lorsqu'il reviendrait de Miliana, ils refuseraient de le recevoir dans la ville. Un complot se forma, et chacun donna sa parole.

---

place, offrirent à cet effet à la princesse Jeanne, régente d'Espagne, 8,000 fantassins et 100,000 ducats. L'archevêque de Tolède demanda même à être chargé de cette expédition, pourvu qu'on lui donnât 300,000 ducats en argent. On consulta à ce sujet le roi Philippe qui répondit de ne rien faire jusqu'à son retour en Espagne. — Il existe dans les archives de Simancas un certain nombre de pièces relatives au recouvrement de Bougie *(Sobre la recuperacion de Bugia que se proyectaba*, 1556. — *Negociado de Estado, Legajo* 114). Il paraît que la question fut sérieusement agitée dans le conseil ; mais on commençait en Espagne à être dégoûté des établissements d'Afrique, et l'affaire n'eut pas de suite.

(1) La petite île de Tabarka appartenait aux Génois. En 1543, Khaïr ed Din l'avait cédée en toute propriété à un marchand de cette nation, nommé Lomellini, comme prix de son intervention dans l'affaire du rachat du fameux corsaire Dragut *(Tor'roud)* fait prisonnier sur les côtes de la Corse.

(2) Le présent document, écrit en très-mauvais italien et sans orthographe, ne donne que la date du mois, sans faire connaître l'année. Cette dernière indication nous est fournie par la lettre suivante du roi Philippe, relative au même événement, datée *du 2 juillet* 1557.

Averti bien vite de ce qui se passait, le roi se hâta de revenir avec les renégats de son parti et les janissaires. Mais lorsqu'il se présenta devant les portes, il les trouva fermées, et on lui signifia qu'on ne voulait plus de lui pour roi, à cause de ses déportements. Les conjurés permirent seulement à l'agha des janissaires, le kaïd Mostafa, d'entrer dans la ville.

Le roi, voyant cela, commença à tirer sa barbe, puis il se réfugia avec ses renégats dans une petite mosquée en dehors d'Alger, où il se mit à se promener d'un air soucieux. Les conspirateurs qui étaient dans la ville se demandèrent alors comment ils feraient mourir le roi ; mais personne n'était assez hardi pour se charger de l'affaire. Enfin un renégat corse, qui avait été esclave du caïd Hacen, celui que le roi avait fait jeter sur les ganches *(que lo re fece inganchiar)*, se leva et dit : « Ceci me regarde. Ce traître a assassiné mon maître, et je me charge de le tuer, si vous consentez à m'aider. » On lui demanda ce qu'il voulait, et il répondit qu'il avait besoin de 20 ou 25 hommes. On les lui donna.

Ledit renégat corse cacha alors un cimeterre sous sa robe et se rendit à la mosquée où se trouvait le roi. Il se mit à genoux devant lui et lui baisa les pieds. Le roi lui dit : « Pourquoi fais-tu cela ? » Puis, pendant qu'ils causaient ensemble, le renégat saisit tout-à-coup d'une main le roi par la barbe, tira de l'autre son cimeterre, et le tua (1). Les gens du roi voulurent l'arrêter ;

---

(1) Haëdo ne raconte pas de la même manière cette révolte de la milice d'Alger. Les deux relations diffèrent en bien des points ; elles ne s'accordent pas surtout en ce qui concerne les dates et les noms de ceux qui jouèrent les principaux rôles dans cette tragédie. Voici le récit de Haëdo : « Au mois de juin 1556, le pacha Salah-Reïs étant mort de la peste, les janissaires, en attendant les ordres du Grand-Seigneur, proclamèrent Hassan, corse, gouverneur d'Alger. Au mois de septembre, on annonça que le Sultan avait désigné un successeur à Salah-Reïs : c'était un Turc, nommé Téchéoli. Cette nouvelle jeta le trouble dans la ville. Hassan était aimé ; il avait su se faire de nombreux partisans parmi les janissaires et les renégats. Ceux-ci résolurent de ne point accepter le gouverneur que leur envoyait le Sultan. Quelques jours après, Téchéoli, étant arrivé au cap Matifou, tira un coup de canon suivant l'usage des navires qui arrivaient de Constantinople ; mais la batterie du cap ne ré-

mais il se défendit, et ceux qui l'avaient accompagné, ainsi que d'autres qui se trouvaient là, lui vinrent en aide. On raconte que, lorsque le renégat corse frappa le roi, il lui dit : « Traître, je suis bien fâché de ne pouvoir te faire mourir de la même manière que mon maître ». Tous les renégats du roi furent passés au fil de l'épée.

---

pondit point à son salut. Par suite de la rébellion des Algériens, Téchéoli se trouvait dans un grand embarras, lorsque la jalousie qui existait depuis longtemps entre les corsaires et la milice, vint heureusement le tirer d'affaire. Avec l'aide de ces derniers, qui ne voyaient aucun avantage à conserver Hassan et qui ne voulaient pas mécontenter le Grand-Seigneur, le nouveau pacha réussit à pénétrer dans Alger. Il fit aussitôt arrêter Hassan, bien que celui-ci protestât de sa soumission aux ordres du Sultan. Sans vouloir rien écouter, Téchéoli ordonna son supplice. Hassan fut jeté sur les ganches ou crochets de fer, où il demeura suspendu pendant trois jours, attendant la mort dans d'horribles souffrances. La terreur régnait dans la ville. Téchéoli, croyant que les janissaires n'oseraient plus bouger, ne fit rien pour essayer de les gagner à sa cause ; il saisissait au contraire toutes les occasions de leur faire du mal. Un nouveau complot se forma. Yusuf, renégat calabrais et caïd de Tlemsên, se mit à la tête des conjurés. Il avait été l'ami de Hassan et avait juré de venger sa mort. Appelé par les janissaires, il conçut le dessein hardi de partir de Tlemsên avec ses soldats, de marcher sur Alger et de renverser Téchéoli. Une circonstance particulière favorisa l'exécution de son projet. La peste régnait à Alger, et Téchéoli s'était retiré dans une maison de campagne, sur le bord de la mer, à cinq milles de la ville. Le caïd de Tlemsên arriva inopinément et surprit le pacha, qui n'eut que le temps de se jeter sur un cheval pour fuir du côté d'Alger ; mais on refusa de l'y recevoir : il trouva les portes fermées. Reconnaissant qu'il était perdu, Téchéoli se réfugia dans le marabout de Sidi-Yacoub, situé à l'ouest de la ville. Yusuf, qui le suivait de près, y pénétra presque en même temps que lui, la lance à la main. Alors le pacha, s'avançant à sa rencontre, lui dit : « Oserais-tu bien me tuer dans le temple même de Mahomet ? — Chien de traître ! lui répondit Yusuf, as-tu craint, toi, de faire mourir Hassan, mon ancien patron ? — » Et en disant ces mots, il le perça de sa lance. Cet événement arriva dans les derniers jours de décembre 1556. Yusuf fut reçu dans Alger comme un libérateur. L'agha des janissaires et les autres chefs de la milice le proclamèrent gouverneur à la place de Téchéoli. Peu de temps après, Yusuf mourut de la peste, et la milice lui donna pour successeur le kaïd Yahia ; mais, au mois de juin suivant, ce dernier résigna sans difficulté le pouvoir entre les mains de Hassan Pacha, fils de Khaïr ed Dîn, qui venait d'arriver de Constantinople. »

CVIII

LETTRE DU ROI PHILIPPE AU TRÈS-HONORABLE ET RENOMMÉ ENTRE LES MAURES LE KAID MOSTAFA ARNAUT (1).

Londres, 21 juillet 1557 (2).

Arch. de Simancas. — »   —)

J'ai appris ce qui s'est passé à Alger, relativement à la mort de Mohammed Pacha (3), et comment les Turcs et les Maures, d'une commune voix, vous ont choisi pour gouverneur principal de la ville et des terres qui en dépendent. J'ai été très-heureux d'apprendre qu'on ait agi ainsi à votre grande satisfaction, parce que je sais qu'en votre personne se réunissent de nombreuses et excellentes qualités. Lorsque la nouvelle de la mort de Mohammed Pacha et de l'élection qui a été faite de vous pour le remplacer parviendra au sultan Souleïman, il aura certainement à prendre une décision à l'égard de ceux qui ont concouru à cet événement. En ce qui vous concerne particulièrement, ainsi que les gens de votre nation qui cherchent à s'agrandir, il essaiera, sans nul doute, de vous expulser du poste que vous occupez.

Le départ de frère Nicolas qui se rend à Alger, pour traiter de quelques rançons, m'en offrant l'occasion, j'ai voulu vous écrire cette lettre, afin que vous sachiez bien que, dans le cas où vous auriez besoin de quelque aide ou protection, je vous l'accorderai volontiers, en tout ce qui sera de mon pou-

---

(1) Quel était ce *Kaïd Mostafa Arnaut* ? On a vu qu'il n'est point parlé de lui dans la relation de Haëdo. Cependant ce fut ce même Kaïd que la milice proclama gouverneur à la place de Téchéoli, comme le prouve cette lettre du roi Philippe. Nous pensons qu'il n'était autre que cet agha des janissaires qui est nommé dans le document précédent. Les conjurés lui ayant permis de rentrer dans Alger, on doit supposer qu'il était secrètement du complot.

(2) Le roi Philippe II se trouvait alors en Angleterre, auprès de sa seconde femme, la reine Marie Tudor.

(3) C'est le même que Haëdo appelle Téchéoli.

voir, comme vous le répètera de ma part le dit frère Nicolas (1).

CIX

LETTRE DU ROI PHILIPPE AU TRÈS-VAILLANT ET TRÈS-RENOMMÉ ENTRE LES TURCS LE RAIS DRAGUT.

Londres, 2 juillet 1557.

(Arch. de Simancas. —   »   —)

Quelques personnes m'ont fait connaître votre bonne volonté et votre affection à l'empereur mon Seigneur, ainsi qu'à notre personne. Je ne puis que vous en remercier infiniment, et vous dire que, si vous vous trouviez en position de me servir, j'en serais bien aise. Les occasions et les circonstances ne vous feront pas faute à cet effet, et ce sera tout à votre avantage et dans l'intérêt de votre réputation, comme vous le dira ou vous l'écrira le frère Nicolas (2).

---

(1) « Entendido he loque en Argel ha subcedido cerca de la muerte de Mahomet Bassa, y commo los turcos y moros de comun voluntad os havian elegido por su gobernador principal y de las otras tierras que son debaxo del dominio desta ciudad, y he holgado mucho de que se haya hecho assi y tan à vuestro contentamiento, porque soy informado que en vuestra persona concurren muchas y buenas calidades, y porque haviendo sido la muerte del dicho Mohamet Bassa hecha por tal termino y vos puesto en esse lugar, el Turco Saliman necesariamente havrà de hazer demostracion con todos los que en ello haveis concurrido, y specialmente con vos y otros de vuestra nacion que pretenden acrescentarse procurarà de quitaros de donde estays. Offreciendose la yda de fray Nicolao à tractar de algunos rescates, os he querido escrevir esta para que sepays que si quisieredes y tuvieredes necesidad de algun favor y ayuda lo hare de buena voluntad en todo lo que pudiera, como os lo dirà el dicho fray Nicolao de nuestra parte. » On ne sait pas quel fut le résultat de cette singulière négociation. Elle n'eut sans doute aucune suite, tout étant rentré dans l'ordre à Alger, lorsque le frère Nicolas y arriva.

(2) « De algunas personas he entendido la voluntad y afficion que haveis tenido al Emperador mi senor y à mi y siendo assi no puedo dexar de agradeceros lo mucho y dezir que se estuviessedes èn proposito de tractar de servir me holgaria dello ; y no faltaria occasion y coyuntura donde lo pudiessedes hazer con vuestro acrescentamiento y reputation, segun os lo dirà ò escrevirà el padra fray Nicolao. » —

CX

DESCRIPTION DE TUNIS ET DE BIZERTE, SUIVIE D'OBSERVATIONS SUR LES MOEURS ET COUTUMES DES ARABES, FAITE L'ANNÉE DE LA PRISE DE CES DEUX VILLES PAR LE SÉRÉNISSIME SEIGNEUR DON JUAN D'AUTRICHE (1).

1573.

(Archives du Vatican —   o   —)

Le territoire de Tunis est très-beau, planté d'oliviers, de dat-

---

Il est à regretter que cette lettre ne soit pas plus explicite. On se demande quel était ce raïs Dragut, très-vaillant et très-renommé entre les Turcs (*muy esforçado y alabado entre los Turcos*). Cette étrange missive du roi Philippe était-elle adressée au fameux corsaire qui portait ce nom et qui, de même que Hacen Agha, aurait entretenu de secrètes intelligences avec les Espagnols ? Il se trouvait en ce moment à Tripoli, que les Turcs avaient enlevé aux chevaliers de Malte quelques années auparavant ; et voici ce que disent les historiens du temps à ce sujet : « Dragut, n'ayant pu obtenir du Sultan le titre de Pacha et la charge de Grand-Amiral, lui avait rendu le sandgiakat de Sainte-Maure, et, sous prétexte de défendre les côtes d'Afrique, il s'était borné à la qualité de gouverneur de Tripoli. Profitant de l'éloignement où cette place était de la Porte, il s'y était fait comme un petit État qu'il gouvernait avec une autorité presque absolue, quoique, pour se conserver la protection du Grand-Seigneur, il affectât une entière dépendance à ses ordres. » Ces paroles, en expliquant ce qui aurait pu amener Dragut à traiter avec les Espagnols, sembleraient venir à l'appui de cet appel fait par le roi Philippe à *sa bonne volonté et à son affection*. Mais nous croyons que, si des négociations eurent lieu, elles ne furent pas sérieuses. Dragut fut un des plus terribles ennemis de Charles-Quint et de Philippe II. En 1560, il contribua pour une bonne part au grand désastre que le capitan-pacha Piali fit éprouver, à l'île de Djerba, au vice-roi de Sicile, le duc de Medina-Cœli. On sait aussi qu'il commandait une division navale au second siége de Malte par les Turcs, en 1565, et que le sultan Souleïman, « prévenu d'une grande estime pour sa rare valeur et sa capacité, avait défendu à ses autres généraux de terre et de mer de rien entreprendre sans sa participation. » Il fut tué d'un éclat de pierre qu'avait brisée un boulet de canon parti du château St-Ange. Quoi qu'il en soit, cette lettre est très-curieuse.

- (1) En 1570, le pacha d'Alger, Aluch Ali ou mieux Oulouk Ali, s'étant emparé de Tunis, le roi Philippe II, qu'inquiétait cette extension de la puissance algérienne, chargea son frère naturel, Don Juan

tiers et de beaucoup d'autres arbres à fruit. La terre est parfaitement cultivée.

La ville, fort grande et bien peuplée, est encadrée de collines délicieuses en forme de demi-lune. Elle a des faubourgs et des murs à l'instar de Rome ; les maisons sont basses et d'une assez mauvaise architecture ; mais les mosquées sont très-belles, entre autres la mosquée principale dont les arches sont soutenues par de nombreuses colonnes en marbre de couleurs variées. On dit qu'il y en a plus de 200. Le sérénissime Seigneur Don Juan d'Autriche a fait enlever quatre de ces colonnes qui étaient fort belles, au grand déplaisir des Maures (1). C'est dans cette mosquée que logeait Paul Giordano, lorsqu'on se fut emparé de Tunis, ce qui eut lieu le 10 octobre.

Le château n'est pas très-fort. Il est armé de 35 pièces d'artillerie. Dans le reste de la ville, on trouve huit autres canons. Toute cette artillerie a été fondue par les chrétiens et porte les armes du pape Clément, de la France, des Vénitiens, des Génois, de Rhodes et d'autres princes ou nations.

Le 21, Son Altesse se rendit au cap de Carthage avec une nombreuse troupe de cavaliers, afin de visiter les ruines de cette antique cité. Il chassa aussi les bêtes fauves avec des chiens, des oiseaux et des arquebuses. On trouve dans ce pays des lions, des autruches, des singes et même des éléphants, si nous devons croire ce que l'on nous a dit ; mais cela arrive rarement. Dans les maisons de Bône, les caméléons fourmillent. Quant au gibier

---

d'Autriche, de chasser les Turcs de cette ville ; mais fatigué des énormes dépenses que coûtaient à l'Espagne les guerres malheureuses d'Afrique, ce monarque prescrivit à son frère de ne s'établir nulle part, de raser toutes les places qu'il prendrait, et d'abandonner même la Goulette, toujours occupée par les Espagnols, après en avoir fait sauter les fortifications. Don Juan d'Autriche se rendit maître de Tunis et de Bizerte, sans avoir à combattre les Turcs qui, à son approche, avaient abandonné ces deux places.

(1) Sono belle moschee, et fra l'altra la maggiore bellissima tutta fatta adarchi sostentata da diverse colone di gran bellezza di molti colori di marmi mischi, che passano al numero di 200, delle quali il Seren.mo Sig.r Gio de Austria ne face levar quattro bellissime, con gran dispiacere di mori.

que l'on voit chez nous, chevreuils, lièvres, faisans et autres, il abonde partout. La rhubarbe croît spontanément. On fit présent à Son Altesse de jeunes chameaux, de poulains sauvages et d'un magnifique lionceau apprivoisé. Quelques soldats ont embarqué sur les navires des chameaux, des chevaux et des autruches, que les Maures leur ont vendus presque pour rien.

Le 22, le fils du roi de Tunis vint visiter Son Altesse, avec laquelle il s'entretint longuement. Il alla voir ensuite Paul Giordano. Quelqu'un lui ayant demandé la généalogie de ses ancêtres, voici ce qu'il répondit: « La maison de Tunis se nomme *Beni-Cati*, ce qui signifie famille plus noble et supérieure à toutes les autres en grandeur et en vertu. Mouléï Hacen, roi de Tunis, eut deux fils: Mouléï Hamida, qui lui enleva son royaume et le priva de la vue, et Mouléï Mohammed, qui est aujourd'hui à Tunis; ce dernier a également deux fils: Mouléï Abd-er-Rahmân,

et..

Le 26, quelques Maures de Bizerte furent présentés à Son Altesse et lui offrirent des moutons, des veaux, des poules et de très-grosses dorades qu'ils prennent dans la rivière. Ils les donnent aux soldats à vil prix. Il en est de même des boutargues, en raison de leur immense quantité. Parmi beaucoup de choses bonnes à manger, il y a des figues fraîches sur les arbres, des asperges et autres fruits, comme en plein été.

Le pays est très-beau. Sur le rivage, on trouve de l'eau douce, partout où l'on creuse, et en si grande abondance qu'elle suffit à tous les besoins.

Les chevaux ne sont jamais ferrés. La plus grande partie des hommes vont nus, n'ayant qu'une espèce de manteau d'étoffe grossière, qu'ils appellent *bouracan*, et coiffés d'un demi-turban retenu sous le menton. Ils n'ont point de chaussures. Ce sont des gens sans foi ni honneur, fort avares et très-âpres au gain, qui, pour de l'argent, font tout ce que l'on veut.

Ils n'ont ni casque ni cuirasse; leur principale arme offensive est une épée avec un fourreau en bois; ils la portent en bandoulière. Leur poignard est attaché au bras gauche et lié au petit doigt par un fil, pour qu'il ne tombe pas. Dans la main droite, ils ont deux ou plusieurs javelots. Quand ils sont poursuivis, ils jettent leur bouracan et s'enfuient tout nus.

Leur nourriture consiste principalement dans ce qu'ils appellent *vaccina*, espèce de beignets qui ressemblent aux nôtres. Ils trempent d'abord leur main droite dans l'huile, puis ils prennent une demi-once environ de cette pâte de beignets et l'avalent sans mâcher.

Leur meilleur mets est le couscoussou. Ils le font avec de la farine, des œufs, du sel et de l'eau, à la façon de nos *frascarelli* ou *monefate*, comme on dit en Lombardie. Toute l'année, on le conserve sec. Servi dans des pots percés à jour, que l'on place au-dessus de la vapeur de la viande, le couscoussou se mange avec des cuillers de bois.

Ils ne font pas de pain, si ce n'est quelques galettes ou fouaces, cuites sur des plaques de fer ou dans de mauvais fours. Ils les appellent *khobs*.

Ils ne boivent pas de vin ; mais avec le raisin ils fabriquent une boisson qui rappelle notre *mosto* (vin doux).

Les nobles ont des caleçons, des souliers et des chemises, et par-dessus un bournous de couleurs variées, avec un capuchon qu'ils rabattent quand il pleut. Ils portent l'épée en sautoir avec des ornements en fer doré ou argenté, ainsi que nous le faisons. Tous ont la tête couverte d'un turban plus grand ou plus petit, selon le grade, avec mentonnière.

Ils montent à cheval à la genette, les jambes repliées, avec des étriers larges, des éperons aigus, de fort belles selles à la turque, des brides ornées d'anneaux, et une gourmette.

Quelques-uns ont des arquebuses ou des lances très-longues, à peu près le double des nôtres. Ils s'en servent avec une grande dextérité, quoique lancés à fond de train, et ne se préoccupent nullement de leurs chevaux qu'ils abandonnent à eux-mêmes. Si ces armes viennent à leur échapper des mains, ils les ramassent sans ralentir leur course. Ils sont très-agiles.

Pour les distinguer des autres Arabes, on les appelle *faross*, ce qui, dans leur langue, veut dire cavalier. Presque tous ces nobles sont fort riches. Il y en a qui ont 300, 500 et même jusqu'à 1500 chameaux. Ce sont les bêtes de somme du pays. On dit aussi qu'on les mange. On les sale alors, comme nous salons nos porcs et la viande de bœuf en Lombardie. Avec le lait des chamelles on fait du beurre.

Les Maures ont en grande vénération leur fausse religion, qui n'est qu'une superstition grossière, et portent au cou des reliquaires ou amulettes en cuir, en velours ou en soie, ainsi que nous portons chez nous des *agnus dei*. Les uns en ont quatre, les autres six, comme il leur plaît. Ils en couvrent la tête de leurs chevaux, dans l'idée que cela les préservera de tout danger.

Ils pratiquent la circoncision; mais bien que mahométans comme les Turcs, ils sont leurs ennemis, parce que ceux-ci les tyrannisent.

Ils n'ont pas l'habitude de jouer, comme le font les chrétiens, et ne blasphèment pas; mais ce sont de fieffés voleurs (*robbariano l'inguinaglia à san Rocco*).

Les églises, appelées mosquées, sont tenues en grand honneur et magnifiquement pavées. Quand ils y entrent, ils se mettent à la file et crient tous ensemble : Allah ! Allah ! Mais ils ne savent pas ce qu'ils disent. Pour tout l'or du monde, ils n'y entreraient pas avant de s'être lavé les mains. Ils ont quelques prêtres (*papassi*) qui leur lisent ou chantent des histoires de l'ancien Testament. Leurs livres sont écrits; ils en possèdent une grande quantité.

Ils ont coutume de blanchir leurs églises et leurs maisons chaque année, à l'époque de leur Pâque. Dans leurs habitations, on n'aperçoit aucune trace de feu. Pour faire la cuisine, on se sert de petits fourneaux en terre portatifs.

Ils couchent sur des peaux de moutons. Cependant on trouve, chez certains nobles, des lits longs et étroits. Bien travaillés et ciselés à la manière des Maures, ces lits sont cloués à la muraille, à hauteur d'homme; il faut une échelle pour y monter. Quelques-uns ont des matelas de laine, des draps et des couvertures de coton très-belles, mélangé de soie de diverses couleurs.

Les femmes ne voient jamais les hommes pendant le jour; mais le soir on se réunit. A l'entrée de leurs maisons ou dans la cour intérieure, les nobles ont des miroirs de verre fixés aux murailles, et de mauvaises peintures à la façon mauresque.

Tous sont très-jaloux et défiants. Ils ont non-seulement des esclaves chrétiens, mais aussi d'autres de leur religion qu'ils prennent à gage. Ils s'appliquent avec succès à l'agriculture. Les terres paient au roi le trentième de ce qu'elles rapportent; c'est un revenu de plus de 150,000 écus, sans parler des autres taxes et gabelles.

. Un grand nombre de leurs usages sont empruntés aux nôtres. Ils fabriquent des cartes, des dés et autres objets semblables.

Ils ne se marient pas, bien qu'ils aient beaucoup de femmes.

Composition de la flotte que le Sérénissime Seigneur Don Juan d'Autriche a emmenée avec lui pour l'entreprise de Tunis :

    107 galères ;
    31 vaisseaux ;
    Le galion du Grand-Duc de Toscane ;
    Un grand nombre de bâtiments de transport, frégates et autres navires appartenant à des particuliers.

Composition de l'armée :

Italiens	13.000
Espagnols	9.000
Allemands	5.000
Cavalerie légère	500
	27.500

CXI

RELATION DES ÉVÉNEMENTS DE LA GOULETTE ET DE TUNIS, FAITE PAR DON GABRIO SERBELLONI (1).

1574.

(Arch. du Vatican. —   »   —)

La nouvelle forteresse construite à Tunis avait six bastions de

---

(1) Cette relation, écrite par le comte Serbelloni, commandant du fort de Tunis et un des officiers les plus distingués de l'armée espa-

18 cannes de Naples (1) d'épaulement et de côtés, 50 de courtine d'un flanc à l'autre, et 27 de chacun des flancs à l'angle intérieur du bastion. Les deux courtines faisant face à l'étang étaient de 50 cannes, l'une plus longue que l'autre de quatre. La circonférence équivalait à deux fois celle de La Goulette. Cette forteresse fut commencée le 11 novembre 1573, jour de la Saint-Martin. On y apporta tout le soin et toute la diligence possibles. Les soldats travaillaient trois heures par jour, quand ils n'étaient pas de garde. Mais l'ouvrage était si considérable, et l'on manquait si souvent d'argent, d'ouvriers, de bois de charpente et d'autres matériaux, qu'à l'arrivée de l'armée turque, le 13 juillet 1574, la forteresse, construite en terre pilée mélangée de genêts, à la façon mauresque, présentait les imperfections suivantes :

Le côté qui regardait Tunis avait une canne de moins que la hauteur projetée. Il manquait aux deux autres environ une canne et demie.

La partie faisant face à l'étang avait près de deux cannes de moins et était complétement dépourvue de fossés.

Comme les hauteurs déterminées n'existaient nulle part, on n'avait construit aucun parapet.

Du côté de la campagne, la hauteur et la largeur des fossés

---

gnole, est fort intéressante. — On a vu que Philippe II avait enjoint à son frère de détruire les fortifications de La Goulette, ainsi que celles de Tunis et des autres places du littoral ; mais Don Juan, qui rêvait la création en Afrique d'un État européen, n'avait pas cru devoir exécuter les ordres du roi. Au lieu de raser La Goulette, il en avait augmenté les fortifications et ordonné la construction, entre le lac et Tunis, d'une forteresse assez vaste pour contenir la garnison de 4,000 hommes qu'il avait laissée dans cette ville. Il espérait que Philippe lui pardonnerait sa désobéissance en faveur du succès ; mais les Turcs ne laissèrent pas le temps au roi de se prononcer à ce sujet. Moins d'un an après la conquête de Tunis, le fameux Sinân-Pacha en avait repris possession au nom du Grand-Seigneur. Le fort de La Goulette succomba le premier : son commandant, Porto-Carrero, ne fit peut-être pas tout ce qu'il aurait pu faire. Celui de Tunis, bien qu'à peine achevé, fut au contraire héroïquement défendu par Gabrio Serbelloni.

(1) *Canna*, mesure d'environ deux mètres.

étaient seulement indiquées ; il en était de même des chemins couverts et des talus.

Quatre ravelins ou demi-lunes, en dehors des fossés reliés du côté de la campagne au chemin couvert par les quatre courtines, avaient été commencés ; mais ils n'avaient encore que la hauteur d'une hallebarde.

Les murailles de la ville qui dominaient le fort avaient été démolies, mais non complétement. Il avait d'abord fallu aplanir toutes les hauteurs voisines et construire dans l'intérieur de la forteresse deux grands *cavaliers,* plusieurs corps de garde, des magasins, des casemates pour les soldats, des moulins et des citernes. Ces dernières étaient très-belles et si bien approvisionnées d'eau, qu'on n'en manqua pas pendant tout le siége. Par la voie de l'étang, on avait aussi transporté dans le fort les vivres et les munitions nécessaires, ainsi que des bois et d'autres matériaux, pour achever les constructions commencées.

Tout cela s'était fait en huit mois, malgré la pénurie des moyens dont on disposait. On concevra facilement qu'en aussi peu de temps, il était impossible de pourvoir à toutes les nécessités, les soldats, comme je l'ai dit, ne pouvant travailler que trois heures par jour, à cause des gardes et des factions qui se renouvelaient sans cesse. Il convient d'ajouter que, pendant huit mois, ils ne touchèrent, pour ce surcroît de travail, que deux faibles indemnités, une de 30 réaux, au commencement, et une autre de 15, beaucoup plus tard, au mois de juin ; de plus, les rations qu'on leur distribuait étaient loin d'être bonnes et rarement entières. Nos pauvres malades en souffraient beaucoup.

Vers le 14 juin, ordre fut donné de ne laisser dans le fort de Tunis que 2,000 fantassins espagnols, si ce nombre existait, sinon de le compléter avec les italiens. Les autres, avec toutes les bouches inutiles, devaient être renvoyés. Le même ordre portait d'abandonner Bizerte. En conséquence, Francisco d'Ayala, avec sa compagnie forte de plus de 200 hommes, rentra à La Goulette, dont la garnison fut renforcée. On y envoya de Tunis quatre des 21 compagnies espagnoles, celles des capitaines Martin de Benavida, Gonzalo Varahona, Antonio de Velasquez et Pietro

Deratrieda. Les 21 compagnies italiennes en fournirent également cinq, commandées par les capitaines Valacera, Camillo Bartoli, Rodomonte Beccaria, Aloisi Belvisio et Giovanni Battista Manerbio. Comme le temps manquait et que d'ailleurs on n'avait pas d'argent à donner aux soldats, les capitaines furent autorisés à congédier ceux de leurs hommes qui étaient malades et, par suite des factions continuelles, des travaux et des fatigues de toute sorte, devenus incapables de servir, ou qui excédaient le nombre de 2,000, ce que chacun fit aussitôt.

Dans les derniers jours du mois de juin, nous fûmes prévenus de l'arrivée du vice-roi de Tripoli, à la tête de 4,000 hommes, tant Turcs que Maures, des cheikhs de l'île de Djerba et de Kaïrouan avec 6,000 cavaliers, et des gens de Constantine et de Bône, au nombre de 2,000. Une multitude de Maures et d'Arabes se joignirent à eux ; mais comme la campagne autour de Tunis n'offrait aucune ressource, ils dressèrent leurs tentes à une certaine distance de la ville.

Le 1er juillet, je reçus des lettres du cardinal Granvelle qui me donnait avis de l'approche de la flotte des Infidèles. Il me faisait connaître sa composition, sa formidable artillerie et son immense approvisionnement de vivres et de munitions. Comme on pensait généralement que les Turcs attaqueraient d'abord la Goulette du côté de l'étang, le Cardinal m'écrivit de me rendre dans ladite forteresse, de tout examiner de concert avec don Pietro de Porto-Carrero, et de faire ce que je jugerais convenable pour augmenter, s'il y avait lieu, ses moyens de défense.

Bien que je fusse encore souffrant de la fièvre qui pendant huit jours m'avait tenu alité, je voulus visiter la Goulette dès le lendemain, 2 juillet. Je répondis le même jour au Cardinal ce que je lui avais écrit à diverses reprises, depuis six mois, relativement à certains bastions et parapets où l'on avait établi huit à dix pièces de canon qui me paraissaient inutiles, et je lui disais qu'on s'était un peu trop préoccupé de placer commodément cette artillerie et pas assez de la sécurité des soldats.

Le 12 juillet, on signala la flotte turque, et, le 13, elle vint mouiller en vue de la Goulette, dans le voisinage du cap de Carthage. L'armée débarqua aussitôt et mit à terre son artillerie.

Sans perdre un moment, les Turcs s'occupèrent d'établir leurs tranchées, afin de s'approcher de la forteresse. Le même jour, le pacha général en chef ordonna aux troupes venues par terre de commencer le siége de Tunis, avec l'aide de 4,000 Turcs qu'il avait détachés de son armée. Il chargea de cette opération Haïder, cheikh de Kaïrouan, auquel il donna huit gros canons et huit autres petites pièces. Celui-ci vint se loger dans les deux faubourgs de Tunis, et, le 17, ayant mis son artillerie en batterie, il commença à battre les approches de la ville que l'on n'avait pas abandonnées, en raison des avantages qu'elles offraient et surtout de l'eau que l'on y trouvait en abondance. Je donnai ordre immédiatement à nos gens de rentrer dans le fort.

La retraite se fit en bon ordre, comme je l'avais espéré. Nous ne perdîmes pas un seul homme, bien que le nombre des Maures fût plus du double des nôtres et qu'en pareil cas on pût douter de leur fermeté, environnés comme ils l'étaient par la multitude des ennemis. Le lendemain, la petite troupe qui occupait la tour du Marabout l'évacua également, sans éprouver aucune perte. L'Infant Mouleï Ahmed demanda aussi à être reçu dans le fort. Il avait été convenu cependant qu'il tiendrait la campagne avec les Maures et les Arabes de son parti, et je lui avais donné, à cet effet, des hommes, de l'argent, des munitions, des armes et même des vivres.

Ce même jour du 17 juillet, la tranchée se trouvant assez avancée en aussi peu de temps, les Turcs se mirent à battre la Goulette, du côté de Carthage, et, le 21, ayant achevé également leurs préparatifs d'attaque dans la partie de Radès, ils commencèrent le feu de cet autre côté.

Don Pedro m'ayant manifesté le désir d'avoir auprès de lui certaines personnes de qualité et autres, je lui envoyai le capitaine di Mendano, Fernand Gomez, deux enseignes espagnols entretenus, un maître charpentier, un artificier et l'ingénieur Fabrizio, bien que j'eusse un grand besoin des mêmes personnes. J'ordonnai en même temps à Don Juan de Zamoguerra, commandant du fort construit dans l'île de l'étang (1), de se mettre avec

---

(1) La petite île Chekli, *la isla de Santiago* des Espagnols.

ses gens à la disposition de Don Pietro et de lui obéir en toutes choses, ce qu'il s'empressa de faire.

Rentrés dans le fort, les soldats s'occupèrent activement à le réparer : les ennemis, de leur côté, continuaient à établir leurs tranchées et s'avançaient peu à peu. S'étant partagés en deux corps, ils disposèrent leur artillerie de manière à nous faire éprouver de grandes pertes, en tirant sur nos défenses et dans l'intérieur du fort. Le 1er août, ils s'étaient tellement approchés de nos murailles que l'on dut faire sept sorties, tantôt par une porte, tantôt par l'autre, afin de châtier leur audace. On pénétra à l'improviste dans leurs retranchements qui furent enlevés, et chaque fois une centaine de Turcs demeurèrent sur le carreau. On les poursuivit même jusqu'à l'endroit assez éloigné où ils avaient dressé leurs batteries et massé leurs bataillons dans la crainte d'une surprise. Ordre avait été donné à nos soldats de ne pas dépasser certaines limites et d'assaillir les retranchements ennemis avec ensemble et bon ordre, ce qu'ils avaient fait.

Dans le même temps, les Turcs, qui attaquaient la Goulette, s'étaient approchés jusqu'aux fossés de la forteresse et commençaient à y jeter des pièces de bois, sous le feu de nos canons. Le bastion St-Pierre, battu incessamment par leur artillerie des deux côtés de la terre ferme, était presque ruiné. C'est alors que Don Pietro, qui se considérait en grand danger de succomber, me demanda à diverses reprises de lui envoyer des renforts.

Je lui fis répondre plusieurs fois, tantôt par Zamoguerra, tantôt par Don Vitada, par le comptable ou par d'autres personnes, que, si la Goulette était rudement canonnée par l'ennemi et serrée de près, il en était de même du fort de Tunis, dont les défenses étaient si imparfaites et l'étendue si considérable qu'il pouvait être attaqué de tous cotés au moyen seulement d'échelles, sans batterie d'aucune sorte, et qu'évidemment Tunis avait plus besoin d'être secouru que la Goulette ; qu'il convenait d'ailleurs de remarquer que, si l'ennemi, ayant entrepris à la fois le siége des deux forteresses, apprenait que des troupes avaient été envoyées de Tunis à la Goulette, il ne se trouvait pas tellement enchaîné devant cette dernière place qu'il ne pût se retirer à un moment donné et se jeter avec toutes ses forces sur Tunis où sans aucun doute il serait reçu à bras ouverts. J'ajoutais qu'à mon avis il était plus facile à Don Pietro qu'à nous de se défendre aves ses gens en raison de la hauteur des murailles de la Goulette, protégées et entourées d'un fossé rempli d'eau à volonté et ne pouvant être escaladées par surprise, tandis qu'au contraire le fort de Tunis, vu son état d'imperfection et sa grande étendue, était presque sans défense.

Par ces raisons et d'autres du même genre, j'essayais de relever de mon mieux le courage de Don Pietro, lui promettant que, dans le cas d'un besoin pressant de sa part, je ne manquerais pas de lui venir en aide par tous les moyens en mon pouvoir, mais que le moment ne me semblait pas arrivé. Malgré ce que je lui avais fait dire, Don Pietro me suppliant avec les plus vives instances de ne pas l'abandoner, je fis relever, le 21 août, par des gens de Tunis la garnison de l'île préposée à la garde des frégates, des bâteaux-plats et des barques qui transportaient d'une forteresse à l'autre les vivres et les munitions, et je lui donnai ordre de se rendre à la Goulette. Je mis également à la disposition de Don Pietro deux compagnies espagnoles et deux italiennes, commandées par les capitaines Juan de Figaroa, Pietro Manoel, Tiberio Boccafosca et Celio Calaveriana, s'élevant en tout à . . . . . . hommes. Un grand nombre de gentilshommes espagnols et italiens se joignirent volontairement à ces quatre compagnies, et tous réussirent à pénétrer dans la Goulette sains et saufs. Don Pietro me remercia par lettre du renfort que je lui avais envoyé.

Le 10 août, Ramadan, avec les Turcs d'Alger au nombre de 5000, parut devant Tunis. Cette troupe, augmentée d'une multitude de Maures et d'Arabes, inonda les tranchées hérissées d'artillerie, et s'avançant jusqu'à la contrescarpe après avoir traversé le fossé à l'abri d'une grande chaussée qu'elle avait établie sans que nos gens qui occupaient le bastion St-Jean eussent rien vu, elle se mit à creuser sur la pointe du bastion Doria. Je fis immédiatement travailler à un grand puits vers la même pointe pour nous défendre contre la mine, et on opposa aux efforts de l'ennemi tous les obstacles possibles, au moyen de feux de toute sorte et de l'artillerie du bastion St-Jean.

Les Turcs, ayant été avertis que de Tunis on avait envoyé des renforts à la Goulette et que les deux forteresses communiquaient entre elles, établirent d'abord des batteries des deux côtés du canal; puis ils y firent rentrer de nombreuses chaloupes et d'autres embarcations. Ils commencèrent en même temps la construction d'une redoute et celle d'une digue qui leur permit de s'approcher de l'étang à couvert. Au moyen de ces divers travaux, ils parvinrent à fermer le canal de telle sorte qu'on ne pouvait y entrer ou en sortir qu'à la faveur de la nuit.

Le 17 août, Pietro Barbato et Juan Antonio Volerola réussirent à pénétrer dans le fort de Tunis par la voie de l'étang. Ils étaient porteurs de lettres du cardinal Granvelle et du duc de Sessa, en dates des derniers jours de juillet. Ces lettres m'étaient adressées ainsi qu'au commandant de la Goulette; mais comme elles étaient en chiffres et que Don Piétro en avait seul la clé, je lui envoyai, la nuit suivante, lesdites lettres par Volterola et une autre personne. Les frégates les conduisirent tous deux aussi près que possible de la Goulette, et de ce point, en suivant le canal, ils gagnèrent heureusement la forteresse.

Le lendemain, dans la nuit, Volterola me rapporta les lettres déchiffrées. Le cardinal disait que Don Piétro, par divers rapports datés des 17, 18 et 19 juillet, l'avait instruit des progrès rapides de l'ennemi et du grand besoin qu'avait la Goulette d'être secourue, et il me donnait l'ordre, attendu l'importance de cette place, de tout faire pour lui venir en aide sans m'arrêter aux pertes que l'on pourrait éprouver en abandonnant même le fort de Tunis et en me retirant à la Goulette avec tous mes gens; le cardinal me laissait d'ailleurs le choix du moment. De son côté, Don Pietro, en me renvoyant les lettres, me faisait dire que les soldats étaient démoralisés et que l'envoi d'un nouveau renfort était urgent.

Je convoquai immédiatement les principaux officiers dans la chambre de Salazar (1) qui depuis le 1er août gardait le lit par suite

---

(1) En 1570, lorsque le pacha d'Alger, Oulouk Ali, s'empara de Tunis, ce même Salazar commandait la forteresse de la Goulette et la défendit avec un grand courage.

d'une blessure, et je leur donnai connaissance des lettres que j'avais reçues. Je demandai ensuite à Don Juan de Zamoguerra combien d'hommes il pourrait transporter à la fois, en réunissant les frégates, les bateaux-plats et les grandes barques. Il me répondit qu'il ne pouvait pas en transporter plus de 400. Le tout bien considéré, je parlais ainsi à ces Messieurs :

« Vous avez entendu ce que contiennent ces lettres. Vous connaissez les difficultés qui existent et notre triste position. Il n'est pas facile de communiquer avec la Goulette. S'il nous faut y aller tous plus de six voyages seront nécessaires; et un seul, ne réussissant pas, peut entraîner la perte des deux forteresses. Toutefois, si vous le jugez convenable, je ferai partir cette nuit même cent de nos meilleurs fantassins, tous hommes d'élite, et si vous pensez aussi que ce serait bien servir Sa Majesté, j'accompagnerai moi-même cette troupe. J'espère que ma présence rendra le courage à ces pauvres gens et que nous suffirons à défendre la Goulette, sans qu'il soit besoin d'exposer le reste de la garnison de Tunis au même danger. »

Pagano Doria répliqua qu'en ce qui me concernait, il n'y avait pas lieu de délibérer, à cause du péril manifeste qui pourrait en résulter. Tous les autres firent la même réponse. Un grand nombre de valeureux capitaines de l'une et de l'autre nation me demandèrent avec instance à faire partie du nouveau renfort qui devait se rendre à la Goulette ; mais je dus me borner à y envoyer les deux compagnies espagnoles de Martin d'Acuña et de Diego Maddonato, ainsi que la compagnie italienne du capitaine Hercule de Pise, s'élevant en tout, avec plusieurs hommes que j'ai choisis dans les autres compagnies, à ... fantassins. Cédant aux prières de Pietro de Bonadighi, d'Alvaro de Gaude et de quelques autres volontaires espagnols et italiens, je leur permis d'accompagner ce détachement.

Comme je ne pouvais écrire dans la crainte que ma lettre ne tombât dans les mains de l'ennemi, je dis à Martin d'Acuña d'informer Pietro de la proposition que j'avais faite de me rendre moi-même à la Goulette, proposition qui avait été rejetée à l'unanimité par le Conseil. Je le chargeais en outre de rappeler au dit gouvernement que le fort de Tunis, très-imparfait, dont l'étendue était considérable et la garnison peu nombreuse, se trouvait, comme la forteresse qu'il commandait, serré de près, enveloppé, battu et miné de toutes parts ; que l'envoi des renforts, ne pouvant se faire pendant le jour était une opération difficile et dangereuse, les soldats étant obligés de laisser les embarcations à un mille de distance de la Goulette et de suivre le canal, à travers une foule d'obstacles, ayant de l'eau jusqu'à la ceinture ; que le moindre désordre suffirait pour tout compromettre, et que, si l'ennemi interceptait un seul convoi, c'était à la fois la perte de la Goulette et de Tunis.

Je priais en conséquence Don Pietro, après avoir bien considéré tout cela, de se défendre vigoureusement avec les soldats qu'il avait : les Turcs ne pouvaient l'assaillir d'aucun côté avec des masses nombreuses. Le seul point vulnérable de la forteresse était le bastion Saint-Pierre dont la fosse se trouvait à sec, et s'il prenait bien ses mesures, il n'avait rien à craindre. Je lui promettais d'ailleurs de ne pas l'abandonner et de le secourir avec tous mes gens, si besoin était.

Les compagnies désignées pour renforcer les compagnies de la Goulette, s'étant embarquées dans la nuit du 19 août, furent mises à terre à une assez grande distance de le forteresse. Avec l'aide de Dieu, elles réussirent à y pénétrer saines et sauves.

Le lendemain 20, les Turcs tentèrent un assaut ; mais le ciel permit qu'ils fussent repoussés, ce qui toutefois ne se fit pas sans une perte notable des nôtres. La nuit suivante, Don Pietro m'expédia un exprès pour m'informer de ce qui s'était passé. Il me faisait connaître le nombre de ses morts et de ses blessés, qui était considérable, et me suppliait de le secourir à tout prix, autrement, me disait-il, ses gens se considéraient comme perdus.

Après avoir délibéré à ce sujet avec les mêmes officiers dont j'ai parlé, dans la chambre de Salazar, il fut décidé qu'on enverrait à la Goulette quatre compagnies espagnoles, y compris celle de Gutierre Manrique qui avait été tué, et deux italiennes commandées par Garcia de Tolède, Montagna de Salazar, Juan de Quintana, le chevalier Strombone et Scipione Mazzucca. Ces compagnies, qui formaient un total de 210 hommes, s'embarquèrent fort gaiement dans la nuit du 21, avec plusieurs volontaires qui avaient demandé à les accompagner. On les conduisit toutes et on les mit à terre au même endroit où avaient débarqué les autres, et, comme elles, elles parvinrent à gagner la Goulette sans encombre.

Le lendemain 22 était un dimanche ; ce jour-là les Turcs donnèrent un assaut terrible. Le 23, dans la matinée, la Goulette succomba. Don Juan de Zamoguerra apporta à Tunis cette triste nouvelle (1).

Sans perdre un moment, je pris toutes les mesures nécessaires pour continuer la défense, et je m'efforçais de relever le moral de la garnison qui comptait à peine 1200 soldats valides, par suite des envois faits à la Goulette, des désertions et des pertes de toute sorte que nous avions éprouvées; quelques-uns de nos hommes que la peur avait saisis s'étaient déjà enfuis dans le camp des Turcs.

Le 24, l'armée qui avait été occupée au siège de la Goulette commença à se présenter devant Tunis avec les pachas Sinan et Oulouk Ali. Le 27, l'ennemi avait assis son camp défendu par quatre gros canons, dressé trois nouvelles batteries et renforcé les tranchées. Canonnant la courtine du bastion Serbellone et ruinant celle du bastion Doria, il s'approcha des fossés ; puis il se mit à battre ce dernier bastion lui-même et à creuser des deux côtés de la courtine Saint-Jean.

En peu de temps, la sape avait pénétré presque au cœur du bastion, ce qu'il n'avait pas été possible d'empêcher, parce que les soldats qui occupaient les autres redoutes ne pouvaient voir les mineurs et s'opposer à leurs approches. Profitant de notre fâcheuse situation, les Turcs élevèrent un monticule qui dominait la plate-forme du bastion Doria et multiplièrent leurs tranchées. Un grand nombre d'entre eux, armés d'arquebuses, se tenaient constamment à l'affût derrière lesdites tranchées, et pas un de

---

(1) Toute la garnison fut massacrée, à l'exception de 300 hommes. Au nombre des prisonniers se trouvaient le commandant Porto-Carrero et l'historien Diego de Torrèa. Ce dernier a raconté, dans la *Cronica de guerra en Italia, Levante y Berberia*, imprimée à Sarragosse en 1579, le siége des deux forteresses. L'exactitude de son récit est confirmée par le présent rapport du comte Gabrio Serbelloni.

nos hommes ne pouvait se découvrir un seul instant sans être frappé aussitôt.

Exposés comme nous l'étions aux arquebusades et aux volées d'artillerie, nous n'avions d'autre protection que nos parapets incessamment canonnés et ruinés par l'ennemi. Chaque jour, nous perdions environ 40 soldats, sans compter les blessés qui étaient nombreux ; et cependant les Turcs n'avaient encore jusqu'à ce moment tenté aucun assaut. Ils tiraient tantôt d'un côté, tantôt de l'autre, et travaillaient sans relâche à creuser des mines, de sorte qu'il n'était pas un endroit où l'on pût se croire à l'abri de leurs atteintes.

De notre côté, nous faisions tout ce qu'il était possible pour déjouer leurs attaques et pourvoir à toutes les nécessités. Ce que l'on ne pouvait faire le jour, on le faisait la nuit suivante. Celui des trois bastions qui se trouvait le plus menacé était immédiatement secouru par les soldats des deux autres, espagnols ou italiens. Chacun se montrait plein de bonne volonté et faisait courageusement son devoir. Je m'étais empressé de donner avis au vice-roi de Sicile de la perte de la Goulette. Je lui avais expédié deux messagers, l'un par la voie de Tabarca et l'autre directement de Tunis. Ce dernier, ayant réussi à traverser l'étang, avait pris passage sur un *cafiz* qui se rendait dans cette île.

Les choses se passèrent ainsi jusqu'au 5 septembre, l'ennemi augmentant incessamment le nombre de ses tranchées, élevant des chaussées, élargissant les chemins afin de faciliter la sape, et détruisant ou annulant nos défenses avec ses canons et ses mines. Maintes fois il simula une attaque afin de mieux atteindre ceux des nôtres qui se découvraient.

Le 6 septembre, à l'aube du jour, eut lieu un assaut général contre les trois bastions. Il fut terrible. La mine pratiquée sous le bastion Serbellone, ayant pris feu tout-à-coup, fit sauter les parapets avec tous les soldats qui se trouvaient sur ce point ; mais elle tua en même temps un grand nombre de Turcs qui se tenaient prêts à escalader le bastion. Les autres n'en continuèrent pas moins à attaquer les redoutes de Doria et de Saint-Jean, appliquant de nombreuses échelles contre les remparts quand ils n'employaient pas la sape, et revenant à la charge par masses profondes avec une impétuosité furieuse. L'assaut dura depuis le matin jusqu'à midi ; mais, avec l'aide de Dieu, l'ennemi fut repoussé, laissant bon nombre des siens sur la place et abandonnant les échelles qu'il avait dressées contre les murailles.

Le 8 septembre, à la même heure, les Turcs renouvelèrent leur attaque contre les trois redoutes avec une rage indicible. Le second assaut dura aussi longtemps que le premier. Une autre mine fit explosion ; mais ce jour-là encore Dieu fut pour nous : les infidèles furent repoussés avec de grandes pertes.

Je ne dois pas oublier de dire que nos pauvres soldats, exténués de fatigue et trop peu nombreux pour suffire à la défense d'une forteresse aussi étendue, démantelée et ruinée en grande partie, retrouvèrent, à peine sortis victorieux d'un premier assaut, une vigueur telle qu'ils semblaient n'avoir aucun souci du péril ; et cependant un grand nombre d'entre eux succombaient tous les jours, et chaque assaut nous coûtait plus de 150 hommes.

Le 11 septembre, les Turcs attaquèrent de nouveau les trois bastions. Ce nouvel assaut se prolongea tellement qu'il ne nous restait pas 600 hommes en état de combattre, lorsque l'ennemi se retira enfin. C'est à peine si, en abandonnant les parties de l'enceinte que les assiégeants ne menaçaient pas, nous pouvions disposer d'une centaine d'hommes pour la défense de chacun des points attaqués, le reste étant employé à la garde des courtines et des autres bastions.

Il n'était pas possible de résister plus longtemps. Entre nous et l'ennemi, il n'existait plus qu'un simple amas de terre, semblable à la jetée d'un fossé, à peine de la hauteur d'un homme, assez large à la base, mais sans consistance au sommet ; et les Turcs ne cessaient de battre avec deux pièces d'artillerie cette dernière défense que nous ne pouvions pas relever aussi vite qu'elle s'écroulait (1).

Le lundi, 13 septembre, au point du jour, les Turcs tentèrent un quatrième assaut général. Celui-là devait être le dernier. Je

---

(1) « Si comprendera chiaramente che non era più possibile resistere. Tra nemici e noi n'era altra difesa salvo un argine o montone di terra semplice nel modo che la si butta fuori d'un fosso e che da lei si alza larga nel fondo nella cima sottile, alta come un uomo appe-

me trouvais en ce moment au bastion Doria ; c'était celui qui avait le plus souffert, et le petit nombre de soldats qui l'occupaient était à peine suffisant pour le défendre. Cependant le premier choc de l'ennemi fut vigoureusement repoussé. Presque au même instant, entendant un grand bruit, je me retournai vers le point où je savais que les Turcs étaient occupés à creuser, et je vis que c'était une mine pratiquée sous le bastion Serbellone qui venait de faire explosion. J'y courus aussitôt : la mine avait bouleversé le parapet, et à la faveur de la fumée et de la poussière un grand nombre d'assaillants envahissaient le bastion. Je trouvai là Antonio Tasso qui, attiré comme moi par le bruit, venait d'arriver, et Diego Osorio, avec des soldats espagnols et italiens, les uns à droite et les autres à gauche. J'appelai à moi ces deux petites troupes, et les ayant réunies au centre de la plate-forme du bastion, je les lançai sur l'ennemi qui, après un rude combat, fut rejeté en dehors de la redoute.

Ayant ordonné de rétablir le parapet détruit, je me hâtai de revenir au bastion Doria. Un seul page m'accompagnait : je n'avais pu emmener avec moi aucun de nos hommes. Je venais de pénétrer dans le bastion par la droite de la gorge, lorsque je vis la multitude des Turcs refouler nos pauvres chrétiens ; je me jetai au milieu de la mêlée, et c'est alors que, sans être reconnu, je fus fait prisonnier. Si j'avais eu seulement trente hommes valides, cette fois encore l'ennemi aurait été repoussé ; mais Dieu ne le voulut pas. Je me soumis sans me plaindre à sa volonté, bien que la nuit précédente j'eusse perdu mon fils tué d'un coup d'arquebuse dans la tête : le malheur des autres m'affligeait plus que le mien propre.

GABRIO SERBELLONI (1).

---

na e di maniera che la sua banda era zappata e consumata continuamente per due pezzi d'artiglieria, con la quale rovinavano più orgine assai di quello poteano rifare. »

(1) Le comte Gabrio Serbelloni fut emmené à Constantinople et ne recouvra la liberté que l'année suivante. Réclamé par la Cour de Rome, il fut échangé contre plusieurs musulmans détenus au château Saint-Ange, parmi lesquels se trouvait le fils d'un pacha fait prisonnier à la bataille de Lépante.

CXII

RELATION DE CE QUE DON JUAN DE ZAMOGUERRA A VU ET ENTENDU A LA GOULETTE, AU FORT DE TUNIS ET A L'ILE DE SANTIAGO (1).

1574.

(Arch. de Simancas. — Armadas y galeras, Legago 450).

I

Perdida de la Goleta.

A los trece del mes de julio dió fondo l'armada del Turco debajo del cerro de Cartago, habiendo llegado dos galeras primero á reconoscer. Salieron de la Goleta á estorvar la embarcacion á los enemigos el maestro de campo Luis de Segura y los capitanes Barahona, Artreda, Martin de Benavides, Francisco de Ayala y Rivas de Salazar con cuatrocientos arcabuceros, los cuales escaramuzaron con los Turcos y en buen espacio detuvieron la furia dellos y despues se retiraron los nuestros ; los Turcos sacaron dos cañones con los cuales comenzaron á trincherarse con tanta presteza que, aunque con la artilleria de la Goleta se les hazia el daño posible, se vinieron acercando con las trincheras à 400 pasos adelante de la torre. A los 17, hicieron alli una plataforma grande en medio del arenal y otra a la parte de la mar y pusieron en entrambas seis pieças gruesas con las cuales comenzaron a tirar tan continuamente qne hicieron algun daño.

De la Goleta no salieron mas y asi haviendo las trincheras adonde se ha dicho, pasaron una banda de Galeras con algunas mahonas (2) a la banda de Arraez y sacaron gente y artilleria en tierra a la torre, la cual fué fuerza dexarla otro dia y volarla, y

---

(1) On a vu que Don Juan de Zamoguerra commandait la forteresse qui avait été construite dans l'ile Chekli.

(2) La mahona *(Maün)* était un grand navire turc, assez semblable aux galéasses de Venise, mais n'allant pas à la rame et portant des voiles carrées. On s'en servait pour le transport de la cavalerie, de l'artillerie el des munitions de bouche et de guerre.

(Jal, *Archéslogica navale*, T. II.)

con la misma furia se fueron atrincherando por aquella parte hasta plantar el artilleria a mil pasos de la Goleta, y a la banda de Cartago donde se solia yr por tierra pusieron tres culebrinas con que tiraban a la boca del canal del estaño y al caballero de San Cristoval, y con la misma presteza vinieron con sus trincheras fortisimas hasta ponerlas a tiro de arcabuz, de donde escopeteavan la gente que se ponia en las murallas de la Goleta y estrada encubierta.

A este tiempo se metio en ella un socorro de 300 soldados, sin el cumplimiento de los dos mil hombres que se les habia dado entre Españoles e Italianos, los Españoles a cargo de D. Juan de Figueroa y los Italianos al de Tiberio Boccafosca.

Los enemigos hicieron a la parte del Arraez otra trinchera, y con esta ocasion salieron de la Goleta quinientos hombres con cinquenta cavallos y dieron en la trinchera, la cual los Turcos desempararon luego y antes que fueran socorridos les mataron mas de 200 hombres y los tomaron once vanderas; murieron de los nuestros el capitan Valacera y ocho ò diez soldados. Los Turcos no volvieron mas alli, hasta que de alli à tres dias llegaron con otras trincheras y plantaron ocho cañones de batir; con los quatro comenzaron a batir al caballero del estaño y con los otros quatro al de la mar, déspues que llegaron a poner sus baterias que fué por cinco partes, las quatro a seis cañones y la otra de siete, y entre ellos habia quatro basiliscos, (1) no comenzaron las baterias principales sino a los parapetos y a la Goleta vieja, al caballero de San Cristoval y al molino de viento; la bateria de la banda del Arraez hazia mucho daño en las casas.

No me acuerdo bien si fué à los tres ó quatro de agosto, a medio dia, que con gran furia arremetieron à la punta de la estrada encubierta por la banda del Estaño, y habiendo peleado los nuestros un gran rato, cargó en ellos tanta gente de los enemigos que fueron forzados à retirarse hasta junto al soco, y estando alli las chatas y fragatas con la gente ordinaria, salieron à socorrerlos por la parte del canal y hicieron retirar à los Turcos hasta la punta de la estrada encubierta, y en un traves que alli hacia, adonde no podia jugar la artilleria, si bien tiraron los mosque-

---

(1) *Basilisco*, pièce d'artillerie de gros calibre et très-longue.

teros y arcabuceros jamas los pudieron hechar, antes comenzaron a trincherarse, y aunque hicieron fuerza los de dentro por hecharlos de alli no hubò remedio; antes mataron alguna gente nuestra y antes que anocheciese se fortificaron de tal manera que no fué posible hecharlos; y aqui quedaron señores de la estrada los enemigos, porque aquel dia y la noche trabajaron de suerté que al amanescer hecharon tanta fagina entre la estrada y el foso y de dia fueron caminando hacia la espalda del baluarte de San Pedro por la orilla de la estrada cubierta, sin podellos hacer ningun daño, y cortaron la piedra de la estrada y hicieron un gran portillo à la espalda del dicho baluarte; y con grandissima furia hecharon olivos enteros, sacos de lana y de tierra y medias botas llenas de tierra y hicieron un reparo que llegava hasta al agua del fosso; y aunque por la casamata de San Felipe y del traves de arriba se tiraron muchos cañonazos de ordinario, no fué parte para que su maquina no pasase adelante; antes pusieron cuatro cañones a la banda del estaño mas adentro de la punta de la estrada encubierta de donde batieron la casamata de San Felipe y el traves de arriba, y con mucha priesa comenzaron a hechar olivos enteros dentro del foso.

La noche siguiente arremetieron con grande impetù à la garita de la banda de la mar que està sobra la misma estrada encubierta à San Martin, y aunque estaban alli los capitanes Rivas de Salazar y Astreda con ciento y cinquenta soldados no los pudieron resistir y fueron forzados dexar la dicha estrada con perdida de algunos y quemadole al capitan Rivas con algunos artificios de polvora el rostro y las manos se retiraron à un reparo pequeño que estava hecho a la banda de la marina, y los enemigos alli hicieron lo mismo que en la otra banda al estaño. A este tiempo ya la maquina que traian habian llegado al foso, la cual era tan alta quasi como el baluarte de San Pedro, y luego comenzaron a hacer otra hacia el caballero de San Felipe, y con tanta priesa y diligencia que no hay hombre que no haya visto lo pueda creer.

En este tiempo habia muertos en la Goleta mas de 400 hombres y entre ellos algunos capitanes, y aunque los de dentro trabajaban por reparar lo que los enemigos batian de dia toda la noche, con todo esto ya no podia estar la gente en ninguna parte cubierta y habia muy pocos artilleros y lo mas de la artilleria desencabalgada, y muy batidos ya los baluartes de San Pedro y San Felipe y San Martin, y aunque los de dentro hacian muchas diligencias en los reparos, como embiar hombres a nado en el foso, a dar fuego a las faginas y atar con cuerdas olivos enteros de los que echavan en el foso, aprovechava muy poco; al baluarte de San Pedro habian hecho trinchera los nuestros por de dentro para poder estar la gente cubierta y al caballero de San Cristoval donde tenian tres piezas, mas los Turcos siempre las desencabalgavan, y los nuestros sino de noche no las podian tornar à encabalgarlas y aqui recibian mucho daño por estar abierto todo.

Yo de ordinario, con dos chatas y ocho fragatas, cada noche, yba a Tunez a llevar bastimentos y municiones y a dar relacion a Gabrio Cervellon del estado en que estava la Goleta; y a los 9 de agosto sali una hora entes del dia con una chata cargada de polvera y seis barcones cargados de municiones y victuallas, y en siendo de dia hallé que me estavan aguardando quince barcas que les Turcos habian hechado al estaño y dos barcas de las mahonas, donde ma fué fuerza dar fondo con las barcas que llevava y pelear con las contrarias; los enemigos luego volvieron las espaldas y les tomé dos barcas y heché a fondo otra y se quemò otra con muerte de ma de quarenta Turcos, y tomé un capitan de galera, y se metieron debajo de su artilleria y trincheras que tenian a la banda del Arraez; la noche siguiente los enemigos cegaron el canal a cien pasos dentro de las estradas y con ellas hicieron un reparo hacia la banda del Arraez, y queriendo yo entrar la otra noche, por los contrasenos que tenia en la Goleta me hicieron señal como el canal estava cegado, y enviaron por el estaño soldados a dar aviso de la priesa que se davan los enemigos; y desde a quel dia no se pudo entrar en la Goleta por la causa arriba dicha y por la mucha artilleria que los Turcos tenian a todas bandas.

A los 17 de agosto tomé en el estaño a Monteruola (1) con el despacho del duque de Sessa, y se llevo a Tunez el cual estava

---

(1) Le même officier est appelé *Volterola* dans le rapport du comte Gerbelloni.

en la cifra de D. Pedro; y porque se descifrase lo llevé a la Goleta la misma noche con un hombre por el estaño, y a los 19 tomé otro con el despacho descifrado y se llevo a Gabrio, y la misma noche se determinò en que se llevase toda la gente en las fregatas y barcas, en las cuales no podian caber sino hasta 400 personas y cupieron hasta 450, las quales eran de las compañias de Martin de Acuña, Diego Maldonado y Pedro Mamol y algunos particulares que estavan en Tunez entre los cuales fueron Pedro de Bobadilla, Alvaro de Saude, Francisco de Bracamonte y dos capitanes italianos, todos ellos entraron con esté soccorro, y se hicieron señas de como sa habian rescibido.

Al siguiente dia dieron los Turcos un asalto, el cual dicen y a lo que se juzgo, duro cinco horas largas, y porque los enemigos habiendo visto que se habia metido aquel socorro aquella noche parescio a Gabrio que no era bien enbiar otro a la siguiente por la vigilancia que los Turcos podian tener, y el sabado a la noche embarqué la compañia de Garcia de Toledo y las de Gutierre Manrique, Montaña de Salazar y Juan de Quintana, y una de Italianos del capitan hercules de Pisa, en los cuales yban hasta el numero de 400 hombres; y este socorro heché como el pasado, aunque halle barcas de Turcos junto al secco y a la boca del canal. Segun se ha sabido despues murieron treinta hombres, de los nuestros aquella noche.

No tuvimos mas lengua de la Goleta, mas de que se vio el domingo, a los 22 de Agosto, que se batia con grandissima furia y el lunes cerca de medio dia, a los 23 viniendo yo de Tunez a la isla se veia levantar una mina a la parte del estaño y se sentio alguna artilleria y arcabuceria, y se entendio que se daba asalto. Embiè a reconoscer lo que habia con una fragata, y cuando se vio cerca vio llegar a la galera capitana de Aluchali a la parte de la Goleta y estandartes en el caballero de San Cristoval, por donde se conoscio que era perdida la Goleta nueva y vieja; y luego volvi a dar aviso de lo que pasava a Tunez, y por ninguna via se pudo entender de la manera que se perdio hasta que vi los que estavan esclavos, — y esto es lo que he visto.

II

Perdida del fuerte de Tunez

A los 13 de julio 1574, habiendo tenido nueva que los Turcos de Tripol y los Gelbes y Carban, con alguna quantitad de caballos. venian la vuelta de Tunez y estavan seis millas de la ciudad el Infante salió a ellos con hasta nuevecientos caballos y cuatro mil peones y Salazar con once banderas de infanteria española y D. Lope Hurtado con los caballos que tenia, y haviendose asentado el campo en la falda de una montaña que esta detras de la alcazaba, a tiro de cañon, llegaron los Turcos y sin hacer ningun acometimiento toda la caballeria y peones que el Infante saco consigo le desempararon y pasaron a los Turcos con todo el ganado que tenian y le dexaron solo con hasta 60 caballos, con los cuales fué necesario retirarnos a la ciudad, y se cerraron todas las puertas que salian a los burgos.

A los 14 del dicho, pasaron de los Turcos hasta en numero de dos mil de Babacira, que era el cuartel de los Italianos y comenzaron a batir la puerta que salia de la ciudad a aquel burgo, y los de dentro los resistieron con gran fuerza un buen rato, de manera que al cabo fueron forzados a retirarse, y con fuegos que truxeron pusieron fuego a aquella puerta, y haviendo visto esto fué Pagan Doria con algunas personas particulares de su coronelia y con las compañias de Maximo Paley, Tiberio Boccafosca y hercules de Pisa; hecho un cuerpo de todas ellas el se puso en la vanguardia con hasta cinquenta gentiles hombres y dieron tal cargo en los enemigos que los hicieron retirar à los olivares que estan detras de la ciudad, y a la puerta que cae detras de la alcazava estava el castellano Salazar con las compañias de Diego de Quiroga y Diego Maldonado y por las espaldas dieron en los Turcos que mataron muchos dellos.

En esta escaramuza el teniente de Pagan y seis soldados italianos y quatro españoles murieron y hubò hasta 40 heridos y con esto se retiraron à la ciudad.

Los Turcos acordaron de yr a batirla por la parte de Babacueza por la comodidad que en aquella banda tenian, y asi a los 14 comenzaron a hacerlo, y a los 15 y 16, derribaron con dos piezas que tenian un gran pedazo de la muralla. Estavan a la defensa de la bateria las compañias de Quiroga, Martin de Acuña y Vallejo; y a los 16 dieron un asalto los Turcos, el cual lo resistieron los nuestros, y a los 17 se mandò que desemparase la ciudad, y alcazava y la artilleria y municiones que en ella havia, y se retiraron el fuerte, lo cual se hizò tan bien que, aunque los Turcos entraron luego, no se perdiò un hombre, y las municiones y artilleria se metieron en el fuerte.

A los 18 y 19 estuvieron los Turcos en la ciudad saqueandola y a los 20 salieron fuera a escaramuzar con los nuestros que estavan en las estradas cubiertas y revellines, y comenzaron a hacer trincheras a la parte de Babacueza, y plantaron dos piezas algo desviadas con las cuales tiravan a los caballeros de Salazar y Santiago, sin hacer con ellas ningun daño. A las 21 del dicho Julio, Saliò el castellano Salazar con algun numero de arcabuceros, por la parte del estaño a la vuelta de los Turcos, y travò una escaramuza con ellos, los cuales por estar debajo de las trincheras no pudieron hacer los nuestros ningun efecto; y despues, a los 25, el dicho Salazar, viendo que se acercaban con sus trincheras saliò antes que amaneciese por la misma banda, y dio en ellos con tanto valor de los soldados, que les ganò las trincheras que habian hecho, y les hizò retirar hasta su artilleria, matando muchos dellos.

En este tiempo tambien se habian comenzado á trincherar à la parte de Babaciri y venian con gran furia con sus trincheras por allà y habian plantado dos cañones sobre la muralla derribada de la ciudad, con que nos hacian algun daño, y otros dos sobre la puerta que salia de Babaciri; y el dicho dia 25 de julio, despues de puesto el sol, Pagan Doria con cinco compañias de Italianos y dos de Españoles saliò fuera del fuerte por la parte del estaño, y diò con los enemigos matandoles mucha gente de la que estava en sus trincheras, y se retiraron á la ciudad donde tenian sus piezas; y aunque se las ganaron las dichas trincheras y se ocuparon por los nuestros, despues las tornaron à ganar con alguna perdida de los nuestros, y tambien ganaron una tenaza que habiamos hecho para nuestra defensa; aquella misma noche hicieron una trinchera y se fortificaron en ella y desde alli comenzaron á tirar su escopeteria matando cada dia mucha gente.

A los 26, mudaron los dos cañones que tenian á la parte de Babacueza por de dentro de la ciudad y los pasaron juntamente con los otros dos que estavan sobre la muralla, á la tenaza que nos habian ganado á la parte de Babaciri, donde habian hecho ya su plataforma y puesto cañones; y desde los 27 en adelante comenzaron á batir por alli el caballero de Pagan con mucha furia. Salióse á ellos muchas veces para defendelles que no se llegasen á nuestras murallas, y aunque con esto los de dentro hicieron lo que humanamente se pudó hacer y murieron algunos soldados y mucha gente particular, no se les pudó estorbar.

A los 31 de julio entraron en la estrada cubierta por la parte del caballero de Pagan á la espalda que mirava al de San Juan y trujeron la trinchera desde alli por la misma estrada derecha al rebellin que estava entre el caballero de Gabrio y el de Pagan; y porque con la gente que en este tiempo havian embiado á la Goleta y la que cada dia matavan no teniamos con que guarnescer las murallas, se sacaron 200 Italianos que estavan dentro, dejandoles solamente con cuatro soldados de centinela. Llegaron los Turcos con su trinchera por la misma estrada hasta tomar quasi la otra espalda del mismo caballero, sin que de los traveses se les pudiese estorbar, y con mucha furia se metieron en el foso haciendo dos defensas, una por cada banda, para que el artilleria no les dañificase, y se arrimaron á la contra-escarpa del caballero, y por guardarse de los fuegos se cubrieron con tablas, cueros y mantas, y comenzaron á zapar el caballero y a minalle. A los 15 de agosto, diá de Nuestra Señora, se habian arrimado de la misma manera al caballero de Gabrio, à la esplada que mirava al de Pagan y al de San Juan, à la espalda de la marina, y hicieron una plataforma en la parte de la muralla derribada, y pusieron alli otras cuatro piezas de artilleria con las cuales tiravan á todas nuestras defensas. Dieronse tanta priesa á matarnos gente y levantarse con sus trincheras que, quando se perdió la Goleta, á los 23 de agosto, estavan tan altas como los nuestros caballeros y no teniamos á la defensa mas de 1500 hombres para tomar armas.

Estuvó la armada, los dias de los 23 y 24, resolviendose en lo que debria hacer, y á los 25, vimos plantadas dos tiendas grandes à la parte de Babaciri, con algunos estandartes nuevos y gran numero de genizaros en guardia de los Baxas que alli estavan, y plantaron otras cuatro piezas de batir y otros cuatro sacres, con los cuales batian á los tres caballeros. El daño que hacia el artilleria era poco en las murallas pero el de las zapatas era muy grande.

Desde este dia adelante comenzaron á subir tan altas sus trincheras y con tanta furia, con la ayuda de la mucha gente que vinó de la armada, que á los 2 de setiembre, se pusieron en el caballero Doria superiores y no se podia andar por el sin que le matasen por escopetazos á todos los que por él andavan. Se hicieron algunas salidas por el caballero de San Juan, pero como el enemigo estava pujante y nuestros soldados eran pocos y cansados del continuo trabajo y rescibieron mucho Daño.

En este tiempo adolescio Pagan Doria de su enfermedad pasada, y se me dió á mi cargo de aquel caballero donde el dicho Pagan estava, y me hicieron en él cuatro heridas, dos en una pierna y otras dos en la cara, y fué necesario que el castellano Salazar viniese alli, aunque tambien estava algo herido en la pierna derecha.

A los 5 de septiembre que fuè dia de Domingo, arremetieron los Turcos al caballero Doria con tanta furia que, aunque se les hacia toda la resistencia posible, no se pudieron rebutar de alli hasta que el castellano Salazar, con una pica en la mano y con él 30 ó 40 soldados, entró en nuestra defensa, y los rebutamos fuera de los parapetos y del caballero con grandissimo daño; y con la misma furia se fueron y arremetieron al caballero de San Juan de donde fueron rebutados con mucho valor; y se comenzó el asalto por el caballero de Gabrio donde estuvieron firmes tirando dos horas y hirieron de muerte alli á Diego Manrique de Lara y á otros muchos soldados, y habian ganado ya nuestra trinchera; mas visto esta estrecheza vino en socorro Hernando Moreno Maldonado con su compañia que estava de guarnicion en el caballero de Salazar, dejando otra para guardia dél, y como llegavan de refresco los soldados dieron dos rociadas á los Turcos que les mataron alguna gente y se metieron con ellos en la trinchera hasta hecharlos fuera del caballero, y á la retirada que hacian les dieron otra carga y los hecharon algunos fuegos artificiales de manera que les mataron mas de 200 hombres.

Comenzamos desde aquella noche á hacer unas cajas de madera terraplenadas gruesas en el caballero de Cervellon y San Juan, porque en el de Pagan ya estavan hechas, y cubiertas de tablas para defendernos de los fuegos, y se acabaron antes que se amanesciese, y los Turcos levantaron todavia sus trincheras por todas partes que por donde quiera veian la plaza del caballero y matavan los que por él andavan. Martes, á 7 de setiembre, á la noche, pusieron fuego al reparo de tablas que habiamos hecho en el caballero de Pagan con gran dificultad y pérdida de gente; y miércoles, á las 8, al amanescer, dieron otro asalto general á todos los caballeros y los rebutamos aquella vez, con el ayuda de Dios, con mucha perdida suya y nuestra. Fué herido á Juan de Mariano en el carrillo derecho. Aquella noche se reforzaron los reparos, y el jueves y viernes, nueve y diez del dicho mes de setiembre, hicieron muchas veces acometimientos á fin de que nos descubriesemos á la defensa, y como estavan superiores de nosotros nos matavan mucha gente.

El dicho dia jueves, se me mandó que yo fuese á la isla y pusóse en orden una barquilla para hechalla á la mar y que me darian el despacho dando aviso al señor D. Juan, del estado en que aquella plaza se hallava; yo fui y la puse en orden, y el viernes á la noche me embió el despacho Gabrio Cerbellon.

El sábado, de mañana, se dió otro asalto general que duró cuatro horas en el cual hirieron al castellano Salazar de dos arcabuzazos y de otro al capitan Diego de Quiroga de que despues murió. Mataron mas de 100 hombres de los nuestros y hirieron mas de otros cientos y con todo este daño se rebutaron los Turcos con mucho valor fuera de nuestros caballeros, ecepto del de Pagan donde se quedaron algunos Turcos cubiertos con sus reparos que habian hecho.

Esta noche meti en la mar la barquilla y la despaché. En Tunez se entendió aquella misma noche en hacer los reparos con mucho peligro y trabajo. El domingo estuvieron los Turcos todo el dia descubiertos con sus banderas, haciendo señas de darnos asalto y tuvieron en arma toda la gente sin poder tomar ningun reposo. Hechando mucha quantidad de fuegos, mataron al capitan Machuca y Sespedes y mas de 100 soldados de entrambas naciones Cuando anochesció, subieron dos cañones á la punta del caballero de Pagan con que tiraron á nuestros reparos toda la noche.

Vista la poca defensa que podia haber y que no se podia defender aquella plaza, haviendolo tractado los capitanes con el general y Salazar, se acordó que se retirasen el dia siguiente, que era lúnes, à la isla, y que Hernando de Laguna llevase aquella noche todos las victuallas que pudiese y fuesen menester para un mes, y reconosciese el agua que tenia la isla y la que cabria en las cisternas para que, el lúnes á la noche, se llevase el agua que fuese menester; el cual embió un hombre á la isla á nado y me embió á pedir las barcas, y yo se las embié luego y las trujó cargadas de victuallas y municiones y llegó á la isla al cuarto de alba; y cuando se acabaron de descargar las victuallas, se vió desde la isla volar una mina y se sintió gran arcabuceria y artilleria, y segun lo que los Turcos, han dicho despues, huvo tan gran resistencia quanto se puede pensar en tan poca gente como habia, que no llegavan á 600 hombres de pelea.

Murieron aquel dia, segun lo que se ha sabido del licenciado Antonio Perez y de otros que estavan esclavos; el capitan Fadrique de Vircas y su alferez y Lope de Hurtado y el capitan Vallejo, y havia en los caballeros de San Juan, de Gabrio y de Pagan mas de 300 muertos (1).

CXIII

RELATION DE LA FLOTTE TURQUE PAR D. JUAN DE ZAMOGUERRA.

1574.

(Arch. de Simancas. — Armadas y galeras, Legajo 450).

Lo que me paresció que habia en la armada eran doscientas y

---

(1) Le lendemain, l'île de Santiago (Chekli) fut occupée sans résistance par les Turcs. D. Juan de Zamoguerra ayant capitulé avec cinquante hommes qui lui restaient.

ochenta galeras, quinze galeotas gruesas, quinze galeazas y mahonas, trece naves, cuatro caramuchalis (1) aunque ellos decian trescientas galeras, habia entre estas galeras veinte que no se podian mejorar, las dos de los baxaes de a treinta bancos y armadas de seis á banco, escogida chusma, los demas de los raïs y rey de Argel y hombres principales, á cinco y á cuatro a banco; habia otras quarenta forçadas buenas y las demas no saben el orden de chusma, porque habia al parescer y que yo vi ciento y cinquenta galeras que no tenian mas de dos hombres á banco, los buques muy buenos, y dos pedreros á proa y un cañon de crugia y no mas, y de otros pertrechos bien en orden de gente, ninguna galera tenia menos de dos Turcos por ballesteria y las de los baxaes y principales muy cargadas de Turcos. Las galeazas no son tan grandes como las veneccianas ni traen cañones ninguna, sino bien artilladas de artilleria menuda; medias culebrinas (habia cuatro que tenian dos cada una), los demas sacres y medios sacres y pedreros y esmeriles (2) gruesos, y á las bandas tres pedreros debajo las postizas, que por todas serian veinte piezas cada uno, vogarian veinte y cuatro remos por banda y armadas á cinco á banco, todas navios muy ligeros; traian muy pocos Turcos que no habia poco mas de cien Turcos en cada una. Las naves habia siete que la mejor era de seis mil salmas no mucha artilleria sino muy poca y muy pocos Turcos, que todos iban en las galeras.

Procuré de saber que Turcos habian traido á la jornada y me dijeron que sesenta mil entre genizaros, espais y Turcos, los quarenta mil escopeteros, los veinte mil arcos. Procuré de saber que gente habian perdido, dijeronme que cinco mil remeros y tres mil Turcos y genizaros y muchos heridos. Pregunté como les habiamos muerto tan pocos soldados, dijeronme, el Uchiali mesmo, que no eran como nosotros, que los soldados no entendian uno en pelear y los remeros en trabajar; que quien trabajava que no podia pelear, y que la Goleta ni Tunez no la habian

---

(1) Caramoussal (*kara*, noir: *mursal*, émissaire). C'était un navire de charge comme le *maün*; mais il différait de ce dernier par sa forme allongée et ses qualités sous voiles.

(2) *Esmeril*, pièce d'artillerie un peu plus grande que le fauconneau.

tomado los soldados sino veinte y cinco mil remeros que trabajavan de ordinario en las trincheras y en todo lo que de trabajo era menester; y á los soldados y remeros habia dado el Uchiali mas de sesenta mil escudos de su dinero al que peleaba y trabajava bien, y desa suerte cada uno trabajava mas que otro.

Pregunteles como habian tomado la Goleta, dijóme el mismo Uchiali que Dios se la habia dado, y el mismo Senan baxa, que es el general de la tierra y gobierno de todo, que si les dejaran ver la Goleta, antes que desembarcaran cosa alguna que no la emprendieran, aunque traian orden del gran Turco de perder el armada ó tomarla y el fuerte de Tunez de que no hacian caso; y como desembarcaron y comenzaron á hacer las trincheras y hallaron tan poca resistencia, luego tuvieron aviso como estaban y que nuestra armada no se podia juntar en muchos dias, ni con toda la fuerza que podia juntar no era como la mitad de la suya, y que no eramos tan breves en juntarnos que aun debian de estar las galeras de España aconsejandose en el puerto de Santa Maria, y que sabian que el Señor Don Juan no tenia mas de ochenta galeras; y que juntaron sus máquinas con los baluartes de San Pedro y San Felipe y eran muy superiores á los bastiones, que no podian estar á las defensas los nuestros que no tenian reparos donde cubrirse, y que el asalto que les dieron el sábado reconoscieron bien la poca defensa y reparo que tenian dentro, y asi procuraron el domingo de batir mas bien por todas partes, y el lúnes, hasta cerca de medio dia, que los traveses de San Pedro y San Felipe y San Martin ya estaban todos batidos, y San Alfonso y el caballero de San Cristoval desencabalgada el artilleria;l y habiendoles dado esta prisa cerca de medio dia, el lúnes, no pensando arremeter sino estarse en lo alto de sus máquinas y hacer mas plaça para que mas gente arremetiese, acontesció que los gastadores que labraban se adelantaron de manera que se asomaron al baluarte de dentro, y viendo cuan desproveido estaba, comenzaron á llamar los Turcos, los cuales entrando de golpe en la Goleta nueva arrimaron à la vieja, al caballero de San Cristoval, dos escalas por las cuales les entraron y pusieron en el dicho caballero dos estandartes y la ganaron, y dicen ganarán todas cuantas plaças habrà.

También me dijo Senan baxá que enviaria las naves y cinquenta galeras, y entraria por el faro, y haria otra presa, y que habia prometido al Turco que cada año habia de tomar dos plaças por amor de Dios. La Goleta la volaron toda, sin dejar señas de vieja ni nueva, y cegaron casi el canal y desmantelaron el fuerte, y á lo que entendi se tractaba entre ellos que fortificarian á Biserta.

Lo que yo he visto es que, en su armada, hay gran diligencia y obediencia y la gente pagada cada dos meses ; y no se ve en ella mas rumor que sino hubiera hombres. A Puerto-Farina, despacharon al rey de Argel y de Tripol y en dos dias despalmaron gran parte de la armada, y despues se partieron al cabo de Çafran (1) donde yo los dejé á los 27 de setiembre.

Han dejado en Tunez tres mil Turcos y tambien se quedan alli los de Argel y de Tripol hasta el dia de San Simon y Judas, por si nuestra armada iba por allá.

CXIV

Liste des capitaines généraux et gouverneurs d'Oran et de Mers-el-Kebir.

1505-1708.

(Arch. de Simancas. — Secretaria de guerra moderna, Legajo 4698).

Prise de Mers-el-Kebir (13 septembre 1505).

1. — D. Diego Fernandez de Cordoba, marquis de Comarès (2),

---

(1) Le cap Zaffarano au sud-est de Palerme. D. Juan de Zamoguerra ne dit pas qu'il s'embarqua sur un navire français pour se rendre en Sicile, comme le racontent plusieurs historiens espagnols.

(2) D. Diego Fernandez de Cordoba était depuis longtemps déjà marquis de Comares, lorsqu'il s'empara de Mers-el-Kebir. Voici ce que dit à ce sujet Suarez Montanes dans son *Histoire manuscrite de la maison de Cordoba*. « Los reyes catolicos por lo mucho bien que les servia cada dia D. Diego Fernandez en las guerras de Granada, le hicieron donacion y merced, con titulo de marques, acerca del año 1487, de castilla y villa de Comares, lugar fuerte de sitio de la cerquia de Malaga y Velez Malaga, cerca del mar Mediterraneo. »

capitaine général et gouverneur de Mers-el-Kebir, du 13 septembre 1505 au mois de mars 1508.

— D. Ruy Diaz Alvarez de Rojas, gouverneur intérimaire (de décembre 1506 à juin 1507).

2. — D. Ruy Diaz Alvarez de Rojas, capitaine général et gouverneur de Mers-el-Kebir, du mois de mars 1508 au 17 mai 1509.

Conquête d'Oran (19 mai 1509).

3. — Le comte D. Pedro Navarro, capitaine général et gouverneur d'Oran et de Mers-el-Kebir, du 23 mai 1509 à la fin août 1509.

— D. Ruy Diaz Alvarez de Rojas, gouverneur intérimaire (du 1er septembre 1509 à janvier 1510).

4. — D. Diego Fernandez de Cordova, marquis de Comarès, capitaine général, du mois de janvier 1510 au mois de mars 1522.

— D. Martin de Argote, gouverneur intérimaire (de janvier 1513 à septembre 1517).

5. — D. Luiz Fernandez de Cordova, deuxième marquis de Comarez, fils du précédent, capitaine général, du mois de mars 1522 au 1er juin 1534.

— D. Luis de Cárdenas, gouverneur intérimaire (du 15 septembre 1523 au 21 mai 1525).

— D. Pedro de Godoy, gouverneur intérimaire (de février 1531 au 1er juin 1534.)

6. — D. Martin de Cordova y Velazco, comte d'Alcaudète, capitaine général, du 4 juin 1534 au 26 août 1558.

— D. Alonzo de Cordova y Velazco, gouverneur intérimaire (du 4 décembre 1545 au 7 juillet 1546).

7. — D. Alonzo de Cordova y Velazco, comte d'Alcaudète, fils du précédent, gouverneur intérimaire pour la seconde fois

(du 27 août 1558 au 20 décembre 1558), puis capitaine général, du 21 décembre 1558 au 17 juillet 1564).

— D. Andres Ponce de Leon, gouverneur intérimaire (du 12 juin 1564 au 17 juillet 1564).

— D. Andres Ponce de Leon et Francisco de Valencia, gouverneurs intérimaires (du 18 juillet 1564 au 20 novembre 1565).

— Hernan Tello, gouverneur intérimaire (du 21 novembre 1565 au 9 juillet 1567).

8. — D. Pedro Luis Garzeran de Borja, marquis de Navarres, grand-maître de l'ordre de Monteza de Saint Georges, capitaine général, du 10 juillet 1567 au 12 mars 1573.

— D. Felipe de Borja, frère du précédent, gouverneur intérimaire (du 3 novembre 1571 au 12 mars 1573).

9. — D. Diego Fernandez de Cordova, troisième marquis de Comares, capitaine général, du 13 mars 1573 au 8 décembre 1575.

— D. Luis de Veranegra, inspecteur des places d'Oran et de Mers-el-Kebir, gouverneur intérimaire (du 5 février 1574 au 8 décembre 1575).

10. — D. Martin de Cordova y Velazco, marquis de Cortez, capitaine général, du 9 décembre 1575 au 25 août 1585.

— D. Pedro de Padilla, commandeur de Medina de las torres, mestre de camp, gouverneur intérimaire (du 25 juillet 1580 au 23 avril 1581).

— D. Pedro de Padilla, gouverneur intérimaire pour la seconde fois (du 26 août 1585 au 14 novembre 1589).

11. — D. Diego Fernandez de Cordova, duc de Cardona, troisième marquis de Comares, capitaine général pour la seconde fois, du 15 novembre 1589 au 20 mai 1596.

— D. Gabriel Nuño de Zuñiga, gouverneur intérimaire (du 17 août 1594 au 20 mai 1596).

12. D. Francisco de Córdova y Velazco, comte d'Alcaudète, capitaine général, du 21 mai 1596 au 5 décembre 1604.

13. — D. Juan Ramirez de Guzman, marquis de Hardales, comte de Teba, capitaine général (mort de maladie à Oran), du 6 décembre 1604 au 4 juillet 1607.

— — D. Diego de Toledo y Guzman, fils du précédent, gouverneur intérimaire (du 5 juillet 1607 au 10 août 1608).

14. — D. Felipe Ramirez, comte d'Aguilar, seigneur de los Cameros, capitaine général, du 26 octobre 1608 au 25 octobre 1616.

15. — D. Jorge Cárdenaz Manrique, duc de Maqueda, capitaine général, du 26 octobre 1616 au 11 octobre 1625.

— D. Juan Manrique de Cárdenas, mestre de camp, gouverneur intérimaire (du 9 avril 1622 au 9 mai 1624).

16. — D. Antonio Sancho Davila y Toledo, marquis de Velada, capitaine général, du 12 octobre 1625 au 6 avril 1628.

— D. Francisco de Andiaira Razaval, vicomte de Santa-Clara et inspecteur des places frontières de Barbarie, gouverneur intérimaire (du 7 avril 1628 au 8 février 1632).

— D. Antonio de Zuñiga y de la Cueva, marquis de Flores Davila, gouverneur intérimaire (du 9 février 1632 au 16 juin 1639).

— D. Alvaro de Bazan, marquis del Viso et amiral des galères de Sicile, gouverneur intérimaire (du 17 juin 1639 au 2 décembre 1643).

17. — D. Rodrigo Pimentel Ponce de Léon, marquis de Viana, capitaine général, du 3 décembre 1643 au 28 novembre 1647.

18. — D. Antonio de Zuñiga y de la Cueva, marquis de Flores Davila, capitaine général (mort de maladie à Oran), du 29 décembre 1647 au 31 janvier 1652.

— du 1er février 1652 au 4 octobre de la même année, une junte composée de six personnes fut chargée du gouvernement des places d'Oran et de Mers-el-Kebir.

19. - D. Antonio Gomez Davila Toledo y Osorio, marquis de San-Roman, capitaine général, du 5 octobre 1652 au 30 juin 1660.

20. — D. Gaspar Felipe de Guzman, duc de San-Lucar et marquis de Leganez, capitaine général, du 1er juillet 1660 au 22 mai 1666.

21. — D. Fernando Joaquin Fajardo de Requesens y Zuñiga, marquis de los Velez, vice-roi du royaume de Murcie, capitaine général, du 23 mai 1666 au 10 mai 1672.

— D. Diego de Portugal, chevalier de l'ordre d'Alcántara, gouverneur intérimaire (du 11 mai 1672 au 10 mai 1675).

22. — D. Inigo de Toledo Osorio, capitaine général, du 20 mai 1675 au 11 juin 1678.

23. — D. Pedro Andres Ramirez de Gusman, marquis de Argava et de Hardales, comte de Teba, capitaine général (tué dans une sortie de la garnison), du 12 juin 1678 au 9 mars 1681.

— Du 10 mars 1681 au 12 avril de la même année, sa veuve, doña Marianna de Velazco, gouverna les places d'Oran et de Mers-el-Kebir.

24. — D. Gaspar Porto Carrero, comte de la Mondova, capitaine général, du 13 avril 1681 au 18 septembre 1682.

25. — D. Pedro Feliz José de Silva y Meneses, comte de Cifuentes, marquis d'Arcouchel et grand-porte-étendard de Castille (1), capitaine général, du 19 septembre 1682 au 2 septembre 1683.

26. — D. José de Villapando, marquis d'Osera y Castaneda, capitaine général (mort de maladie à Oran), du 3 septembre 1683 au 18 mars 1685.

---

(1) *Alferez mayor de Castilla* ou *Alferez del Rey*. — C'était anciennement celui qui portait l'étendard royal et qui, en l'absence du roi, commandait l'armée.

— Du 19 mars 1685 au 2 mai de la même année, sa veuve, doña Maria-Leonor de Monroy y Aragon, gouverna les places d'Oran et de Mers-el-Kebir.

27. — D. Antonio Panyagua y Zuñiga, marquis de Santa Cruz, capitaine général (mort de maladie à Oran), du 3 mai 1685 au 15 janvier 1687.

— Du 16 janvier 1687 au 4 avril de la même année, sa veuve, doña Beatriz-Maria-Antonia de Escobar y Ovando, gouverna les places d'Oran et de Mers-el-Kebir.

28. — D. Diego de Bracamonte, grand-croix de l'ordre de Saint-Jean, capitaine général (tué dans une déroute de la garnison d'Oran, presque sous les murs de la ville), du 5 avril au 9 juillet 1687.

— Du 9 juillet 1687 au 14 du même mois, l'inspecteur Miguel de Zufre, le major Diego Merino et le capitaine de cavalerie Francisco Ramirez de Arellano administrèrent ladite place.

— D. Pedro Manuel Colon de Portugal, duc de Veraguas, amiral des galères d'Espagne, gouverneur intérimaire (du 15 juillet 1687 au 19 septembre 1687).

29. — D. Feliz de Silva, chevalier de l'ordre d'Alcántara, comte de Guaro, capitaine général (mort de maladie à Oran), du 20 septembre 1687 au 10 février 1691.

— D. Lorenzo de Ripalda, sergent général de bataille, gouverneur intérimaire (du 11 février 1691 au 27 juillet 1691).

30. — D. Juan Luis de Orliens (Orléans), comte de Charny (1), capitaine général (mort de maladie à Oran), du 28 juillet 1691 au 22 juin 1692.

— D. Lorenzo de Ripalda, gouverneur intérimaire pour la seconde fois (du 23 juin 1692 au 24 septembre 1692).

---

(1) Ce comte de Charny était un fils naturel de Gaston, duc d'Orléans et frère de Louis XIII.

31. — D. Andres Copola, duc de Canzano, marquis de Robledo, capitaine général, du 25 septembre 1692 au 14 juillet 1697.

32. — D. Arias Gonzalo Davila y Pacheco Coloma y Borja, marquis de Casasola, capitaine général, du 15 juillet 1697 au 31 mai 1701.

33. — D. Juan Francisco Manrique Arana, capitaine général, du 1er juin 1701 au 21 octobre 1704.

34. — D. Carlos Carafa, chevalier de l'ordre de Saint-Jean, capitaine général, du 22 octobre 1704 au 7 septembre 1707.

35. — D. Melchior de Avellaneda Sandoval y Rojas, marquis de Valdecañas, chevalier de l'ordre de Saint-Jacques et commandeur de Alibesca, capitaine général, du 8 septembre 1707 au 21 janvier 1708.

— Ce même jour (21 janvier), par suite de l'abandon d'Oran, ledit capitaine général s'embarqua au port de Mers-el-Kebir pour retourner en Espagne.

FIN

TABLE DES MATIÈRES

	Pages
Avant-Propos	5
i. Mémoire adressé par Juan Laso à Son Altesse le Roi.	8
ii. Certificat délivré à Pedro de Arevalo, homicide.	10
iii. Lettre du roi Ferdinand le Catholique au comte Don Pedro Navarro, son capitaine-général en Afrique.	12
iv. Capitulation de Mostaganem	17
v. Pouvoir donné par le roi Ferdinand à Antonio de Ravaneda pour l'affaire de Bougie.	19
vi. Lettre d'Antonio Rico au très-noble seigneur Lope Hurtado de Mendoza.	21
vii. Mémoire du corrégidor d'Oran sur la manière dont cette ville est administrée.	26
viii. Lettre d'Isabelle de Fonseca à Messire Jacob, bachelier.	31
ix. Lettre de Pedro de Godoy, alcade d'Oran, à Georges Ruiz de Alarcon, corrégidor de Murcie, Lorca et Carthagène.	32
x. Lettre écrite d'Alger par un espion juif.	34
xi. Lettre du docteur Lebrija, corrégidor d'Oran, à Sa Majesté.	36
xii. Lettre de Pedro de Ameçaya à Sa Majesté.	37
xiii. Lettre de Mouleï-Abd-Allah, roi de Tlemsen, au corrégidor d'Oran, avec un précis de la conférence qui a eu lieu pour traiter de la paix.	38
xiv. Lettre de Jacob Alegre écrite en hébreu.	43
xv. Lettre du docteur Lebrija, corrégidor d'Oran, à Sa Majesté l'Impératrice.	44
xvi. Lettre du docteur Lebrija, corrégidor d'Oran, à Sa Majesté.	47
xvii. Lettre du maure Zirique à Pedro de Godoy et au corrégidor d'Oran.	48
xviii. Lettre du docteur Lebrija, corrégidor d'Oran, à Sa Majesté l'Impératrice.	49
xix. Lettre du docteur Lebrija, corrégidor d'Oran, à Sa Majesté l'Impératrice.	50

		Pages
xx.	Lettre écrite à Sa Majesté sur la nécessité de former une armée navale pour attaquer Barberousse....	51
xxi.	Lettre de Pedro de Godoy, gouverneur intérimaire d'Oran, à l'archevêque de Santiago........	53
xxii.	Lettre du docteur Lebrija, corrégidor d'Oran, à Sa Majesté l'Impératrice................	55
xxiii.	Lettre de l'archevêque de Tolède à Sa Majesté....	57
xxiv.	Lettre de Mouleï Mohamed, roi de Tlemsen, à Pedro de Godoy et au corrégidor d'Oran..........	60
xxv.	Réclamation de Don Inigo de Vallejo Pacheco, gouverneur de la ville de Hone............	61
xxvi.	Lettre de Hernando de Quesada, ingénieur, à Sa Majesté l'Impératrice.................	64
xxvii.	Mémoire sur les affaires d'Alger............	65
xxviii.	Mémoire du capitaine Ochoa d'Ercilla sur les affaires du roi de Tunis...................	67
xxix.	Lettre de Don Inigo de Vallejo Pacheco, gouverneur de Hone, à Sa Majesté................	71
xxx.	Lettre de Don Inigo de Vallejo Pacheco, gouverneur de Hone, à Sa Majesté................	74
xxxi.	Lettre de Perafan de Ribera, commandant de Bougie, à Sa Majesté l'Empereur...............	76
xxxii.	Lettre du licencié Melgarejo, corrégidor d'Oran, à Sa Majesté......................	79
xxxiii.	Lettre de l'Empereur à Don Martin de Cordoba, comte d'Alcaudète.....................	82
xxxiii bis.	Lettre du licencié Melgarejo, corrégidor d'Oran, à Sa Majesté l'Empereur...............	85
xxxiv.	Mémoire de Luis Presenda, envoyé en mission à Tunis..........................	87
xxxv.	Compte-rendu de ce qu'écrit Anfran de Camugio, envoyé par le vice-roi de Sicile pour rassurer le roi de Tunis.......................	92
xxxvi.	Relation du frère Juan de Iribès sur les évènements de Tunis........................	94
xxxvii.	Lettre de l'Infant de Bougie à Sa Majesté.......	99
xxxviii.	Lettre de l'Empereur aux maîtres de sa Chambre des Comptes pour l'affaire de l'Infant de Bougie....	101
xxxix.	Extraits de lettres de Constantinople..........	101
xl.	Compte-rendu de la lettre écrite à Sa Majesté par Perafan de Ribera, commandant de Bougie......	103
xli.	Extrait d'une lettre de Constantinople.........	104
xlii.	Compte-rendu d'une lettre de l'Empereur, écrite du camp devant La Goulette................	106
xliii.	Lettre de Ben-Redouan au comte d'Alcaudète....	108

		Pages
XLIV.	Lettre du comte d'Alcaudète à Sa Majesté.	110
XLV.	Id. Id.	112
XLVI.	Lettre écrite au nom du caïd El-Mansour, des Beni-Rachid, à son frère.	117
XLVII.	Ordre pour l'attaque de La Goulette.	117
XLVIII.	Dispositions pour ouvrir le feu contre La Goulette et donner l'assaut.	119
XLIX.	Résumé de la conférence qui a eu lieu aujourd'hui, par ordre de Sa Majesté, avec le roi de Tunis	120
L.	Lettre de Sa Majesté au commandant de Bougie.	122
LI.	Mémoire sur l'entreprise d'Alger.	124
LII.	Avis donné à Tunis à Sa Majesté sur ce qu'il serait possible de faire avec la flotte pour nuire aux ennemis.	127
LIII.	Traité de paix entre l'empereur Charles-Quint et le roi de Tunis.	129
LIV.	Instructions de Sa Majesté au marquis de Mondejar.	139
LV.	Lettre du marquis de Mondejar à Sa Majesté.	142
LVI.	Lettre du comte d'Alcaudète à Sa Majesté.	143
LVII.	Lettre du roi de Tlemsen à Sa Majesté, avec le projet de traité qu'il lui envoya signé de sa main.	148
LVIII.	Lettre de Don Alvar Gomez de Horosco el Zagal à Sa Majesté.	150
LIX.	Capitulation adressée par le comte d'Alcaudète au roi de Tlemsen pour traiter de la paix que ce prince avait demandé à conclure.	165
LX.	Compte-rendu des lettres écrites de La Goulette et apportées par le capitaine Louis de Haro.	173
LXI.	Lettre du comte d'Alcaudète au roi de Tlemsen.	176
LXII.	Lettre du comte d'Alcaudète au caïd des Beni-Rachid.	177
LXIII.	Lettre du comte d'Alcaudète au châtelain d'Alcaudète, Alfonso Martin z de Angulo.	178
LXIV.	Lettre du roi de Tlemsen à Sa Majesté, avec la capitulation que ledit roi renvoya signée et scellée, et qui est celle que le comte d'Alcaudète lui avait adressée toute préparée.	180
LXV.	Lettre de Ben Redouan au comte d'Alcaudète.	182
LXVI.	Lettre du comte d'Alcaudète à Ben Redouan.	182
LXVII.	Lettre de Sa Majesté à Don Alvar Gomez de Horesco el Zagal, commandant de Bône.	183
LXVIII.	Lettre de Don Bernardino de Mendoza à Sa Majesté.	188
LXIX.	Rapport du Conseil de Sa Majesté sur les affaires du royaume de Tlemsen.	195
LXX.	Situation de l'artillerie que l'on trouve et de celle qui	

		Pages
	manque dans la kasba d'Oran, dans la ville et dans le Château-Neuf (Fortaleza de Raçalcazar).	197
LXXI.	Lettre de Don Bernardino de Mendoza à Sa Majesté.	202
LXXII.	Instructions du comte d'Alcaudète à Garcia de Navarrete, commandant de Mers-el-Kebir.	205
LXXIII.	Lettre du comte d'Alcaudète à Ben Redouan.	209
LXXIV.	Id. au cheikh Bou-Zian-Sahib.	210
LXXV.	Lettre du châtelain d'Alcaudète au comte d'Alcaudète.	210
LXXVI.	Lettre du comte d'Alcaudète au châtelain d'Alcaudète.	212
LXXVII.	Lettre de Francisco Perez de Idiacayz à Sa Majesté l'Impératrice.	213
LXXVIII.	Note sur l'armement de Bougie.	215
LXXIX.	Lettre du comte d'Alcaudète au caïd Hamida, cheikh principal du Levant.	217
LXXX.	Compte-rendu des lettres que le comte d'Alcaudète a écrites les 28 et 29 avril.	219
LXXXI.	Lettre de Don Bernardino de Mendoza au grand-commandeur de Léon.	221
LXXXII.	Lettre du comte d'Alcaudète à Sa Majesté.	222
LXXXIII.	Lettre de Mouleï Mohammed au comte d'Alcaudète.	224
LXXXIV.	Procès-verbal de la conférence qui a eu lieu entre le comte d'Alcaudète et les cheikhs arabes du parti de Ben Redouan, pour la reddition des otages.	224
LXXXV.	Lettre du comte d'Alcaudète à Mouleï Mohammed, roi de Tlemsen	229
LXXXVI.	Lettre de Mouleï Mohammed, roi de Tlemsen, au comte d'Alcaudète.	230
LXXXVII.	Lettre du comte d'Alcaudète à Sa Majesté.	230
LXXXVIII.	Lettre du comte d'Alcaudète à Don Juan Vasquez de Molina, secrétaire du Conseil de Sa Majesté.	232
LXXXIX.	Instruction du comte d'Alcaudète à Antonio de Villalpando sur ce qu'il devra dire à Sa Majesté, relativement à la venue de Mouleï Abdallah et de Ben Redouan, et à l'entreprise de Tlemsen.	233
XC.	Ce que Mouleï Abdallah s'oblige à faire, si Sa Majesté l'aide à recouvrer son royaume.	236
XCI.	Lettre du roi de Tunis au grand-commandeur de Léon.	238
XCII.	Compte-rendu des lettres que le roi de Tunis et Don Bernardino de Mendoza ont écrites à Sa Majesté.	239
XCIII.	Mémoire sur les cheikhs et les Arabes du royaume de Tunis,	242
XCIV.	Relation de ce qui s'est passé à Bône.	247
XCV.	Lettre de Francisco de Alarcon à Sa Majesté.	250

		Pages
xcvi.	Lettre de Don Juan Vasquez de Molina, secrétaire de l'Empereur, au Révérendissime cardinal de Tolède.	251
xcvii.	Lettre de Don Alonso de Cordoba à son père le comte d'Alcaudète.	252
xcviii.	Lettre de Don Alonso de Cordoba au comte d'Alcaudète.	254
xcix.	Lettre du comte d'Alcaudète à Sa Majesté.	255
c.	Déclaration du roi Mouleï Hacen. — Description des pierreries, de l'argent et des autres objets précieux que lui a pris Don Francisco de Tovar.	257
ci.	Lettre de l'ingénieur Librano à Sa Majesté.	258
cii.	Relation adressée au comte d'Alcaudète par Miguel Lezcano sur les négociations avec le chérif.	260
ciii.	Lettre du comte d'Alcaudète sur la conférence avec le chérif.	268
civ.	Lettre de Don Alonso Carillo de Peralta à S. A. la Princesse.	270
cv.	Lettre du frère Hieronimo Dias Sanchez au comte d'Alcaudète, écrite d'Alger, où ledit Sanchez a été envoyé par le roi de Portugal pour racheter des captifs.	271
cvi.	Lettre de Don Alonso Carillo de Peralta, ex-commandant de Bougie, à S. A. la Princesse.	273
cvii.	Extrait d'une lettre écrite de Tabarka.	275
cviii.	Lettre du roi Philippe au très-honorable et renommé entre les Maures, le kaïd Mostafa Arnaut.	278
cix.	Lettre du roi Philippe au très-vaillant et très-renommé entre les Turcs le raïs Dragut.	279
cx.	Description de Tunis et de Bizerte, suivie d'observations sur les mœurs et coutumes des Arabes, faite l'année de la prise de ces deux villes par le sérénissime seigneur Don Juan d'Autriche.	280
cxi.	Relation des évènements de La Goulette et de Tunis, faite par Don Gabrio Serbelloni.	285
cxii.	Relation de ce que Don Juan de Zamoguerra a vu et entendu à la Goulette, au fort de Tunis et à l'île de Santiago.	299
cxiii.	Relation de la flotte turque par Don Juan de Zamoguerra.	309
cxiv.	Liste des capitaines généraux et gouverneurs d'Oran et de Mers-el-Kebir.	312

Alger. — Typographie A. JOURDAN.

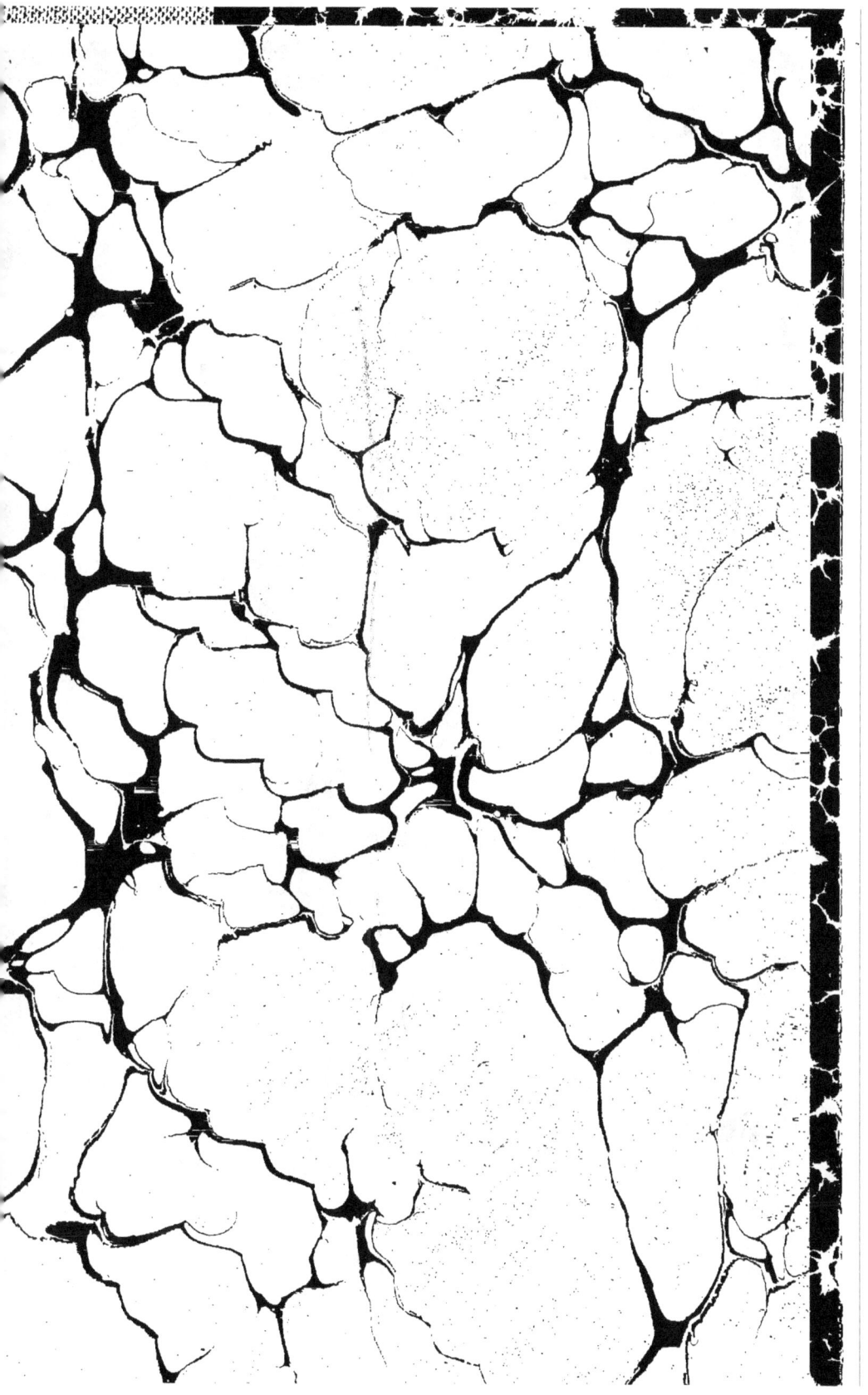

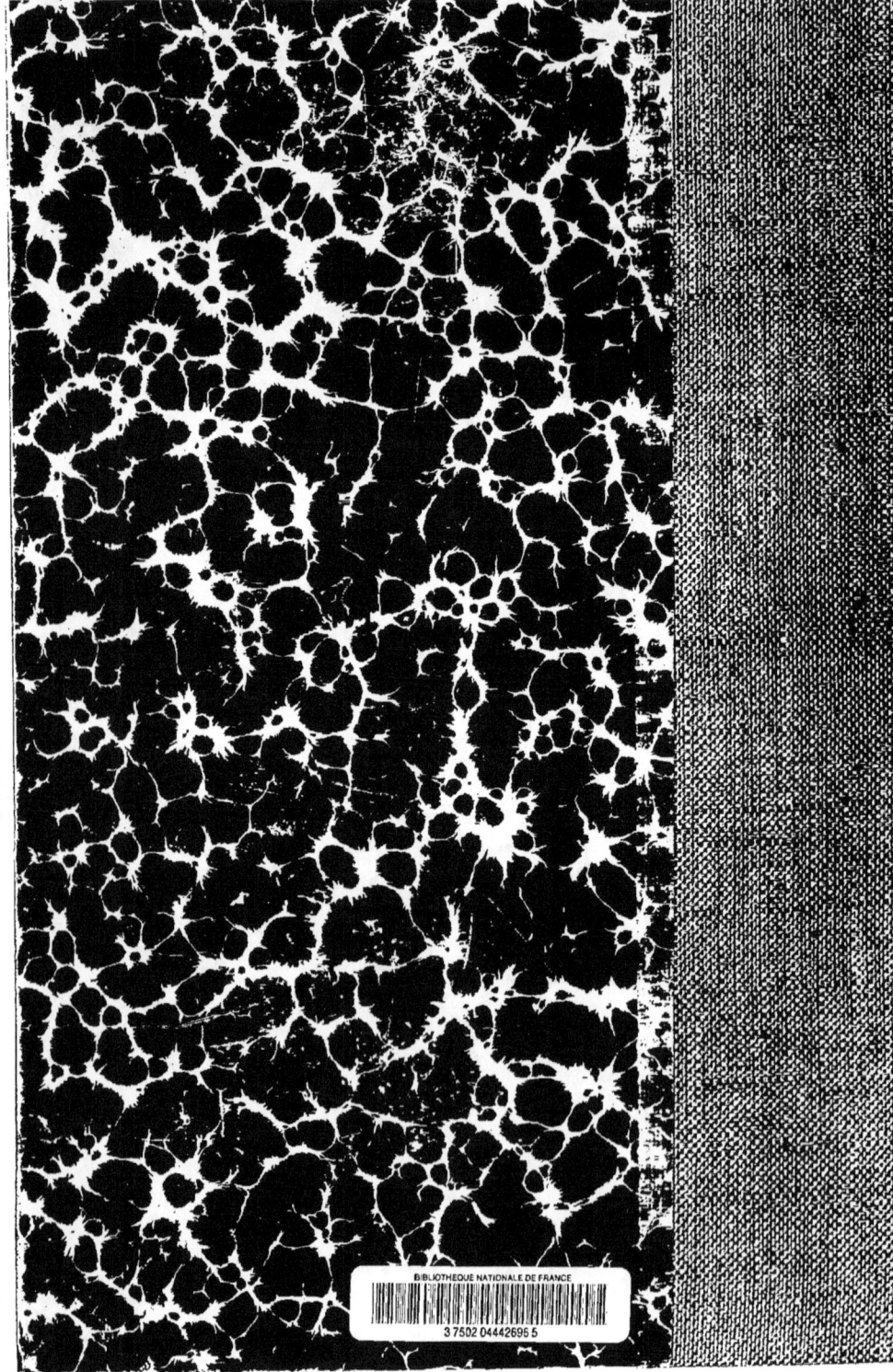

www.ingramcontent.com/pod-product-compliance
Lightning Source LLC
Chambersburg PA
CBHW060327170426
43202CB00014B/2700